Xinjiang Discovery Series
新疆探索发现系列丛书

总主编 / 李翠玲
主　编 / 巫新华

外交官夫人的回忆

[英]凯瑟琳·马噶特尼　戴安娜·西普顿 / 著
崔延虎　王卫平 / 译

新疆人民出版社
（新疆少数民族出版基地）

图书在版编目(CIP)数据

外交官夫人的回忆/(英)凯瑟琳·马噶特尼,(英)戴安娜·西普顿著;崔延虎,王卫平译.--乌鲁木齐:新疆人民出版社,2023.5
(新疆探索发现系列丛书)
ISBN 978-7-228-21117-3

Ⅰ.①外… Ⅱ.①凯…②戴…③崔…④王… Ⅲ.①游记—新疆 Ⅳ.①K928.945

中国国家版本馆CIP数据核字(2023)第052819号

外交官夫人的回忆
WAIJIAOGUAN FUREN DE HUIYI

总策划	李翠玲
执行策划	范聪卓 罗卫华 邢建刚 高 珊
责任编辑	晁 清
封面绘画	张永和
设 计	张永和 赵 磊 刘堪海
技术编辑	杨 爽

出 版	新疆人民出版社 (新疆少数民族出版基地)
地 址	乌鲁木齐市解放南路348号 830001
电 话	0991-2825887
网 址	www.xjrmcbs.com
购书服务热线	0991-2837939
印 刷	上海雅昌艺术印刷有限公司
开 本	710 mm × 1000 mm 1/16
印 张	26.25
字 数	400千字
版 次	2023年5月第1版
印 次	2023年5月第1次印刷
定 价	168.00元

总序

党的二十大报告指出，全面建设社会主义现代化国家，必须坚持中国特色社会主义文化发展道路，增强文化自信，增强中华文明传播力影响力。坚守中华文化立场，提炼展示中华文明的精神标识和文化精髓，加快构建中国话语和中国叙事体系，讲好中国故事、传播好中国声音，展现可信、可爱、可敬的中国形象。第三次中央新疆工作座谈会上，习近平总书记强调，要以铸牢中华民族共同体意识为主线，将中华民族共同体意识根植于心灵深处。

新疆地处亚欧大陆腹地，是东西方文化和世界文明的十字路口。清代、民国治西域史学者归纳西域历史地位就一句话——“总万国之要道”。

亚欧大陆的地理条件决定了帕米尔高原和昆仑山脉、喀喇昆仑山脉以南高原、激流、雨林等的天然险阻，制约了较大规模的东西方向人类迁徙与商贸活动。只有昆仑山、天山和阿尔泰山这三大东西向山脉地带，成为亚欧大陆中部可以进行大规模人力、畜力交通活动的唯一天然通道。

如此，古代亚欧大陆其他文明区域与东亚中国文明区域的文化交流必然要取道西域，因而形成了西域在中国乃至世界文明史上的显赫地位。中华文明优秀成果向世界其他地区传播，中国汲取其他文明成果的重要通道就是西域，这也是中国没有再出现“东域”“北域”“南域”等并列名称的原因。

新疆作为中华文明发展、繁荣、壮大历史过程中与外界文明交流的通道，很早就是中国核心文化要素的覆盖区域，并因此成为中国历史上令人瞩目的亮点。

新疆曾经发生过无数影响亚欧大陆文明进程和地缘政治格局的重大历史事件，曾经运输过各个文明区域的无数奇珍异宝。新疆沙漠、绿洲、草原上各类遗址中仍然保留有古代文明的印迹，仍然镌刻着无数改变世界的部族迁移、交流、交融的记忆。正是缘于丝绸之路重要的十字路口作用与地位，人类文明丰富且独一无二的文化遗产才得以保存于新疆的大漠、山川和草原。19世纪末20世纪初，中国西部地区历史文化、地理、自然宝藏引起世纪性的探险考察热潮，形成世界性的持续关注。

今日新疆作为“一带一路”关键核心区依然魅力无限。新疆人民出版社（新疆少数民族出版基地）策划出版“新疆探索发现系列丛书”，以新疆历史为背景，以丝绸之路上的沙漠戈壁和天山腹地路线为地理依托，以著名历史人物和重大历史事件为主线索，以世界级物质文化珍品和多元文化底蕴的古代遗址为内涵，用多学科协作的考古发掘、研究手段与方法，从厚重的历史尘埃中重新发掘出这些失落的丝绸之路文化内涵，向世界展示中国新疆作为世界文明十字路口的昨日精彩与今日辉煌。

丛书选收19世纪末至21世纪初中外探险家、学者在新疆探险考察的经历、考古成果、个人行记等经典著述，以及现当代中国学者经典的历史地理探险考察、历史考古探险著述等形成系列以飨读者，为读者了解新疆历史提供重要的参考依据；借鉴古今中外关于新疆考古探险与历史探察的重要成果，为研究新疆历史文化提供更加开阔的视野和翔实的基础资料。

丛书收录的探险家考古发掘、个人游记等著述，大多带有明显的时代印记与特定意识形态倾向，表现出多方面的时代局限性、政治局限性和社会局限性。对此，在出版过程中，我们按照“取其精华、去其糟粕”的原则，对某些内容做出必要的技术处理。

需要说明的是，“西域探险考察大系”曾由新疆人民出版社出版，杨镰先生为其出版倾注了辛劳与心血，“新疆探索发现系列丛书”沿用了其部分内容。本套丛书的付梓出版，得到了有关部门和专家学者的大力支持和帮助，在此一并致谢。

虽然全力以赴，但是挂一漏万、失于偏颇之处在所难免。希望图书梓行之后，广大读者多多批评指正。

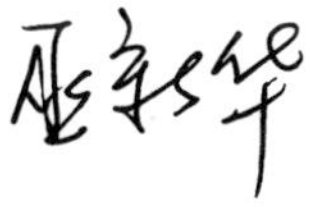

2023年2月

目录

一位外交官夫人对喀什噶尔的回忆

古老的土地

一位外交官夫人对喀什噶尔的回忆

[英]凯瑟琳·马噶特尼 著
崔延虎 译

前言

[英]彼得·霍布科克[1]

在亚洲腹地，在中国最边远的地方，坐落着偏僻的边境城市——喀什噶尔（今称喀什）。直到最近，这座城市才刚刚对外国旅游者开放。在此之前，它曾是地球上很少有外国人到过的城市之一。极少有外国人到达喀什噶尔的原因，不仅仅因为它靠近俄国边境，政治上很敏感，也因为它位于环境恶劣的蛮荒之地。喀什噶尔就这样被自己周边的地理环境封闭了起来。

喀什噶尔东边横亘着塔克拉玛干沙漠。这片沙漠以商队进去后就会消失得无影无踪而名扬天下。在喀什噶尔北边、西边和南边，依次耸立着天山、帕米尔和喀喇昆仑山三座巨大的山脉、高原。许多世纪以来，不知有多少探险旅行者葬身于冰雪覆盖的山隘，或是将白骨留在了热浪灼人的沙海之中。

[1] 彼得·霍布科克是英国的作家、记者，著有《丝绸之路上的“洋鬼子”》（中译本名为《丝绸之路上的外国魔鬼》，1982年由甘肃人民出版社出版）。

在电报和飞机发明之前，土城墙围起来的喀什噶尔城曾是世界上最封闭、孤独的地方，也是最不容易进入的地方之一。

然而，在大英帝国和沙皇俄国争夺中亚而进行的50多年大角逐中，喀什噶尔曾一直是大英帝国最前沿的一个阵地。在那场大角逐中，大英帝国为了在亚洲取得政治和经济上的主导权，与沙皇俄国进行过漫长而又扑朔迷离的争斗。在大英帝国驻喀什噶尔的那个小小的总领事馆的建筑上，飘扬着英国国旗，这是印度和北极之间广阔大地上飘扬的唯一的一面英国国旗。一批又一批英属印度政府的官员监视着沙皇俄国（及其后的布尔什维克政权）在这个地区的一举一动，向英国的情报机关和领导人汇报着俄国人的一言一行。其背景是，至少伦敦和加尔各答的战略决策者认为，俄国在这个地区的一举一动，都与英属印度这个大英帝国在海外最富庶的殖民地的命运息息相关。

同样，俄国人通过设在喀什噶尔的总领事馆，也监视着大英帝国在这里的任何动静，并向在圣彼得堡的情报机关和领导人发回有关的报告。尽管喀什噶尔地处偏远，封闭孤立；尽管它是一片绿洲，在其他方面毫不起眼，但在或许可以称之为“维多利亚时期的冷战”中，是搜集情报的理想之处。由于它位于英俄大角逐中的一个中立国家的领土上，又处于一条繁忙的商道上，喀什噶尔就成了两个帝国争霸的前线。

乔治·马噶特尼[1]爵士是英属印度政府派往喀什噶尔主持这个监视点的第一位官员。1890年，他与比他年长两岁的弗朗西斯·扬哈斯班[2]一道来到喀什噶尔，那一年他24岁。那时候他做梦也没有想到，自己竟会命中注定，在这座荒凉的、到处是苍蝇的城市度过28年，度过他一生事业的全部华年。刚

[1] 乔治·马噶特尼，中文名马继业，是本书作者的丈夫，于19世纪末20世纪初长期担任英国驻新疆喀什噶尔的外交代表。

[2] 弗朗西斯·扬哈斯班（1863—1942），中文名荣赫鹏，英国军官、中亚探险家。出生于印度，是20世纪初英国入侵西藏的主谋。

开始，他的身份是英国驻喀什噶尔代表，1912年成为总领事，1913年被封为爵士。

马噶特尼在喀什噶尔的公开任务，是照管在喀什噶尔及中国新疆其他地方的英籍印度属民，这些人全部是当地的商人或放债者，而他非公开的任务是监视俄国人在喀什噶尔的阴谋活动，特别是像沙俄总领事尼古拉·彼得罗夫斯基这些诡计多端之流的阴谋活动。彼得罗夫斯基在马噶特尼到喀什噶尔时已在那里长驻8年，已经成为这个城市的实际上的统治者。

在这场意志较量的角逐中，年轻的马噶特尼有着不同寻常的家庭背景，这使他在与俄国人打交道时略胜一筹。他的父亲哈利迪·马噶特尼爵士，是个苏格兰人。而他的母亲则是位中国汉族女性，我们对她所知极少（马噶特尼对任何人，甚至对自己的子女都没有讲过他母亲的情况）。这个背景使他精通汉语，深谙汉族人民的礼俗和生活方式，并获得了他们的信任。因而，这使他能够和喀什噶尔道台及其他高官显贵建立起一种特殊关系。这一点，令他招人厌恶的对手——俄国人可望而不可即。同样，由于中国官员们惧怕彼得罗夫斯基，他们不仅到马噶特尼那里讨教，而且给他提供了那位令人惧怕的俄国总领事梦寐以求而又得不到的最新情报。

马噶特尼时而也发现彼得罗夫斯基这个人态度倒也友善，还有点讨人喜欢的地方。但是，在他们交往的大部分时间里，两人之间的关系却总是剑拔弩张，非常紧张。确实，在1899年11月至1902年6月这段时间里，彼得罗夫斯基甚至没对马噶特尼讲过一句话。在喀什噶尔那时候这个小得可怜的欧洲人圈子里，他们这种举动就显得特别不同寻常，令人难以置信。

他们之间这种僵硬关系产生的部分原因，是马噶特尼与一个荷兰教士亨德里克斯神父的友情，而俄国人特别讨厌这个荷兰神父，这令人百思不得其解。马噶特尼刚到喀什噶尔的那段时间里，一个朋友也没有，他不仅喜欢与这位神父交往做伴，而且发现他是一个极其难得的情报来源。研究中亚的学者、旅行家奥利尔·斯坦因[1]爵士称亨德里克斯为"当地的活报纸"。这个神父和马嘎特尼之间只能靠一种语言——拉丁语来交流。但马嘎特尼请神父一道用餐，后来又请他搬进了秦尼巴克（中国花园），秦尼巴克是喀什噶尔当局安排给马嘎特尼这位英国代表居住和办公的地方。

1898年，马嘎特尼获准回国度假，返回喀什噶尔时带来了一位新娘（即本书的作者）。亨德里克斯坚持从秦尼巴克搬了出去，而马嘎特尼则成功地说服了中国人，为他在城里找到了一所房子。然而，彼得罗夫斯基却向中国人施加压力，迫使他们收回了这所房子。俄国人这样做的个中原因至今尚不清楚。这场明争暗斗引起中国人为这位神父鸣不平，引发了一场示威活动，因为他们很敬重他。结果中国方面又给他找了一间破烂不堪的房子，他一直住到去世。亨德里克斯一直是马嘎特尼一家人的密友。具有讽刺意味的是，亨德里克斯死后，彼得罗夫斯基的继任者却为他举行了一场极为隆重的葬礼，并把他安葬在喀什噶尔的俄国公墓中（这是喀什噶尔唯一的欧洲人公墓）。

马嘎特尼与他的新娘凯瑟琳·波尔兰德从小青梅竹马。凯瑟琳的父母亲都是苏格兰人，出生于卡斯尔·道格拉斯村。其父詹姆士·波尔兰德在乡村小学受过教育，后来成了哈利迪·马嘎特尼的朋友，他们之间的友谊保持了一辈子，而且传给了家人。哈利迪·马嘎特尼在中国任职的那些日子里，他的长子乔治·马嘎特尼正在杜勒威齐学院读书，学校放假期间他就回到波尔兰德家度假（詹姆士·波尔兰德从事航海运输业，全家在利物浦住过一段时间，后来搬到了伦敦）。因此，虽然时断时续，但马嘎特尼与他未来的新娘可以说是在一起长大

[1] 奥利尔·斯坦因（1862—1943），英籍匈牙利人，中亚探险家。数次到新疆探险，而且都路经并留居在喀什噶尔。他是攫获敦煌文书的始作俑者。

成人的。后来，他们订了婚。订婚两年后，马噶特尼事先没有通知，于1898年出人意料地从喀什噶尔回到了英国，与凯瑟琳结了婚，那时她21岁。与马噶特尼结婚，决定了她要和丈夫在秦尼巴克共同度过整整17年的光阴。在喀什噶尔，他们好客，待人友善，这在途经此地的旅行家和探险者中有口皆碑。凯瑟琳在秦尼巴克为马噶特尼生了两男一女共3个孩子：艾瑞克、罗宾和希尔薇亚。

这本书初版于1931年，读起来引人入胜。书中描写了他们在遥远的喀什噶尔小小的欧洲人圈子里的日常生活，也描述了凯瑟琳本人如何把那个她丈夫和亨德里克斯神父蜗居的有点像修道院的住处改造成了一个家，一个像英国人的家（她甚至设法从英国带去了一架小钢琴，经俄国运到了喀什噶尔）。这本书中的多处描写妙趣横生，令人爱不释手。同时，书中有的叙述令人感到世事的冷酷，如记叙他们一家在1914年离开喀什噶尔回国途中，骑马翻越天山山脉时看到的惨烈情景：

> 我们的马首先注意到了这幅惨景。开始，它们的鼻子里发出了哼哼声，然后躁动不安起来。接着，我们看到在前方不远的一条阴暗的山谷里，一个驮队，包括人和马，都被冻死在那里。马匹依然直立在地面，但已冻得僵硬不堪地死了。他们可能是碰上了一场暴风雪，才遭到这样的厄运。秃鹫们正趴在他们身上，津津有味地干着它们惯常的老勾当，把人骨和马骨上的肉叼得干干净净。我们慢慢地走过这些尸骨旁边，离开了那个确确实实的死亡之谷，把这个命运悲惨的驮队丢在了我们身后。但是，多少个日日夜夜，他们的惨状一直深深地印在我们脑海中……

但这本书中也有一些过分省略之处。马噶特尼夫人提到了在沙漠中如何发现藏于那里的一件件神秘的古代文书，她的丈夫和彼得罗夫斯基如何开始收集这类文书的情况，从而引发了奥利尔·斯坦因和其他人对鲜为人知的古代丝绸之路上的文明遗存的考古挖掘的情况。然而，她在书中没有涉及由此而引发的马噶特尼和彼得罗夫斯基这两个对手，接到各自的政府关于收集一切可能得到的文物的训令后，为从当地找宝人手中买到类似的文书而展开角逐的情况。

马噶特尼收集到的文书，包括许多先前鲜为人知的文字写就的文书，陆续都送到了大英博物馆。但是好景不长，为马噶特尼和彼得罗夫斯基同时提供这类文书的当地一个主要文书贩子，名叫斯拉木阿洪，竟然利用了这两个人之间为争夺文物而进行的角逐。开始，斯拉木阿洪提供的都是真品，但后来，他很快就向这两个人源源不断地提供了“他本人绞尽脑汁炮制的”“古代”文书。这样，他就不必冒着危险，长途跋涉进入塔克拉玛干沙漠中寻找这些东西了。

最终，奥利尔·斯坦因揭露了斯拉木阿洪的真面目[1]。斯坦因对这个人提供的“古代”文书产生了怀疑，设下圈套迫使这个文物贩子招认了他伪造文书的全部勾当。斯拉木阿洪伪造的文书同时欺骗了彼得罗夫斯基，这或许对马噶特尼有些慰藉。但是，斯拉木阿洪也蒙骗了一位德高望重的英国研究亚洲的学者——鲁道夫·霍恩勒博士[2]。他为了解读那个目不识丁的文书伪造者炮制的“古代文字”，白白浪费了5年的光阴。

然而，由于马噶特尼生性不喜张扬，他没有为后人留下回忆录。因此，凯瑟琳的这本书，除了它本身所具有的引人入胜的优点外，又具有书外的重要性。然而，我们颇感幸运的是，作为驻喀什噶尔的英国代表(后为总领事)，马噶特尼为我们

---

[1] 有关内容可参考《斯坦因西域考古记》《古代和阗》等书中的一些章节。
[2] 鲁道夫·霍恩勒是德裔学者，以识读出“鲍尔古本”而知名。

留下了他写的官方日志及其他情报报告。现在，这些都藏于大英图书馆印度事务档案部。这批档案文献向研究当时英俄大角逐的学者们公开开放。正是主要依据这批档案文献，马噶特尼的继任者之一——曾担任英国驻喀什噶尔总领事的克莱蒙特·斯科拉因爵士，与一位现代历史学家帕米拉·南丁格尔博士合作，合著了《马噶特尼在喀什噶尔》一书。在这本书中，他们把马噶特尼在秦尼巴克漫长的工作、生活经历汇纂起来。这本书于1973年由麦苏恩出版社出版，但现已绝版，很难买到了。

俄国革命爆发后不久，马噶特尼到被布尔什维克统治的俄属中亚地区执行公务。这是他最后一次到这个地区。这次公务结束后，他于1919年便从英属印度政府退休了。退休后，他与夫人定居在英吉利海峡中的泽西岛[1]上。第二次世界大战中，德国占领了该岛，这期间他一直生活在泽西岛，于1945年5月19日去世，是年78岁。德国投降后不久，马噶特尼夫人回到英格兰，与长子艾瑞克夫妇住在英格兰南部多塞特郡的恰明斯特，1949年在那里去世。

中国革命的浪潮席卷新疆时，她心爱的秦尼巴克的命运发生突变，但她没来得及得知这个消息就去世了，省却了她一番悲伤之苦。原俄国驻喀什噶尔总领事馆，今天成了官方招待所；而马噶特尼夫妇住过的秦尼巴克，江河日下，成了供长途汽车司机落脚休息的旅店。因年久失修，破败不堪。马噶特尼夫人及其继任者多年苦心照料的那座美丽的花园也不见了。曾一度在喀什噶尔辉煌过的英国总领事馆建筑物，现在已破损衰败，仅仅作为大英帝国过去的辉煌岁月留下的一曲令人伤感的回声而存在于那里。

虽然马噶特尼夫人是秦尼巴克的第一位女主人，但她并

[1] 泽西岛是英吉利海峡中靠近法国诺曼底海岸的几个海岛中面积最大的一个岛屿。

不是记录当时英俄中亚大角逐中这个英国前哨阵地辉煌岁月的唯一一人。她的两位继任者都写过关于那一段岁月的著述。但是，与马噶特尼夫人在那里度过的漫长而愉快的17年相比，她们在秦尼巴克度过的时光很短暂。其中一位，伊拉·塞克斯，在马噶特尼一家1914年回英国度假期间，随代理马噶特尼职务的哥哥一道住在秦尼巴克。她写了《穿越中亚的沙漠与绿洲》一书，她哥哥为这本书增写了关于这个地区的历史、地理和民情风俗的几章。这本书由麦克米伦出版公司于1920年出版，现在已很难找到了。另一位是戴安娜·西普顿，她丈夫艾瑞克·西普顿在第二次世界大战后曾任英国驻喀什噶尔总领事。她写的《古老的土地》一书描写了他们在喀什噶尔的生活。1950年，霍德尔·斯达顿出版社出版了这本书，也已绝版多年了。

另外，还有4本书记叙了英国驻喀什噶尔总领事馆的人员在秦尼巴克的工作和生活。1926年，克莱蒙特·斯科拉因爵士出版了他写的《中国中亚》(由麦苏恩出版社出版)；9年后，珀西·厄瑟顿上校写了《在亚洲腹地》(由康斯坦布尔出版社出版)一书，这本书记叙了俄国布尔什维克掌权后这个地区的状况。最后一位是艾瑞克·西普顿，他写的第一本书是他本人在喀什噶尔及其周围地区的经历，书名为《中国中亚群山》(由霍德尔·斯达顿出版社出版)。但这本书主要是从登山者的角度写的。后来，他写了自传《那个未曾旅行过的世界》，也由霍德尔·斯达顿出版社出版。

此外，凡是在新疆旅行、探险过的人，无论他们来自哪个国家，都在著述中记录下了秦尼巴克这个天涯孤旅之家给他们留下的印象，以及他们在那里受到欢迎、款待的情况。秦尼巴克名扬四方，到过那里的人不能不为它写点什么。现在，马噶特尼夫人及其继任者在秦尼巴克创建的一切，恐怕已所剩无几了。但是，在现代中亚文献中，秦尼巴克肯定占有极其重要的地位。

第一章

从伦敦到喀什噶尔

许多年前，在一个早秋的星期六上午，我正在厨房里做点心。那一年我才21岁，还是个姑娘。两年前我已经订了婚，一直等着结婚。我的未婚夫当时正在喀什噶尔任职。我知道这一点：我未来的生活注定要在中亚的荒僻之地度过。所以，现在我极其认真地学会做那些在那个遥远封闭的地方或许对我有用处的各种各样的事情。

厨房里，虽然我的双手正忙于搅鸡蛋，但是思绪却早已飞向了喀什噶尔。我正在期待着未婚夫从喀什噶尔寄来的信，想知道他是否已获得了休假期，会不会在最近几个月内赶回家乡来和我成婚。

突然，家里前门的门铃响了起来，声音很大，女仆去开门。她回来的时候连走带跑，显得非常激动，给我带来了令人吃惊的消息，她大声嚷道："马噶特尼先生已经到家了！"我可一点儿也不相信她的这番"宣布"，让她不要恶作剧了，我只是平静地做完了糕点，并把它放进烤炉中。

过了一阵，我母亲让我马上到她那儿去。看到我的未婚夫站在客厅里，我心里又惊又喜，五味杂陈。他只是平静地宣布："我们必须在下个星期六举行婚礼，然后尽快离开英国前往喀什噶尔。"因为他只有三个月的假期，而回来的路上已经用去了5周。

在一周之内做好所有的事情，并且打点好我的行装，这看起来几乎是完全不可能的。但是我们却把这一切都做好了，并且在9月17日举行了婚礼。1898年10月6日，我们向朋友们道了别，告别英国，踏上了充满冒险色彩的行程。

对我来说，这确实是一次了不起的探险旅程。那时候，我认定自己是世界上最腼腆、最没有冒险精神的女孩。我从来没有走出自己被传统包裹得严严实实的家庭一步，也没有离开我们这个大家庭中的兄弟姐妹一步，更没有要去周游世界的想法，一丁点儿都没有。总之，除了会做点心，我并不具备要过一种探险者的生活的任何条件和素质。

我们的蜜月是在穿越欧洲，穿过俄国，渡过里海，沿着横越里海到安集延[1]的铁路沿线上的旅行中度过的。接着我们又乘坐俄国邮车从安集延到了奥什，再从那里骑马翻越了天山山脉，到达了喀什噶尔。对于我这样一个从来没有旅行过的人来说，这种度蜜月的方式可真是一件新鲜事，处处充满了新奇和惊异。一切都是那么陌生，一切都是那样令人难以置信。一路上，我常常有一种肯定是在做梦的感觉，因为我那平静如水、毫无涟漪的在家中的生活一下子完全变了样。

我们走过的这段路程对一个人的性情意志是个很好的考验。一路上，我们提心吊胆，有时候几乎让人感到完全垮掉了。我累不可支的时候，总是感到事事似乎都不如意，而且有时候得挨饿。

如果一对夫妇在这样一段旅途中能够经受住考验，而且不争吵，那么他们就有可能在任何情况下都相敬如初，患难与共。我们做到了这一点，而且这会保证我们在漫长的人生历程中风雨同舟，相亲相爱。但是在旅途中我是多么想家呀！特别是我们进入俄国后，我发现自己不能同任何人交谈，我更加想家了。最让人难受的是我连报纸上的一个字都不认识，更不用说那些火车站站名和商店店名了。就这样，我得在一片陌生的土地上度过整整4年，过完这样的日子，才有望见到自己的故乡。

---

[1] 安集延是当时俄属中亚的重镇，今属吉尔吉斯斯坦。

我们快到俄国南部城市罗斯托夫(Rostov)的时候,有一天下午,我丈夫下火车去搞点开水供我们喝茶用,他让我在车厢里准备好杯子和饼干。这是那时候俄国境内旅行的规矩:火车一到站,人们就冲下车厢,提着水壶或茶壶,沿着站台一阵猛跑,到几个烧开水的巨大的萨莫瓦尔(Samovar)[1]边,这些开水炉由农妇掌管着,她们要收灌开水的人的钱,一水壶开水5戈比(约等于四分之一便士)。跑去灌开水的人把壶灌满后,一溜烟在火车开动前跑回车厢。一路上,我们一直都对灌开水这件事感到很有趣,因为它令人紧张。然而,那个下午却发生了一件意料之外的事。

我正在车厢里忙着准备茶杯和饼干,突然,开车铃声响了,火车开动了,而我那宝贝丈夫却没有回到车厢来！我被这场横祸吓呆了。我在车厢里呆站了好几分钟,脑子里一片空白。我被困在了这样一个国家。我既不会讲一句俄语,口袋里也没有一分钱,连火车票都不在我这里。更倒霉的是,我的护照也在丈夫那里。就这样,似乎令人焦虑不安的好几个小时过去了,但实际上还不到一个小时,我就在这种心急如焚的状态中挣扎着,一直想着能否找到自己的丈夫,或是在这个孤寂的世界上找到一位能够讲几句话的人。突然,旁边的车厢里有人用沙哑的伦敦土腔哼起了一首在英国杂耍剧场常常听到的古老而又好听的小曲。听到这熟悉的小调,我的心中充满了暖意,情绪也好了起来。对我来说,这突如其来的乡音,就好像是一首天使专为我带来的歌。

我立刻冲到了车厢过道。在另一节车厢里,有一个人出现在面前——他身材高大,面色红润,穿着一身大花格子骑装。这个人叼着一根粗大的雪茄烟,嘴里一边喷着烟雾,一边快乐地哼着那首小调:“在老肯特路上碰到了他们,塔——啦——啦——”我对他讲了自己的困境,他保证会帮我处理好有关车票或护照之类的麻烦事,我顿时感到遇到了朋友,我们攀谈了起来。正在这时,我那丢失的丈夫出现在车厢里,他冻得浑身发抖,脸色发青。原来,火车开动时,他已到了站台上,并跳

[1] 萨莫瓦尔是一种俄式的开水炉。

上了最后一节车厢的尾部，却不料通向车厢的门锁着。他只好站在车厢外，任寒风吹打着，直到后来乘警过来开了门锁，才让他进了车厢。回到我们乘坐的那节车厢，他却发现我正专心致志地和这位新朋友聊天！后来，我丈夫和我了解到，这位新朋友是圣彼得堡沙皇马厩的一名马夫，这次乘火车到罗斯托夫去购买马匹。这个人是位非常有意思的旅伴，肚子里装满了故事，而且用他那古雅有趣的伦敦土话讲了出来，逗得我们很开心。

这件事之后，我在火车上发誓再也不让丈夫丢下我一个人下车买开水，而且我把自己的护照带在身上，随身还带了些钱。

当我们到达里海边的彼得罗夫斯克城时，那艘驶向克拉斯诺沃德斯克(Kasnovdsk)的班轮正离开港湾。这真令人恼火，因为要乘下趟班轮，还得在这里等上3天。

在彼得罗夫斯克城，我平生第一次沉浸在了东方的情调和氛围中。那里的人和形形色色的巴扎完全不是俄罗斯式的。彼得罗夫斯克并没有多少东西值得看，我们在那里也无事可做。于是，我们把大部分时间花在沿海岸散步上。海水湛蓝。当地人告诉我，由于海水浮力很大，人在海里几乎沉不下去。里海的地理状况很特别，它的海平面要比地中海的海平面低，而且海水特别浅。只要海风乍起，吹过海面，海面上就会波涛翻滚。

我们乘班轮离开彼得罗夫斯克，班轮沿着海岸线驶往巴库(Baku)，在那里我们还要换乘客轮。

巴库夜景可真是美极了！在油井燃烧的火焰的映衬下，赤霞满天。这里到处都是石油，海面上漂浮着厚厚一层石油，空气中弥漫着很浓的石油味。数年后，我们乘火车途经巴库，看到原油咕嘟咕嘟地冒出地面，而且滴落在铁路的碎石路基上。这里的火车和轮船使用的燃料全部都是石油。

我们乘坐的客轮晃晃荡荡地航行了一夜，这一夜可真让人感到不好受。第二天清晨，轮船到达了克拉斯诺沃德斯克。这座城市位于里海的亚洲一侧。

我们买船票时，发现票价里包含了船上的饭菜价，当时认为这太好了。但是，客轮驶离港口，驶向大海中好长一段旅程后才为旅客们提供饭菜，我们才发现这并不是个好主意，因为到那时，船上已经没有一个乘客想吃饭了。

从海上远眺克拉斯诺沃德斯克城，只见那里到处是裸露的光秃秃的白色岩石和山丘，房子也是白色的，只有一些无精打采的树在风中摇曳。那里没有淡水，原因是终年没有一滴雨。人们使用的水是从里海海水中经蒸馏分离出来的，味道很怪，喝起来让人不舒服。

我看到一位俄国渔夫背上扛着一条硕大无比的鲟鱼行走在码头上，这给我留下了极深的印象。那条鲟鱼的头高过渔夫的脑袋1英尺，而尾巴却拖曳在地上。在这一趟旅行中，我和丈夫都迷上了鲟鱼和新鲜鱼子酱，而且迷得很厉害。在火车上的餐车中，总有烹调得味道极佳的鲟鱼，还有鱼子酱端上来，而且烹调的方式各不相同。

我们在克拉斯诺沃德斯克换乘火车。这是一列由石油提供动力的列车，行驶得非常缓慢。火车驶离克拉斯诺沃德斯克后，便一头扎进了干涸的荒漠大地。一路上，车轮滚滚，我们倒也相安无事，只是火车不时得停下来，等铁路工人饲养的迷了路的奶牛和牛犊慢悠悠地越过铁道，火车才又开动。有一次，火车的动力装置停止了运转，喷出了一股股蒸汽，气势逼人。我们从车窗中伸出头看看到底出了什么事。只见一只笨头笨脑的老鹅领着一群鹅，晃晃悠悠、摇摇摆摆地穿过铁路路基，根本无视喷着蒸汽的列车。火车得等在那里，伺候这群鹅穿过铁道。

这一带偶尔见到的建筑物是在铁路车站附近的一两座房屋，其余的只是广阔的荒漠。一支支驮队在荒漠中行走着，每一支驮队前面都有一头小毛驴带队，常常驴背上并没有人，只是驴被一条绳子与骆驼拴在一起。驮队慢腾腾地向南行进着，那里的地平线上隐约可见起伏的山脉。

经过两天单调乏味的旅行，我们终于看到地面景色发生了变化——夕阳余晖下，大地披上了金色的盛装，气象万千，气势磅礴，令人陶醉。远处，我们看到了一线流水，我们知道离布哈拉古城不远了。那一线流水想必是奥克苏斯河（Oxus River），现在人们称它为阿姆河（Amu Darya）。

火车离布哈拉古城越来越近，在前方我们看到了一座摇摇欲坠的木桥，心里有点不安，不知道到底是不是要把我们自己和列车的命运托付给这座桥。果然，情况就是这样。火车停了下来，从车厢里跳下去一个乘警。接着，火车又开动了，一步一步向前蠕动，朝木桥驶去。那个乘警在车头前面走着，一边查看着自从上一列列车通过后，这座桥又向下沉下去了多少。我至今也没搞明白，他手里的那面红旗到底能为我们做些什么。因为在这种情况下，不需要有人提醒，我们也知道火车通过这座木桥有点危险。

列车载着我们继续向前缓慢地挪动，桥身晃晃悠悠，发出嘎巴嘎巴的声响，仿佛它已难受到了极点。有几处桥面上的大梁已不见了，我们朝下望去，从那些洞中看到像巧克力一般颜色的河水从下面冲刷而去。

用了整整半个小时，列车才爬过木桥。到了对岸坚硬的地面上，我们这才放下心来，深深地吸了一口气。这座桥虽然从表面上看不安全，但是就在我们乘坐的列车通过之后的一段时间里，它仍然在承受着其他列车通过时的重负，并没有发生意外。等4年后，我们在回英国途中又路过这里时，看到一座精巧的铁桥已横跨在河面上，列车通过了这座铁桥。而那座旧木桥，或至少是它的一部分，仍然横在河上，使我们再次回想起那令人揪心的半小时。

虽然我们极想参观游览布哈拉古城，但是我们却没有在这里下车，只是从车站上匆匆看了看这座古城。站在站台上的那些英俊的男人和漂亮的女人让我们羡慕不已。

就这样，这列火车把我们拉到了撒马尔罕，我们的铁路旅行被迫在这里中断了。

因为在1898年，从撒马尔罕到安集延的铁路刚刚竣工，但是还没有正常的旅客列车开往安集延。要想从撒马尔罕乘火车到安集延，必须得到撒马尔罕总督的批准。

这条铁路上的列车没有旅客车厢，旅客们得坐在有棚的拉运牲畜的货车车厢里。我们看到有些旅客身上裹着宽大的俄式披肩，或蹲或躺在车厢地板上，而地板上只铺着一层干草。对我们来讲，要与这些人混坐在那里，还要待上好几天，这个前景没有一点点吸引力。但是，如果不乘坐这种列车，我们又怎么能继续前行！

第二天上午，我们前去拜访撒马尔罕总督梅鼎斯基将军，我们并没有带给他的介绍文件，也没有人向他介绍过我们，所以我们心里一直犯愁：他不认识我们，怎么会接见我们呢？然而，他却极其亲切地接见了我们。我们发现这位将军是一位温文尔雅的绅士，从头到脚都是一位军人，一位马上获得了我们尊重和信任的人。由于他只会讲俄语，而我丈夫的法语要比俄语好一些，所以梅鼎斯基将军召来了他的秘书为我们的谈话做翻译。出乎我们的意料，他的秘书竟是位爱尔兰姑娘，她一直居住在俄国，法语和俄语说得极为流利，但几乎不会说英语。

我们立刻得到了乘火车的批准，而且梅鼎斯基将军还说，由于他女儿要在两三天内到玛尔基兰（Margillan）与她驻扎在帕米尔高原的丈夫会合，将军提出我们可以待在他为自己女儿特地保留的一节头等车厢里的一个包厢里。当然，我们为自己有如此好的运气而极为高兴。

因为要在撒马尔罕等这位将军的女儿，这得好几天，我们便开始尽可能多地在这座城市游览参观一番。撒马尔罕是蒙古王朝的摇篮，这里的蒙古王庭曾统治过印度好长时期。我们在巴扎上到处游逛，看了个够，而且还去参观跛足帖木儿皇帝的陵墓，他的陵墓上覆盖着大概迄今能够发现的最大的一块玉石板。陵墓大门上镶嵌着精美的蓝色瓷砖，在晴朗干燥的天空下闪耀着光芒。然而，这里的辉煌文明已成为过去。古代建筑物的风格完全是典型的鞑靼人风格，鞑靼人曾经的辉煌早已烟消云散。现在俄国人是这里的战士和主人，征服了这片土地，而鞑靼人却成了商人，成了仆人。

在俄属中亚看到的人种类型给我留下了极深的印象。他们中的大多数人皮肤白皙，长相属欧罗巴人种。那里的男人身材高大，颇有威严，而女人们则大都身材可人，面貌秀丽，非常漂亮。他们举止文雅，彬彬有礼。尽管历史上这里遭受过侵略，但这里的人们却依然保留着自己伊朗人的特征。

当然撒马尔罕城里还有一些人，由于过去年代里与入侵者通婚，他们已经显示出了鞑靼人和蒙古人所特有的那种杏眼、高颧骨的特征。

梅鼎斯基将军亲自到火车站为我们送行。我们看到列车上专为我们留下了一个相当豪华的包厢，为此我们向将军表示了谢意。后来我们才了解到，在喀什噶尔地区和费尔干纳地区之间俄中边界勘界谈判中，梅鼎斯基将军曾担任过俄方长官，因此中国人很了解他。

乘上这列车，我们出发了，车厢内环境很舒适。然而，我们快到玛尔基兰时，却发现由于我们的旅伴（指将军的女儿）要下车，我们乘坐的那节车厢被解离了列车，这使我们大为吃惊。无奈之下，我们只好在拥挤的运牲畜的货车车厢里找安身之处了。

像往常一样，这一次经历又使我伤心至极，因为我还没有养成不要预先自寻烦恼这种心境，而这种心境恰好是每一个旅行者必须具备的。列车还要再行驶24个小时才能到达安集延，因而看起来我们又得过一段令人相当不舒服的时光了，因为列车太拥挤了。然而，好运气又一次光顾了我们。在列车上，我们曾跟一位俄国军官交谈过几次，这一次他也要下车，他把自己乘坐的货车车厢交给了我们，让我们乘它走完最后一段路程。看来他把这节车厢一直据为己有，在车厢内铺上了一块地毯一样的东西，还放了一张桌子、几把椅子，甚至还装上了一张当地人常用的绳床，床上有枕头和小毛毯。自然，我们接受了这份盛情，再三向他道了谢。到了这时，我开始感到为前面出现的困难发愁是完全无用的。

我们的这位俄国军官朋友还告诉我们，这列火车上还有一个英国人，他与一大群人挤在货车车厢里，非常不舒服，所以我们开始到处寻找他。站台上的每个人都戴着俄式皮帽，穿着笨重的大靴子。在这样的人群中要找到一个英国人，希望并不大，因为大家头上戴的帽子都一样，我们就开始观察他们脚上穿的靴子。但是除了俄式长筒靴子外，似乎没有其他种类的靴子了。我们正要返回列车车厢时，突然看到有人穿着一双英国式带鞋带的靴子，从我们前边走了过去，千真万确是英国式靴子。我丈夫走过去与他搭话："你好，你就是那个英国人，是不是？""是呀，我就是这列车上的英国人。"他回答道，"但你怎么知道我是那个英国人的？"我回答："从你穿的靴子认出你的。"我们唱了一曲"二重奏"，并且和他热情地握了手。他告诉我们，他的名字是约翰·斯派克，是伦敦人，我们也向他作了自我介绍。多年以后，我们又在伦敦的皇家地理学会相遇了，还都情不自禁地看了看对方脚上穿的鞋。

当我们自己找到了这么一个舒服的角落，我们感到所要做的是应该与斯派克先生分享它，于是他把自己的东西搬到了我们的"普尔曼"[1]中。

我可从来没有乘坐过与这一趟由撒马尔罕到安集延的列车一样的列车，在此之前没有，在此之后也没有。这趟旅行可真是有意思极了！这列火车以每小时15英里的速度向前蜿蜒地爬行着。机车想什么时候出故障，故障就来了，列车也就停了下来。旅客们从车厢里跳出去，采摘野花，在田野里漫步。机车一声尖叫，由铁路钢轨做成的钟一敲响，旅客们又都磕磕碰碰地奔回各自的车厢。这可真是一种体育锻炼，需要技巧，因为这些车厢离路基太高了，而且任何像台阶一样的东西都没有。

列车上有一家商店，人们可以在那里买到各种各样的东西——肉、蔬菜、粮食、衣物、扫帚、锅碗瓢勺、糖果、衣服料子、煤油、伏特加酒，等等，一应俱全。而且在每个车站上，人们总是要等在那里买东西，当然列车必须在那里等着，直到每个人都买够了，而且都不再互相打听消息了，才开车。所以，这列车到达安集延时整整晚点了一天，这一点并不令人感到惊奇。

列车行进的那天晚上，几个相貌可怕的高加索人冲到了我们乘坐的车厢里。他们穿着紧身服，外面套着长长的黑色大衣，前胸上挂着许多子弹带，穿着高筒皮靴，戴着像英国陆军近卫兵戴的那种熊皮鸟缨高顶帽，皮带上插满了武器。由于列车开动时他们在车外睡着了，列车没有等他们，所以他们没能返回自己的车厢。于是他们就爬上了我们的车厢，并马上就在车厢地板上躺倒呼呼睡着了。我躺在车厢里唯一的那张床上，我丈夫和斯派克先生则躺在床两侧的地板上，我们就这样入睡了。入睡前，我脑海里浮出的最后一个想法是：假如我母亲看到我现在的样子，她又该说些什么呢？就这样，我们都安然入睡了，而且睡得很香。突然，火车猛地刹了一下，就停下了。原来我们已经到达了安集延。这是中亚大铁路的终点站，我们乘坐的列车在这条铁路上从头到尾走完了全程。现在已经是10月底了，大地上已结满了霜，天气寒冷。

---

[1] 普尔曼(Pullmann)指由英国人普尔曼设计的一种特别舒适的火车卧车。此处指马噶特尼夫妇乘坐的比别的货车车厢舒适一些的车厢。

我感到一阵阵寒气袭人,从那个冰冷的车厢里突然被惊醒,所以情绪很低落,但又得在清晨5点钟走下列车,扑向那昏暗的火车站台。

几个穿着破烂、面目难看的安集延人扛着我们的行李,我们随着他们走出了车站,来到了这个山村一般的城市街道上。星光依稀可辨,我们找到了一家简陋的旅店,我们得在这里住一天一宿。旅店的女主人很漂亮,头上总是围着一条围巾。她对我们很友好,而且尽可能地讨好我们,但是她的方式和思想与我们的大相径庭。看到她把我们吃剩的汤又倒在汤盆里,供下一个住店客人享用,我们就对她摆在饭桌上的其他饭菜毫无胃口。或许,如果没有看到她的这一套招待客人的方法,我们倒会觉得她的饭菜做得真不错。

但是,不论怎么样,能够在这个旅店里换换身上穿的衣服,那真让我们感到轻松了不少——在列车上的许多日子,我们从来没有脱过衣服。

从喀什噶尔赶来接我们的两个仆人本来应该在车站上迎候我们,但是我们四处寻找,怎么也找不到他们。这让人很担心,因为我们不知道怎样安排好赶路的大篷车,也不知道如何翻过那些崇山峻岭。我们想到了一个绝妙的好主意——下一趟列车到达时我们赶到了车站,果然在那里碰到了他们。前一天深夜,他们曾在车站等我们,但由于在黑暗中没有找到我们,于是就错过了机会。我们欢喜地与他们见了面,互相问候致意。他们也感到自己像迷了路的羔羊一样,见到我们非常高兴。

这两个人为我丈夫工作已多年了,他们感到非常自豪,因为被选中护送我这位新的女主人。见到这两个仆人后,我立刻感到我和他们会成为真正的朋友,我想他们也有同样的想法。多少年来,他们一直对我非常忠诚,尽心尽责,是难得的好仆人。

来到中亚大铁路的尽头后,我们感到已经把欧洲文明远远地甩在了身后。我们,至少对我来说,开始了在一个陌生的世界里的冒险。我们得乘俄国邮车从安集延到奥什,也就是到达天山脚下。从那里,我们要翻越过险峻的天山山脉。这段旅程得走整整一天,对我来讲,这可真是一种全新的体验。

乘坐俄国邮车旅行并不是一件令人舒服的事,因为这种邮车上没有弹簧，很颠。邮车车厢像一个船形篮子，横卧在长长的木杆上，三匹马拉着车前进。中间的一匹马套着一个马拥脖[1]，驾着辕。辕马拉着车一路小跑，而两匹拉边套的马由绳子套在车中间轮子的车轴上，头昂然向外，一路奔跑着。辕马的拥脖上挂着一个大铃铛，而三匹马的挽具上都有一串小铃铛，马跑起来，铃铛叮当作响，铃声阵阵，清脆悦耳。

我们钻进了邮车，坐在小毯子上，背靠着车上的枕头。坐稳当后，车夫登上了车厢前的木箱。车夫的样子很有特色，穿着一件很厚的大衣，他裹在那件大衣里，看起来身材粗壮高大。大衣的上半身很合体，但下摆像个裙子。车夫戴着一顶大皮帽，把耳朵遮得严严实实。他把缰绳揽在一起，一圈又一圈地绕在双手上，这样双手就可以紧紧地拉着马缰。这可又让我有点不解：我真不知他为什么要这样牢牢地抓着缰绳不放。但很快，我就找到了原因。

在车夫做准备工作的时候，三匹马由一个助手牵着，这个助手的工作是使马匹静静地站在那里。一切准备停当后，车夫鞭子一扬，啪的一声，牵马的助手机智地跳向一边，马就开始昂着头奔跑起来，我们的邮车也就全速前进了。邮车车轮滚滚，马脖子上的铃铛叮叮当当，车后扬起了一阵阵尘土，如风云翻滚，人、狗、猫、鸡、鸭在车前面惊慌失措地东躲西闪，就像逃命一般。这是个很有趣的开端，这种情况下当然需要车夫紧紧地拉住马缰绳了。

中途，邮车停下来换了三匹马，我们也在一家俄国驿站里吃了午饭。午饭有煮鸡蛋、面包，还有奶油。茶总是必不可少的。驿站里也有一个萨莫瓦尔，烧开水供人们泡茶用。茶炉是用紫铜或黄铜，甚至银制造的，瓮形，很大。茶炉里添上水，由中间的一根管子或圆柱中燃烧的木炭把水烧开。这种茶炉在俄国家庭中必不可少，用它来烧水供泡茶、煮咖啡、煮鸡蛋，等等，还烧开水给婴儿洗澡。总之，它能为一个家庭做很多很多的事。

他们至少给我和我丈夫端上了一打煮鸡蛋。如果我们是俄国人，

---

[1] 拥脖是马的挽具之一，用皮做成一个长圆筒，里面填满麦草，两头扎死，套在马脖子与肩胛之间。

我们肯定会吃光它们，说不定还会再要几个。

我逐渐喜欢上了俄国茶，特别是在茶中能有几片鲜柠檬，那就更让我爱喝了。俄国人在茶中不放牛奶，而是放上柠檬片。如果没有柠檬的话，他们会在一杯茶中加上满满一匙果酱或果汁。我注意到俄国人端来的茶总是盛在玻璃杯中，而不是盛在茶杯里。

虽然俄国人的面包中有一种几乎是黑色的，味道很酸，我不大习惯吃这种黑面包，可其他种类的面包的味道却相当好。

一路上的尘土几乎能把人呛死。当天夜里，我们到达了奥什。一下车就发现我们从头到脚满是尘土，一抖身子，成片成片的尘土直往下掉。几个小时后，我们的仆人乘着当地人的一辆马车也赶到了，并且带来了我们的行李。安集延人的马车精巧别致，全部都是用木料做成的，车轮至少有6英尺高，而车夫都骑在马背上，脚踩着车辕。旅客和行李被塞进一个像篮子一样的大车厢里。套车的马像人行走一样，当然跑不快，只是偶尔小跑几步。

奥什是一个很迷人的俄国小镇，位于天山山麓，镇上有一个很大的巴扎。"Tian-Shan"的意思是"天的山"或"上天的山"，中国人有时称它为"葱岭"[1]，原因是这条山脉到处都有野葱。

俄国人把他们的小城镇设计得很漂亮，街道很宽，路边树木葱茏，大部分树是刺槐树。在奥什，到处都流淌着清澈的小河，河水是从山脉间冲下来的冰冷刺骨的雪水。原木修成的桥横跨在小河上，路路相连相通，构成了一幅幅美妙的图景，令人赏心悦目。在这里，你马上就会感受到山里的清新空气。

我们发现奥什地区行政长官扎依切夫上校早已为我们安排好了住处。我们住在当地的军官俱乐部（或称交际处招待所），那里已为我们准备好了舒适的房间。在列车车厢里待了那么长的时间，这些房间对我们来讲就好像是宫殿一样。他们还专门安排了一个哥萨克人来侍候我们。

---

[1] 葱岭，传说以山多青葱而得名。其地域甚广，北起南天山、西天山，往南绵亘，包括帕米尔高原、西昆仑山、喀喇昆仑山和兴都库什山，是古时中国西部界山。

在这样舒适的环境中休息几天真是求之不得的，况且我们还要安排翻越天山的驮队。

扎依切夫上校的夫人邀请我们到她家中赴宴。上校住在小城上端的山坡上，房子很漂亮。在他家里，我们受到了极为热情友好的款待。我丈夫在回英国接我的途中，曾在这里结识了扎依切夫上校一家人。在宴会期间，除了语言上的障碍外，我很喜欢这里的一切。显然，是我丈夫告诉他们我会唱歌，所以他们坚持要我唱一首。他们仅有的乐器是一架小巧玲珑的风琴，而我感到星期天下午在风琴伴奏下唱的歌只能是一首教堂里唱的圣歌。于是我用英语唱了一首古老的教堂的圣歌，唱到动情之处，我禁不住感到是在“一片陌生的土地上唱着天国的赞歌”。

扎依切夫上校一家主动提出要把那架风琴卖给我们，说他们用不上。我们就买下了它，想把它作为我们在英国买的一架小钢琴的伴奏乐器。小钢琴已从伦敦托运前往喀什噶尔。那架小钢琴是格拉摩(Grammer)公司的产品，有5个音阶，它可以安放在桌子上。钢琴键盘可以卸下来，单独装在一个箱子里，因此一匹马就能驮动它。装键盘的箱子驮在马背的一侧，装钢琴主要部件的箱子驮在另一侧。

离开奥什的那一天，扎依切夫上校夫人送给了我们一大包面包和饼干，让我们在路上吃。对此，我们真是感激不尽，因为我们得带足整整16天的食品，而且路上能搞到的食品只有活羊，面包是绝对没有的。

终于，我们雇的马匹被牵到了军官俱乐部前。很快，我们的东西就捆绑在马背上了，包括帐篷(以备急需)、铺盖、锅碗瓢勺、食品、杂物箱子、风琴，以及马料。

在装载风琴的时候，驮夫发现由一匹马驮这件庞然大物太重了，因为马还要在崎岖的山路上行走，于是有人提出得雇一头牦牛。驮夫们在商议这件事时吵吵嚷嚷，比比画画，最后才有了个统一的结论。我丈夫说了一句“Bund obast karo”，于是很快就有两个吉尔吉斯人牵来了一头牦牛，一个吆赶着牦牛，另一个使劲拉着这头硕大的毛蓬蓬的牲畜。牦牛浑身长满了长长的毛，所以乍看上去只有头和躯干，没长腿。在此之前我已发现我丈夫讲的那句话产生过魔法般的效果，“Bund obast karo”意思是“安排好这一切”。话音刚落，立刻就有人去作安排了，也没人再争论了，吵吵嚷嚷马上停息了下来。通常，你不必指示要做什么安排，如何执行，因为经常有人立刻就把事情安排得利利索索。这一次，我丈夫的话音一落，立刻就有人出去牵回来了一头哼哼唧唧的牦牛，在场的几个人拥上前把装风琴的箱子抬了起来，驮在牦牛背上，捆绑结实，然后牦牛驮着箱子晃晃悠悠地上了路。无论在什么情况下，牦牛都不匆忙，也不慌张，一路上，它总是哼哼唧唧、嘟嘟囔囔。

我们终于出发了。好一支有气派的驮队！牦牛在前，后面紧跟着驮着物品的八九匹马。我们和仆人骑马跟在后面。

我过去从来没有骑过马，也不知道成为一名女骑手得受什么罪。我要骑的那匹马马背上有一个当地人惯用的鞍子，鞍子前部是一个高高的鞍鞒，鞍子上铺着一条厚厚的毯子，鞍子后部有另一条卷起来的毯子，用于骑马时向后靠，也起保暖作用。他们要我跨在马背上，因为在崎岖的山路上，这样骑马安全些。

我碰到的第一个困难是如何骑上马背。每次我试图跨上马背，腿总是被马鞍后面的那卷毯子挡住，而且每次都得让人把我从这种难堪、可怕的境况中解救下来。最后，还是我们的仆人加法尔·阿里救了驾。他从后面把我抱了起来，我一条腿跨了过去，差点儿使我从马背上翻了过去，这一下让我笑得浑身无力，可这也没有帮上什么忙。

终于，我跨上了马背，我们就这样出发了。刚骑在马上，我就天真地认为，骑马旅行该是多么舒服啊！但是出发一小时后，我就感到身体开始僵硬起来，而且越来越僵硬，后来我简直难受极了，好像身上的所有关节都散开了似的。每走一步，每颠簸一次，都使我疼痛难忍。但我又不敢停下来，更不敢下马，因为我知道，在我目前的状态下，我绝不能再把腿跨过那一卷毯子了。

就这样，我们连续行进了6个小时，最后来到一所俄国驿站，我们要在这里过夜。我几乎是被人抱进房子，轻轻地放在床上的。躺在那里，我感到自己是世界上最痛苦的人，特别想家。我怎么能在这样难受的旅行中度过16天呢？我觉得自己肯定过不了这一关，甚至活不下去了。这里我要坦率地告诉读者，躺在床上，我用毯子蒙住头，伤心地哭了起来。

第二天早晨，我简直爬不起来了，穿衣服时的那份难受劲儿是无法用言语表达出来的。然而，我还得挣扎着爬上马背，那可真是令人心惊胆战啊！就这样，虽然又经受了一天的煎熬，但这一天过得却没有我想象的那么惨。使我感到惊奇的是，在其后的几天里，我发现自己挺喜欢沿途的壮丽景色，而且逐步忘却了自己是骑在马背上。

我们的驮队穿过了一条又一条景色秀美的山谷，一直朝高处前进着。有时候又下到了一条山峡，两边怪石耸峙，然后又沿着一条小河岸前行，河水翻腾着，跃过巨大的圆石头，水花溅到了我们身上。走着走着，前面突然有一座摇摇欲坠的小桥横跨在河面上。我们战战兢兢地走过小桥，来到河对岸。就这样，走了一程，又折回头向来的方向前进，绕来绕去，行走了许多英里。突然，我们发现驮队已走出了深深的峡谷，来到了一片河谷地。这里草很茂盛，一片片高低起伏的草地绵延不绝，草地中间一条很宽但水很浅的河蜿蜒而去，河水静静地流淌着。

那一年的10月，这里的河水很浅，我们可以蹚水越过这些河流，但是4年后我沿着同一条道路旅行，路过这一带，那是在6月，这一带的河流中溢满了洪水，河的模样全变了——4年前那个可以涉水而行的河段，此刻河水宽度达四分之一英里，而且水很深，我们必须骑着骆驼才能过去，而马只得游过去。

只要河水不浸过骆驼背，骑骆驼就很安全。但是一旦水浸过了它的背，它可不会游泳，就一下子被水冲倒，并且会被冲走。在我所有的旅行经历中，只有一次没有骑骆驼过河，而是骑马涉水过去的，因为人们告诉我，骑骆驼过这条河不保险。我骑的马是一匹高大的中国马，像一匹拉公共马车的高头大马，但上了点岁数。马后面跟着一个中国人，他有多次涉水过这条河的经验。看到我在马背上心惊胆战、不知所措的样子，我那位心地善良的老仆人加法尔·阿里慈父般地拍了一下我的膝盖，告诉我紧闭上眼睛，而且一直闭着眼前行。我照他说的做了，一直闭着眼睛，直到我们安全地踏上了干地才睁开双眼。但是，当感觉出我骑的这匹马四蹄离开了河底，由河水冲着向前走，直到走出河水，我心里还是恐慌极了。

第一次骑在骆驼背上，我怕得要死。我得从一个吉尔吉斯人的背后骑上骆驼，这个人在骆驼跪卧在地上时就骑在它背上。每一次我刚要骑上去，这头畜生就转过头来，怒吼着，还要咬我的腿，我吓得只好跑掉。最后，趁它不注意的时候我终于骑了上去。我的吉尔吉斯向导把我的手揽在他的腰部，朝着骆驼大吼了一声，骆驼先是后腿一抬，把我掀到了那个吉尔吉斯人的身上，然后它又费劲地将前腿一伸，猛地站了起来，又把我向后掀了过去。就这样，这峰骆驼驮着我们前进了。骆驼一路小跑。我们越过了一片沙滩，在驼背上我被颠得前俯后仰、左晃右荡。来到河边，骆驼慢慢地蹚进了河，越往前走水越深，河中的树枝和杂物在我们四周被水冲着旋转而去。在水中，我们似乎静立在那里，一动也不动，只是由水冲着向下滑。我怕极了，只顾紧紧地乱抓着向导，我的丈夫朝我喊了起来，让我别把那个向导抱得太紧了。我们走到了河中央，向导开始祈祷起来，我想："完了，末日到了。"我一路上都在祈祷着，一刻也没有停。我想向导的祈祷肯定是虔诚的，他是诚心诚意地在向上苍祈求护佑。我闭上了双眼，努力地不去想在我们周围怒吼着的河水，想什么都行，就是别去想河水。但这又使我感到，我肯定会掉下水，等我的末日来到。突然，我听到一声吼声，睁开双眼，发现自己不仅没有被水淹死，反而是到了河岸边。但是，河水已把河岸冲垮了，河边齐刷刷地矗立着大约4英尺高的陡坡，坡上站着一个人。我们的向导把牵骆驼的缰绳甩了过去，他接住了缰绳，接着，这两个人同时大喝一声。向导用劲抽打着骆驼，同时又紧紧地把我的手抓住，拉到他面前。骆驼忽地一跃，跳出水的一刹那，我们几乎直立了起来。要不是那位吉尔吉斯向导紧紧地拉住我的手，我肯定要朝后翻下骆驼，掉入水中了！这峰可怜的骆驼跳上了河岸，双膝跪在那里，河岸也都被压下去了。过了一会儿，我发现自己坐在路边，真是令人哭笑不得。我那位丈夫，他一向是世界上最沉着冷静的人，这一次在后边看着这峰骆驼的怪诞动作，也惊呆了。

我第一次在崇山峻岭中旅行，就经历了如此惊心动魄的场面，而且活了下来，真是太令人高兴了！

经过5天的旅程，我们来到了一座巨大的山隘下边，这是铁列克达坂（Terek Dawan），海拔1.3万英尺（3962.4米）。这座山隘是越过这一段天山山脉的唯一一条通道。我们在靠近山边的一个小小的旅店里过了一夜，旅店里有一个铁火炉，木柴很多。天气非常冷，我们确实需要让炉火暖和一下自己。整个夜里，风雪交加，雪下得很猛烈。我们开始担心行程会不会被耽搁在这里。但是，第二天早晨，暴风雪停住了，朝阳把群山染得一片橘红。我们出发时，阳光灿烂，这一切都预示着我们会平安地翻越过这座达坂。

由于山路上都铺满了雪，一点人畜行走的踪迹都没有，牵着牦牛的吉尔吉斯人提出，因为他们非常熟悉这座达坂，他们应该在前面行走，我们要沿着他们走过时留下的踪迹前行。这样，我们就得重新安排驮队，让牦牛驮着大部分行李翻达坂。在这种地形上，牦牛要比马走得更稳当，而且也适应这里的稀薄空气。

我们的驮队，包括人和牲畜，都受到了高山病的折磨。做任何事都要费很大的劲，哪怕是向前移动一步。头剧烈地疼痛起来，呼吸也急促起来，这一切都使人非常难受难熬。在翻越达坂的时候，我们几乎没有睡过觉。终于，我们都登上了达坂，接着又开始沿一条狭窄而漫长的山谷向上前进。我们的步伐越来越缓慢，停顿次数也越来越多。吉尔吉斯人和马拼命地啃着雪块，目的是减轻他们的难受程度。

越往上走，四周越是死静，万籁俱寂，而这一切又越来越令人难忘。似乎谁也不想开口说一句话。山下我们听惯了的鸟鸣声在这里绝迹，马蹄声也被深深的积雪所淹没。唯一能听到的声音是马拼命呼吸时发出的，有时候它们在好一阵时间里也向前走不了几步。似乎我们把古老的地球远远地抛在了下边，而来到了一个新的世界——这是一个死寂的世界，洁白的世界，这里阳光灿烂、天空湛蓝，令人眼花缭乱、目眩神迷。

我们都戴着遮风镜，并尽一切可能遮住脸，以免受到阳光伤害。然而尽管这样，我们的脸还是被灼得斑斑点点。管驮队的那几个人拉着马尾巴，他们把帽子拼命向前拉，用来保护眼睛和脸部。有一个蠢家伙一点保护措施也没有采取，被强烈的阳光和雪光把眼睛灼伤，什么都看不到了，只好让别人牵着行进了好几天，后来他的视力又恢复了，高兴极了。

在用尽最后一点力气之后，我们登上了山顶。站在那里，我们发现山顶锋利得如同刀子一般，马匹在山顶上几乎无法立足。但是，呈现在我们面前的，又是怎样的一幅景象啊！放眼望去，四周雪峰林立，阳光照射下，冰峰熠熠生辉，闪耀着光芒，阳光使冰川表面变成了一面面巨大的镜子。在雪峰下端的斜线上，阳光又切出了一片片蓝色的阴影，看上去气象万千，壮观无比。我一生中还从来没有梦想过有这样壮丽的景色，这景色让人敬畏，使人产生了心灵的震颤。我站在那里，像被魔法镇住了似的。我们在爬达坂时遭受的一切磨难和经历的一切痛苦，与站在山巅之上俯视群峰的独一无二的机会相比，简直算不了什么。我感到自己心中热血沸腾，真想找个人与我一起分享这难得的美景带来的欣喜与欢愉，但我的丈夫不在跟前，于是我就转身用我知道的为数不多的印地语向一个仆人说道："多么美丽啊！"他看起来完全迷惑了，使劲在脚底下的地面上搜寻着什么，然后喃喃地问我："什么是美丽的？""这一切的一切！"我一边回答一边向四周挥动着手臂。但是，他一点儿也没有理解我的意思。对他来讲，这只是我们艰难旅途的一段，而这一段又使他头痛得厉害。他想着快点下去，好好吃上一顿午饭，好好喝上几杯茶。我是多么失望啊！我只好把这份欣喜与欢愉留给自己了。于是我继续前行，以便为后面上来的人腾出点地方。走下达坂的第一段路极其陡峻，而且怪石遍地，所以我们只好下马步行，干脆滑着往下走，直到路面稍稍平坦了些，才又跨上马。

翻过达坂，景色大大地变了，我们已经翻过了天山山脉的山脊。由于带有湿气的风是从西南方向吹过来的，它就被山阻挡住了，雨水被巨大的山脉挡在了一边。在俄国一侧，降雨量很大，雨水和雪很多，所以山上植被繁茂。而在中国一侧，我们所在的这一边，大地干涸得就像埃及的沙漠，看到的只是裸露着的岩石。那些仅有的绿地只是一些谷地，由泉水或高山上的冰雪、冰川融化流下来的小河水滋润着这些谷地。

我们沿着这些小河一路下山，河水一直流到了喀什噶尔。小河水叮叮咚咚地从高山顶流进山谷，在山谷中又与其他类似的河水汇合在一起，形成了一条条更大一些的河流，最后它们汇合成了一条宽阔的大河——克孜尔河，即红水河。这条河流经喀什噶尔，又流过了玛拉巴什（今巴楚县），最终流入了罗布泊。我丈夫向我解释，我们现在看到了中国新疆的"自来水"了。我听得津津有味，感到十分有意思。

在一个地方，我们正沿着其行进的一条清澈的小河与一条浑浊而且水色发红的小河相汇合了，这条红水河从一条山谷里流了下来。这两条河汇合后，河水各走各的道，一半河水清澈透明，另一半河水却浑浊发红。清澈的河水曾在上游流过了一片坚硬的白色岩石地带，而浑浊的河水曾在上游流过了一片松软的红色岩石地带。我有点担心那一半浑浊的红色河水终会占上风，因为我丈夫告诉我，当这条河的河水流到喀什噶尔后，人们给了它一个好听的名字“克孜尔苏”。河水颜色就像巧克力的颜色，而且很浑浊。

翻越过铁列克达坂后，我们踏上了第二段行程，到达了俄国边防站伊尔克什坦姆。那里，一座白色的哨所傍山而立，哨所里有一位军官和100个哥萨克士兵。

沿河而下，我们看到了一排排刷得雪白的房子和棚圈。后来才发现这就是俄国海关办公室。

海关官员特扎甘阁下骑着马前来迎接我们，邀请我们到他那里去住。我们高兴地接受了邀请，并同他一道来到了海关办公室。他已经为我们准备了一间相当舒适的房间，桌子上也已摆好一顿丰盛的饭。能够在一个像家一样的房子里待上几个小时，舒坦一阵儿，我们该是多么地高兴啊！同样使我们高兴的是，能在这里吃上一顿味道很美的饭菜，而再不受沿途做饭时的烟熏火燎之苦。到了晚上，那位哥萨克军官赶来了，虽然由于不懂俄语，许多话都听不懂，但我们度过了一段愉快的时光。房子里很暖和，很快我们就睡意浓浓了。

特扎甘阁下给我们讲了许多关于他如何抓获、诱捕走私者的故事，这些故事听起来令人毛骨悚然。他的任务是检查从中国进入俄罗斯的商队。走私的物品主要是珊瑚，用来做缠头巾的印度细布，以及纳斯[1]——一种当地人抽的大麻。其中珊瑚和印度细布的关税很高，而纳斯则是绝对禁止进口的。驮队商人们为了偷偷运进纳斯和印度细布，真是绞尽了脑汁，用尽了各种方法，诸如把印度细布一圈又一圈地缠在身上，而在布褶间又藏上纳斯，等等，无所不用其极。但他们把珊瑚偷运入境的方式却很原始。他们在到达伊尔克什坦姆前，强行让马把珊

---

[1] 纳斯是中亚常见的供咀嚼提神的类似鼻烟的东西，并不等于是大麻。这里似指当地人的纳斯中含有大麻的成分。

瑚珠和珊瑚块吞下去，海关检验结束后，这些人就迫不及待地匆匆上路，原因是他们要在路上仔细地看马拉粪，以便从马粪中能够找到偷运过来的珊瑚。而特扎甘阁下的对策则是尽量把商队滞留在海关，特别是对那些有走私嫌疑的商队更是如此。

居住在伊尔克什坦姆肯定非常孤寂，这个地方太荒凉了。我想，这里的俄国人见到欧洲人面孔，肯定会非常高兴。即使是见到像我们这样的英国人的面孔，他们也是欣喜无比。

那天夜里，我们正准备上床睡觉，我们的俄国主人告诫说，如果在夜里听到枪声，不要惊慌失措，因为每天夜里他都得走出去在院墙外边开枪数次，以便把扑向这里的狼吓走。狼会闯到他们的院子里，扑向马匹，或是掠走能找到的羊只和鸡。

第二天早晨，我们的俄国主人送给了我们许多面包供我们在路上吃，并且骑马送了我们好长一段路。

我们的第二段路途是从伊尔克什坦姆出发，到乌鲁克恰提（Urughchat）的中国哨所。我们不希望在哨所逗留，特别是在许多中国军人好奇的目光注视下在那里逗留，令人不舒服。所以我们就避开哨所，在一片平坦的地上疾驰前行，突然，中国哨所指挥官赶来迎接我们。他一再坚持，要我们至少跟他到哨所休息一会儿，喝点茶，所以我们只得无奈地掉转马头，跟着他来到了哨所办公用的房子。在那里，一群看上去蓬头垢面的士兵一直在注视着我们。我们待了一会儿，一再对他讲我们必须继续赶路，以便在当天能赶到一个很大的柯尔克孜族人的宿营地，因为按照计划，我们必须在那里过夜。

柯尔克孜族人是山区游牧人，他们住在巨大的由毡子搭成的毡房里，柯尔克孜语为“阿考依斯”。关于柯尔克孜族人，我还要在这本书中向读者介绍他们的情况。

在一片宽阔的山谷中，我们终于找到了柯尔克孜族人的宿营地。营地位于一条河边，河水晶莹清澈，河岸边牧草非常丰茂。草地上缀满了一大片一大片的蓝色鸢尾花和高高的黄色驴蹄草。白色的毡房星星点点，布满了山谷。一群群骆驼、牦牛、马、绵羊和山羊在山谷草地上悠闲地吃着草。斜阳下，草原风光如画。我不禁思绪万千，浮想联翩，真不知道亚伯拉罕和他的游牧人是否曾在这样美丽的草原上生活过。

柯尔克孜族部落头人极其友好地欢迎了我们，把我们引到了一座最大、最漂亮的毡房，为我们摆上了茶，一种像面包的面点，还有一些微有点酸味的奶酪。那里的柯尔克孜族人看着我们，显得十分好奇。他们拥挤在毡房门口，都想瞧瞧我这个对他们来说完全陌生又有点奇特的英国夫人。我们可不好意思把他们赶走，毕竟，我们是他们的客人。所以我会见了这里一些头面人物的女人和他们的孩子后，我们的仆人很机敏地向他们暗示，夫人肯定太累了，想休息一阵儿。人们这才离去，让我们独自待在毡房里。

在我们休息期间，幼畜不断地叫着闯进毡房。主人把幼畜留在毡房中，因为他们认为幼畜有权进毡房。天色暗下来了，我走出毡房，在草原上漫步了一阵儿。突然，一个硕大的毛蓬蓬的东西顶了我的胳膊一下，这是一头小牦牛，鼻子里还滴着黏糊糊的液体。它把我当成了它的母亲，就过来缠我，口里还在低沉地吼叫着，也许它感到太孤单了，想得到一点安慰。

太阳快下山的时分，母畜们被一个个赶回各自的主人家，挤奶的时候到了。场景令人感到十分温馨。毡房里的女人们把母畜一个个依次领了过来，先是母山羊和母绵羊，每只羊都找到了自己的小羊羔。在挤奶期间，它们不断地舔着自己的羊羔，爱抚着这些小东西。接下来是母牦牛和母马。挤奶时，它们站在那里一动也不动，一挤完奶，它们就急忙找到自己的幼崽，先让它们吃上一顿奶，又把它们领到草滩上去戏耍。接着，一阵巨大的骚动声传进了我们的耳朵，那是幼驼们在叫喊，显得十分激动。远处，母驼们听到了幼驼的喊叫声，也叫了起来，来回应自己孩子的寻呼。紧接着，母驼们急匆匆地奔了过来。母驼和自己的幼驼见了面，高兴极了。女人们便开始挤驼奶。女人们不得不站着挤母驼的奶，旁边放着一只小凳子，凳子上是挤奶桶，这一切使我们感到十分有趣。挤完奶后，有个女人给我们端来了一碗驼奶，驼奶有点像稠奶油，但味道很鲜美。

第二天早晨，我们离开了这片山谷，心里觉得牧民的日子还是挺好的。

我们终于越过了最后一道山口，并在最后的一个宿营地过了夜。

这个地方的名字是明约尔(Mingyol)。在明约尔和喀什噶尔之间寸草不生,只是一大片石质戈壁,两地距离大概有20英里。从奥什出发后的第16天,我们踏上了整个旅程中的最后一段路。

刚出发不久,就碰上了前来接我们的几个哥萨克人,他们带来了一辆舒适的马车。这几个人和马车是俄国驻喀什噶尔领事彼得罗夫斯基阁下派来的,他想让我们风风光光地回到喀什噶尔。我丈夫和我跳下马。真令人高兴,终于不用再骑马前行了。我们上了马车,哥萨克人围护着我们,驮队紧跟在车后。

前往喀什噶尔的路上,好几个地方都有人在迎接我们,路边摆着供我们享用的食品和茶水。迎接我们的人中有喀什噶尔当地人、印度人、兴都库什人、俄国人、阿富汗人,还有一位是瑞典传教士豪格伯格先生[1]。发现豪格伯格先生的英语讲得很流利,真让我喜出望外。

每停下来休息一次,接我们的人就增加一些。我们的车马队有几百匹马,或是簇拥在马车两侧,或是跟在马车后奔跑。一路上尘土飞扬,我们完全被飞扬起的尘土裹了起来,场面真是令人激动。在一段路上,有一头在地里吃草的小牛犊也受到这壮观场面的感染,竟然蹦蹦跳跳地加入了我们的行列,疯跑了起来,它紧靠着我们乘坐的马车整整跑了好几英里。此后我一直在想,小牛犊是否能再找到它的主人?

终于,我们到达了秦尼巴克(中国花园),这就是我的家。我们发现整个领事馆被装饰一新,院子里的地面上铺了鲜艳的红地毯,到处挂着精美漂亮的贝纳雷斯锦缎,这一切都是为欢迎我们特地准备的。一群印度人身着素白的长袍,排成了两行,组成了仪仗队。我们从他们中间走过,他们个个弯腰鞠躬,向我们致额手礼,称我们为“Ma Bap”,意为“父亲和母亲”。他们的手掌中都有一些卢比,这是献给我的。我感到有点迷惑不解,但正准备拿这些钱时,突然见我丈夫向我皱了一下眉,示意我只需摸摸这些卢比,继续向前走就行了。事后,他向我解释,这是他们用奉献贡品的方式向我表示尊重,并非给我赏钱!

---

[1] 豪格伯格是瑞典传教公会派驻喀什噶尔的传教士,从1894年就抵达喀什噶尔,并一直坚持工作到20世纪30年代。

这真是一次充满深情的欢迎仪式。但当时我确实希望自己能先梳洗一番，收拾得整洁一些，因为意识到在整个欢迎仪式中我看上去就像一个灰堆，而且也发现自己披头散发，不成样子。我一直认为，一个人蓬头垢面，脏得一塌糊涂，根本不会让人感到有庄重威严之态。

在会客室，豪格伯格夫人正在等我们，她的欢迎情真意切，令人感动，而且还为我们准备好了英式茶点。就这样，从伦敦出发后整整6个星期，我们终于到家了。

第二章

秦尼巴克初步印象

到达喀什噶尔后的第二天早晨，我感受到了经历千山万水的艰难旅程后的喜悦心情——从舒适的床上醒了过来，突然意识到再也用不着匆匆忙忙地起床，匆匆忙忙地上路了。

在过去6周的大部分时间里，我们都睡在硬地面上，而且常常是不平的地面上，连我们铺在地上的垫子也令人感觉不到它们的松软舒适。我甚至习惯于在地面上突出出来的小石块上把身体蜷缩成一团睡觉。所以，尽管睡觉的地方令人十分不舒服，但由于旅途的劳累和大风，我们也能安然入睡，而且睡得那么香甜。在领事馆里，令我又惊又喜的是为我准备好了一张床，而且还有弹簧床垫。这张床是一个俄国军官为其夫人特制的，他们离开喀什噶尔时，我丈夫花大价钱从他们手中买下了这张床。

按照我这个英国人的看法，这座房子造得古朴巧妙。由于这里常有地震发生，整座房子修在一整块地面上，房子周围是一个院子，三边有围墙，另一边是领事馆的大门。这里还有仆人们用的接待室，有仆人整天都在这些房子里值班。如果有人想进领事馆院子，仆人们就会询问一番，问他到这里做什么。

从卧室窗口向外望去，我发现这座房子离一座高高的陡壁不远，这可让人吃了一惊。卧室窗口离这座陡壁只有6英尺之遥。房子处于这样的高处给了我们观赏美景的机会，向远处一直可以看到我们翻越过的白雪皑皑的群山。

在房子下面有一条路，路上似乎总有驮着东西或被人骑着的毛驴或马川流不息地来来往往。路那边是农田。夏天，地里长满了瓜秧、水稻、棉花，还有苜蓿。但是我们到喀什噶尔的时候，农田却是一派萧条的景象，干枯的农作物茬子散布在满是盐碱土的地里。而当地里没有庄稼时，这种白粉末就会泛到表面上。有人告诉我这种土对甜瓜生长有好处，怪不得喀什噶尔有世界上最甘甜、最可口的甜瓜品种。

在田野的中央有一小片三角形的地，四周用土墙围了起来，里面插着一些俄罗斯式的十字架。这里是俄国人的公墓。公墓后边我还看到了喀什噶尔的河——克孜尔河，那里有许多马在饮水，赤裸着身体的男孩子们骑在光秃秃的马背上，有些马走进了深深的河水中。这些男孩子穿着他们来到人世间时就穿着的衣服怎么能稳坐在湿漉漉的马背上？这对我来讲，确实是个奇迹。只有一根绳子套在他们骑的马的头上，但他们却骑得那么自如，马乖乖地任由他们摆布。河边还有一些毛驴，驴背上架着水桶，男人们，还有一些男孩子往水桶里灌水，然后在城市里卖掉运去的河水。

克孜尔河对面，染匠们正在干活。他们把一条条长长的棉布漂在河水中，棉布事先被染成了深红色，色彩鲜亮。他们使用的染料是从黑色的蜀葵中提取出来的。

在克孜尔河下端的一座桥上，人来人往，车水马龙，整天川流不息。每个行人不是在吆喝，就是在喊叫，喧闹声中不时地传来一阵阵长长的奇特的声调。沿河各处磨坊的主人们憋足了劲吹着羊角，召唤更多的人到他们那里去磨面。

河对岸的人群和喧闹声后面是黄土陡坡，高低不平、鳞次栉比的田块，一排又一排的树木。田野远处是荒漠和白雪覆盖着的天山。

我丈夫和我登上了房子的平屋顶，朝西方和南方望去——帕米尔高原上冰峰雪岭历历在目，公格尔峰是群峰中最高的一座，海拔2.5万英尺，像一堵巨大的白墙耸立在群峰中。在早晨清新洁净的空气中远远望去，帕米尔高原的群峰看上去比离我们的实际距离近得多。平时很难看得如此清楚，因为尘埃太多，而且大多数都飘浮在空中，能见度很差。这种情况在春夏两季尤其严重。在这两个季节里，虽然阳光能够穿透尘埃照射到地面上来，但一连几个星期，天空都迷迷蒙蒙的，空气一点也不清新。

我们住的这所房子原来是当地的一所民房，沿院子而建，和当地所有的房子一样，墙壁上没有窗户，由天窗射进来的光照亮室内。东边的那些房子看起来总是那么单调乏味，面目可憎，因为从外面看去，只有一堵高高的土墙。

房子墙厚2英尺，是由土块砌成的。墙面上抹上泥，室内墙面上抹的是白胶泥，为的是使墙面光滑、洁白、平整。很快我就发现待在用这种墙造的房子里很舒适，因为冬暖夏凉。

我丈夫是1890年随同扬哈斯班上尉（他那时的军衔是上尉）一起到这里的。一到喀什噶尔，他们就被引到了这所房子和这座花园中，24年后这里成了英国总领事馆。原来的旧房子被夷为平地，在旧址上又修起了一座具有欧洲风格的房子。

1898年我来到喀什噶尔时，秦尼巴克的“欧洲化”工作在此之前早已开始了。那时候，对喀什噶尔人来说，玻璃还是闻所未闻的东西——当地人用油纸来糊窗户。比起天窗来，这可是一大改善。作为友谊的象征，彼得罗夫斯基先生借给了我丈夫一大块玻璃，刚够装在一个窗户上，但没过多久他们两人之间又发生了争执，所以这块宝贵的玻璃又得退还给彼得罗夫斯基先生。

房子里原来的土炉子又大又笨，提供的热量不多，烟却很大，后来换上了几个很大的俄式铁炉子，房子地面都已平整好了。秦尼巴克有一间当地风格的房子，四分之三的地面上修起了一个土台，上面铺着厚厚的地毯，供人坐在上面和在上面睡觉。但是这间房子外围有一个非常可笑的门道，还有两个门，人进门时必须弯腰。墙上有许多壁龛，所有这一切都保留了下来。这些壁龛形状奇特，我很喜爱它们，它们可以派上许多用场。

我来到这里不久，就碰到了运气好的一天。一个俄国商人拉来了一车玻璃，欧洲人见了这个东西可真是爱不释手，人人都想买。玻璃质量很差，通过这些玻璃不管看什么东西，都走了样。从这些玻璃中看人，常常使我感到很可笑，也常常嘲笑人们在走过窗前时映在玻璃上的怪样子。但是，它们毕竟是玻璃啊！阳光透过玻璃窗照射进了房内。

后来，我们装了一个阳台，立刻使房子的外观变了样，好看多了。不幸的是，当地的工匠忘记了把这个阳台固定死，装上后不久就碰上了一场地震，这个阳台哗啦一声，就像一个纸板房一样一下子垮掉了。后来我们又把它装了起来，这一回装得结实极了。

我们在秦尼巴克的家具很简陋，当然都是当地做的。家具上都没有上油漆，白秃秃的，原因是在喀什噶尔既买不到油漆也买不到清漆。特别是那些椅子，样式很原始，我常常看着它们，觉得有意思极了。

我丈夫刚到喀什噶尔不久，就发现自己被困在了这里，他唯一的朋友是荷兰罗马天主教教士亨德里克斯神父。我在这本书的后面部分还要讲到这个人的情况。他和我丈夫觉得应该做几把椅子，因为房子里只有地面或箱子供人坐。但他们俩谁也没做过木匠活，根本不知道怎么把椅子设计、制作得舒服些。做出的第一把椅子，反映了亨德里克斯神父在修道院所受的教育，样子受僧侣们坐的那种椅子的影响很大。椅子很高，我几乎得爬上去才能坐下，而且坐在上面时，要么必须把脚搁在横撑上，要么必须把脚悬在半空。椅背很直，比我的头还要高出许多，椅面却只有6英寸宽。人坐在上面根本不可能得到休息——全部时间都用来保持身体平衡。接着，他们又做了同样的另外几把椅子，每一把的样子都与古教堂中唱诗班所坐的那种长条椅的样子差不多。最后终于做成了一把坐上去还有点舒服的椅子，但是硌得让人难受，因为椅面根本没刨平。

后来，豪格伯格先生来到了喀什噶尔，他试做了一把摇椅，我丈夫买下了它。也不知道为什么，人坐在这把摇椅上，头和脚在晃动着，而身体却纹丝不动，这让人感到可笑极了。我丈夫砍掉了摇轴，终于，我们有了一把坐上去感到舒服的躺椅。

令人欣慰的是，我们的地毯、台布和各种各样的垫子使这里的诸多缺陷都无影无踪了。我做了一个绿色的丝绸灯罩，罩在了那盏煤油灯上，屋子里似乎一下子阔气、温馨多了，也有了一点家的氛围。后来，我们还是设法买到了几把用奥地利弯木做的椅子，以及一把美式摇椅，这把摇椅摇起来还像那么一回事。

我经受的第一道考验便是巡视整个秦尼巴克，并让他们把所有的仆役介绍给我，介绍要合乎礼节。首先我们到厨房去看厨师。厨房的状况使我惊呆了。我们走过一扇小门，发现自己置身于一间烟气腾腾的房子里，只有从天窗中射进来的一线光。我们的印度厨师坐在地上，旁边坐着一个喀什噶尔男孩，帮他做一个蛋糕。厨师前面的地上放着一盒鸡蛋，他正在那里打鸡蛋，但是却把鸡蛋打烂在他那黑乎乎的手掌中，让蛋清从他的手指间滑流到地上的一个盆子中，然后又把蛋黄甩到另一个盆子里。我猜他肯定看见了我对这一切反感至极的表情，因为他嘟嘟囔囔地讲了一句，让我最好离开这里。如果不看他工作的厨房，而是用他做的饭菜质量来衡量他，那他肯定是个极好的厨师。有时候我真希望自己没有看到这个厨师做饭的样子。

我们有5个自己花钱雇的仆人，他们是厨师、厨工、勤杂工和花匠。花匠是喀什噶尔本地人，很瘦小，已经上了年纪，个头小得几乎像个侏儒。他一边干活，嘴里一边絮絮叨叨的，好像种的花草在和他对话似的。如果你问他“豌豆是否快出苗了？”他的回答真是奇妙极了，“它们告诉我说，明天就会跑出来。”此外，秦尼巴克还有3个由政府花钱雇的仆人：一个仆人头儿，两个卫兵。他们身穿醒目的猩红色制服，上边镶着金色的边，头戴宽大的缠头巾。我丈夫外出办公务，他们就骑马走在前面开道。有4个人前往最近的一个印度邮局[1]送我们的邮件，从喀什噶尔出发，一般要走10—15天，这要看气候状况，以及一年中合适的出发时间。

看到这一队威风凛凛的卫兵，我有点胆怯、害羞。我不能够和他们谈话，向他们表示我友善感情的唯一方法是向他们微微一笑，点头致意。一个人要是只能做这么一点，那就会感到自己笨极了，而且很难为情。但卫兵们对我很好，而且愿意帮我的忙，所以在他们面前我也就很快不再感到不自在了，并且无论做什么，都愿意信任他们。

---

[1] 当时英国的外交邮件，都要先送达与中国边境相邻的英属印度的克什米尔，再转送到英国外交部。这4个人就是领事馆的专职信使。

为了做好代表英国的外交事务，领事馆还有两个印度籍的秘书，一个中国籍的秘书。他们都有家眷。另外，还有一个印度籍医官，作为我们的医疗顾问。这些人和仆人一道，住在我们的住宅区外的一个院子里。这样，整个领事馆的人员在秦尼巴克就形成了一个圈子，像个小村子似的。

我们的花园很大，很漂亮。花园分为高低两处，顺着一个台阶上去就从低处走到高处了。高处的花园里长着果树，还有各种各样的蔬菜。这里各种水果争妍斗奇，有桃、杏、无花果、石榴，以及白的或黑的桑葚。后来，我丈夫又在本地的果树上嫁接了英国的苹果、梨、梅子、青李、樱桃等。这些都是由人从英国家乡带来的枝条嫁接而成的。看着这一切，我想世界上很难再有其他任何地方像喀什噶尔一样，适合水果的生长。

低处的花园里郁郁葱葱地长满了柳树、榆树、白杨树，还有一种喀什噶尔本地的树——吉格达尔（沙枣树）。

我们房子的一侧铺满葡萄藤，把墙都盖了起来。我丈夫向我保证，这些葡萄藤总会结满一串串葡萄的，而且多得惊人。但我现在看到的只是一个木棚架和一堆黄土。在这里，葡萄藤、无花果树和石榴树在冬天都要埋在地下，以免受到霜冻的伤害。

整个花园中最让人心旷神怡的是一道高台地，它的长度和花园一样，而且被一道非常别致的有雕花孔的墙围了起来。挺拔的白杨树紧紧地贴着高台上的小柱耸立着。站在这个高台上，我可以看到整个喀什噶尔的大地，观察到道路上和田野里人们的状态，而且一直可以看到河床一带。

花园中有一方小池塘。春天，在池塘里放满水，用来浇灌花园。但是现在，池塘和从池塘中延伸到四面八方的小水渠都干涸了，而且树上连一片树叶都看不到，更看不到一丁点绿草了。冬天，要不是太阳照耀着这里的一切，要不是尘暴不时光顾这座城市，这个地方就太寂寞了，寂寞得无法形容。

看到我丈夫还养了几条狗，我真是欣喜若狂。因为我与狗谈一阵子话，它们立刻就喜欢上了我。在一个人生活在喀什噶尔的孤独日子里，我丈夫喜欢上了许多古怪的宠物——狼啊，豹啊，还有狐狸。我一点也不喜欢它们，这些动物要是死了，我会情不自禁地谢天谢地一番。我倒是很喜爱他养的鹿和野山羊。我到喀什噶尔不久，有人给我送来了一对大鹅，这两只鹅总是设法钻进房子里，并待在里面不出来。母鹅下蛋时，甘德尔[1]“先生”总是在起居室里紧紧地靠近我坐着，以便在它孤单的时候有个伴。

我住进秦尼巴克数周后，瑞典传教团一位传教士的妻子——拉奎特[2]夫人送给我一只小猫，样子可爱极了。这只猫立即就在几条狗中间蹿来蹿去，极力地表现自己，并把它们赶出房子。这只小猫长成了一只大猫，我们的孩子给它起了个绰号——普西大叔。它活了17年，因衰老而死了。它死后没多长时间，我们就离开了喀什噶尔。

---

[1] 甘德尔是凯瑟琳给公鹅起的名字。

[2] 拉奎特是瑞典驻喀什噶尔传教团资深的传教士，后来回瑞典在隆德大学教突厥语，成为突厥语学者。拉奎特的夫人当时也随丈夫住在喀什噶尔。

第三章

在喀什噶尔的最初岁月

一到喀什噶尔，当地的人们就立刻络绎不绝地来拜访我。当然，我猜想每个来访的人都迫不及待地想看看我丈夫找了一个什么样的妻子。

中国道台衙门的官员来拜访我。但是我会见的只是杨大人，他是协台，即喀什噶尔旧城驻军的长官。

这位中国客人来访时，我怀着极大的兴趣注视着他到秦尼巴克的阵势。一大群人护卫着他，这些人穿着极其古怪的礼服或军服。一大群当地男孩子在协台大人的队伍穿过巴扎时混进了这支队伍。他的轿子在秦尼巴克大院门口停了下来。早就有人向我丈夫通报了这位官员要来拜访的消息，他在大门口迎候这位中国官员。两人一见面，就开始作揖打千，互致问候。我当时心里想：这两个人似乎在弯膝的同时，用右手尽力在地面上捡什么东西。行礼毕，他们俩手牵着手向房子里大摇大摆地走去。手牵手这种礼俗似乎是中国人专门用来向外国人表示友好的一种特殊方式，因为中国官员们互相见面时并不这样做。我们的一些从英国来的客人感到这样做太令人局促不安。但是我丈夫却对这些奇怪的礼俗心领神会，做得极为郑重、认真。而且在特殊的场合下，如果必须的话，他甚至向中国官员行礼磕头，这使我常常感到非常可笑。我丈夫把磕头这种礼俗一直保留了下来，主要在葬礼上用，当地的一位主要官员——喀什噶尔道台去世时他就在葬礼上磕了头。这位道台大人生前是我丈夫一位极好的朋友，我丈夫在他的葬礼上磕头行大礼，主要是想表达他对这位朋友的怀念和尊敬之情。出殡那一天，一口大红棺木停放在墓地上，棺木上面放着一只硕大无比的纸做的鹳[1]。棺木停放在那里，等仪式结束后就被送往亡人的故乡。我丈夫在瑞典传教团的驻地加入了送殡的行列。那一天，他身穿全套礼服，绷得紧紧的，但看上去非常合身，很有气派。出殡队伍一看到他等在那里，就停了下来。死者的儿子，作为主要的哭灵者，身着缟素，立刻跪在了棺材旁边，向我丈夫磕头行礼，我丈夫也赶紧跪下，向棺材磕头行礼。尽管路面上尘土很厚，他还是跪了下去，当着围观的一大群人恭恭敬敬地磕了头。由于他的礼服绷得紧紧的，几乎弯不下腰，所以磕起头来很费劲，他只好把佩剑拿开，把礼帽拿在手中。他磕完头站起来，全身都沾满了灰尘，但他顾不上这些，立刻加入送殡的队伍之中。我和豪格伯格夫妇站在一旁，带着极大的兴趣观看着这一切。这个场面真是让人感到太有意思了！同时，我也有点担心，不知他磕头时那一身礼服能否经受住这番折腾。

好了，我应该再回过头来讲讲协台大人来访时的情况。加法尔·阿里在前边引路，我丈夫和客人跟在后面，我们的领班仆人身穿大红镶金边的制服，头戴素白的缠头巾，高高地举着协台的大红拜帖。到了会客室门口，他极其庄重地大声宣布了来访者的姓名和官职。

那天，正当我注视着这一切官场礼仪时，发生了一件令人可笑的事。在他们向会客室走去的途中，我丈夫和客人不知为什么突然停了下来。走在前面的加法尔·阿里不知道这两个人并没有跟着他，只顾向会客室走去，而后又站在门口，大声通报了来访客人的姓名和官职，他的表情很严肃，但是发现门口只有他一个人时，他的表情立刻变了，那

---

[1] 这里作者把鹤当成了鹳。中国丧葬习俗，人死时，往往做一大纸鹤，置于棺木之上，寓死者驾鹤西去之意。

一副惊讶的表情看上去真是滑稽极了,无法用言词来形容。他马上又跑了回去,找到被他丢掉的那两个人。这一次,他小心翼翼,四下瞧着,一直注意着我丈夫和客人,以防他们再耍他一次。

杨大人是位非常令人倾倒的老者。他极有风度,礼数周到,也是我丈夫的老朋友。过去,他的夫人曾经招待过我丈夫,这一次他专程来向我们回礼。在其他人眼中,我的礼数"还不到家",或就像中国人通常为他们打圆场时说的,"如此大礼怎么敢当!"

协台问我们,他可否带上夫人和千金来拜访我,于是我就定了一个请他们过来造访的日子。虽然定了日子,但我却不敢想象我怎么才能招待好他们。那一天,他们到来时,坐着轿子,乘着高头骡子拉的车,浩浩荡荡,气势非凡,来访的人数远远超过了我的预计。除了杨大人和他的夫人、小姐外,还有好几个女性亲戚以及她们的子女,都接受了我的邀请。每个人都有数个仆人和侍女,黑压压的一大群,这些仆人和侍女都极力想拥进我们的客厅,看一看这里面是什么样子,还想听听我们到底谈些什么。给我的印象是,中国人似乎不在乎他们谈话时周围有一大群人围着听谈话的内容。

这些夫人和小姐们都有一双缠过的小脚,走起路来颤颤巍巍、小心翼翼。她们艰难地走进了客厅,而且是由侍女们搀扶着走进来的。

当时,我感到局促不安,很是难为情,因为在这种场合,我不知道该做些什么,况且我也不会讲汉语。

我的仆人给她们端上了茶。她们喝完茶后我就带上这些夫人、小姐参观所有的房子,并打开卧室的衣柜和抽屉,请她们看我的衣服。她们看到我的英国衣服,非常感兴趣,并且高高兴兴地当场议论了起来。

杨协台的女儿是位只有15岁的小姑娘,但看上去病得很厉害,似乎在受着疼痛的折磨。我丈夫问杨大人他的姑娘得了什么病。他回答,由于她的脚缠得太晚了,脚上的骨头都已长结实了,所以就有了病。曾经有位英国医生给杨大人讲,如果不给姑娘松开缠脚的那些东西,不让她到户外活动活动,姑娘就会染上肺结核。杨大人问我丈夫,这样做又有什么好处呢?原因是,如果不缠脚,就没有人愿意娶他的女儿做妻子,因为脚太大了。如果这样的话,那就等于给姑娘判了死刑。这并不是有没有爱情的问题。他本人很愁,而且极想知道在这两者间到底该选择什么，两者都要让女儿受苦。现在，在中国，女孩子们缠脚已经不再盛行了，这多么好啊！但是在那时候，如果我们与他们争论这个问题的是非曲直，他们就会反过来问我们，他们的这个习俗比起我们英国女人穿束腰紧身衣的习俗来，到底有多不妥？这确实是一个令人难以回答的问题。

我接待的第二个来访客人是位印度夫人，她是我们这里一位秘书的妻子。由于按照她的等级，她必须待在自己的房子里，出家门时必须一直穿戴纱丽[1]，除了她家里的直系亲属中的男人外，其他男人都不能见她，所以我丈夫和男仆们在她到来前就早早地避开了。即使这样，她还是披着那件像个小帐篷似的纱丽，把自己遮得严严实实地到了客厅，门关上后才把头露了出来。她给我带来了一件礼物，那是一件她亲手绣的绣品，非常漂亮。她坐在客厅里，一边与我交谈着，一边吃着糖果。我后来感到谈话索然无味，厌倦透了，而她也开始打哈欠，但仍然没有想离开的意思。我绞尽脑汁，想找出方法使她能离开这里。花整整两个小时去接待一个我无法听懂她说的话，自己又不能直接与她交谈的人，这使我快要急疯了。终于，我们晚饭的铃声响了，我站了起来。她一下子跳了起来，看上去似乎被解脱了，匆匆道别后就急急忙忙地走了。后来我丈夫提醒我，说我作为女主人，本来应该给她一个可以离开的暗示，但我没这样做。假如开饭的铃声不响的话，我们有可能就那样一直坐到晚上，两人都会感到紧张而又没有办法，但谁都害怕成为第一个站起来走开的人。我想我必须在这样一个什么事看上去都颠三倒四的地方学会如何做正确的事情。

过了几天，领事馆的中国籍秘书带着他的妻子来拜访我。他们来到书房的时候，我正在写信。他们看了一下我的信，又看了一下我的笔，然后问我的丈夫我是否真在写信，或只是在那装装样子。我丈夫告诉他们我不仅会读，而且会写，这可给他们留下了极深的印象，并且他们一致认为我算得上是女人中的大学者。

我托运来的那架小钢琴刚运到喀什噶尔不久，中国籍秘书和他的

---

[1] 纱丽是印度妇女的传统服饰。

妻子对它产生了兴趣。我当即为他们弹了一首曲子。他们看到钢琴的音槌在琴弦上蹦蹦跳跳地飞舞着，喜形于色，高兴极了。我丈夫又让我唱一首歌。我放开歌喉，唱了一首歌，这首歌唱出了我最好的水平，心里感到十分得意，因为我已看出我的歌声给他们留下了多么美好的印象——我唱歌时，他们一直目不转睛地看着我，静静地坐在那里，听得出了神，似乎陶醉在我的歌声中了。然而，我的歌一唱完，他们却一下子笑了起来，笑得前俯后仰，我可真不知道什么使他们这样高兴。是我的歌声太滑稽了，让他们感到好笑呢？还是这就是中国人表示他们喜欢什么东西的方式呢？不管怎样，我们所能顺应这种场面的方式也只能是和他们一起笑起来，于是我们一起开怀大笑。但是，对我的那点虚荣心来讲，这可真是一次很大的打击。听过中国音乐后，我的结论是，对中国人来说，我的歌是非常令他们感到可笑的，但就我而言，他们的歌也是一样。

有一次，另外一位印度籍秘书过来请我在钢琴上“还原”我的歌，我感到越是少显示自己的音乐才能，情况就越好一些。

我那架可怜的钢琴在运输途中可真受够了罪。它被分解开分装在几个用锌条捆扎的箱子里。到达这里时，锌条都掉光了。在俄国边境接受检查，箱子都被打开了，封好的锌条被好奇心太重的俄国海关官员拆掉，可他们却没有费点心给重新包上去，甚至没把箱子钉结实。所以，驮队驮着它们涉过山间河流时，河水灌进了包装箱。此后的几天里，留在箱子里的水在钢琴里晃来晃去，使钢琴发出了沙沙的声响。

钢琴最终到达了喀什噶尔。我们打开包装箱，不料却看到琴键都泡得发涨了，动都不能动了。金属部件和琴弦上都有一层厚厚的锈。豪格伯格先生得知这一情况后，就过来帮我们修理钢琴。他把钢琴拆成了一片又一片的小部件，等主要部件完全干了，清理掉琴弦上的锈，再小心翼翼地把它们重新装到了一起。钢琴又可以弹奏了，这对于它的冒险经历来说，可是再好不过了！我想，这也是对格拉摩公司生产的这架极其出色的小乐器的极高赞赏。

瑞典传教团有两位瑞典妇女能讲英语，这可真让我喜出望外！我们到喀什噶尔的第二天就去看望了她们。那时她们住在紧靠城墙外的一所经过改建的本地风格的房子里。这里住着两家人。豪格伯格夫妇及其仆人，还有他的两个孩子，女儿9岁，儿子4岁；另外一家就是拉奎特博士和他的夫人。他们极其友善地欢迎了我们。我一见到他们，立刻就感到我们会成为永远的朋友。实际上，在喀什噶尔的那些岁月中，我们一直是朋友。要不是他们的关心和随时随地的帮助，我真不知道该怎么办。豪格伯格家的两个孩子也很快依恋上了我，我给艾尔萨特（豪格伯格的女儿）教英语。她常常来秦尼巴克和我待在一起，有时一待就是好几天。我发现她是个非常好的小伙伴。

这些瑞典传教士在当地人中的传教工作进行得很艰难，当地人不时地对他们有一股仇视的情绪。但是他们仍然耐心地工作着，主要是进行治病救人，为儿童上课。豪格伯格先生是位非常聪明能干的人，只要他动手，什么都能学会，什么都可以造出来。他教当地工匠做家具、修房子，制造工具和其他各种器具，这些他都做得十分出色。所以当地人信任他，也很尊敬他。

拉奎特博士花了大量时间把《圣经》、圣歌小册子和其他读物译成维吾尔文。现在，他或许是在欧洲得到公认的第一流的语言学者。

我应该到俄国领事馆去拜访科洛科洛夫夫人，她是领事馆秘书的妻子。彼得罗夫斯基的夫人不在喀什噶尔。俄国领事馆还有另外两位俄国夫人，她们分别是哥萨克卫兵的妻子和海关官员的妻子。但是由于她们只能讲俄语，我和她们相处得并不是十分好，我们之间的相互拜访真是个负担，而且很费劲。科洛科洛夫夫人会讲法语，于是我开始学习法语。所以后来我们倒相处得非常融洽，我和她的三个孩子的关系也挺好。

还有一个欧洲人在此也值得一提，他就是那位荷兰教士亨德里克斯神父。我丈夫在喀什噶尔最初的10年中，这位神父一直是他最好的伙伴，并且和他住在一起。亨德里克斯神父是一位极具智慧的人，通晓多种语言，对政治和当时世界上发生的一切事情怀有极大的兴趣，我们给他起了个绰号——报纸，因为他终日到处奔走，收集新闻，并把收集来的消息又传布给这里的人们。他过去是某一天主教团体派出去传教的传教士，但由于不听命令，也不守规矩而被开除出了那个团体。后来，他在荷兰一个小小的教堂里主事，而他又离开了那个教堂，跑到了东方，并在喀什噶尔定居下来。

这位神父是个怪人，总是穿着一件脏兮兮的袍子，头戴一顶破烂不堪的黑色牧师帽，走起路来风风火火，好像总是要急急忙忙地赶往什么地方，要去做什么了不起的大事。我到喀什噶尔的时候，他住在城里一家肮脏的旅店里，每年秋天都要酿制葡萄酒。葡萄酒是为他每天自己给自己做弥撒时用的。他在旅店房间里布置了一个圣坛，这个圣坛是一个用脏兮兮的布条裹起来的箱子。这个人永远与水和肥皂绝缘，从来不洗澡。他也从未向我们提到过由他传教而感化的信徒。所以我们得出结论，在这个问题上，他确实有点伤感。然而，尽管这个人一身怪毛病，却是个可爱的人，一天到晚乐呵呵的。他一点收入也没有，生活全靠别人的赠予，连饭都是朋友们提供的。我丈夫经常对我说，当初他被发配到喀什噶尔这样一个地方，而且一待就是10年，而他刚来时还很年轻，如果没有亨德里克斯神父做伴的话，那10年生活他会坚持不下去的。

我跟着这位神父学习法语，并且很快就能结结巴巴地同俄国人用法语交谈了。有一天，我丈夫发现这个可怜的人孤独地死在了他居住的那个悲惨的地方，我们感到极其伤心。我们早就知道他一直受着喉癌的折磨，快要死了，所以我们提出把他接到秦尼巴克照护他。但他似乎宁愿一个人待在那里，不肯来，就这样在孤独中死去了。就在他去世的前一天，他还来看望过我们，他病得很厉害，身体极其虚弱。尽管经受着疼痛的折磨，他还是微笑着向我们的小女儿表示了祝福。他非常喜欢这个孩子。

我们在喀什噶尔的社交圈是一个大杂烩——可以说，这里是一个世界大家庭。对于我这样一个在过去从来没有离开安静家庭庇护的女人来说，这样一个环境确实使我感到无所适从，有点狼狈。

到达喀什噶尔后不久，圣诞节就来到了。我们收到俄国领事馆的请柬，邀请我们到那里参加他们的圣诞节的庆祝活动（俄国人的圣诞节比我们的晚13天）。我们到了那里，与其他人一起围着圣诞树跳舞、唱圣歌，这些曲调大家都熟悉，但每个人都在用自己的语言唱它们。在圣诞晚餐的桌子四周，人们用8种语言交谈着——俄语、英语、瑞典语、法语、汉语、维吾尔语、印地语和波斯语。

第

四

章

中国新疆一瞥

就在写这本书时，我时时浮现出一种感觉，那就是我在书中把自己局限在家里及周围关系密切的人和事中，而且我也感到，这本书的读者，特别是其中无论如何都想要了解范围更宽泛的事情的读者会感到奇怪——难道我就没有什么材料和感受来谈谈整个新疆吗？而且也不谈谈我对这个世界一角的印象吗？

面对这样的读者，我打算在这一章中提供一些不系统的材料，有一些是地理方面的，有一些是考古方面的，还有一些是政治方面的。

首先，我们所讲的中国新疆到底指的是什么？

人们会问我这个国家（指中国）的这个地区（指喀什噶尔）在哪里？那么，先让我问他们几个问题：例如，他们可曾听说过中国的黄河？他们听说过这条河发源于甘肃和西藏的高原地区[1]，并一路向东流去，在离北平不远的地方汇入太平洋吗？他们可曾听说过一条叫作奥克苏斯

[1] 这里以“甘肃和西藏的高原地区”泛指黄河河源，是袭用清代的地区概念。准确地说，黄河和长江都发源于青海。

河的古老河流，这条河发源于帕米尔的群山中，并向西流入咸海？这些问题搞清楚了，我就能讲清楚了，黄河河谷和奥克苏斯河河谷都位于大约北纬40度的平行线上。但是，在这两个地区之间还有着一片广阔的大地，从东到西宽2000英里，那么这片大地的名称是什么？它便是中国最大的内陆盆地——塔里木盆地，塔里木盆地是中国新疆的一部分——在它的南半部。塔里木地区的主要河流都汇聚于东端的罗布泊，但罗布泊的水不流入海洋。

如果我们对这片地区做一次鸟瞰式的考察，就有可能看出这个地区像一个条形的大碗，大碗底部平坦，而边缘迅速升高，特别是在南部、西部和西北部边缘上升得很高。

事实上，这片地区在遥远的地质时代曾是一片内陆海，和我们欧洲南部的地中海差不多大。这片内陆海干涸消失了，但提醒我们它曾经存在过的事实是：这个盆地里的沙质盐碛洼地，现在成了一望无际的沙漠，荒凉无比。就在这一片蛮荒大地上，从遥远的过去遗留下了一片长满芦苇的水沼——罗布泊，它在某种程度上起着水库的作用，现在中国新疆的许多河流中的水都注入了这里，只要这些河能够长途跋涉，穿过饥渴的沙漠，就能把它们余下来的水泄入这个“水库”中。

在这片干旱荒凉的大地上，很少有植被存在，但它的四周却巍巍高耸着世界上最高的一些崇山峻岭。三条山脉，一条紧挨着另一条，天山、昆仑山和喀喇昆仑山，它们起着西藏和拉达克(Ladakh)地区的屏障作用。在西边是帕米尔高原，高原把奥克苏斯河与喀什噶尔河以及叶尔羌河隔开，使后面的两条河保留在罗布泊中；在西北部是天山山脉，这条山脉的高峰终年积雪，但在新疆南部的这一侧却干旱荒凉，从山顶到山脚寸草不生。

有人会问，在这样一片荒凉的大地上，人类居住在什么地方？这要到靠近山脉的地方去找。在这些地方，山脉的外缘与沙漠的边缘相接，或与过去地质时代的海岸线相连。这里有一片片植被，植被带之间是干旱荒凉的沙漠或砾石滩，这些有植被的地方总是位于靠近从高山顶巅积雪地区和冰川地区流下来的河流或溪流之处。这些有植被的地方就是绿洲。绿洲上植被郁郁葱葱，物产丰富，完全是人类修起了灌溉渠道的结果。人类没有其他途径把水引到自己的田地中，因为在这片地区几乎没有多少降水。四周的高山峻岭，使这一片地区处于雨影地带[1]，高山阻挡了从印度洋或北冰洋方向可能吹来的湿气流。

这里的绿洲面积大小不一，相差悬殊。有一些绿洲很大，拱卫着城镇，而另一些则只有一些由星星点点的农舍构成的村落。但是，无论面积大还是小，它们都具有位于山麓和沙漠边缘的特点。在这里，就无须举出它们的一长串名字而使读者们感到厌倦，只需举出几个最有名的就行了——和阗（今和田）、叶尔羌[2]和喀什噶尔，它们都是由古代的佛教徒修起的古城，年代比这些佛教徒在公元9世纪末10世纪初改信伊斯兰教时要久远得多。

虽然现在这一片大地非常干旱，水只够滋润它的城镇和作物，但在历史上却不总是这样。近年来，在沙漠深处已发现了许多人类居住地的遗迹，它们都被深埋于沙漠中，还有那一排排干枯了的胡杨树干和一条条干涸了的旧河床，都表明这些地方曾是河水流淌过的地区。

有些事情引起了地理地貌的变化。甚至有人说，从基督降生的时代开始，气候就变得越来越干旱了。由于从四周高山上流下的水量越来越小，这里的许多地方就变得完全干涸荒凉了，因此人类只好丢弃它们。还有一些人不同意这种气候变迁的理论，并做出了新的很有见地的解释。按照他们的解释，崇山峻岭中的冰川的体积极其巨大，河水就是从冰川上流出，最后流到平原上的。事实上，这些冰川的体积太大了，根本解释不了现在降雪量和降雨量相对稀少的原因。所以，现在的冰川肯定是前一个地质时代的遗存，例如很可能是地球地质史的上一个冰川期的遗存。尽管现在这些冰川非常巨大，但比起它们过去的体积却又算不了什么，这是由于它们一直在融化。因此，现在冰川供给河流的水量就相应小多了。附带说一句，如果这个理论站得住脚的话，那么，在喀什噶尔，我喝了这么多年的水似乎并不像我想象的是最近下的雪融化而成的，而是极遥远的地质时代的冰融化而成的。

值得一提的是，这确实是一块高山与平原交错存在的地方。在这

---

[1] 雨影地带（Rain-shadow）指由于高山阻挡了湿气流而降水极少的地区。

[2] 本书中的叶尔羌不是指现在的叶城，而是指莎车。

个地方，世界上的一些最高峰与地球表面上的最低洼点相互映照，共同存在于这里。以喀什噶尔作为终结点的新疆天山山脉的汗腾格里峰海拔2.3万英尺，帕米尔群峰中的塔格哈尔玛峰（Tagharma）高达2.5万英尺；在喀喇昆仑山脉中，乔戈里峰——人们更熟知的名字是K2峰，高度为2.8万英尺，据说是世界上第二高峰。然而，与这些白雪皑皑、高出海平面直插云霄的崇山峻岭相对立的，却是低于海平面500英尺，深深陷入吐鲁番绿洲的一个地方。因此，夏天这个地方热量的聚集如此之大，如此逼人，连当地的老百姓都被迫离开家居而躲避到地窖里。

但是，不管沙漠中这些古代的人类部落被遗弃的原因到底是什么，毫无疑问的是，这些被沙漠埋没的地方都保存着大量的古代器物。

早在1893年，我丈夫就得到了大量的破碎陶器、石质和金属印信、泥质佛教人像、35卷手稿——所有这些都是在巴扎上从当地的“找宝人”那里买到的。很显然，是这些人在沙漠中捡到了它们。我丈夫与众多的珍品收集者一样，把他的收集品看得很重。但后来他却把它们送到现在已故的鲁道夫·霍恩勒教授那里。这位教授是加尔各答的一位非常有名的梵语学者。当教授写信给我的丈夫，告诉他这些手稿是迄今所见到的最古老的印度文字手写文书时，我丈夫惊呆了，因为它们是公元4世纪的东西。

我丈夫还没到喀什噶尔之前，有一位英国旅行家——鲍尔上尉曾意外地在新疆得到了一本手稿[1]，极有文物价值。这件事引起了俄国驻喀什噶尔领事彼得罗夫斯基的注意。由于彼得罗夫斯基和我丈夫收集到的文物文书，欧洲的东方学学者才开始意识到新疆这片大地为考古研究提供了一片新天地。许多科学探险者接踵来到了这里，他们几乎来自欧洲和美洲的每一个角落。这些探险家中最重要的几位都是我们的朋友，如奥利尔·斯坦因爵士和现在已故的A.冯·勒柯克[2]教授。他

[1] 这里指的是著名的“鲍尔古本”，系英国军人鲍尔于1889年在库车当地居民手中购买的一部桦皮古书。经霍恩勒识读，证明是用婆罗迷字母书写的。

[2] A.冯·勒柯克（1860—1930），德国中亚探险家、东方学家。他曾于1905年、1913年等多次来中国新疆从事探险考察，著有《新疆的土地和人民》等书，并因在吐鲁番等地对壁画等历史文物作带破坏性的采集受到中外学者批评。

们在塔克拉玛干大沙漠周围挖掘了一大批废墟遗址——往往都得从现代人类居住的地方,走上许多天才能到达那些废墟。

这些探险家们的辛劳得到了丰厚的回报,他们带回的物品中有数量极多的文书——几乎是用近20种语言写成的。那些用汉文、藏文、梵文、波斯文、阿拉伯文、古叙利亚文写的文书,我想人们或多或少还能读懂它们,而那些用其他语言写的文书——这些语言的名称对大多数人来讲一无所知,只有极少数学者才能研究它们。例如,我们中有谁听说过粟特语、中亚婆罗迷语、摩尼语、回鹘语、唐古特语、古代库车语?用于写这些文字的材料与这些文字一样繁多,例如桦树皮、皮革、丝绸、木板和纸。

提到纸,读者们会有兴趣知道奥利尔·斯坦因是首先发现已知的这种材料样本的人。他有一件汉文文书,上面标明的时间与基督在世的时间相同。

从时间上看,这些文书产生的年代是公元1世纪到公元8世纪。文书记载的事情主题多种多样,有账目、地契、官方命令、商业书函、墓志铭、佛教经典,等等。但是,对我们来说,最能引起想象的是所发现的一份写有《旧约全书》片段的古叙利亚文文书。很明显,这是一份中世纪的文件,说明那个时候现在的中国新疆地区生活着一批人数不少的信仰聂斯脱利教[1]的人。

形式各异的绘画艺术品也发现得相当多。在这一类发现物中,有从佛教洞窟和寺院中得到的佛教僧侣和魔神的画像、泥浮雕像、壁画等,它们反映了佛陀的生活场景,还有刺绣品和挂毡。所有这些,做工技艺高超、精湛,在许多方面反映了来自四面八方的影响,如中国中原、印度、波斯和古希腊的影响。确实,仅从这些过去的文物来看,人们会猜想在中国新疆过去曾存在过高度发达的文明,也会认为这个地区曾是各种外来文化的交会地。而这一切都出现在古代不列颠人从菘蓝中得到染料绘画,在原始的橡树林中表演各种各样令人可怖的用人献祭

---

[1] 聂斯脱利教(Nestorians)又译作景教,基督教的一个教派,大约在公元6世纪传入西域地区。

的仪式的时代。

如果有读者认为我对中国新疆过去文化的重要性太看重的话，那么就请他或她到大英博物馆去一趟吧！找到斯坦因考古藏品部，看完以后再得出自己的判断。

中国新疆，顾名思义，是属于中国的地方，由中国人治理着。中国人与中亚人类的关系可追溯到中国汉朝时代（公元前206年到公元220年）。在其后的许多世纪中，中国中央政府在这里的管理时强时弱，但是由于中国的威望与影响巨大而深远，所以他们总能成功地返回这里。而做到这一点，他们并没有使用多少武力和军队，而是本地人似乎一直对政府制定的法制的公平和正义的信任程度，远超过对他们自己人的法制的公平和正义的信任程度。

居住在这片土地上的居民很听话，治理起来很容易，没有什么缺点，也没有什么优点。外地人讲起他们时，往往有些轻视，对此我是很不以为然的。他们会说，本地人无论受到善待还是恶待，都一样，没有什么反应。统治者对被统治者的治理与这种并不是讨好奉承的看法并不互相矛盾。政府的治理方式并非完全是利他主义的，他们的目的在于维护一方稳定，同时尽可能地征收税费，使政府得以维持和运转。除此之外，我应当说，从整体上看，对本地人来讲，他们的治理有些严厉。同时，在制定法律方面，他们又留有余地，而不是去惹怒本地人。例如，制定法律时，他们很慎重，不知不觉地使制定的法律取悦于人民。

中国人信奉孔子儒学，但他们一点也不干涉各族人民的宗教和社会生活。县官们与被统治的人民之间的交往都通过本地人中的伯克和头人们进行，这些伯克和头人们则心安理得地或多或少地剥削着自己民族的平民百姓，只要这些剥削行为不过分，政府就不干预。在治理人民方面他们似乎比我们大多数人都更愿意遵守这样一条原则，即如果你想要使一个国家保持平静，你必须使那些在人民中有影响的人站在你这一边，这样做要比使一般老百姓感到满足更有利。

从政治上讲，中国新疆对我们大不列颠人来说，是令人感兴趣的。

首先，它与我们的克什米尔的领土接壤[1]，尽管因为喜马拉雅山的存在而使交通状况极其艰难，但在叶尔羌和喀什噶尔却有一大批英属印度商人，他们驱赶着由马匹组成的驮队，从印度运来香料和曼彻斯特细棉布，又从这里向印度运去新疆的货物，如金子、玉石、和阗地毯、柯尔克孜族毛毡，还有一种从大麻植物中提取的麻醉物，这种麻醉物在印度被称为布罕(Bhang)或切拉斯(Cheras)，在新疆被称为纳斯，而在欧洲则被我们称为哈希希(Hashishi)。

但是，除了上述这些情况，中国新疆，或更准确地说，它的西南部分，就像阿富汗一样，处在中亚把印度和俄国隔开的地区。由于俄国人一直向南扩展其边疆，维持这些起隔离作用的地区或起缓冲作用的国家的现状，对我们来讲，就是一件值得关注的大事。虽然还没有理由怀疑俄国政府对印度有什么图谋，但俄国军官中确实有一批战争狂人，只要能给他们带来荣耀，这些人就会乐于抓住任何时机侵略印度。"俄国熊"尾巴不长，但这条尾巴却常常摇来摆去，惹是生非。因此，安排人盯着点儿是非常必要的。

1890年，我丈夫与扬哈斯班上尉(现在是扬哈斯班爵士)第一次来到喀什噶尔，那时候扬哈斯班就已经是大名鼎鼎的旅行家了。虽然离现在已有多年，但是我丈夫回忆他和扬哈斯班上尉在帕米尔高原的旅行时，却从来都是津津乐道的。他兴致勃勃地谈到他们度过的每一个夜晚。他总是带上经纬仪，把它当作报时钟，扬哈斯班则忙着进行天文观测，测定海拔，然后他们钻进烟气腾腾的柯尔克孜族人的毡房，又在那里下起跳棋。

第二年，扬哈斯班上尉返回了印度，他要求我丈夫留下来，并交给他两个任务：一是照管我们在那里的商人(英籍)的利益，二是监视俄国人在克什米尔边境方向的活动。

无须多言，对俄国驻喀什噶尔领事馆来说，我丈夫是不受欢迎的人，多年来——1890—1907年，他一直受到俄国领事馆的种种阻拦和刁难。那时候，中国人受制于俄国人。因此，虽然我丈夫一直与中国人

---

[1] 当时克什米尔属英属印度殖民政府。

保持着良好的关系，但是在喀什噶尔的有一段时期里，他的地位由于俄国人的作用，却极不稳定，俄国人一直在逼迫中国方面把我丈夫赶出这个国家。如果不是因为我丈夫的父亲是中国驻伦敦公使馆的秘书，而且他本人一直得到喀什噶尔道台和中国驻伦敦公使的关照，他很有可能会被迫离开这个国家。

1907年是我丈夫在喀什噶尔的地位发生根本变化的一年。那一年，阿瑟·尼克尔逊爵士，随后是卡尔诺克勋爵——那时候他是英国驻圣彼得堡的大使，与俄国政府就有关波斯、阿富汗和西藏等一系列问题达成了一项协定。这项协定使英国和俄国的关系得到了明显的改善。而且在一段时期里，无论英国在亚洲做什么，俄国人再也不像以前那样横加干涉了。虽然尼克尔逊爵士在签订那项协定时可能根本没考虑喀什噶尔的问题，但在这个地方的英国代表却从中得到了好处。突然间，俄国驻喀什噶尔领事馆停止了对我丈夫的敌视。到了1908年，英国政府又设法使中国政府同意，把我丈夫的地位提升为英国驻喀什噶尔领事。两年后，我丈夫又被提升为总领事。在此之前，由于俄国人的反对，虽然英国一直想这样做，但却没有成功。

第五章

喀什噶尔回城

喀什噶尔有两座城，一座是旧城，也称为回城，有4万多居民，绝大多数是维吾尔族，喀什噶尔的行政机构就在回城。道台，他的官阶多少有点像印度的地方长官，是行政首长，他还有一位地区官员做助手，其官名为县官。由于回城内有俄国和英国两个领事馆，道台手下还有一位通商，他的职责是处理与领事们打交道的事宜。

提台是地方军事长官，他驻在汉城[1]，即新城，这里驻扎着大部分军队。军队的一小部分驻扎在旧城，由协台指挥。

喀什噶尔新城在旧城以南7英里处，面积比旧城小。那里的居民中的大多数都是汉族。两座城都被有雉堞的非常厚的城墙围护着，每座城都有四个巨大的铁城门，太阳一下山城门就关闭了，太阳升起来时城门又开了。每座城外都有很宽的护城河，看上去很壮观，但我怀疑护城河里是否流满了水。假如流满了水的话，水就会把城墙基泡软，因为整个城墙似乎只是由泥土或土块修筑而成的。

---

[1] 喀什噶尔汉城又名徕宁城，筑于清乾隆年间，故又名新城。

两个领事馆，以及后来成立的俄罗斯亚洲银行[1]，还有瑞典传教团团部，都在旧城城墙外。后来，瑞典人在新城设立了一个传教站，在那里的汉族人中进行传教活动。

喀什噶尔回城的街道狭窄，肮脏不堪，地面坑坑洼洼，而且由于每天毛驴驮的水桶和运水车把水洒落在地面上，使其泥泞难行。街道两旁布满了阴暗的店铺。在有些街段，人们把苇席搭在街道上空，形成遮挡阳光的凉棚，这样街道和店铺就显得更阴暗了。店主们蹲在货物中间，似乎并不因为有顾客光顾他们的店铺而特别在意。

城门内以及通向主要巴扎的街头挤满了乞丐，他们中的许多人形容凄惨，让人看了很不舒服，原因是某些可怕的疾病或是使他们失去了四肢，或是使他们面容被毁，或是使他们变了形。

那些狭窄的巴扎街上总是人来人往，非常拥挤，特别是在星期四这一天，更是人山人海，拥挤不堪，因为这一天是巴扎天。在巴扎天，赶巴扎的人得在熙熙攘攘的人群中挤出一条路来，行走非常缓慢。街上的人摩肩接踵，有的打着赤脚，有的骑着驴或马。牲畜驮着饲草，驮得太多了，人们只能看清楚它们的鼻子和四蹄。由马匹和骆驼组成的驮队，驮着捆得硬硬实实的大棉花包在人群中穿行着。驼铃清脆悦耳，总使我想起英国星期日清晨教堂里那叮当作响的铃声。坐在秦尼巴克的花园里，聆听着河边传来的阵阵悦耳的驼铃声，我闭上眼睛，感到似乎就在英国的家中，似乎那铃声告诉我现在正是上教堂的时刻。

回城的主要街道似乎都通向艾提尕尔大广场，广场中央耸立着大清真寺。星期五清晨，城里的男人们都赶到那里做礼拜，他们身穿最整洁的服装，在那里祈祷，听毛拉诵经。在我们住的房子里，我们听到毛拉站在清真寺屋顶召唤教徒们做礼拜的喊声，每天他都要这样召唤几次。有时候在空气清新可人的夏日黎明，我常常被毛拉的召唤声惊醒[2]。

站在艾提尕尔清真寺的台阶上，看着广场上热闹非凡的巴扎景象，

---

[1] 即道胜银行，是俄国在新疆地区的主要金融机构。“十月革命”后，由苏维埃政权接管。

[2] 作者在这里犯了一个错误，召唤教徒们做礼拜的人不是毛拉，而是买曾，他不是站在屋顶上，而是站在宣礼塔上。

我真希望自己能够描写出这里风光各异、热闹非凡的场面。在大广场的中央，是一排排水果摊子。夏日里，摊子上堆满了各色水果，绛紫色的桃，红艳艳的杏，晶莹透红的桑葚，一大串一大串白晶晶、紫莹莹的葡萄，还有那黄澄澄的无花果，应有尽有。有一种白葡萄，晒成的葡萄干有2英寸长，厚如人指。一个个滚圆硕大的西瓜，沉得让你搬不动，瓜瓤红，籽儿黑。甜瓜的种类就更多了，有的绿透心，甜得黏牙；有的瓜瓤橘红色，切开后令人赏心悦目。卖瓜的摊主把瓜一切为二，亮出瓜瓤，让人垂涎不已。更令人赞叹不已的是喀什噶尔的水果价便宜得惊人，一个大甜瓜才两便士，你带上半个便士就可以买回一磅桃子和杏子，一先令就可买回一满筐葡萄。我们举行的宴会上从来不上水果，因为价格太便宜了，而且太普通了。

接着，当你走进卖帽子的摊子时，摊子上的帽子五颜六色，好看极了。从远处看，好像是摆在摊子上的丛丛鲜花。这里有各式各样的绒帽，有几种帽子边上缝上了毛皮，是过冬的帽子；而另外几种绣着色彩欢快的花纹，是夏天戴的帽子；还有那些圆圆的帽子，外边可以缠头巾，用于穿着正规时戴。另外，这里还出售用敲打得极细的银丝绣成各种图案的帽子，银丝缝在帽面上，装饰高雅，供妇女们在喜庆日子或节日里戴。

广场上的人们的穿着颜色也十分鲜艳，比起英国城镇人们的穿戴来，喀什噶尔人们穿戴的色彩要明亮艳丽多了。这种艳丽的色调对他们来讲非常合适，而且与周围的环境非常协调。

那些不重要的小街道上，往往是某一种特产的巴扎，所以你看到有棉花巴扎、印花布巴扎——那里出售着俄国产的印花布，还有铁匠巴扎、银匠巴扎、面粉谷物巴扎，等等。有一条街的名字听上去让人毛骨悚然，那就是虱子巴扎，因为在那里卖旧服装，那个巴扎肯定名不虚传。

当然，茶摊是必不可少的，当地人称之为“Chai-khana”。人们坐在那里一边喝茶，一边听着悦耳的当地音乐。操着一两件柄很长，弦像曼陀林琴琴弦的乐器演奏者和一位小鼓手组成的乐队，演奏出美妙的音乐，琴声像仙乐一般。或者，喝茶的人看着说书匠的表演，这个人的表演令人倾倒。我常常希望自己能够听懂他到底在讲些什么。说书匠声情并茂，常常陶醉在自己讲述的故事中，把听众紧紧地抓住了，而同时他自己又表演着各种让人惊心动魄的动作，与故事中的内容配合得十分紧密，听众被他迷得神魂颠倒。我暗自猜想，《一千零一夜》书中的那些爱情故事可能首次就是用这种方式讲述的。

许多店铺里都挂着一个柳条编成的鸟笼子，鸟笼里跳动着红腿鹧鸪，当地人称为“Keklik”，取这样的名字是因为它的鸣叫声听起来像kek-lik；在另外一些鸟笼里，陆地云雀婉转高歌，歌声尖细悠长。我一直在想，如果有一位高水平的作曲家处在这样一种氛围中，这座城市的各种声音会给他以灵感，他会写出一部出色的交响乐来。假如不信的话，你只要听听这里街头巷尾人们的谈话声，听听那响遍全城的马蹄声、驴蹄声，听听那些当地的马车的巨大木轮穿过街区时发出的不能不说是像音乐的辚辚声，还有那音调悦耳的驼铃声，所有这一切，都伴随着那些囚在鸟笼中的小巧百灵鸟鸣唱出的婉转旋律。

喀什噶尔本地人相貌各异。男男女女身材高大，英俊俏丽，相貌颇有贵族风度。柯尔克孜族人两颊通红，面部扁平；阿富汗人，从侧面看轮廓修长分明。这里还有印度人，他们中有印度教教徒和印度穆斯林。这里还有许多汉族人。人们在这里还会遇上金发碧眼的人，可能是雅利安人的混血儿。在喀什噶尔，人们很难说清自己到底属于什么人种，因为在过去几千年里，由于四面八方的人们相互交往融合，这里的人种混杂得相当厉害。这里的许多妇女很迷人，有一些儿童特别漂亮，尤其是那些深眼窝的12岁左右的男孩子和小姑娘，当他们穿上绒布装，戴上十分合适的帽子，看上去很像意大利人或西班牙人。

喀什噶尔的老百姓心情舒畅愉快，性情平和温顺。每个人看上去都很满足，也很快活，生活得很轻松。他们过着一种简朴祥和的生活，所求不多。这里的人们性情温和，很少吵架，除非在讨价还价，或是与别人就一个女人发生争执，或是与别人争水浇地时，才会与人争吵。在这种场合，他们会告诉对方，他们认为对方是个什么人。

喀什噶尔回城的男人们的服饰往往是一件白衬衣和一条大口袋似的裤子，再加上一件夏天穿的长长的外套，或是冬天穿的几件厚厚的棉外套，一件套穿在另一件外面。这些外套是用当地产的一种红色棉布（当地人称为“kham”）和俄国产的印花布或绒布做的。天气非常寒冷，当外出旅行时，他们就穿羊皮大衣，这些大衣毛皮朝外，虽然看上去既不美观也不卫生，但很保暖。男人们和男孩子们都剃光头，但都总是戴着帽子，帽子都是前面介绍过的那几种。在这里，男人们被人瞧见不戴帽子是很不雅观的大事。男人、女人、孩子，甚至婴儿在睡觉时都戴着帽子。帽子是平绒布做的，冬天戴的帽子边上镶着毛皮，夏天男人们则头戴绣制的小花帽。缠头巾是毛拉们和富商们的专用品，但在肉孜节期间，男人们都会戴上缠头巾，不分贫富贵贱，甚至小巴郎们也穿着他们的平绒外套，头上戴着硕大的缠头巾，气宇轩昂地在街上来来往往。

我从来没看到过没扎腰带的男人。男人的腰带或是由几码长的平纹细布在腰上缠上几圈，再加上一块色彩鲜艳的方巾构成，方巾四角绣花，朝前打结，把一个绣花的角仔细地放在后腰正中；或是一块幅面很宽的用一个巨大的银饰扣系在腰上的绣花带。他们的腰带上总是吊着鼻烟壶，大多数人的腰带上系有带鞘的刀子。用腰带把衣服在腰部紧紧地束起来，就有了一个上街买东西时很有用的“仓库”。男人们把买的东西都塞进衬衣，包括诸如肉和蔬菜这样的东西。

有一天，我们的厨师从巴扎上买东西回来，身子鼓鼓囊囊的，像个大坛子，走起路来腆着肚子，衣服都撑得不成样子了。我细细地瞧着他在厨房里把买回来的东西一件一件地取出来。使我大吃一惊的是，他竟掏出来那样一大堆东西，这使我想起了魔术师的把戏。首先，他掏出了够自己吃一天的馕，又掏出了蔬菜和肉，还有各种各样的纸包，最后掏出的竟是6只活鸽子，这些鸽子是他用来为我们的晚餐做一个大馅饼的。

我们的仆人一直想要我丈夫扔掉的那些旧衣服，得到这些衣服后，我发现他们总是固执地不把衬衣下摆塞进裤子里，而是把它们与外套一样吊在那里。所以，后来我不得不坚持要求他们在房子里必须穿当地人的服装。

这里的男人们穿的靴子靿很长，一直到膝盖处，靴帮上半部和脚部是软皮子做的，出门的时候套上一个宽松的套鞋，进房子的时候把套鞋放在门口。男人们在穿靴子时，总是穿上毡袜子。

妇女的衣服与男子的并没有太大的不同，所不同的是她们的内衣和长裤绝大多数都是用五颜六色的料子做的，有钱的妇女的内衣和长裤则是用绣花的丝绸做成的。在家中，她们穿一件小巧的、色彩艳丽的小坎肩，坎肩用金丝绣上边，在坎肩外面再套上一件短外套，短外套的色彩也很艳丽。妇女外出时，就会穿上长及脚踝的大衣，大衣或是平绒做的，或是丝绸做的，或是印花布做的，视各人的情况而定。这些大衣与男子穿的大衣很相像，只是妇女的比男子的更长一些，而且胸部有绣上的锦缎花纹条，数量的多少显示出穿衣人的婚姻状况，表明她是单身还是刚结婚，或是家里的佣人。但是，妇女不扎腰带，妇女扎腰带被认为是不体面的。妇女戴的帽子大体上和男子的相似，但有一些上了年纪的妇女出门时，戴着很大的像肉饼形状的帽子，帽子的宽边镶有毛皮，并向上翻成一圈。妇女们还常常在已经穿在身上的衣服外再罩上一件宽大的白细布做的大衣，在帽子上罩上一块白布，大衣虽然有袖子，但胳膊却从来不伸进袖子，袖子吊在身后。妇女戴着头巾，头巾用棉花纺织而成，经纬细密，做工非常精致。也有妇女把头巾盖在帽子或花帽后边。许多少妇和姑娘长得确实很美，很迷人，她们把金盏花，或是凤仙花，或是鲜红的石榴花别在耳边，完成最后一道化妆。年轻女人们把最耀眼的颜色都放在了她们的服饰上，不加区别，非常任意，但是，似乎那些天生丽质的女人在这些光彩夺目的颜色中从来都显得很协调。

妇女们平常穿的靴子与男子的很相像，但是，为了显示她们的身段和风采，她们喜好跟儿特别高的靴子，这些靴子有一些是用各种色彩的皮革做成的。在靴帮上，除了色彩艳丽的皮革，还绣上了图案花纹。

妇女们的头发总是在中间分开，而且总是那么乌黑发亮。在这里，人们并不总是倾慕金发碧眼。女人们的头发编成了许多长长的辫子，这些辫子再用牦牛毛接长，使辫子长及膝盖。女人们头发梳成多少根辫子也说明她们的婚姻状况。姑娘们的辫子数量多，很细，随着年龄的增长，辫子的数量减少，但每根辫子变粗。身材肥胖的女主人就只有两根粗辫子了，辫子非常黑，闪闪发光，很漂亮。而且她们用一种黏性涂料涂在发辫上，使辫子又亮又结实，这样做的原因是，喀什噶尔的妇女只在有喜庆婚丧大事时才好好地梳洗打扮一下，所以把辫子梳得光滑而又结实，能够固定住，就非常必要了。那些看上去非常漂亮，梳理得很好的长头发实际上很脏，因为头发里有虱子。这也是我一直感到自己不能让一个当地的妇女伺候的主要原因。

在喀什噶尔的一个瑞典传教士给我讲了这么一个故事：有时候由于不方便，他不能在诊所里接待病人，他就把有些妇女和儿童带到自己的房子里看病。她们总是坐在地上，把头靠在床上。他告诉这些人不要这样，原因是不愿意让她们头上的那些小东西跑到床上去。其中一个妇女没听懂他说了些什么，就转过去问另一个妇女，这个妇女也没完全听清他说的话，就大声朝那个妇女喊道："他说他的床上有小东西，我们会沾上它们的！"一听这话，所有的妇女都跳了起来。这倒使我的那位瑞典朋友达到了自己的目的，但又不是按他原来的意思达到的。

喀什噶尔的男男女女的上衣袖子都很长，比手指要长出6英寸多。所以无论做什么事，他们都要先卷起袖子，以便使手能"解放"出来。

在巴扎或其他地方，两个男人做一笔买卖马、牛或其他任何值钱东西的交易，他们的交易过程是极其有意思的。他们先走到一起，伸出右手，放到对方的袖子里。接着在他们之间做了一些很神秘的暗示性动作，如伸出多少个手指头就表示出价多少，或是拍打一下各自的手臂，拍多少次也表示出价数目。我可从来没能发现他们到底通过什么方式才能把买卖做成，只看到两个人近近地站在一起，盯着对方的脸，摇摇头，或是点点头，样子极为庄重，最后价格就确定了下来。紧接着，他们又抽回各自的手，捋捋自己的胡子，买方就把钱交给卖方。这样，一桩买卖就成交了。虽然旁边站着一大群人看着他们两个，买卖却又是秘密地进行的。

长袖子的用途多极了。天冷时可当作手筒取暖，又可当作手帕，也可当作掸子或抹布。而一个喀什噶尔人想要表示轻蔑、讨厌等情绪时，他会把自己的鼻子伸到袖口。有那么一两次，有些女人从我们身旁走过时，对我做了这么个动作，但这种情况不多见，我真要为此高兴一番了！常常，她们倒是停下来问我们好。男人们骑着马或毛驴从我们身旁走过时，也常常跳下马或驴来表示问候。有时候如果我们步行，他们会把马牵过来接我们一下，他们很纳闷，我们的马厩里有那么多马闲着，我们干吗还要步行，因为只有那些穷得连毛驴都买不起的人才走路。

把手掩藏住，在这里是一种表示敬意的方式。一个人见到比自己年长、有钱、地位高的人时，从来不把手露出来，除非那时候两只手正忙着做什么。

我刚到喀什噶尔的时候，巴扎上几乎见不到外国货。除了那些非常富的巴依穿着华丽，绝大多数人都穿着本地产的红色土布做的衣服。实际上，那时候回城里找不到俄国的日用品，糖也很缺。所以，想一想这座城市多少个世纪以来一直保持着老样子，它的街道，它的巴扎，都古风依旧，让人感到这一切真是妙极了。人们的穿着打扮，食住娱行，与他们的祖先们相比，并没有多大的变化。而我们自己到这里的旅行方式，也和马可·波罗在13世纪到忽必烈汗的王庭时路过这一带的方式一样，这一切同样也让人感到真是妙不可言。

但是，我到这里不久，这座城市就开始发生巨大的变化。一支支商队从俄国和印度运来了衣料、日用品，各种器具、家具、家用小摆设，以及糖、面粉。富有的商人们开始修建具有欧洲风格的房子，开始使用桌椅。即使一般的人也穿起了俄国纺织的俗气的大花细布做的衣服，这些布料底子上大部分都印满了粉红色的大朵玫瑰花，看上去令人很不舒服。

到达喀什噶尔不久，有件事让我吃了一惊。我派了秦尼巴克的一个仆人出去给我买一绺白棉线，而买回的却是一卷。上面的商标名称我们都很熟悉，印着英文“coats”。这里的裁缝们也开始用上了“辛格”牌缝纫机。但是，在黑乎乎的狭窄的巴扎街上阴暗的小铺子里，一个人跪在那里使用这种缝纫机，却让人感到有点不对劲。

我第一次步行穿过喀什噶尔回城街区的经历令人难忘。当我们走近离秦尼巴克最近的一座城门时，路中间有一大片水，我正准备跳过去。突然，一个形容枯槁的老人走了过来，他背上背着一个筐。他弯下腰，把筐子扣在水洼中，然后殷勤地把手伸给我，扶着我踩着筐子越过了水洼，走到了干地面上。他考虑得如此周到，而且这一切都做得极有风度，真使我感动不已。更使我感动的是，他明白无误地表示，他做这件事不要感谢，也不要报酬。

也就在这一天，我走进巴扎后，热闹景象就出现了。我们周围挤满了一群又一群的人，女人和孩子们极力要摸摸我穿的外衣和其他衣服，而且直勾勾地盯着我的脸，最后我们被围得水泄不通，动都动不成了。围观的人并不是仇视我们，主要是产生了好奇，而且极想知道我们是谁，他们总是在喊“foreigners”（外国人）或“French”（法国人）。但是，这一切却使我受不了，我们设法挤了出去，钻进了一家店铺，铺主立即给我们端上了茶和糖果。外面的人仍然极力想挤进来，但是我们的仆人想法把他们驱赶走了，后来我们顺着几条后街回到了家中。

我第二次壮胆又到城中转了一圈，距上次被围观很久了。当然，在我永远告别喀什噶尔之前，我已经可以单独逛巴扎了，巴扎上很少有人再注意我，那时候在这里的欧洲女人对当地人来说，已经司空见惯了，他们再也不注意我们了。

有一天，我们在田野里散步的时候，被两个男人跟上了。他们开始嘀咕我到底是什么人。一个说我不可能是女的，因为我系着一根腰带；另一个则说，我或许是个男人，因为我的裤子没有露出来，并且头发也看不见。但最终他们一致觉得我看起来像个女人，因为我没长胡子。显然，我的装束打扮把他们搞糊涂了。

有一天，一个小调皮鬼在我前面跑着，他瞅了瞅我的脸，然后说：“就像个猴子！”说完就一溜烟地跑掉了。

第六章

汉城（新城） 在汉城出席宴会

有一天，提台和他的夫人给我和我丈夫分别送来了请柬，请我们出席在汉城举行的一个宴会。

这是一个一流的正式宴会，因为宴席中有燕窝汤和烤乳猪。提台夫妇派人送来的请柬是用长条大红纸做的，2英尺长，6英寸宽，折成三折，装在一个大红信封里。请柬上用小楷写着邀请赴宴的汉字，如果译成英语，大概意思是“Respectfully, with goblet in hand. I await the light of your countenance on the sixthday of the first moon at midday.”（吾等诚惶诚恐，敬请阁下／夫人于元月初六正午赏光光临敝舍，把盏恭候。）按照规矩，要是我们接受了邀请，我们就留下这个请柬。

如果有人请我们赴一个二等宴会，宴席上则只有烤乳猪，没有燕窝汤这道菜。邀请的字就只写在一个小的红色请柬上，而且上面也会写上出席宴会的客人的名字。被邀请的每一位客人就会在请柬上他名字旁边用非常华丽的辞藻写上他是否接受邀请的字样，然后把请柬还给来送请柬的使者。

但是，由于这一次我们要受到一流的款待，因而是莫大的荣幸，所以我对这份荣耀看得很重，一直激动地等待着出席宴会。

因为宴会时间安排在那天的中午，我们必须早点出发，也因为我想在汉城里观光一番。我天真地认为，从回城到汉城只有7英里多的路程，坐马车去要比骑马少受些累，而且我也知道我们一到提台衙门，他们就会放鞭炮向我们致礼欢迎。在这样的场合我可一点儿也不愿骑马，而且我认为一匹骡子会适应鞭炮造成的惊吓场面。于是，我们就雇了一辆骡车。这辆车看上去很干净，由一头骡子驾辕，车夫赶车上路很平稳。车厢为箱状，顶是圆形的；车厢四侧是格式结构，上面绷着蓝色布料，布料上装饰有黑色丝绒花纹；车厢前面有一道帘子，专门用来为行为端庄的淑女们遮羞。在喀什噶尔，到处都可以租这样的骡车，它们是当地人的公共出租车。这种车上没有装弹簧，车身直接安装在两个大木轮之间的车轴上。像他们的大多数东西一样，当地人把车轮涂成了红色。红色是他们吉祥的颜色。

我们的仆人在车厢里铺上了许多毯子，放上了几个枕头，以防颠簸。我上了车，心想这一路上我可以舒舒服服地乘这辆车赴宴了。但是车没行多远，刚走上大道，我就发现自己的想法大错特错了。大道上坑坑洼洼，而且有许多灌溉用的渠道穿路而过。车夫从车辕上的双座上跳了下去，跟着骡车跑了起来，一边跑，一边挥鞭打着骡子，骡子全力向前奔跑，拉着车一路奔上了一座小山的山顶，又越过了斜陡的渠沟，过沟的时候，先是一个车轮陷落到渠中，然后另一个车轮又滑了下去，把车颠得左斜右倾，使我在车里前仰后合，毫无办法。接着，车夫灵巧地跳坐在车辕上，车沿着山坡一路小跑，顺山而下。我把帽子戴正，感到骨头好像都颠断了。接着，我们出了城墙，车沿着弯弯曲曲的路向前驶去，骡子脖子上的铃铛发出丁零丁零的声音，伴随着车夫富有音乐感的吆喝声。车夫坐在车辕上，不断地在骡子尾巴上方挥舞着鞭子，嘴里不停地吆喝着，为骡子引着方向，也使它打起精神。车夫驾车全靠嗓子，因为车上没有缰绳，也没有嚼子，只有一根套在骡子头上的绳子。

我们的骡车行至一段破烂不堪、特别难走的路时，车夫忽地一下，又跳下了车辕上的座位，简直像个杂技演员，然而车并没有慢下来，还是继续朝前奔去。由于喀什噶尔地区的道路路面上尽是坑坑洼洼，高低不平，而且尘土厚及脚踝，在这样一条路上，坐在一辆没有弹簧的骡车里，走了没多远，我们就感到像是受了一番折磨似的。

喀什噶尔旧城渐渐地在我们身后隐去了，我们的车跑上了一座摇摇欲坠的桥，桥面上到处都是洞。过了桥，我们就到了通向汉城的道路上。路面宽阔平整，两旁是一行行白杨和柳树，路上人很多，骑马的、骑驴的、坐车的，都一路颠簸着奔向汉城。

终于，我松了一口气。我们看到了汉城外居民的村舍和正在田里干活的农民。很快，我们又看见了城墙，城墙上矗立着塔式城楼。走了没多久，我们就到了一个人头攒动的巴扎，巴扎通向我们的骡车要穿行而过的城门。过了城门，我们就来到了汉城。士兵们拥挤在城内等着迎接我们。

汉城和回城很不相同，比起回城，它小，而且看上去比较新。街道两旁店铺一间接一间，饭馆尽管看上去不怎么样，却挤满了穿着蓝袍的士兵们，这些士兵头上戴着黑色的头巾。

我们的车停在了一间最大的铺子门前，铺子掌柜跑出来迎接我们，热情至极。他引导我们进入了他的私室，坚持给我们上了茶。他抱出一匹又一匹的丝绸锦缎，这些料子漂亮极了，许多绸缎色泽宜人，上面的花纹如行云流水，雅致美观；他接着拿出了一些玉器，它们都装在精巧别致的小盒子里，盒子内侧衬着玻璃；他又拿出了一些小装饰品和用翠鸟羽毛制成的头饰，以及珊瑚、瓷器、巨大的景泰蓝花瓶、碗、茶壶，等等，应有尽有。这些货物做工精细，式样迷人，但价格却高得令人咋舌。

喀什噶尔汉城的这些商人来自天津，除了做贸易买卖和经营店铺外，他们还开钱庄，放债。不管和谁做买卖，他们都会全力以赴地讨价还价，一会儿他们待你如至亲好友，而另一会儿又会使出浑身解数引你上钩，而又总是满脸笑容，让你感到十分友好。

经过相当长时间的友善的讨价还价，我们还是买下了几件小东西，但是让人感到很难办的是，你不知这些物品的合理价格。其实，这对所有的货物都是一样，甚至买食品和家用百货都不得不用这种令人不满意的方式，因为任何物品都没有固定的价格。在喀什噶尔，我不能外出买任何家用物品，因为我一露面，价格就会成百倍地往上翻。唯一能买到这些东西的方法是我们派一个仆人去采买所有的必需品。

时间过得很快，我们再也不能在这些美丽的东西中逛了，要不然就会在宴会前赶不到提台家了。

我们的车在狭窄且弯弯曲曲的街道上前行着,两旁站岗的士兵和浓妆艳抹的当地妇女一直盯着我们。我们经过了城里唯一的一座庙,汉城的剧院也在其中,最后来到了提台衙门的大门外。一路上使我感到非常意外的是这座城市如此破败衰微,似乎城里面一座像样的建筑物都没有,甚至那座唯一的庙和剧院都破败不堪。

提台派出来迎接我们的人一直等在门口。看到我们,他连蹦带跳,一路小跑进入院内通报我们的到来,并且让那些等着点鞭炮的人点燃鞭炮。一进院子,鞭炮声大作,震耳欲聋,向我们致敬。院子里所有的马被惊得连连后退,蹦跳不已。庆幸的是,我们的车是由一头老练的骡子拉着,它仍然稳稳地向前走去,看来是完全适应了这种欢迎场面。

对着院子门的是一堵墙,或是称为影壁,上面画着一条面目狰狞的龙。几乎所有人家的院子门和庙门直对的都有这样一堵门墙,目的是防止鬼怪精灵进到房子里。因为鬼怪精灵只能向前行进,不能拐弯,所以这堵屏风似的墙就能把它们堵在外面。我们"安全"地绕过了这堵墙,来到了一所大院子中,提台和他的夫人出来迎接我们,见面毕,他们牵着我们的手走向了正门。

依礼,我丈夫和我被分别领进了这所房子里的不同房间,我们一直到宴会结束,离开衙门才又见面。走进房子,我看到两位瑞典传教士的夫人也应邀来到了这里,于是就松了一口气,因为她们至少可以对这里的仆人讲维吾尔语,说不定这里的其他夫人们也懂得一些维吾尔语。在这间房子里还有几位不相识的客人。

后来我们被引进了一个宽大但家具简朴的房子,房子里一端是炕,离地面有3英尺高,女主人把我领到了炕边。炕是石头砌的,像个巨大的炉子。在冬天,炕里生上火,炕就热了。炕上铺着红毡子,放着枕状的靠背垫子。人们晚上睡在炕上,白天则用来招待客人。一张小炕桌放在炕靠前边些的地方,大约1英尺高。女主人和我坐了下来,我们坐在炕桌两侧,我在女主人左边,炕桌上摆着茶盅。这个座位可真温暖呀!

在屋子那一边放着几张高高的方桌,方桌边配着几把坐上去令人不舒服的长方椅子,椅面上放着垫子。这里的一切都是红色的,如家具是深红色的,垫子则是亮红色的。墙上挂着两三幅字画,屋子里还有几个美丽的花瓶。窗子被别出心裁地分成了一个个的格子,糊着纸。

屋子里的每个人对我都很友善,而且都围着我,因为我是个新来的人,她们都想看一看我的服装。她们掀开我的皮大衣,想知道我里面穿着什么衣服,还有人用手摸摸我帽子上的羽毛,似乎对我穿的这一身合身的过冬服装很好奇。我穿的黑鞋子和长筒袜引起了她们极大的兴趣,但恐怕她们并不赞赏它们。年轻瘦小的女人们脱下她们尖而小的绣花缎面鞋与我的鞋作比较后,立刻咯咯地笑了起来,这是在笑话我的鞋。我把自己的鞋藏在了裙子下,希望她们会把这双难看的黑家伙忘掉。我开始感到不自在起来。突然,仆人们来宣布,宴席已准备好了,我才长长地出了一口气,放下心来。

女主人引我到席边,站在她的左首。她从仆人手里接过一只小小的酒盅,举到额头上,然后放在了靠我座位前的桌面上。接着,她又接过一双筷子,又做了一遍同样的动作,她又摇了摇我的椅子,看它是否经得住我的重量,然后又用袖子掸去了椅子上的灰尘。在我们每个客人入座之前,她都致以了相同的礼仪。

我们围着一张方形的宴席桌坐了下来,桌子上摆着一些小碟子,里面盛着各式佐料和调味汁。坐定后,就开始上菜了。我们吃的第一道菜是变蛋。变蛋是把鸡蛋埋在石灰里,放上很长时间做成的。变蛋的味道比我原先想象的要好。要是有人费劲地想象一下它们到底像什么,像是戈贡左拉白干酪[1],并不是坏掉的鸡蛋,吃起来还可以。接着依次上了大约有40道菜——有肉食,菜蔬,包括鸡、各种各样的干鱼、海参、鸭、鱼翅、海带、莲子、藕、各种各样的蘑菇,甜食,还有各种非常别致的美味小吃,以及烤乳猪,烤乳猪香脆可口,最后还有燕窝汤。每一种菜都切成小块,我想这是为了方便使用筷子的缘故。

我看到了燕窝汤,并怀着极大的好奇心尝了尝,因为在此之前人们已经给我讲了有关燕窝的许多说法。但是,尝了一口,我却大失所望,因为燕窝汤的味道只不过是像用通心粉面条煮出来的汤中加上了葱和蒜的味道,很冲。我一点也不觉得它的味道有多香。燕窝汤是用一种

[1] 戈贡左拉白干酪是产生于意大利戈贡左拉村的白干酪,故名。

燕子窝中的凝胶物质做成的,这种燕子生活在中国南方,在人爬不上去的悬崖上筑巢。燕子窝里形成的凝胶状物质大概有半个汤勺大,它的一边紧贴在悬崖上,人们把它砍下来时,形状就像把一个汤勺砍成了两半。燕窝筑得极其精美,看上去就像把凝胶涂进了一个小小的篮子里。我知道上面的描述不一定非常准确,但燕子们似乎是用它们自己的唾液做成了这种凝胶状物质,用来固定它们那小小的窝。

在男士们的宴会上,人们必须戴着帽子喝这道汤,以示其罕见和名贵。而且在把汤端到席桌上之前,每位客人的仆人必须把他主人的帽子拿过来给他。由于我们是女宾,都戴着帽子,所以就没有这道“手续”了,或许也是不愿让妇女们看到这种礼规的微妙之处吧!

在漫长的宴会期间,一个仆人捧着一壶温好的酒,不断地绕着桌子向空杯子里添酒,由于我们几个欧洲妇女都不饮酒,我怕这冒犯了女主人。

另外一个仆人捧着一条油腻腻的湿布,也在桌子周围伺候着,如果谁想擦擦手或脸,他就过来伺候。不用说,我一次也没使唤他。

另外,宴席桌四周有一圈向上翘的边,因为大部分菜都带有汤或汁,用筷子夹它们时,汤或汁就会溢出盘碗,而且可口的菜也会从筷子上滑下来。

我们几个欧洲客人发现,宴席桌上靠近我们座位的地方除了筷子外,还有刀、叉和小勺子。我拿起我这一边的刀、叉、勺子时,大吃一惊,原来它们是我在家里使用的那一套,心里一直嘀咕它们是怎么到这里来的。事后我才知道提台在宴会之前曾细心地想到了这件事,专门派了一个仆人到秦尼巴克找到加法尔·阿里,建议他最好带上一些专用餐具,加法尔·阿里心领神会,甚至把我们的调味品都带来了!我尽量学着用筷子夹菜,但总是不大成功,每次都给在座的各位夫人提供逗趣的话题。每次夹起一块菜,没到嘴边就掉了,因为即使费了好大劲儿,从盘碗中夹起点什么,但很快就又滑到了桌面上。

对出席宴席的中国客人来说,这一顿饭可真是难得的珍馐美味,很多东西是从中国各地运来的,非常贵。但对我来说,有些东西却真是难以下咽,如果不是放上加法尔·阿里带来的芥末粉和盐,简直咽不下去。每端上一道好吃的菜,女主人都坚持要我尝一尝,而且亲手用她的筷子在盘碗里挑一块喂进我的嘴里。前面的几道菜我都吃了下去，但是当海参端上来时，我就非常为难了。如果他们把海参搞碎，或是用什么方法使它变个模样，那么吃起来还不算太坏，但是这里把它们煮好整个端了上来。我看到这些硕大的黑色海参，上面疙疙瘩瘩的，在我面前晃来晃去，我就心里打战，心想怎么能经受起这场磨难把它咽下去。但是，一点办法也没有，非得吃，我要么吃一块，要么冒犯主人。所以我在一块海参上面撒了好些芥末，闭上眼睛，一口把它吞了下去。这一下可把在座的夫人们高兴坏了，她们坚持要我再吃一块。就这样，我在宴会上只好三番五次地经受这种折磨。好多天过去了，我还没忘记那些海参，吃这种黏糊糊、不光滑而且整块的东西，真使我一想就怵，心里发毛。

席间有一位年轻的夫人，看到我们吃芥末那么津津有味，便坚持也要尝一下。我们提醒她可要小心点，但她却用小勺子装了满满一匙芥末粉，一口吃了下去。那个情景最好别写在这里，还是让大家去想象吧。

但是，天哪！我可真有点累了，我多么希望有人送上来一杯茶，因为按照当地人的习俗，这是允许客人们离开的信号。我们从12点开始坐在那里，一直坐到5点多，我的头痛得厉害。

提台和他的夫人亲自把我们送到了大门口，我们客客气气地道了别，那些令人心惊肉跳的鞭炮声又响了起来。和来时一样，在那辆可怕的骡车里，我又被颠得前俯后仰，回到家中时，我已经瘫了。

在这里，如果有人宴请或招待了你，数日后你再见到他时，符合礼节的说法是："阁下的饭菜仍然让我感到余香未尽！"我完全可以这么说，因为这顿饭让我感触颇多，而且这句话千真万确。

第七章

操持家务的艰难

很快，我就在这一片陌生的土地上安顿了下来，开始过一种新的生活。我必须从头学习，了解这里的生活方式和风俗习惯，而且到了这里后，原来的操持家务的想法一下子全给改变了。

在喀什噶尔的最初4年，我饱尝了思乡和孤独的味道。一开始，语言上的隔阂就使我处于一种极其孤立、与世隔绝的状态，而且使我更加沮丧的是，我什么也不用操心。我们的服装都是新的，用不着更换，我真想在它们上面割几个口子，以使我能有机会把它们补起来。我们的藏书非常有限，也用不着我做一点抄抄写写的工作。本来，这种事会使我感到有点兴趣。这里似乎没有任何事值得我做，所以我变得无精打采，精神萎靡。我丈夫的工作总是那么忙，只有在吃饭的时候我才能见到他，或顶多在下午我们散步时才能和他谈一谈。所以，不久，我就恨起那些不断来找我丈夫申诉、办事的人，因为他们一来，我丈夫就得出面接待。在这种情况下，我们的印度籍厨师提出他要回家乡与亲人团聚时，我马上就同意了。因为，除了我，在喀什噶尔找不到一个能做英国式饭菜的人。

我立即动手，把一间房子改造成了厨房，装上了光线良好的大窗户，而且能随意开关，还装了一个门，大得可以让人不必低头就能进出，另外，我们还把厨房刷得雪白。豪格伯格先生用一只旧煤油桶为我做了一个非常漂亮的做饭用的炉子。就这样，我当上了厨师，伊沙·阿洪当我的助手和学生。

伊沙是喀什噶尔人，他和我一样只懂一点印地语。但是，我们把两人各自会讲的语言——维吾尔语、印地语、英语混在一起，形成了两人用手势交流的混合语，因此，两个人之间交流互相可以听得懂。难道我还期望能有比这更好的口头交际语吗？

我们做的第一件事是做出用酵面发的面包。因为过去我们一直吃用发酵粉烤的东西，早已吃腻了。我们进行了几次试验，失败了几次，再试验，终于做出了松软的大面包，我为此可自豪了。伊沙很快就能自己揉面了，揉面是做面包的过程中最累人的活。

我们从巴扎上买来了奶油，我又苦苦恳求传教团医院的医务助手，从他那里要来了一个大广口瓶，把奶油放进去使劲摇，终于做出了黄油。伊沙这个小伙子干活挺踏实，只要是不太动脑筋的活，他都一个人静静地在那里干呀干呀，干很长时间也不说话。冬天他坐在炉火前，夏天他坐在门道里，总是耐心地摇那个旧广口瓶，一直摇到黄油被分离了出来。有了黄油，我们又做出了小蛋糕和奶油点心。

我一直在学习说维吾尔语和印地语，并且一有机会就讲这些语言。我们的仆人们的来源很复杂，他们中有喀什噶尔当地人、藏族人、旁遮普人、克什米尔人、拉达克人，还有一个僧伽罗人，但是他们都讲印地语。有一段时间我们还雇了一个汉族人，但他在这里干得不怎么样，原因是在喀什噶尔的汉族人并不喜欢干仆人这一行，他们耻于做任何杂活。我们雇的这个汉族人有点怪，他干脆表示不尊重我，原因是我下厨房干活。他争辩道，这里的女主人应该是一位夫人，因为夫人能读会写，而且整天都在教育孩子读书识字，而我这个“太太”却亲自下厨做饭，所以算不上是一位夫人。因此，他在我们吃饭时不愿意首先伺候我，也不听从我的任何吩咐。

我和秦尼巴克的男仆们相处得非常好，很少发生什么麻烦事，因为我觉得管理这些人就像管孩子。刚开始时，我试着用他们的语言训他们，但一点儿也不成功，所以过了好长时间我才又敢再试一次。用他们的语言训人时，我一下子就发了火，而且声音很高，但训了一阵觉得自己像个傻子似的，因为训人训到要紧的地方，我突然没有说的话了，而挨我训的那个仆人笑眯眯地告诉我该用什么话。所以，后来我控制不住自己的火气时，就坚持讲英语，并且发现这样做相当灵验，因为被训斥的人认为我用英语讲的内容比我想说的要厉害得多。我曾经读过一个在喀什噶尔的传教士写的一篇东西，他写道：从头到尾，再从尾到头很快地把字母表念一遍，而且念的时候加重某些字母的读音，这样就会极大地把感情压下去。我也曾这样试过，但是听起来那么滑稽可笑，我自己也忍不住笑了起来，这样做的法力也就马上不见了。

因为喀什噶尔当地做饭的方式与我们的差别很大，可怜的伊沙虽然下了很大的功夫学习我的做饭方法，但这对他来讲，确实是比登山还难。我训练他好多年了，但是他的想法从来都停留在做米饭布丁上。如果你问他晚饭要做什么甜食，他会看看天花板，再看看地面，然后再把房子里的每个角落都看个遍，好像是要从他的众多食谱中挑选出一样别出心裁的东西，然后严肃地宣布：米饭布丁。这又是我们早已料到他要讲的话！喀什噶尔当地人讲英语时发不出有些词的词首辅音，总是在这些词前面先加上一个元音，所以他们把"sponge cake"（海绵蛋糕）发成"esponge cake"，把"frying-pan"（煎锅）发成"erfrilly-pan"，把"plum pudding"（葡萄干布丁）发成"pullumpud-ding"，把"champagne"（香槟）发成"esimpkin"，把"fritters"（剁碎）发成"perlitters"。我真担心我们已受了影响，因为我们自己也用了这种可笑的方法讲这些词。

比起在英国家乡，在喀什噶尔做饭要花更多的时间和精力，因为你得从头开始准备所需要的一切东西。拿做蛋糕来说，要买奶油，再做成黄油，得把面粉先筛一遍，然后再把它晾干，还要在捣钵里把糖研碎，再筛出来，还得把杏仁从壳里取出来，烫掉皮，再捣碎……做完这一切后，你才能开始做蛋糕。做任何食品，都得这样。

我开始学着用土豆做酵子，做好后留下一个面团作为酵面等下一次做面包时再用。这种方法还是挺管用的。但是，当我们接待第一位从印度来访的客人——古尔哈步兵团的鲍威尔上校（现在是亨利爵士）时，又发生了一件事。起因是我想把面包做得更好吃，但我留下的酵面团由于某种原因过上几天就不起作用了，做出的面包发不起来，很硬。

鲍威尔上校做家务活很在行，他主动提出来要教我用大米粉、糖和温水做面酵子。他做了一个混合面团，并把它塞进了一个香槟酒瓶子中，然后用软木塞把瓶口塞严实。做好这一切后，我们把这个瓶子放在饭厅的俄式大炉子边的一个壁龛中，让面团在那里待上两天，才能发酵。我和好了一面盆微微发热的面。第二天晚饭后，鲍威尔上校说他要把瓶塞子拔掉，看看面酵子发好了没有。他把绑在瓶口的线割断，砰的一声，软木塞一下子冲了出来，直冲向天花板。紧接着，酵子也喷了出来，就像雨点一样，喷到了我们的头上。天哪！瞧瞧我们的样子，满身都是面糊糊！我们只好把自己草草打扫了一遍，但这种事使我们笑得一点力气都没有了。后来，他只好又做了一遍，这一次他把做好的东西放在了一个凉一些的地方，放了两天。

不久，我们就感到自己非得养上一头奶牛才行，因为从巴扎上买来的牛奶味道太糟糕了，当地人把羊奶和牛奶混在一起，即使把这种牛奶放在最浓的咖啡或茶中，也压不住那股可怕的羊膻味。所以，我们先养了一头奶牛，随着家庭人口的增多，我们养的奶牛数也增加了，最后我们有了三头奶牛。喀什噶尔的一头奶牛每天顶多能产10—12品脱牛奶，可我们每天却需要相当多的牛奶，以便天天都能吃上黄油。

伊沙用自己的行动表明他是一个了不起的挤奶工，但是他却没有专门学过在挤奶前怎样哄奶牛。后来，我们提升伊沙去给我们送信，雇的另一个人却学过这门技术，这个人坐在奶牛旁边，嘴里哼着一首轻柔的催眠曲。事实证明，他的这一套方法增加了奶牛的产奶量，也提高了牛奶的质量。

要是它们的牛犊不在身边，喀什噶尔的奶牛从来不下奶。事实上，奶牛首先让牛犊吃上第一口奶后，才能挤下奶来，否则一滴牛奶也挤不下来。挤奶的时候，奶牛让牛犊站在一边，这样它就可以不断地舔牛犊，逗它玩。挤完奶后，奶牛和牛犊就在一块儿待上一两个小时，但这段时间里，奶牛却一滴奶也没有了。喀什噶尔人认为，把奶牛与它们的牛犊分开是一种罪过，是违反天性的。或许他们的这种想法并不太离谱。但是，有时候也会出现复杂的情况，假如牛犊死了，根据这种解释奶牛就再也挤不出奶了。

我们养的一头小牛犊没活多久就死了，我们从母牛那里连一滴牛奶都得不到了。因此,我们的一个仆人想出了一个绝妙的方法:把这头可怜的牛犊的皮整个剥下来,再塞上东西。他们极其匆忙地办完了这件事,制成了一个面目可怕的怪东西。他们用木棍做成了牛犊的腿,但这些木腿却伸向四方;他们又把牛眼和鼻子塞住,让它们突出出来。我讨厌看到这一切,一点儿也不愿意看这个怪东西。心里想,那头可怜的奶牛肯定不会要这个怪东西。但是,不料,这头傻母牛看到自己的"小牛犊"回来了,竟然高兴极了。它从头到尾闻了这头"牛犊",并把它舔了个遍,对这次"重逢"高兴得不得了,于是又让伊沙挤牛奶了。这种情况持续了好几天,这头母牛彻底上了当。有一次,伊沙把那个怪东西拿开,随便往什么地方一扔,不料这头母牛却一头向他冲过去,因为伊沙没有好好照顾它的"孩子"。所以,我们认为这个问题解决得可真令人满意。

但是,由于这件事发生在非常炎热的夏天,把小牛犊皮剥下来后,没做什么处理,所以它很快就开始发出一股恶臭味。我告诉仆人们,在不用它的时候,把它放在柴火堆上让太阳好好晒一顿,彻底晒干。第二天早晨,伊沙来见我,脸拉得长长的。原来一条狗偷走了那头倒霉的"牛犊",哪儿都找不到。结果,他再也不能从奶牛那里挤到牛奶了。人们说的一点儿也没错,这头奶牛再也没有用了。我们只好把它卖给了屠夫。

我们的奶牛中有一头产奶很多,但不知为什么,它突然就没有奶了。我们不知道原因是什么,就很怀疑仆人中有人把奶早挤走了。我们向他们暗示了这一点,这些人气极了。后来,有一天下午,我们穿过房子后面的一片田野时,那头奶牛正在地里吃草。我们看到两个小女孩抓住牛头上的绳子,而奶牛却安安稳稳地站在那里,肚子下面蹲着一个小巴郎,一只手里拿着一大块馕,学着小牛犊的样子,正舒舒坦坦地咂着奶头吮吸着牛奶,他把牛奶当成了茶!这个情景使我们目瞪口呆。当然,他们三个一看见我们,就吓得逃跑了。我丈夫追了上去,抓住了那个小巴郎,好好把他吓唬了一顿(我想他一辈子都忘不了)。他自讨了这顿吓唬,因为他用这种方法吮吸牛奶已有好多天了!我们的仆人们可高兴了,因为他们洗清了不白之冤。这头母牛平常见了陌生人凶得不得了,但是它却乖乖地让那几个孩子在它身上玩这种把戏!

有一天，一个印度人来到秦尼巴克，问我可否允许他向我们养的一头黑白花奶牛表示敬意。对印度人来说，牛是神圣的动物。所以这个印度人啰啰唆唆地对我说了一大堆好话，说是如果他能亲手喂一下我们的奶牛，他就对刚死去不久的母亲做了一件好事，又说他挑中我们的黑白花奶牛的原因是它额头上有一片白色。我们的仆人们告诉我，不要让这个家伙干那种事，因为如果他用邪恶的目光看了奶牛，奶牛会死掉的。但是我对他们说，印度人不会伤害这头奶牛，而且如果他看了奶牛，会给他带来安慰的话，那就让他去看吧。所以，那天以后的每天早晨他都来看这头奶牛。他来以后，首先向奶牛致礼问候，然后再喂给它用米和奶油混合在一起的食品，奶牛极喜欢吃这种东西。这个印度人看着奶牛吃完“贡品”，他亲手为奶牛擦嘴，用的是一块绣着花的手帕，又向奶牛深深地鞠了一个躬，然后就走了。

这件事持续了许多天。后来这头愚蠢的奶牛开始自以为它有多么了不起，也可能是那个印度人喂的食品伤了它，它竟然没奶了，所以我们的仆人就说开了：“瞧，我们告诉过你会发生这种事的！”我只好告诉那个印度人，他应该另找一家人的奶牛去做他自己的事。过了一阵儿，他喜滋滋地跑了回来，告诉我他已找到了一头非常合适的奶牛，那头牛的头也是白的。我们的仆人们一连好几天精心喂了黑白花奶牛，它又开始有奶了。

喀什噶尔本地产的肉非常粗，如果不把它剁成碎末儿，吃起来简直嚼不动。这里的羊肉经常有一股很强烈的味道，用我丈夫的话说，就是有股膻臊味。牛肉呢，能让我们吃下去的只有里脊肉。冬天，我们买牦牛肉吃，它比一般的牛肉要好得多。另外我们还买野鸭和其他野味。但是，要把饭做得合口味，确实不是一件容易事。

每年天开始冷的时候，我们就会把早已买好并喂得膘肥体壮的两三头牛犊宰掉，还要宰上几只早已买来育肥的绵羊，这样，整个冬天我们就可以吃到一些美味可口的肉了。虽然我们请来了一个屠夫来宰这些牛羊，但我还得在那里监督着，因为我想让他把每一块肉都砍得好好的，而且我也得好好地盯着牛羊的腰子，以及其他杂碎，不然的话，它们就会不见了。这些人会信誓旦旦地说：“情况是这样的，那个牛犊或这只羊太特别了，它没有长腰子，也没有长肝。”但是，监督宰牛宰羊，对我来讲不仅令人感到可怖，而且我也极不愿意干，因为我对屠夫这一行从来没有过好感。然而要得到些可用的肉，又有什么其他办法呢？宰完牛羊的第二天，活更累，要把牛头、羊头收拾好，放到盐里腌好，还要把所有的羊油和牛油炼好，以便以后用来烧肉，因为我做饭时，经常靠用牛、羊油来烧肉或做其他菜。

喀什噶尔的羊属于大尾巴型羊，羊尾巴是一块硬实的油，炼出来澄清后，一只羊的尾巴油常常重达20磅。因此，你就得到了细腻、硬实、洁白无味的脂油，可以用来做许多东西。

我们用的水很混浊，颜色像咖啡。水倒在土陶缸里，放上一天，澄清后再舀到另外几个干净缸里再放上几小时，然后在饮用前得先烧开，倒进一个小罐里凉上一阵儿，澄清了才能喝。这样，端到餐桌上的水就清澈透明，喝起来一点儿问题也没有了，因为它已经从一个缸里倒在另一个缸里，折腾了好几回。

甲状腺肿大在喀什噶尔非常普遍，而且在叶尔羌城，情况就更严重了。在这两个地方，常常可以看到人们的喉部到腰部长着大肿包，一个吊在另一个的下面。而这里的汉族人从来不喝生水，他们喝茶，喝的茶用滚烫的开水泡好，所以似乎汉族人很少得甲状腺病。由此看来，当地的水是造成人们得这种病的重要原因。我们这些在喀什噶尔的欧洲人喝烧开的水，因此从来没有染上这种疾病。

在重大节日，如英国国王的诞辰和元旦，我们都要举行盛大招待会招待中国官员们和英籍侨民。在这种场合，英籍侨民自己安排他们的庆祝活动，我们所做的只是给他们提供花园，并支付费用。侨民中信仰伊斯兰教的那一部分在花园较低的地方举行他们的庆祝活动，他们在树下铺上地毯，支起饭锅，一边吃饭，一边听当地一个四人组成的乐队的演奏。宴请结束后，我们前往他们搞活动的地方会见他们，并观看他们跳舞。我们的一个邮驿员，是个拉达克人，也是个跳舞行家，大家总是要把他叫来，请他跳非常粗犷的“藏刀舞”。在跳舞的过程中，他把自己的刀戳向观众，表情杀气冲天，狰狞可怕。他的表演总是引起观众的一阵阵惊叹，令人毛骨悚然。

在信仰伊斯兰教的侨民们中坐了一会儿后，我们又来到花园中较高的地方看望信仰印度教的侨民。秦尼巴克的花园在这种场合总是要用幔帐分割成几块，这样做就可以使不同信仰的侨民们或客人在不同地方吃饭而互相不被看见。这些信仰印度教的侨民敲着翻扣的铜盆子，在我看来像做布丁的盆，这些人用手指敲打着铜盆，奏出音乐，很显然，对他们来说，这种音乐很有刺激性，唱歌的人伴随着音乐，仰天唱着歌，好像是唱得入了迷；同时有一个人在场中翩翩起舞，手中挥舞着一块小台布，不时地把它挥向脑后。就在这个花园里，我们的这些客人从早一直待到深夜。当然，在冬天，我们只好在室内举行这样的招待会了。

但是，为中国官员们举行宴会，对我来讲，那又是另一回事了。有时候，由于某种原因，我没有兴致准备一桌有12道菜的宴席，我们就做一顿真正的中国宴席，但是他们并不十分喜欢这样的饭。在这种情况下，我们只好请来一个宴席包办者，根据情况，以及有多少客人，告诉他我们需要的是一桌头等宴席还是二等宴席，他马上就领会了我们的要求，知道该上什么菜。而且，他还提供了餐桌餐椅、盘碗筷子，等等，并且带上他的锅和蒸笼，并把它们支在厨房门外，因为许多中国美食要经过蒸这一道工序。我们只需把餐厅中的家具腾出去，付费就行了。如果请的客人有12个之多，这笔费用多达30英镑，这里面包括有燕窝这道菜，如果没有燕窝，而是以烤乳猪做主菜，宴席费用只有20英镑，所以用中国宴席请客花钱相当多。但是，我们发现客人们因为吃不到英国饭菜而深感失望时，我们就非常心疼花的这笔钱。

要是我自己准备宴席饭菜，那就意味着得提前好几天准备。首先得研究一番烹调书籍，得准备足够的菜品至少供客人们吃上三个小时。为了使宴会有一个给客人留下深刻印象的开头，我们开始准备多种多样的小吃，然后上道汤；接着，我又用鱼、羊肉、鸡蛋、鸽、腌肉、蔬菜做出各种各样别出心裁的菜肴，还有一道菜客人们都说太精巧了，太好吃了，因为他们并不知道这是用什么原料做的，实际上是熏肉加牡蛎，名为“Angels-on-horseback”[1]，这个名字引起了中国人的好奇心。我还做了一道菜，把小口鳕鱼和奶酪卷到腌肉中（鳕鱼是从罐头中取出的），

[1] 此道菜是英语名称，直译为“马背上的天使”。

然后放在一张圆圆的煎饼上端了出去，这道菜看上去相当神秘莫测，而且既好看又好吃。接着，我总是上几种冷的或热的甜点，最后一道菜是葡萄大布丁，用点上蜡烛的盘子端上桌子。客人们很看得上这道菜，称它够得上大饭馆的水平，并且起了个名字叫“起火”[1]。就这样，我们不断地端上这样或那样的菜肴，直到客人中有人让仆人给我传话，说他们已吃好了，我再派仆人端上咖啡，这是最后的一个节目，然后长长地出了一口气，心才放下来，感到终于完事了。客人们匆匆喝完了咖啡，遂即起身道别，说上一句非常客气的感谢话，如果译成英语，这句话大致为“My stomach is like a drum”（我的肚子像个鼓——快撑破了）。这是他们对一顿美食佳肴所能做的最高评价。

从英国来的时候，我带了一大箱子糖果，以备在非常特殊的场合下用它们。在第一次准备宴请中国官员时，我忙着收拾房子，安排宴席，并在桌子中央摆了几盘糖果，我那时什么也没多想，把所有的糖果都摆了上去，心想客人们只会吃掉一小部分，还可以把剩下的收回来以备将来招待客人用。等客人们离开后，我就去收糖果。然而，使我大吃一惊的是，桌子上的盘子里一颗糖果都没有了。正在这时，我丈夫来到了餐厅，告诉我是协台让他的仆人把糖果拿走了。他让仆人展开一个大花手帕，他自己把所有盘子里的糖果都倒在了手帕上，命令仆人把这些糖果带回家给他的孩子们吃。从那以后，我招待客人们时只摆上供人们够吃的一些糖果和饼干。

每次宴会后，我都会直奔卧室上床睡觉——完全累垮了，感到自己再也不想看到或吃任何东西。但是，举行宴会招待当地人士是我们工作的一部分，而且是非常必要的一部分。

让我在厨房里自己准备一顿宴席相对而言要轻松些，因为我不必露面。然而，我们为俄国人举行官方宴会时，我首先得把一切都准备好，而让仆人们去端茶斟酒，因为我得坐在桌首的座位上，装出一副我用不着管什么、愁什么的样子。而实际上我坐在那里时，脑子里翻腾

---

[1] “起火”是一种带杆的花炮，点着后能直冲上天空。这里是因带有燃着的蜡烛而产生的联想。

着，害怕在厨房里会出什么倒霉的事。

有一次，我在宴席桌上坐着，正等大块烤肉端上来，我们的一个僧伽罗男仆可以讲英语，他跑到我跟前，用舞台上才有的那种洪亮的声音对我说："夫人，肉有那个味了！"我立刻跑着离开餐厅，跑到厨房，发现肉味臭极了。那几天天气极其热，是烤炉的热量把肉搞臭了。当时满满一桌人饿着肚子，正在等我们的美味佳肴，这可怎么办？我一下子冲到储藏室，取出了几听罐头，风风火火地打开它们，把里面的肉加热，然后倒在一只盘子里，四周摆上了煮熟搞碎的土豆，再把这道菜端上了桌子。客人们却一点儿也不知道刚才那一阵让我心急火燎的情况。

在喀什噶尔的第一年元旦，我为招待中国客人们做的葡萄大布丁却没能摆到宴席上。我把做好的布丁煮在锅里，一直煮到天快黑的时候，伊沙一直看着锅。我告诉伊沙厨房里的活干完后，把布丁取出锅，然后用绳子吊起来把水控掉。吃过晚饭后，我们正舒舒服服地坐下来休息一下，伊沙走了进来，看上去非常害怕，他说："我想大布丁情况不太妙，请夫人过去看一看好吗？"我一下子冲进厨房，只见我那漂亮的布丁摔在了地上，已不成样子了。伊沙在把它吊起来之前，根本没有想到要查看一下绳结是否结实，所以可怜的布丁看起来情况确实不妙。我就不用再详细描绘我那时的情绪了，但当我一想起再也无法得到做布丁的原料时，这确实是一个真正的悲剧啊！当场我无法再说点什么，可怜的伊沙对这件事几乎和我一样难受。如果我随时能够派人去商店买回自己需要的东西，就不会因损失了这些东西而过分失望。但是，看到好不容易保存下来的东西白白浪费掉，而我们还得等上几个月才能得到补给，那真是让人心痛。

我们的第一个印度籍厨师离开喀什噶尔后，我就再没有找到一个好厨师。实际上，从他走了以后，我只得自己做饭，我们在喀什噶尔的相当长的时间都是这样。后来，伊沙也离开了厨房。我找到了一个藏族人，名字叫拉索（就是给奶牛唱动听歌曲的那个人），整整训练了他5年。这个人很聪明，至少他能使我从大部分厨房劳作中解脱出来。

在乔治国王加冕日那一天，我们又要举行盛大招待会招待中国官员、欧洲人、英属侨民，还有不少喀什噶尔的当地要人应邀赴会——这真是一次盛宴。那时候，我最小的儿子罗宾生下来才4周，所以只好让拉索来做饭菜，他完成得相当出色，我丈夫把他好好地夸奖了一番，并且告诉他，他可以做一个合格的厨师了。但是，14天后他却死了。我又陷入了繁重的厨房劳作之中。对于他的死，我们感到非常痛惜，他是个可以信赖的、忠实的仆人，我们一直都非常喜欢他。

拉索死后，我确实感到束手无策，我要照管一个婴儿，还要照料两个大一些的孩子，令人欣慰的是，那时候有一个家庭教师在管他们的教育。要是我早知道我会有这么多困难的话，我就不该认为我这个人运气太好了。

我们多次努力想从印度找来一个厨师，但后来还是决定最好将就着用一个喀什噶尔的，尽管这个人不那么能干顶用。因为从印度找来的厨师，他们之所以愿意来喀什噶尔，是因为他们性格中的有些东西使他们无法在印度待下去了。确实有那么一两个人从印度来到我们这儿想当厨师，但却不能用他们，他们总是做些怪事，与其他仆人闹纠纷。有一个人饭做得很好，但常常蒙骗我们，而且每当该给我们准备招待会的饭菜时，他总是喝得酩酊大醉。所以，我感到最好还是自己下厨房，这样可以使这个家保持平静祥和的气氛。

第八章

第一次回国度假　家庭人口增加 返回喀什噶尔

我来到外国已4年了，所以我丈夫递交了一份请假报告，希望得到批准回国度一次长假，他对此很有把握。所以我也就开始做准备，并在心里盘算着回到英国后我们要做的一切事情。

恰巧，我们的印度籍秘书也同时提出了回国探亲的申请。两份申请的批示终于下来了，我丈夫和他都被准了假。但是，批示上说我丈夫和这位秘书不能同时离开喀什噶尔，并要我丈夫自己决定谁先走。我们急迫地想离开，而且我已经急不可耐地写信告诉了母亲，说我们很快就会到家。但是，从另一方面讲，这个印度籍秘书的家在印度，而且他想早点与家人团聚的愿望和我想见到自己家人的愿望同样强烈。因此，让我们自己做出谁先走的决定真是太难了。最终秘书胜利了，他先走，而我们的假期得在半年后才能成行。1902年6月，P.J.迈尔斯上尉（现在他是个将军）从印度来到喀什噶尔代理我丈夫的职务，我们欢天喜地地从喀什噶尔动身了。离开的那一天，来为我们送行的人很多，就像当地人常说的那样，是一个“连地毯边都挤满了人”的送行场面。当然，送行不是在地毯上进行的，而是在绿洲边上。

因为在喀什噶尔的那些岁月中，我前后三次往返英国，所以这一次离开喀什噶尔的详细情况我就不一一赘述了。而且我们这一次回国所经过的地方和经历的情况，与第一次来喀什噶尔的大致相似。唯一的不同点是这一次我们翻越天山山脉时经过的山口是塔尔迪克(Taldik)，而不是铁列克山口。由于雪崩，铁列克山口在仲夏季节关闭了，驮队必须走经塔尔迪克山口的路线，因为那里在个把月内没有雪，而且道路比较宽，容易行走，但是比起经铁列克山口的路线，这一条却长多了。

夏天在天山山间旅行，除了河谷洪水造成的不便外，还是令人心旷神怡的。在俄国境内，漫山遍野绿草茵茵，到处开满了各色各样的鲜花，有火绒草、勿忘我、楼斗菜、龙胆紫、紫罗兰、苕子花，繁花似锦。有一些植物真是爬山的好手，像茉莉花和铁线莲花，还有一些我叫不出名字的花。它们或是从岩石间的小径逶迤而下，或倒悬于悬崖峭壁之上，随时都可以听到鸟儿们在引吭高歌。

我们上路的时候，正值中亚的俄国人对英国人的动向极为怀疑之时，所以在伊尔克什坦姆，我们发现一个俄国军官，还有三个哥萨克士兵正在等待着我们，他们的使命是把我们护送出俄属中亚。我们对他们的这种苦心并不很喜欢，但又无话可说，所以就装出对俄国当局对我们的旅途安全和舒适所做的如此周到的安排表示感谢的样子。那个俄国军官和一个哥萨克士兵紧紧地跟着我们，另外两个哥萨克士兵则与我们的仆人们走在一起。这些人一路上始终盯着我们，一刻也不放松。不论走到哪一处住宿点，我们都发现他们已做好一切安排，条件非常好，令人很舒适，但是，我们似乎被囚禁起来似的，这令人极其不快。看到这些人骑着马总是走在我们的前边或尾随在后边，我厌恶极了，他们盯着我们的一举一动。他们不允许我们拍照，也不允许我们和路上碰见的任何人交谈，只有那位军官确保能听到我们所讲的话时，才允许我们与他们交谈。

我们的两个忠实的送行者——加法尔·阿里和伊沙·阿洪一直陪伴着我们到了奥什。告别的时刻终于来到了，他们两个都忍不住哭了起来，我也忍不住哭了起来。我丈夫为了使他们高兴起来，就说："哎，不管怎么说，我们不在的时候，你们还有一位非常好心的老爷要伺候啊！""是啊，那也许是吧。"加法尔·阿里抽泣着说，"但是，我们对你们最坏的毛病一清二楚，却还得找到他最好的优点。”

我们离开奥什，乘一辆很大的马车前往安集延，这辆马车装有很好的弹簧，坐在上面很舒服。那个俄国军官，或更确切地说，我们的“管家”，与我们同行。就是他为我们强要来了这辆马车，但是，也就是在这辆马车里，我们差一点儿丢了命。行至中途，我们的车换了马。刚换完，辕马就惊了起来，所以只好再一次把它套进车辕，而且在它头上套了个马袋。我当时就说我一点儿也不喜欢它的这副模样，但其他人都说车一走，它就什么事都没有了。刚开始时，这匹马一点儿也不老实，乱蹦乱跳了一阵，但不久就平静了下来，而且一直跑得很稳当。我们行至一条正发洪水的河边，河上架着一座木桥，车行至桥面时，桥面上的木板晃动起来，又把这匹马吓到了，于是它拼命地向右转去，并拽着其他马匹也朝右转去。马车被拖得撞到了桥沿上。由于这一撞过于强烈，车辕与桥沿都被撞断了。马车悬在了被撞坏的桥沿边。我们急急忙忙地爬出了车，车夫们费了好大劲儿才把车拉了回来。这一段路很荒凉，附近一所房子也没有。要是我们掉进湍急的河中，我们就会被水冲走，连踪影都找不到。我丈夫和我吓得不知所措，相视无言。然而这场惊吓却把那个俄国军官惹怒了，他奔到车夫那里，狂暴地把车夫狠狠地打了一顿，要不是我丈夫出面挡住他，他会把那个车夫杀掉的。实际上，这场事故并不是那个可怜的车夫的过错，因为给他什么样的马，他就得用什么样的马。直到天黑，我们的马车才驶进了安集延。在此之前，车夫们用绳子把车辕绑了起来，但那匹马一路上心惊胆战，碰到任何东西都要惊跳一阵。

我们登上了火车，那个“管家”对车上的列车员讲了我们这两个被他监督的“危险的间谍”的情况。车上给我们保留了一个分隔式车厢，那个俄国军官的座位就在过道里直对我们车厢门的地方。我们到餐车就餐，他尾随在我们后面，我们下车在站台上散步，他跟在旁边，盯着我们，不让我们和任何人谈话。

我们乘坐的车厢完全是为女士设计的，靠近我们车厢的那个车厢是为男士设计的，但一位女士却坐在那里。半夜，列车停在了阿斯卡巴德(Askabad)，这是一个大站，一大群人上了车，有一位男士显然在车厢里找不到他的座位了。我们把自己车厢内的灯关掉，静静地坐在那里，看这件事如何得到处理。我们听到列车员走了过来，对监视我们的那个俄国军官说他必须把两个英国人分开——让我和隔壁车厢的那位女士坐在一起，我丈夫和刚上车的那位男士坐在另一个车厢里。但是，俄国军官根本不听，因为如果这样他就无法知道我们和其他人待在一起会发生些什么！这两个人在那里争吵了一阵，最后军官悄悄地给列车员讲了些什么，很显然告诉了他我们的身份，肯定还讲了我们是何等危险的人物。于是，列车员就打开了另一个车厢的门，把那位男士塞了进去，又砰的一声关上门。车厢里的那位女士早已脱了衣服，头发用卷发卡护了起来，躺在那里。立刻，一场恶战就开始了。那位女士破口大骂，声音尖锐，有点儿歇斯底里，几乎把所有的脏话都向这位男士泼去，男士也不示弱，也朝她怒吼着。就这样，他们一直吵到谁也没有劲再吵下去了，才平息下来。第二天早晨，我们在餐车里遇到了这两位，他们在一起吃早饭，很显然互相之间极为友好，昨夜的风暴已被忘得无影无踪了。

就这样，那个俄国军官一直跟着我们，直到我们安全地上了一艘横渡里海的船才与我们分手。我们最后看到他的时候，他正在码头上向一个警察指着我们，比比画画地说着什么。

我们原本打算在英国家中住上一年，但后来又不得不再续一段时间的假，因为在批准的一年假期快要结束的时候，我们的大儿子艾瑞克降生到了人间。

因此，在1904年2月，我们又踏上了返回中亚的回家的旅程，这一次家庭人口翻了一番，因为有了个婴儿，就必须有一个保姆。我们动身时，孩子才5个月大，因此，带上这样小的一位旅行者踏上我们以前曾走过的那样一段旅程，似乎是件相当冒险的事。所以他一生下来，我们就尽一切可能来锻炼他，带他外出，使他习惯于各种各样的气候条件；我们只给他喂冷食，他也长得胖乎乎的，从来不感冒。所以，我们带他开始这趟旅行时，他比起我们其他任何人都能忍受旅途中的艰难困苦。

孩子在旅途中吃什么却是一个难题，他要喝牛奶，但我们怕途中无法保证搞到牛奶。另外，我们也不想让他在五六周的旅行中总是吃罐头食物。所以，我们决定乘船从法国马赛出发，先到巴托乌姆(Batoum)。因为对婴儿来说，乘船旅行要比全程乘火车好一些。我们让艾伦波瑞(Aylesbury)乳制品公司准备了足够的瓶装消毒牛奶,可以使我们支撑到巴托乌姆。我们把这些牛奶放在轮船上的冷冻储藏室里。从巴托乌姆出发,艾瑞克就靠艾伦波瑞公司生产的食品过日子了,我们把它放在完全烧开的水中,搅拌好,再放凉,然后喂他。我们在群山中行进时,出发之前就准备好开水,把水装进瓶子里,非常仔细地把这些瓶子放入一个袋子中,让随行的一个男人背在背上。由于这些水再不用加热,所以不论我们在什么地方,只要艾瑞克吃饭的时间到了,我们马上就可以喂他。这个可怜的小家伙在旅途中吃饭的有些地点令人感到很可笑,如在牛圈中,在巨大的岩石底下可以避风处,以及那些只要是能挡住风的地方。我们一路上带着为孩子准备的婴儿车,晚上他就睡在这辆婴儿车里。

我们的保姆范妮·希思小姐是个了不起的女人,我还是个小孩子时她就在我们家当佣人。她一直全心全意地伺候我们,没有半点儿私心。虽然现在她已不再年轻,精力也不如以前了,但是她那坚强的意志和对孩子的一片热忱,使她克服了旅途中一个又一个的艰难险阻,我们从她那儿没有听到一句抱怨的话。

离开喀什噶尔时把我们送到安集延的那两个仆人,又在安集延等着接我们。但是,这一次我们却发现可怜的加法尔·阿里病得很厉害,让他跟我们一道去翻越那些崇山峻岭,他的身体确实吃不消。

他们来到安集延,在我们上一次住宿过的那家肮脏的旅馆里找到了我们。加法尔·阿里对小主人的问候使人感到真是情真意切。他走到床边,那时孩子正在熟睡之中,加法尔·阿里向他恭恭敬敬地问了好,而后竟虚弱地倒在床边呜咽起来。本来,迈尔斯上尉曾在他们动身之前竭力劝他,让别人来接我们,但是加法尔·阿里说:“我要自己去,主人第一次从印度来喀什噶尔时我就跟着他,我又接来了夫人,现在我必须去把小主人接回来。”在这些质朴的人身上,有着多么深厚的情感和爱啊!

翻越天山山脉的旅程还没有过半,我们就不得不和一些柯尔克孜族牧民商量好,让加法尔·阿里待在他们那里休息一两天,然后再慢慢地往回走。我们比他先到喀什噶尔,他到达时已经不能干活了。我丈夫向英属印度政府为他申请一笔退休费,得到了批准。但是,令人痛心的是,他只享受了几个月就死了。在他去世之前,我们在喀什噶尔建立起了英国领事馆,他被任命为“加玛达尔”(由印度政府支付工资的领事馆随员领班),他对此很满足。

现在,由于我们有了孩子,生活完全改变了,我再也用不着为如何打发日子犯愁了。常常,我们感到怎样才能把每天要做的事安排得井井有条,却是件伤脑筋的事。特别是两年后,我们的女儿希尔薇亚降临到这个世界上后,把每天要做的事安排好就更令人伤脑筋了,我们忙得不可开交。

我们得做孩子们穿的所有衣服,我们自己穿的大部分衣服也得自己做了。虽然我们雇了一个妇女专门洗衣服,但总是教不会她如何把衣物熨得让人满意,所以我们只好自己做这件事。

通过邮局收到物品非常困难,包裹重量限制为7磅,所以重量受到这样限制的包裹中到底能塞进多少东西,常常令人感到吃惊。有人给我丈夫寄来了一双冬天穿的厚靴子,但寄的时候只好分装在两个包裹中,一个包裹中装一只!

从印度寄出的包裹得走两个月左右才能到达喀什噶尔,从英国寄出的就得走上几乎三个月。所以,从我们寄出订单的那天算起,得等上四五个月才能收到寄来的物品。物品到喀什噶尔时,已被挤压得不成样子了,甚至罐装食品也被挤扁压歪了。有时候,我丈夫收到从印度寄来的雪茄,但都已成了粉末,他只好把它装到烟斗里抽。

有一年夏天,我写信给母亲,请她给我寄一顶漂亮的冬天戴的帽子,因为冬天很冷,我没有头上戴的东西。信寄出去后好几个月过去了,母亲在信中告诉我帽子已寄了出来,装在一个结实的木箱子里,箱子外面缝上了一层粗帆布,包装得很结实。我母亲在信中还描绘了帽子的样子,说那是一顶咖啡色的绒皮帽,帽边装饰有鸵鸟羽毛,眼下很流行。这使我很高兴,一直盼着能够戴上它。终于有一天,我收到了一件包裹,它看上去就像一条又大又硬的香肠,外面紧紧地绷着帆布,上面用很怪的字迹写着我的名字。打开它以后,我傻眼了,没有想到里面的东西竟是这个样子！我那顶漂亮的帽子,边上的羽毛,还有镶上的边,都被卷成了一团,紧紧地压在一起,这样做为的是使这个包裹结实点,好看点。显然,原来装帽子的箱子在什么地方破碎了,有那么一位好心的印度邮局局长重新把帽子包了起来,成了现在的这个样子。无疑,这位邮局局长对他做的这一手漂亮利索活感到很自豪。

我在那个冬天没有其他帽子戴,又没有办法再搞到一顶,只好戴上这一顶。于是,我把帽子熨了一遍,又把它压好,戴在了头上。然而,这样一来,这顶帽子既不好看,也不时髦了。

这顶帽子的命不好。那年夏天,我把它包好放进了一个箱子,到了冬天,我从箱子里取出它的时候,从里面跳出了一只老鼠,还有一窝小鼠崽儿!这只大老鼠把鸵鸟毛咬碎,在帽壳里搞出了一个舒舒服服的窝,整个夏天,它在这个窝里养了一窝又一窝的老鼠。帽子有一股很强烈的鼠臊味,我洗了又洗,晾了又晾,这股臊味就是去不了。但是,我还得戴它,因为再要搞一顶帽子已经太晚了,要是在英国重订一顶,它到喀什噶尔的样子会和第一顶一样,也是一塌糊涂。

有一天夜里,一个贼溜进了我们的储藏室。这个人是个半疯子,他把那里的一切东西都翻了个底朝天,又把我的肥皂和糖卷在我的毛皮大衣里,并偷走了一些其他东西。但我们觉得偷走的东西算不了什么。很快,中国官方就把他抓了起来,并把他带到我们这里让我们看看他。他被拴在一根沉重的铁杆上(他得背着这根铁杆)。他一见到我们,竟然朝我们笑了起来,还恭恭敬敬地向我们问好,又从他的袷袢中掏出了一卷东西,递给了我。那是一件几乎全新的上衣,我冬天的衣服,没穿过几次,但却被他剪成了碎条条。当着所有人的面,我几乎哭出了声,因为冬天已经来了,我无法再搞到一件能穿出去的上衣。

生活就是这样,不断地有小事烦你。但由于在当地买不到合适的衣服,对我来讲,这点事情也就不是小事了。

还有一件事也让我发愁,就是怎样才能使我们的衣物不被蛀虫和它们的幼虫咬坏。这些小东西钻进任何用毛做的衣物,在极短时间里就把这些衣物咬掉一大块一大块,使我们再也无法穿它们。樟脑丸和防腐剂无济于事。后来我发现,唯一的办法是每一两个星期就把毛织品、皮衣、地毯等拿出去在阳光下暴晒一整天,这样又给我的日常劳作平添了许多麻烦。但是,由于在喀什噶尔很难买到衣服,我们只得对已有的衣服格外珍惜,倍加爱护了。

只要想一想从印度到喀什噶尔的道路状况,那么通过邮寄的包裹在路上遭难受罪也就不会太令人吃惊了。从英国发出的邮件，经海路到印度，再由火车从印度运到拉瓦尔品第，从那里，马车又把这些邮件运往斯利那加(Srinagar)。从斯利那加经吉尔吉特和洪扎到色勒库尔[1]。在这一段路上，由于山高路险，马匹不能驮着邮件在崎岖的山路上行走，只好由苦力背着，徒步翻过那些崇山峻岭。在色勒库尔，我们派去的人接过邮件，再用马把它们驮回喀什噶尔。我们有4个人和4匹马专门在喀什噶尔与色勒库尔之间周转邮件。来回一趟要走14天。对他们来说，这是一件苦差事，因为路太难走了。夏天，他们得与洪水泛滥的河流争时间；冬天，他们得经受风雪寒霜的考验和冒着被冻伤的危险。

所以，考虑到沿途道路状况这样糟糕，考虑到我们和印度之间的艰难险阻，每次看到邮件都能完好地送到我们这里，我总是想，这似乎真是太了不起了。

我们丢失过一些邮件，那是运邮件的人在途中被雪崩埋了起来的缘故。有时候，这些人丢掉邮包，自己逃了出来，活了下来；但有时候，他们和邮包一道被雪崩卷走，死了。这真是太惨了。

夏天雪融化后，那些丢失的邮包一般都能找到，我们也就终于拿到了信件和包裹。信件和包裹被泥水浸泡透了，信上的字迹几乎无法辨认，包裹里的物品也常常被毁得根本用不成。

喀什噶尔及其周边地区平均海拔4500英尺，气候宜人，所以我们可以把孩子们留在这里和我们生活在一起。

这里的温差变化极大。冬天，虽然几乎见不到雪，但气温计上的水银柱却会下降到零下8华氏度，由于天气干冷，而且阳光充足，也就不令人感到不舒服。但是，我们得特别留心，因为每年冬天都有人冻死，那些乘带篷的马车到达喀什噶尔的旅行者，腿脚被冻僵了，由于马拉着车艰难地向前挣扎着，所以他们自己还不知晓腿脚已被冻坏了，这类事司空见惯。

初冬一到，我们就装上了双层玻璃，而且由于房子里有嵌在墙里、

[1] 色勒库尔即今塔什库尔干塔吉克自治县。

高及天花板的俄式炉子，室内很暖和，也很舒适。炉子里烧的是木柴。每天我们要生两三次炉子，上一次添的木柴燃烧着，一直烧成了发红的灰烬，就不再添柴了，但炉壁很热，热量可以保持几个小时。

每年3月中旬天气才转暖，到4月中旬我们就穿上了夏天的薄服装。秋天也是这样，气温变化太快了。四五月，气候温暖宜人；6月很热；七八月，室内气温高达100华氏度以上。中午，院子里的石头热得烫人，穿上一双薄底鞋走在上面会感到热气透过鞋底袭到了脚底。晚上也是这样。七八月，房子里热得让人受不了，所以我们就在花园里搭起帐篷，晚上睡在里面。但是，也同样是气候干燥的缘故，这里并不像在潮湿的地方那样热得让人受不了。

喀什噶尔的空气中总是充满了静电荷，梳头的时候，它们使人的头发变脆，噼噼啪啪作响，头发会直立起来。同样，静电荷太多会使人的指甲裂开，易碎。

这里的年平均降水量才有大约2英寸。下雨时雷声大作，雨水哗哗而降。雨后地面成为硬块块，地面板结。就算雨水不毁坏庄稼，雨后农民也得为庄稼地松土，打碎硬结的地表。这里的农民完全靠渠水灌溉，所以他们恨老天下雨。

喀什噶尔的耕地土壤肥沃，一个季度里可种几种庄稼，农民们种植苜蓿当作牲畜饲料，苜蓿可以长到4英尺高，生长期内割四五茬。说来奇怪，苜蓿是我们在春天首先吃到的绿叶菜。每年3月初，当地的儿童们赶往苜蓿地，挖那些刚刚冒出地面的苜蓿芽，一盆一盆地卖出去。我们像做菠菜一样把苜蓿芽炒着吃，味道相当不错。

这里夏季很长，光照非常充足，所以庄稼生长茁壮。天气越热，用于灌溉的水就越多，原因是阳光把冰川的冰和高山上的雪融化了，雪水流进了大小河流，浩浩荡荡地流向了平原地区。只要连续有几天阴天，河里的水位就会下降。

最令我们感到恐惧的是在春天和初夏出现的尘暴。我这里只举一个例子。有一天，我看到远处沙漠中有一根巨大的黑柱子似的东西，正穿过晴朗的天空向我们疾驰而来，而这一团黑乎乎的东西两侧阳光灿烂。这团黑色的东西越变越大，太阳看上去变成了一个红色的球，但很快就不见了。河那边的树全被风吹得弯着腰，一种令人毛骨悚然的沉寂笼罩了我们。天空变得越来越阴暗，紧接着我就听到远处狂风呼啸。凭经验，我马上意识到该把窗户和门全部关紧。刚刚做完这件事，突然外面风声大作，尘暴一下子就向我们扑来。院子里的树被吹得弯了下去，好像快要被吹断了，天空变得漆黑如深夜，空气中的尘土穿过每一条缝隙扑向了室内，让人感到连呼吸都很困难。狂风的力量太强大了，让人几乎站不稳。当地人把尘暴称为“Buran”，要是有人在出现尘暴的时候刚巧不幸在路上或沙漠中行走，那么唯一能做的就是把头蒙好，赶快趴在地上，直到风暴的前锋力量减弱。风暴一般会持续24个小时左右，紧接着一切又都平静了下来。在那些天里，我们虽然不是处于伦敦烟雾的包围之中，但是却一直被降尘形成的黄色尘雾笼罩着。在那些天里，如果你把一张白纸摊开放在什么地方，过不了多久，纸上就会出现一层厚厚的尘土，你可以在上面写上你的名字，清晰可见。顺便说一句，我在此处可以谈谈有些人对喀什噶尔地区尘土的看法。他们认为，塔里木地区的土是黄土类型，主要是由空气中的降尘积存形成的。斯文·赫定博士在喀什噶尔的时候做过一些有关的试验。他把几张纸铺在地面上，并根据某段时间里积存在纸上的尘土量计算了在一个世纪内或更长的时期地面会升高多少。我自己根本不懂地质学，所以我不能不懂装懂，去谈什么喀什噶尔的土壤是沉积型土壤还是降尘型土壤。但是，使我印象最深的是，关于这里的土壤类型是降尘型的说法似乎还有更多的争议。

有一年夏天，一对鹰在秦尼巴克花园土丘上的一棵高高的白杨树梢上安下了窝。虽然它们对我们相当不友好，对我们来到花园散步，从它们的巢下走过表示不同意，扑下来赶我们，甚至用翅膀扑打我们的头。但我们还是让这对鹰待了下来，这样我们就可以观察它们的生活习性。

我们知道这对鹰刚刚孵出雏鹰，因为它们每天飞来飞去，回到巢时总是衔着食物。一个星期天的上午，可怕的尘暴又袭来了。由于鹰巢处于毫无遮挡的地方，我们很是担心，我顶着风来到花园，看看这对鹰和它们的雏鹰是怎样顶住这场风暴的。我们发现雌鹰站立在鹰巢上，展开了一对大翅膀，力图保住自己的家，护住自己的孩子。大树在暴风中晃荡着。雄鹰在大树上方来回飞翔，不停地哀鸣号叫，像一只儿童们玩耍的气球，在空中颠来簸去。几个小时后，风暴减弱了，我们又来到花园，想看看这一家鹰怎么样了。就在地面上，散落着鹰巢的残余部分，还有6只雏鹰光秃秃的尸体。因丧失孩子而悲痛欲绝的那对鹰，并排站在土墙上，像伤心至极的人类，它们在那里号叫着，悲声阵阵。虽然它们已竭尽全力想救护自己的孩子，但是在大自然强大的力量面前，它们太弱小了。

在喀什噶尔度过的第一个春天对我来说可真是个意外。地面上积存了5个多月的冰终于裂开了，土地解冻的日子来临了。一下子，树上的枝条绽出了片片新绿，标志着它们又有了生命的活力，这一切都令人欢愉。在温暖的阳光下，树上的叶蕾一天天膨胀。在一个阳光明媚的早晨，我极其欣喜地发现，就在前一天夜里，叶蕾都绽开了，柳絮处处飘扬，空气中散发着一股股沁人心脾的清香。

远处的果园里，传来了一阵阵低沉的嗡嗡声。我来到果园想探个究竟，不料惊奇地看到那里已变成了一座仙境，鲜花怒放，花团锦簇，那低沉的嗡嗡声就是数不清的蜜蜂在花丛中飞来飞去采蜜时发出的。沟渠里流水潺潺。种子正对我们的那位个头矮小的花匠窃窃私语，仿佛在说，不管有多么艰难，它都会顶出地面。夜晚，在花园里到处可以听到优美的音乐，哪儿来的？我迷惑不解。后来我发现这优美的音乐来自那些在小径上跳来跳去的青蛙。观察这些青蛙令我神魂颠倒。蛙先生一边跳跃，一边用高音唱着歌："呱——呱——呱！"而远处又有青蛙用最高音回应着："呱——呱——呱！"顺着蛙声传来的方向，青蛙先生跳了过去，而青蛙女士也朝着"他"跳了过来。它们相逢了，肩并肩，用三度音唱起了二重唱。它们的喉部鼓鼓的，像小小的气球。唱完它们的爱情二重唱，青蛙先生和青蛙女士就双双离去了。但是，这种音乐却一直在夜空中回荡，夜夜如此。每年春天，我们都聆听第一场青蛙音乐会，从来没有错过它们给我们带来的惊喜，因为青蛙音乐会告诉我们，那单调乏味的漫长冬天终于过去了。

喀什噶尔的鸟类不太多，但麻雀的数量极多，此外，常见的还有乌鸦、喜鹊、隼、鸢、野鸽子、云雀、红腹灰雀、燕子和鹰。但是，这里的鸟类中最美丽的还数金莺和戴胜。

这里的花的种类很贫乏，所以我们只能从英国带来一些强壮且适应性强的花种在这里。我想从英国移植在这里的植物会想念故里的雨，想念故里劈头浇下来的雨水，会更加想念故里潮湿的空气。

种在渠道两旁的树长得高大壮硕。我们的花园里种有柳树、榆树、核桃树和品种不同的杨树，以及从俄国带过来的种子长成的洋槐。还有一种树，即被当地人称为"吉格达尔"的沙枣树，我听到植物学家称之为"Eligagnus"。这种树的叶子颜色为橄榄色，叶背银灰色，花呈黄色，铃状，花丛很密。在春天，沙枣花吐出一股股强烈的杏仁香味。沙枣果实为红棕色，形状像小枣，可以吃。枣核像石头一样硬，果肉干涩，但很甜。在春天和初夏的傍晚，空气中弥漫着沙枣花的浓香味和葡萄花像木樨草花的香味。结黑色、白色桑葚的桑树长得非常繁茂，果实累累，非常漂亮，桑葚甘美可口。我们的花匠得爬上树去摘桑葚，但由于黑色的桑葚会给他的白色衣服留下斑斑点点，于是他就想出了一个绝妙的办法来保全他的衣服。有一天，花匠正在树上摘黑桑葚，晚上我要用它们做甜饼，我到花园里去看他摘好了没有，不料这个可爱的小矮个儿一丝不挂，全身赤裸着爬在树上。而他把衣服小心地放在灌木丛里，显然，他是想等摘完了桑葚再穿上它们。他一点儿也不在乎自己身上是否会溅上桑汁，只要把衣服保住就行了。所以我只好给他讲，他可以穿上最旧的衣服去干这活儿，搞脏了不要紧，我会给他补偿一件新衬衣和一条新裤子。

我永远忘不了喀什噶尔的那些夏天的傍晚，夕阳西下，美丽异常，整个大地都沐浴在金色的暮霭中。暮色越来越深，直到夕阳坠入群山之后，整个天空一片橘红，夜幕完全降临时颜色才慢慢褪去。天空中飘散着花香，回荡着蛙声和蟋蟀声交织而成的音乐。远处，巴扎上人们弹奏着乐器，他们的歌声断续传入耳际。就是在这种时候，你会体验到乡村生活的真谛。一旦体验到它，就永世不会忘记。

第九章

喀什噶尔妇女

很快，我就发现到当地妇女家中串门做客，多与她们接触是不可能的。她们的家中总是有许许多多的纠葛与麻烦，所以最好不要去打听她们的家庭生活和情感关系。当然，一个男人娶了几个老婆，她们都生了孩子，家里必然矛盾四起，纠葛不断。所以如果有些妇女与英属侨民发生了什么纠葛，她们就会来找我，希望我能利用我的影响，与我丈夫一道排解她们的麻烦和纠葛。

有时候，我会到当地妇女家参加她们的节日招待活动，看看歌舞。在这种场合，这种招待活动和参加活动的人总会让人非常着迷。我特别喜爱她们那些做工极为精细，极其漂亮的服装。妇女和儿童的衣着五彩斑斓。令人眼花缭乱的服饰使这一类庆祝活动的场面喜气洋洋，多姿多彩。

在这种场合，喀什噶尔的女士们浓妆艳抹。她们把眉毛涂得漆黑，而且在鼻子上端的眉毛之间有一条长长的黑线相连；她们的小手纤细，保养得很好，指甲涂成了深红色；一串一串的珠子和银链绕着脖子，在长长的辫子末端也缀有珠子和银链，她们一移步，这些珠子和银链碰撞着，发出叮当叮当的声音；她们的黑发涂上发胶和亮油，乌黑发亮。

在喀什噶尔，只有年轻的妇女喜欢自己的身材苗条秀美，而年纪大一些的妇女则尽一切可能使自己长得胖一些，因为肥胖是有钱的象征，也是终日悠闲的象征。

我发现这些妇女天生就有一种高雅的风度。我每到一个聚会上，所有的客人都会起立，双手掩藏在长长的袖子里，交叉低垂，弯腰鞠躬致礼。这时候，主人就会对我说："祝你吉祥如意，你一路上是否平安？"向我表示欢迎。在这种情况下，我也尽量学着她们的样子，弯腰鞠躬，但做这一切的时候，我却总是感到不自在。

告别时，所有的人又会站起来，重复迎接我时的动作，弯腰鞠躬，同时大家都要说"khosh"，意为"再见"。

招待会上，我坐在椅子上，其他的女士则跪坐在房子里的地毯上，她们的前面摆着一杯杯茶，更准确地说，是一碗碗茶点——糖果、干果和果仁。

招待会上有一个小型的乐队演奏音乐，乐队使用的有一两件长柄乐器。圆圆的琴壶，像曼陀林，用弓演奏，演奏的姿势像演奏大提琴，其他的乐器和上述的相似，演奏的姿势像演奏曼陀林。另外还有一件乐器像齐特拉琴，还有一面小手鼓。有时候，乐队演奏的同时还唱歌。每年春天都有一位作曲家谱写出一批当年流行的歌曲，我一直想找到这位作曲家，但一直找不到，也不知道他是谁。但是，你会在喀什噶尔听到人们在唱这些歌。喀什噶尔最优秀的歌唱家是那些骑在毛驴背上悠游闲逛的男孩子和小姑娘，他们扯着嗓子放声高歌，歌声的节奏与毛驴行走的节奏很合拍。

乐队一开始奏乐，就会有一个行家起来跳舞，客人们也就纷纷加入了进来，翩翩起舞。她们的舞姿缓慢而优雅，身体左旋右摆，双臂伸展，长袖飘逸。有时候跳舞的人仅用脚步移动的动作和着音乐的节奏，身体静止不动，双臂伸展回旋，双目紧闭。在她们跳舞的过程中，双臂的摆动与回旋和音乐的节拍非常和谐，是舞蹈中最重要的动作，极其优雅多姿，与悦耳的音乐浑然一体，天衣无缝。

对这些跳舞的人来说，乐队的乐器只不过是一种美妙的声音来源，她们就是通过这种声音来表达自己的思想和感情的。正是这个原因，音乐和舞蹈动作才如此和谐，如此同步。我往往禁不住遐想，这样的音乐和舞蹈完全是合一的,都是由同一的民族精神熏陶出来的心灵的创造物。

出于对领头跳舞的人的谢意,也出于对优美舞蹈的喜爱,客人们会一个又一个地站起来,掏出钱在领舞的头顶晃一下,然后放在乐手们前面早已摆好的一个收钱托盘里。所以,人们对跳舞的人越喜欢,乐手们的收入就越多。

在这样的场合,往往有许多婴儿和小孩子,他们对我的吸引力最大。这些小不点儿,眼睛又黑又大,穿着式样与他们的父母一模一样,穿着绒外套,戴着花帽,蹬着靴子。但是在我面前,他们总是一副害羞的样子,而且总是惧怕我。

喀什噶尔关于美的标准是,头要圆,特别是后脑勺要圆。这样,缠头巾或花帽就能戴得端端正正,优美大方。头发要飘逸舒展。为了能做到这一点,孩子一生下来,就被放在木摇床里,平躺在里面,捆着身子,而且大部分时间里就这样躺着。

父母亲都为孩子们操心,对他们悉心照料,但有时会把孩子娇惯得不成样子。她们不懂得如何使孩子懂规矩,刚给孩子一件他要的东西,过不了一会儿,他们就又去满足孩子的另一个要求。

这里的婴儿和幼童们,天气暖和时赤身裸体。常常,在我一直乐于穿上一件暖和的外套时,他们都一丝不挂。所以,在烈日当空的日子里,他们在外面玩耍,让太阳晒得黑油油的,像小黑人一样。

一旦孩子有了病,父母亲一方面不知道得的是什么病,另一方面又很迷信,他们的想法似乎是赶快去找上一个巫医给孩子治病。在冬天寒冷的日子里,我还见到小孩子们在大街上跑来跑去,而他们正在出天花!孩子就这样死了,父母亲又悲痛欲绝。在这里,天花是一种极可怕的疾病,而当地人却不去做任何事以防止它传染蔓延。

我们当然要坚持这样做,即如果哪一个仆人家里人染上了天花,他必须离我们远一点,不要接触我们。但是,他们即使被感染了,他们还是要来秦尼巴克,因为他们期望我们不会知道他们染上了这种病。然而,他们看到我们的孩子注射疫苗后没有出过天花,有一些男人就带着小婴儿来找我们,要我们也为他们的孩子注射疫苗。

在喀什噶尔,几乎所有的成年男女都患有性病,而儿童来到这个世界上时，就已经染上了这种可怕的疾病。但是，由于这里的婚姻法一点约束力也没有，所以这种情况无法避免。

喀什噶尔人总是对邪恶的眼睛十分惧怕，特别是涉及儿童时更是如此。所以，与此有关的是：婴儿降生时，要举行各种各样的迷信活动。为孩子接生，要尽量保持环境的安静，还要秘密进行。谁走近孩子出生的那座房子，谁第一个去接触出生的婴儿，父亲在这些方面要特别小心。因为走近房子或接触婴儿的那个人会对婴儿的性格和命运产生影响。由于这个原因，在喀什噶尔的瑞典传教士们发现：在当地妇女分娩的时候前去照料，并为这些妇女接生，不仅十分困难，而且往往得不到允许。而只有在产妇出现危急情况时，当地人才会找他们去帮忙，但是他们这样做已经太晚了，传教士们已无法做什么来挽救母亲的生命了。

为了保证妇女顺产，在临产期快到时，孕妇往往要到巫师（实际上是巫医）那里去讨教。巫师在房子中立上一根杆子，让这个孕妇绕着这根杆子不停地旋转，巫师本人则在他的徒弟——一个男孩子敲打的鼓声的伴奏下唱出一些咒语。这里的巫师都有自己的徒弟，他们向他学习魔法。孕妇绕着那根杆子转啊转啊，一直转到她头昏眼花，浑身无力，一下子倒在地上为止。如果那位巫师说，还没有把她身上的所有邪恶鬼怪都驱除出去，那么，这个孕妇还得爬起来继续围着那根杆子旋转，直到巫师说他们的驱邪已经成功，孕妇的病已完全治好了，他本人很满意，她才能停止，然后这个孕妇付了钱，心情轻松地回家了。她相信她本人和未降生的孩子已经平安无事、万事大吉了。

这种驱邪方法也同样用于治病。正是这种治病的方法使我们失去了一个仆人阿布都拉。他患了急性肺炎，我们的医生一直在为他治疗。有一天，我们有事外出，他却让妻子请来了一个巫师。我们回来经过他的房子时碰巧听到了巫师的徒弟打鼓发出的刺耳的噪声和巫师本人在唱咒语，令人毛骨悚然。我们大吃一惊，才知道他请来了巫师为他驱赶身体内的邪恶的魔鬼。第二天他就死了，这一点儿也不令人感到奇怪。

有一天，我们想为一个长得特别漂亮的小孩子拍张照。正要举起照相机拍照时，她的母亲突然冲了过来，一把就把孩子抢走了，并且说，照相机的那只邪恶的“眼睛”如果看了她的孩子，孩子就会死去。

我刚到喀什噶尔那一阵儿，特别喜爱当地的儿童，常常夸奖他们，以为这样会使他们的母亲感到高兴。但是，很快我就发现自己这样做是极其笨拙的，因为即使漂亮的小孩子，也会被老天带走。如果一家中几个孩子连续夭折了（常常发生这样的事），他们的父母亲就会为又生下的孩子起上一个不起眼的名字，如“Supurgi”，意思是“扫帚”；“Tax”，意思是“石头”；或“Tohta”，意思是“留下”或“待在这里”，以此希望老天看不上这些毫不起眼的卑下的孩子，并把他们留给父母亲。

所有的儿童从一生下来就在脖子上戴上拴有线绳的护身符，用来驱邪避鬼。有时候护身符是一句经文，写在一张纸上，并且把这张纸缝在皮子里；有时候护身符是用玉石雕刻的动物，雕刻得很精巧。或是一种石头，或是一块骨头或木条，或仅仅是一两颗闪闪发亮的珠子。

这里的儿童能够活下来，而且能长大，对我来说，真是个奇迹。因为当地的习惯是在孩子出生后的几个月内不许为他们洗澡。有时我看到这些小家伙浑身脏得一塌糊涂，在夏季烈日下，身上满是疮，有的得了皮肤病，有的得了眼疾。我猜想，这就是在母亲和儿童中适者生存的例证。

刚到喀什噶尔那一阵儿，因为从英国出发，长途跋涉，我有好多衣物得找人洗。于是，我丈夫就让手下的人专找一个妇女来洗这些东西。手下的人出去立刻就带来了一个妇女，这个妇女说她愿意干这些活。我看到她的身子那么重，吃了一惊。她把所有要洗的东西拢在一起，捆成了一大捆，背着就回去了，这更使我感到不可思议。第二天，一个小男孩跑来对我讲，说他妈妈感到很不好意思，衣服没洗完，因为当天夜里她生下了一个孩子，并说她第二天就会把洗好的衣物送来。果然，第二天她来了，带来了洗完的衣物，而且还带来了一个刚出生的小婴儿。此后的每个星期她都来到后院为我们洗衣服，并把她的上衣铺在阴凉处，把那个小婴儿放在衣服上，让他躺在那里。母子二人一直很健康，也很高兴。

有一天，我们的一个仆人跑来找我，显得很激动，他手里抱着一捆东西，看上去像是一堆破烂，我仔细瞧了瞧，却发现是一个小小的婴儿。这个仆人告诉我，这是他捡到的。他到清真寺去祈祷，在清真寺的门前发现了这个用破衣服捆起来的小东西。他和妻子没有孩子，这对他们来讲，是一件天大的憾事，也太丢人了，所以他认为这个小婴儿是老天爷特地送给他们夫妇俩的。这个小婴儿是个小女孩，大约3个月大。天哪！她脏得不成样子。所以我向他提出应该给她洗个热水澡，并且换上干净衣服（我愿意给他们一些干净衣服），然后他才能把这个干净可爱的小婴儿作为礼物献给他的妻子。这个仆人太激动了，围着他捡来的孩子高兴得不停地转圈儿，而且不允许任何人碰一下他的这个宝贝。在我的指导下，他蹲在仆人房里燃烧着熊熊大火的炉子前，为婴儿洗了澡，给她换上了干净衣服，这个小家伙两条小腿蹬来踢去，看来是太喜欢给她洗澡，太喜欢给她换上干净衣服了。接着，我们又找来了一只奶瓶，我给这个仆人讲了一通如何才能把握好牛奶和水的比例的方法，婴儿一阵狼吞虎咽，喝完了一奶瓶奶。然后，仆人就抱着她喜气洋洋地回家去了。过了好几天，这个仆人又来见我，一副垂头丧气的模样，原因是那个婴儿的母亲找到了他（我们早料到会有这种情况），坚持要把孩子带回去。原来，这个女人与她丈夫吵了一架，一气之下，她把孩子放在了清真寺门口，目的是想报复自己的丈夫，出口恶气。由于想念自己的亲生骨肉，她的火气很快就消失了，就跑回去找孩子，不料发现孩子不见了，她好几天来又急又难受，到处打听孩子的下落。当然，我丈夫告诉我们的仆人，他必须把孩子还给她的母亲，这个仆人非常难受和不舍。

喀什噶尔人订婚时，主持订婚的毛拉同时准备好一份离婚书，目的是节省时间，因为这种事或迟或早都会发生，他得随时准备好离婚书。一个男人只需在证人面前对他的妻子说上三声“我不要你了”，离婚就成了事实。所以在这种情况下，婚姻就不是一件什么大事了。许多男人在第一次旅行的某个地方和当地的姑娘结了婚，他们常常在一两天后，有时数周或数月后就走了，走前就离婚了。情况常常就是这样。

一个来自叶尔羌的印度商人很富有，但年纪很大了。他在喀什噶尔娶了一个很年轻、长得很漂亮的姑娘，他们在一起很快活。这位姑娘把那个印度商人迷得神魂颠倒，她要什么，商人都会满足她。但是，他回叶尔羌的日子还是来到了。他想把这个妻子带回叶尔羌，和他原来的妻子及全家住在一起。这个妻子的父亲就是不同意，说“根本不可能！”态度十分坚决，不许他把女儿带回叶尔羌的家。最后两人达成的协议是：这位仍然是他的妻子，但只能住在喀什噶尔，其他任何地方都不去。

那天晚上，这位印度商人纠合了一群朋友，在他妻子的父亲的家门口大吵大闹了一顿，企图用武力把他的妻子抢走。这件事在喀什噶尔引起了不安。政府官员派人来咨询我丈夫，要求他过问一下，看他管的英国属民骚扰当地人的房子，破坏了当地平静祥和的气氛。

我丈夫召见了这位印度商人，那时他仍然怒气冲天，我丈夫要求他必须与女方一家把事情处理妥当，不许打架。他勉强答应了。我们认为这个人很讲道理。过了一段时间，我和我丈夫一起到了叶尔羌，到达的那一天，这个印度商人来拜访我们，并给我们讲了这么一个编出来的故事：他在喀什噶尔的那个年轻妻子感到没有他就活不下去，就到叶尔羌来找他，所以现在一切都解决了。

后来，我们听到的真实情况是：我丈夫刚离开喀什噶尔，那位年轻妻子的朋友就去找她，问她愿不愿意参加一个在乡下举行的婚礼。朋友们身穿节日盛装，马车后面还挂着一只羊，说是婚礼礼品，而她的父亲做梦也没有想到自己女儿的朋友已被这个印度商人买通了，就点头同意了，而这位年轻妻子也信以为真，跟他们一起走了。然而一出城，她的朋友们跳下车，把拴在车后的羊解开，车夫狠劲挥鞭打马，马车就把这个女人拉到了叶尔羌。这真是一次漂亮的绑架行动！这位年轻妻子的父亲，受到这般捉弄，气糊涂了，发誓要找他的印度商人女婿报仇。这个女人一直待在叶尔羌，至于她是自愿的还是被迫待在那里，我们就不知道了。

喀什噶尔的女人老得很快，因为姑娘12岁就结婚，到25岁时，看上去已经很老相了，或许结过好几次婚，已经有一大家子人了。

这里的妇女不和男子一起参加社交活动，她们有自己的娱乐方式和活动，她们互相串门走动。她们也不能参加任何宗教活动，从来不去清真寺祈祷。但是，喀什噶尔一带有许多麻扎（墓地），女人们在想要孩子，或想找丈夫，或是有了什么麻烦事或难处时，就常常到麻扎前痛哭一场，向苍天祈祷。

秦尼巴克对面不远处就有一座远近闻名的麻扎。我们在秦尼巴克，清晨就可以听到妇女在这座麻扎前痛哭的声音。这座墓是一位名叫安娜·比比（Anna Bibi）的女人的墓，但是在她活着的时候究竟做了些什么大事，使她有能力帮助那些拜谒她陵墓的人，对我来讲，却一直一无所知。那些想得到丈夫的女人们跪在这座墓前面，把手伸进墓上的两个洞，放声痛哭号叫着，一个小时接一个小时。有时候我想，她们的祷告会很快地得到回应，因为我常常看见有些年轻人就在墓周围晃来晃去，偷偷地窥视着这些祈祷者。

还有一座墓地，上面曾经涂满了一块又一块的泥巴。当地人常到那里，希望自己患的皮肤病能在那里得到治疗。他们从附近的一口井里掏出一块又一块的泥巴，把它们甩在坟墓的墙上，同时向安眠在那里的先人祈求保佑。

极有可能的是，这些墓主人在活着的时候是些半疯的乞丐。喀什噶尔有许多这样的人，有男人也有女人，有时甚至全家人都是这样，他们在古墓地一带晃来晃去，甚至就住在古墓中或墓旁，当地人视这些人为特别神圣的人，毫不吝啬地给他们施舍金钱和食物。

我们曾经与一个这样的人打过交道，那可是令人极其震惊的一次经历。有一年元旦的早晨，我们刚吃过早饭，我丈夫点上他的烟斗，在那里抽烟。那年冬天很冷，为了保持房子里的温度，我们让人关上并锁死了前门，只用房子的后门。我正在那里说"我不知道谁会成为今年元旦我们的第一个来客"时，突然我们听到走廊上传来一阵阵脚步声，紧接着前门就被狠劲地撞开了，门销和门闩也被撞掉了，冲进来一个疯疯癫癫、面目奇特的乞丐。他一下子扑倒趴在我丈夫的脚边，大声哭喊着："他们正在追赶我，想要杀我！"

听到吵闹声，我们的仆人赶忙跑了进来，抓住这个人，让他坐了下来。接着我丈夫费劲地想从这个乞丐口中获悉究竟发生了什么事。但他却只是讲"他们想要杀我"。突然，他挣脱了按住他的仆人，向城里飞快地奔去，速度极快，一眨眼就看不到他了。

第二天，人们发现他已死在一片墓地里的一座古墓中。而他前一天冲进我们房子里时，疯癫症已开始控制了他，使他不能自制。

我猜想，那些被邪魔掌握了的着魔的人，就和这里可怜的癫痫病患者们一样。

所以，在那一年，这个倒霉的访问者竟成了我们的第一个“新年拜访者”！

我还想起了有一年圣诞之夜，我们曾救过一个可怜的女人，她的故事也很离奇。离我们住的地方不远，有一处很大的墓地，由一个形容枯槁的老汉管理着。这个老汉住在墓地大门边的一个房子里，还有一个瘦得不成样子的喀什噶尔女人和他住在一起。

有一天早晨，我正走过那片墓地，看见有人从老汉的房子里抬出了一口棺材，而那个妇人则坐在离房子不远的地上，表情奇怪。第二天，我的孩子们说，他们看到那个女人仍然在老地方坐着。又过了两天，孩子们乘车外出，回来时告诉我们那个女人在城墙外的粪堆上，仍然以老姿势坐在那里，而且看上去好像已经冻僵了，但似乎没有死。那些日子，天气寒冷，而且下了雪，没有人能在外面待上一整夜而活下来。所以，喝过茶后，我和丈夫提了一个马灯，走到外面想看看能否找到那个可怜人。外面漆黑一片，我们发现她坐在一个粪堆上，一动也不动。问她话，她一声也不吭，我递给了她一些吃的东西，可她连眼皮都没动一下。

我解开她的外衣，大吃一惊，她屁股周围都是过路者给她的食物和钱。她既没有吃任何东西，也没拿任何食物和钱，她已经完全冻僵了，看上去只有大脑还活着。要不是坐在那一堆粪上，粪堆里气味很重的热气给了她一点儿热量的话，她早就被冻死了。

几个人骑着驴路过这里，我们问他们是否认识这个女人，她到底出了什么事。他们告诉我们，由于这个女人在那个与她共同生活过的老汉的棺材里放了一把火，想把它烧掉，为此老汉的族人惩罚了她。后来，因为她又老又丑，谁也不想要她，就把她赶了出来。这些人似乎把这件事当作了一桩笑料。我丈夫让他们用毛驴把这个女人送到我们住的地方，这些人吃惊地瞪大了眼睛看着我们，完全拒绝这样做，骑上毛驴就跑了。

我们只好回家了，让两个仆人临时做了个担架，去把她抬回来。而这两个仆人却也百般推托，就是不肯去。我丈夫发了火，训起他们，告诉他们如果连一点儿善事都不做，他们怎么算得上是一个善良之辈。

那些日子，领事馆的拘禁室空着，所以我们就在其中一间房子里生了火，并在角落里搭起了一个松软暖和的稻草铺。但是，仆人们把那个可怜人抬进来时，我们却发现她已冻得僵如石头了，已经没有办法让她躺下，只好让她照抬进来时的姿势坐在那里。我们想当天晚上她必死无疑了。

第二天，我们设法让她喝了点儿热汤，又过了一天，她自己向我们要肉吃，很快她的四肢开始松软起来，最后她可以躺倒了。这时候，我们才发现她浑身被烧得一塌糊涂。

慢慢地，她恢复了活力，那些烧伤处也愈合了。我们面临的问题是怎么安排她。这个女人对我们感激不尽，不愿意离开领事馆，也不愿意离开她在这里得到的暖和、舒服的藏身之处。

虽然她住在领事馆的拘禁室里，我却想她这一辈子从来还没有住得这么舒服，吃得这么好。一个人受到那样的虐待，却能够活下来，这似乎是个奇迹。

这个女人属于社会最底层，所以我不能收留她，让她在这里当仆人。由于中国官方有一些供穷人居住的房子，所以我丈夫要求中国官员安排一间这样的房子供她居住。

这位官员答应为她提供一间房子，并且说我们把她救活了，做了一件好事。还说如果我们没有介入这件事，她死了，那倒更好一些，因为这个女人年纪太大了，一点儿用也没有，说不定我们救了她，只能使她的命运更糟。有时候我想，这位官员的话是否也有道理呢？

第十章

在山中避暑

在有孩子之前，我丈夫外出公干时，我常常和他一起去旅行。在喀什噶尔待上一段时间，生活就会特别单调乏味，所以我们非常喜欢外出旅行。但是，当我们有了孩子，就感到带着孩子外出是件很累人的事，所以我只好一个人和孩子们待在喀什噶尔。因为不论怎样，在这里我们能够尽可能地为孩子们提供舒服的生活环境和条件。然而，即使这样，我们也常常渴望着能外出换换环境。

有一年夏天，喀什噶尔城里酷热难熬，我们决定在山中找一个地方住上几天。经过多方打听，人们告诉我们有一个小山谷很美丽，山谷的名字是波斯坦铁列克（在帕米尔高原），那里有草地，也有河流，还有一些房子，或者说在山上有些毡房。从喀什噶尔城到帕米尔高原只有3天的路程，所以我们就决定到那里去，在柯尔克孜族牧场野营，度几天假。

豪格伯格先生和他的夫人也愿意和我们一道去旅行。他们在此之前回瑞典时把孩子留在了那里。于是，我们就开始安排这趟旅行，忙碌了好几天才做好出发的准备。

在动身前的一整个夜里，我们把所有要带的东西都捆好包好，以便能早点儿出发，赶在第二天最热的时候之前走完当天的路。那天夜里，我们几乎没睡什么觉，原因是又热又闷。第二天凌晨4点，我们就起床了，却发现天空阴沉沉的，还不时地传来阵阵雷声。

事先我们雇好了8辆大马车，每辆马车由4匹马拉着——1匹驾辕，3匹在前。出发前，8辆马车已经套好一字排开，停在院子里。但是，尽管我们极力想早点儿按时上路，但却一直耽搁到了8点30分，这一阵已经热气逼人了，这些车夫一直在院子里争吵，争吵的内容是他们的车拉多少人，多少东西，当然每个人都想拉得越少越好。他们互相吼叫着，打着各种各样的手势，这一切简直是在浪费时间。直到加法尔·巴依（加法尔·阿里的继任者）出来排解，事情才得到解决。这些马车终于开始动弹了，出了大门。我、两个孩子（艾瑞克那时3岁，希尔薇亚6个月）和保姆乘我们自己的俄式小马车，豪格伯格夫人坐在一辆中国式小马车里，男人们则都骑马前进。我们的队伍中还有领事馆的印度籍和中国籍秘书以及他们的仆人。我们这一行人和马车，加上马车拉着的锅碗瓢勺、帐篷、被褥，等等，看上去就像吉卜赛人的大篷车队。

我们刚出发不久，就遇上了一阵可怕的暴雨。倾盆大雨劈头盖脸地扑了下来，地面立刻变得泥泞难行，马匹不断地打滑，很难站稳。附近找不到避雨的地方，尽管我们被雨淋得浑身都湿透了，还是冒雨继续前进。我们把孩子们用大衣和毯子裹了起来，紧紧地把他们抱在怀中，他们却进入了甜蜜的梦乡。暴风雨慢慢地减弱了，我们也到达了一个小村子，在那里的马车店里找到了一处避雨的地方。我们一行人都挤进了一间小小的房子，一个好心的女人给我们端来了热茶。茶有一股干草味儿，但是这个女人端上来的时候却笑容满面，表示欢迎我们。我们被雨淋透，身体发冷，在这种情况下，这个房子虽然又脏又小，却使我们感到那样的温暖舒服，因为毕竟是干燥的，能遮风挡雨。端上来的这杯茶，在其他时候我们绝不会喝，但现在却是那样令人高兴，因为端来茶的人真诚友好，笑容满面。

很快，风暴停了，我们又出发了。马车沿着乡下小道前进着。终于，我们来到了喀什噶尔绿洲的边缘，一位毛拉在他的外观气派、里面铺设华丽的宅邸里早已准备好了几间供我们休息的屋子。喀什噶尔人极其慷慨好客，他们为了招待客人，心甘情愿使自己忍受种种不方便。

毛拉在大院子里迎接我们，然后把我们引进了他的客厅。客厅看上去就像一个用柱子装饰起来的大厅，有一段走廊直通大厅中央，走廊的两侧是凉台，上面铺着当地产的漂亮的地毯，地毯上放着靠垫和枕头，客人们靠着它们坐着很舒服。我们一坐下，就有人端上了茶，各式各样的小食品就摆在我们面前，我们享用着，一直吃到吃晚饭的时候。我们这些夫人和孩子睡在这个像宫殿似的屋子里，绅士们则睡在里面的一间。

与当地的房子一样，这所房子也只有一个天窗提供光亮和空气。当天晚上，雷暴又袭来了，大雨从天窗里哗哗地扑了进来，但是我们睡得很安稳，因为这所房子很干净，况且也不像当地大多数人的房子，平常总有那么多不受欢迎的“客人”——跳蚤。在几年前的一次旅行中，我和丈夫就住在这个村子里的另一所房子里，我这里一点儿也不夸大事实，那天夜里，我们无法入睡，因为跳蚤太多了。数不清的跳蚤在房子里跳来跳去，弄出一阵又一阵的声响。这些小东西在我们身上钻来钻去，吵吵闹闹。这里跳蚤多的原因是房屋阴暗潮湿，很适合它们繁殖。所以，要想使房子能住人，你得花极大的力气把这些小东西赶出去。在我们的家里，有时我们在花园中散步时跳蚤就会扑到身上来，唯一能消灭这些小东西的方法是把驱虫粉处处撒上。

就在我写这些令人讨厌的小东西时，我想起了一位年老的夫人。听到我告诉她我们要到喀什噶尔去的消息时，她惊叫了起来：“别去，亲爱的，只要想想那些跳蚤就够了！”我丈夫对此平静地回答：“要是所有的不列颠人都只想那些跳蚤，我们该会有一个什么样的大英帝国？”

第二天一早，我们又出发了，这一段路要走过一片沙漠。到午饭时，我们走到了沙漠边的一个村子，一大群人围在村头迎接我们，一棵大树树荫下摆上了各种各样的茶点。乌帕尔（Opal）的喀孜（行政长官）派人请我们去做客。但是我们不能在这个村子里过夜，因为我们想在这一天多赶点路，明天的路程就会短一些。我们告诉这位喀孜，我们会极其高兴地拜访他。我们到他家以后，发现他住的房子很大，还有一座花园，房子风格仍是喀什噶尔当地特有的，但窗户上镶着玻璃，这是一大改进。

这位喀孜是一位风度优雅、受过良好教育的绅士，他身材修长，面貌清癯，留着长长的白胡子。他头戴一条缠得很得体的头巾，一尘不染，显得极有尊严。我们到达他的房子时，他步出房子，来到门道里迎接我们，彬彬有礼地把我们让到客厅里。我们坐定以后，他亲自为我们上了茶点。当地习惯是由主人亲自招待他的客人，受到这样一位老人的亲自招待，我们不能不感到这是一种荣耀。

因为我们的帐篷要在前面的宿营地搭起来，需要几个小时，所以我们就让孩子们去睡觉，我们自己则在喀孜家里凉爽的走廊里好好休息了一阵儿。我丈夫和主人则进行了一次长谈。

就在我们要告辞的时候，喀孜坚持要留我们吃晚饭，我们很高兴地接受了他的邀请。因为我也想见识一下在这样一座优美舒适的房子里，主人是怎样为客人们端上一顿当地的美味佳肴的。我们用碗喝了汤，吃了咖喱饭，还有一大盘抓饭。抓饭是用油炸的鸡肉（大半混在羊油中）焖熟的，这种饭里还有葡萄干、梅干、枣和开心果。这是一种十分可口且香气四溢的饭，它用的羊油是新鲜的。我过去曾用有哈喇味儿的羊油做过抓饭，那种味道就别提了，太难吃了。端上来的还有三种不同形状的馕。其中一种像小面包，圆形，中间有一个窝；还有一种平圆形的馕，很大，直径大概有15英寸长，摊开很薄，而且吃起来很脆。这两种馕都是用面粉做的，里面麸皮很多，有时上面还撒有切得很碎的洋葱，而且在那种薄脆的馕上还撒了芝麻，味道确实不错。第三种馕是用玉米面做的，刚烤出来时虽然有点儿酸，味道可是好极了。当地的穷苦人家经常吃这种馕，因为这种馕很扎实管饱，而且不易碎。

普通人家的主食就是馕和茶，在我们看来，吃这种食品可以使他们能耐得住长途跋涉，耐得住干苦活儿。

我们在喀孜家按当地风俗盘腿坐在地上，津津有味地吃着为我们端上来的食物。尽管没有刀叉或盘子，我们和当地人一样用手指从公用的餐盘里抓食物吃，但是这顿饭我们吃得非常满意。

那天夜晚，我们就睡在河边的帐篷里，感到已经开始了盼望已久的度假。

但是，第二天的天气却很冷，一片雾蒙蒙的。车一直在大石块上颠簸着，我们的情绪被颠得一下子低落了下去。天气越来越冷，但仍然看不到山的影子，只有那一片无边的浓雾追随着我们，浓雾使人感到窒息。

到了吃午饭的时间，我们发现路边有几个面貌古怪的柯尔克孜族牧民在等候我们。路边木柴火堆上架着一口大黑铁锅，锅里煮着一只羊，水咕嘟咕嘟地翻腾着，那是为我们准备的午饭。我们的车停下了，这些牧民迎了上来向我们问好。我们下了车，他们端上来一碗碗羊肉汤，汤里还有一块块肥羊肉，我们无法推辞，只得接受，羊肉汤里没有放一点儿盐，我们不得不用手指头把肥羊肉从汤里捞出来吃下去，装出一副很喜欢吃这些肥羊肉块的样子。从童年时期开始，我就一直不喜欢吃煮羊肉，而在这里，煮羊肉不放盐，而且用柯尔克孜族的方式吃它们，那就更让我受不了。但是，这些山里牧民不辞辛劳，走了十几英里赶到这里，为我们煮好了羊肉，我们至少得把自己对煮羊肉的情感放在一边，做出很喜欢的样子，来感谢他们的盛情和周到的安排。

下午晚些时候，我们到达了波斯坦铁列克山谷口，发现我们的帐篷早已在一片狭长的、湿漉漉的草滩上支好了。我们什么也看不见，眼前只有茫茫浓雾。我们坐在帐篷里，身上裹着披肩、毯子，心里偷偷地想念着那远处的平原，那在喀什噶尔城里我们干燥舒适的房屋。但是，我们还是坚持互相鼓励着，说来这里真是太好了，太有乐趣了。

第二天我们起床后，天气仍然没有好转，依然阴沉，雾气弥漫在山谷中。我们坐下来吃早饭时，谁也不说一句话，气氛很压抑。

突然间，云开日出，浓雾像被掀开的帘子一样慢慢地退隐了。看哪！在我们四周，是高耸的群山，离我们宿营的地方1英里开外，山坡上绿草茵茵，绿色的山谷沐浴在灿烂的阳光中。

我们的劲头立刻来了，大家情绪高涨，宿营地立刻出现了欢声笑语，那些拴在帐篷外面的毛驴和马，也加入这欢声笑语之中。

我们急急忙忙地把自己的东西捆绑起来，马上就出发了。有些人步行走完了这段短路，其他人则骑马前行。我们沿着一条弯弯曲曲狭窄的小道向前走着，穿过了苜蓿地和麦田。这里的苜蓿地和麦田都在从山上冲下来的一条小河的一侧，我们听到了云雀优美欢乐的鸣唱，但就是见不到它们的踪影。接着我们走过了一座小木桥，就来到了为我们安排好的宿营地。

波斯坦铁列克是一个柯尔克孜族部落的冬牧场。这些柯尔克孜族牧民觉得夏天待在这里太热了，就赶着牲畜去山中更高的地方放牧，所以波斯坦铁列克用土块垒起的房子现在空着。由于他们要为冬天人畜过冬准备粮食和饲草，所以这个部落每天都有几个人骑马从夏牧场赶到这里干些农活。

然而，尽管这里的牧民们认为波斯坦铁列克山谷太热了，但我们却觉得这是一个非常理想的避暑宿营地，气候凉爽宜人。这个地方的海拔高度肯定超过了7000英尺，比喀什噶尔的平均海拔还要高3000英尺。

就在这个非常简朴、有点儿原始的居住区，我们找到了一间相当舒适的房子，可用作孩子们的住房，它旁边是一座小巧的清真寺。我们架起了一顶大帐篷作为自己的卧室，把已经在那里架好的几个毡房做了厨房和仆人们的住房。豪格伯格夫妇则选了山谷那一边的一座小房子作为他们的住房，这座房子有一间卧室和一间外屋，离我们住的地方步行要走上大约5分钟。我们马上行动起来，把这些房屋、帐篷、毡房彻底打扫了一番，保证所有的角落里连一只蝎子也找不到。接着，我们打开行李，铺上地毯，摆好宿营所需要的其他家具和物品，使住的地方尽可能舒适一些。

但是，过了一夜，我们发现自己的帐篷卧室四面漏风，在夜间，八面来风冷得让人受不了。于是，第二天，我们征得牧民的同意之后，就在清真寺前墙上架起了一大块厚厚的毡子，搞成了一个毡房，把它当成我们睡觉的地方。这个毡房的地点很神圣，在我们宿营的那些日子里，每天晚上都睡得很香很平静。

虽然我们是这里的牧民们见到的第一批欧洲人，但他们对我们很友好，而且很乐于帮助我们。他们从羊群里挑出羊卖给我们，并给我们带来了他们用猎鹰捕获的各种猎物，有漂亮的红腿小鹧鸪，牧民们称之为“开克里克斯”。活跃奔跑在小山丘坡上的，还有野兔、乌拉（一种像苏格兰雷鸟的鸟）、野山羊、牦牛、羚羊。在喀什噶尔时，我们成天吃的是羊肉和瘦小的鸡，已经吃厌了，这一次有这么多东西换换口味，当然是很受欢迎的。每一周，我们都派人到乌帕尔去买鸡蛋、面粉、大米和蔬菜，还有其他一些东西。

当然，这里的牧民们对我们几个欧洲女人非常好奇，因为在此之前他们可从来没有见过长得这样怪的人。说不定他们现在还记得我们这些外国人到那个山谷里居住过的那个夏天的情景！

柯尔克孜族是游牧民族，地理环境对他们的生活状况有着很大的影响，很难再找到另外一个比柯尔克孜族的生活状况受地理环境影响更大一些的例子。他们过着一种本质上非常简单的生活，又不需要外来的物品。事实上，他们放牧的牲畜提供了必需的食物、衣物，甚至住宿条件，唯一的例外是他们得从山中获得木料。

他们穿着羊皮做的衣服，他们的毡房是由放牧的牲畜产的毛擀成的厚毛毡盖起来的，搭毡房用的木条是由生牛皮条捆绑在一起的，连拴毡子用的绳子也是用畜毛做成的，更不用说生火做饭取暖用的燃料了，他们使用的也是牲畜的粪便。

柯尔克孜族的主要食品是羊肉，他们用不同的方法食用羊肉。他们的绵羊品种是大尾羊，肥硕的羊尾几乎拖到了地面，羊尾包着一大块坚实的脂肪。

柯尔克孜族食用新鲜的牛奶和奶油。他们用牛奶做成一种微酸的奶酪。做奶酪的方法是把牛奶放在一个容器内不动它们，直至凝结在一起。柯尔克孜族喝的是"库卡什"，即马奶。马奶倒在羊皮口袋里，让它在里面发酵，发酵的马奶很好喝，特别是当你上路旅行时，这是一种极好的饮料，使你恢复体力，但是喝多了无疑会使人兴奋，头重脚轻。把小羊皮的腿和脖子部分扎起来就是一个极好的罐子，罐子口就是羊皮上的脖子口。

一个柯尔克孜族男人的财富，不是看他有多少钱，而是看他拥有多少牲畜。男人们买东西时使用牲畜，就像使用钱一样，每个男人用牲畜买回妻子。一般一个穷人用5—10只羊就可买回一个妻子。用多少匹马和多少峰骆驼，则要依姑娘的年龄和美貌而定。女人的嫁妆也是牲畜，再加上珠宝首饰。

柯尔克孜族人的脸盘宽平，颧骨突出，长着杏眼，这些特征显示出他们属于蒙古人种。男人们脸上一般很少或没有胡须。由于长期的户外生活，也由于暴露在阳光和风雨之下，男人们和女人们面容透红鲜亮，皮肤被大自然侵蚀得很厉害。

柯尔克孜族女人虽然大多数也信仰伊斯兰教，但是却非常自由，不戴面纱就可以四处走动。女人们的服饰和平原地区一般妇女的服饰并没有很大的差别，但是她们的头饰却极为特殊。头饰用白色细布一圈一圈地围起来，看起来像一个巨大的蚕茧，非常壮观。有些妇女的头饰完全是纯白色的，上面嵌着银饰物，绣花边饰一直飘到耳边和肩部；有些妇女的头饰是用淡色的细布做成的，周边镶有绣花边饰。妇女们的这些像蚕茧一样的头饰因部落不同而互异。

柯尔克孜族妇女在转场时要穿上她们的全套服饰。她们的全套服饰五颜六色，非常漂亮，上面缀有用珊瑚和银子做成的项链。她们的发辫上镶满了各种银饰物，显得很重，手指上还戴着银戒指。

自然，由于柯尔克孜族过着户外游牧生活，他们的妇女不可能与世隔绝，所以这些妇女独立性很强，沉静自若。

柯尔克孜族男人常年离家放牧牲畜，他们常常驱赶着牲畜漫游在山间丘陵，或漫游到高山去。男人或是四处游牧，或是在庄稼地里劳动，所以柯尔克孜族妇女们就承担起了照管住宿营地的责任。营地里的一切都由妇女来完成，诸如挤牛奶、喂养幼畜、哺育孩子、制作衣服等。转场时拆搭毡房也是她们的活儿。这时候，男人们只是袖手站在一旁，看着妇女们做这些事。妇女们还要擀毡、绣东西，编织各种各样的绳子和其他装饰毡房用的小物件。

一般来说，柯尔克孜族的家庭规模都不大。由于高山地区冬季寒冷，条件恶劣，再加上普遍忽视病孩的照料和医治，因而婴儿死亡率很高，所以能够活下来的往往是那些身体最强壮的人。他们长大成人，无论男女，都耐劳强悍。

柯尔克孜族妇女骑乘马和骆驼的本领高强，不在男人之下。我们常常看到妇女骑马或骑骆驼出没于最陡峭、最难行的山路上。她们怀抱婴儿，身后往往还背着一两个大一些的孩子。她们骑乘的马匹步伐稳健，它们像羚羊一样非常敏捷，走过卵石滩，在高低不平崎岖的山间小道上上上下下。这些小道看上去就像楼梯一样，有些小道甚至在冰面上，这些马也会小心地选择道路，一步不乱，稳稳当当。我自己也曾常常骑马走过那些步行根本走不过去的地方。在这种情况下，我根本用不着试图拉缰绳给马指路，而只需完全信任由它自己选择的道路就行了。我想，这里的马匹能做到这些，也是环境因素和从小训练的结果。但是在西方,马在柏油铺成的公路路面上却很难走稳当,这一点确实令我感到迷惑不解。

柯尔克孜族家中使用的器具,除了那些铁锅和放在火上煮茶用的花瓶形状的铜壶外,都是木质的。平常他们就用这些木质碗盘吃饭喝茶。但是为了招待客人,他们也备有一些瓷碗,平时他们把这些瓷碗极为小心地放在圆形木刻箱子里,这些箱子的制作很精巧,每只碗都有固定的位置,大小刚好。

有一天,我们看到一位妇女正用柯尔克孜族特色奶瓶给一个婴儿喂奶。奶瓶的样式使我们大为惊异,这是一个用小羊羔皮做成的奶瓶,里面装满了山羊奶,羊羔皮的脖颈部放进婴儿的口中。喂婴儿的母亲——更有可能是一位亲戚,因为极有可能这个婴儿的母亲不在世了——从羊皮袋子中一点一点地挤出山羊奶,一滴一滴地喂进孩子的口中。

柯尔克孜族人搭毡房时先搭起一个圆形的架子,再在这个架子上固定上一些稍微弯曲的木杆,然后在毡房上端固定上一个木制的圆圈,这个圆圈起着天窗的作用,毡房内生火冒出的烟就从这个天窗冒了出去。再在这个由木杆搭成的架子上盖上厚厚的毡子,然后用绳子固定死,到了晚上,天窗上也用一块毡子遮住。毡房一侧有一个门,也被毡子做的门帘挡住,他们一般都用很重的石头把毡房边压住,以防山谷里突然到来的旋风把毡房卷走。

有一次,我们在旅途中应邀在一座柯尔克孜族牧民的毡房中吃饭。突然,一阵狂风吹来,把所有的毡子都卷跑了,我们周围只剩了一个木框架。还有一次,一座毡房,由于搭它的时候人们太粗心,没有搭结实,半夜里被一阵狂风吹垮了,毡房里住着一个女人,人们发现她被垮下来的毡房闷死了。

我们走进柯尔克孜族牧民的毡房,看到毡房中间的地上生着一堆火。左边是地毯,供人们坐在那里,还有一摞色彩艳丽的被子和靠垫,这是一家人晚上睡觉用的,另外还有几个形状和颜色非常奇特的箱子。这一家的值钱东西被锁在这些箱子里,而钥匙就藏在女主人一根长辫子的发梢中。在毡房内的右侧,有一块用色彩鲜艳的毛线织成的帘子,起着屏风作用。它后面放着食物和做饭用具,是这一家人贮藏食品的地方。

我们发现毡房有大有小，有些毡房的直径有15英尺长，有些要小一些。毡房宽敞，住在里面让人感到非常舒适。除了那些由弯曲的木杆与毡房架子相连接的地方，以及那些在架子上钉有木钉用来挂东西的地方，人在里面其他任何地方都可以直起身子。

我们度假快要结束的时候，邀请了居住在波斯坦铁列克山谷的所有柯尔克孜族牧民来赴宴。男人们欣然接受了邀请，但是他们告诉我们女人们来不了，她们得待在家中照料房子，还要驱赶那些来偷吃羊的狼！

在我们离开波斯坦铁列克的前一天，有110个柯尔克孜族成年男子和男孩子早早就赶到我们住的地方来准备宴席。他们骑着马、骆驼、牦牛，甚至还有骑着牛的从山上赶来。他们一到，就把牲畜撒开，让它们在山谷里专心吃草。立刻，马的嘶鸣声，牛的哞哞声，再加上骆驼们惯常所有的那种低沉的吼声，在山谷里交织成了一曲大合唱。

我们从柯尔克孜族牧民那里买了5只羊，又派人到乌帕尔买了一麻袋大米，一麻袋黄萝卜，还买了一麻袋馕，两大篮子杏子。我们请来的客人自己动手准备饭食。他们在大石头之间生了火，把几口大铁锅架在大石头上。宴会上有煮羊肉、抓饭、杏子和茶。这些人的吃相可真了不起！我从来没见过其他人像他们这样吃饭。他们用手把羊肉撕碎，对坐在旁边的人表示特别友好的感情时，他们会把一块好吃的肉塞进他的口中。所有的东西都吃光了，他们还在那里啃骨头，因为他们的观念是不应该丢弃任何一点儿有用的东西。

宴会结束后，他们为了消化一下，提出来要为我们表演刁羊。刁羊是柯尔克孜族牧民最喜爱的体育活动，参加的人都骑在马上，抢夺一只死的羊羔或小牛犊。一个人把羊羔横在腿上，策马飞奔而去，其他人骑着马在后面追赶他，待追上时就在马背上开始抢夺那只羊羔，抢到羊羔的人会得到一块鲜艳的布或绸子，他把这一块布或绸子绑在自己的腰带上，表示这一轮他赢了，又策马飞快地离开，把羊抛在另一个地方，别人又飞奔而来抢夺它。争夺一开始，所有的参加者用嘴咬住鞭子或缰绳，以便腾开手来争夺。我们坐在一间小房子的屋顶上，既能避免受到撞伤，又能看清在我们周围所进行的一切。刁羊令人激动，很有刺激性，让人担心会不会有哪个人或哪匹马被撞死。有个别人受伤，豪格伯格先生只得担当起急救的任务。但是，受伤的人数之少使我们大为吃惊。那些马一进入刁羊抢夺战，就来了精神，奔跑得相当快，它们似乎知道自己到底要做些什么。

第二天，天气晴朗，阳光灿烂，山谷中却很凉爽，十分宜人。但是到了平原地带，烈日炎炎，烤得人受不了。我们缓缓地向前行进，天气也越来越热。多少次我们回首那小小的绿茵遍地的山谷，在群山裸露的陡峭岩峰中，波斯坦铁列克山谷就像一颗绿宝石镶嵌在裸岩之间，在阳光下熠熠生辉。然而山谷变得越来越小了，后来我们再回首，什么都看不到了。留在我们心田的，只有在柯尔克孜族部落中度过的这段美好的时光。

第十一章

返回英国度假

1908年,我们全家:我丈夫和我,两个孩子(艾瑞克那时5岁,希尔薇亚两岁半)以及孩子们的保姆,再次回国度假。这一次我们选了一条新的路线,以便能避开原先走过的到奥什去的那条路。要是走去奥什的那条路,我们非得涉过五六条洪水泛滥的河流,对我们来说太艰难了。从靠北一些的方向翻越崇山峻岭,到达纳林(Naryn),我们只需要涉过一条河。

由于这条线路鲜为人知,也特别令人感兴趣,我想最好是用我那时写的日记来记叙这趟旅行。这样做,对那些想沿着这条路旅行的人来说,或许会使他们感兴趣,也许有点儿用。

1908年6月底,夏特尔沃斯上尉来到喀什噶尔接替我丈夫的职务,他的到来事先没有通知我们,所以我们决定马上动身返回英国。尽管在7月炎热的天气里旅行有着诸多的艰难,我们还是决定尽快出发。由于在那个时期,经过奥什的道路上洪水泛滥,走那条路已无可能,我们就选择了经过纳林的这条路,乘坐俄国四轮马车,穿越了谢米雷特齐亚省(Province of Semiretchia),在阿雷斯(Aris)换乘到奥伦堡的火车。阿雷斯是塔什干以北不远的一个小镇。

用了整整一周时间，我们紧张地准备好了上路的行李，做好了其他准备。这一周把我们搞得精疲力竭，但是同时也很兴奋。我们开始上路了。一群一群的人前来为我们送行。旅途的前三天，由于我们认识路，可以赶车前行，我们就用自己的那辆俄式小马车拉着保姆和艾瑞克。我们在瑞典传教团中的朋友安德林与我们同行，用他那辆装有弹簧的很舒适的小马车拉着我和希尔薇亚。就这样，我们冒着平原地区的酷热，走完了旅途中的第一段路。这一段路程还算舒适，我们也不十分疲劳。

7月3日，星期五

今天早晨，我们告别了安德林先生及为我们赶马车的人，目送他们踏上了返回喀什噶尔的路途。接着我们就上了马，艾瑞克与伊沙同骑一匹马，艾瑞克坐在伊沙前面，那匹马鞴的马鞍子很长，是一种驮鞍。希尔薇亚与我们的锡兰仆人约翰同骑一匹马。我们要经过的这一段路位于一条长长的寸草不生的山谷中，沿着这条山谷，我们要一步一步进入莽莽群山之中。经过整整7个小时的跋涉，我们到达了宿营地，发现这里已为我们准备好了毡房。但是就在这一段旅程中，由于我们骑在马背上走了很长的路，浑身都僵硬了，下马很困难，好不容易下了马，我们得站立一阵儿，才开始迈步走进毡房。这个地方的名字很奇特——阿哈奇阔尔（Aghachi-kol），意为“女人的手”。今天我们骑马走了24英里，离喀什噶尔城已59英里了。

7月4日，星期六

今天天气特别好，我们翻越了喀拉太克齐山口（Karatecki Pass）。天空万里无云，微风阵阵，尽管阳光很强烈，但由于微风的陪伴，我们还能忍受。无疑，翻越这个山口相当困难。在南边，我们觉得这个山口太陡峭了，向远处看去，路就像在巨大的悬崖峭壁上抠出的一道道泥印，虽然道路只有几英尺宽，但路面上都是沙砾碎石，马匹走得还相当稳。然而，经过一段艰难的登攀，我们到达了山口顶部，向前望去，发现前面的道路情况更为糟糕。到处都是巨大的黑色的破碎岩石，看上去根本就没有路。从山隘顶上环顾四周，景色奇特，这倒补偿了我们为登上山顶而付出的辛劳。我们站在山隘顶上，凝视着周围蜿蜒逶迤的崇山峻岭，心中涌起一阵阵敬畏之情。群山色彩斑斓，气象万千——有些山峰呈绛紫色，间杂着黑色；还有一些山峰由砂岩构成，闪烁着一道道红光，与它们的峰顶上终年不化的皑皑白雪相对照，映衬出奇特而壮观的景色。远处的群峰掩映在若隐若现的灰色蒙蒙烟雾中，使人有一种虚无缥缈、神秘无比的感觉。

我们驮着行李的几匹马小心翼翼地走在前面，向山下走去，它们在石块中踏出了一条路，稳稳地前行。男人们把我们骑着的马用绳子拴成了一长列，把前一匹马的尾巴紧拴在后一匹马的笼头上，由一个柯尔克孜族牧民牵着头马走下山去。

我们要做的事是保证孩子们在下山的路上能够坐稳，安然无恙。我们把他们放进两个大背袋中，这两个口袋是我为他们在旅行中保暖而事先用旧被子缝制的。仆人们把孩子们放在背袋中，然后拴在背上。孩子们的模样看起来滑稽极了，他们只能把头伸出背袋口，向外窥视着，而且认为我们这样做是非常好笑的事。

接着，我们一个跟着一个向山下走去，一步一步地向前移动着，这种走法很难称得上是在“走”，因为在整个下山过程中，我们不是向下滑行，就是向下溜，而且并不总是脚着地。到达山谷底了，回头看去，心里还在那里嘀咕着：我们是怎样安然滑下了这座山峰，而且没出一点儿事？更令我们感到不可思议的是，那些驮着行李的马匹是怎样翻过这道山隘的？下了山，路面就变得容易走了，我们又骑上马，骑行了一个小时，我们突然发现已经到了恰克马克河（Chakmak River）岸边。看到在对岸河滩已经为我们支好了一顶毡房，这真使我们惊喜交加。这条河河水不深，我们很快就涉水过了河，到了对岸。我们发现宿营地就在一片美丽的草滩上，草滩开满了各种各样的野花，而且毡房的地面上铺上了草和黄色的毛茛。这个地方依河起名，就叫作恰克马克。今天我们走了16.5英里的路程。

7月5日，星期天

今天的行程既漫长又艰难。尽管有风，但是天气热得几乎让人受不了。道路平坦易行。好几个小时，我们沿着恰克马克河前行，河流弯弯曲曲，绕来绕去，我们一会儿涉过河水来到对岸，一会儿又涉过河水回到这边的岸上。终于，我们离开了这条河，转而绕着一座山峰前进。这座山峰的样子很可笑，红色山体，但峰顶却是黑色的，柯尔克孜族人称它为“黑帽子山”。翻过一座不大的山口后，我们走进了一条宽宽的山谷，山谷相当开阔，看上去就像一片大平原，山谷里星星点点地矗立着一些小丘。事实上，我们现在正行进在天山山脉的顶部，周围只有这些小山丘和高峰峰顶高过我们行进的路面。

向导告诉我们，下一个宿营地就在附近某一个高峰的背后，但似乎我们不可能走到它跟前。我们就这样绕来绕去，走呀走呀，人越来越困乏，大家的话也越来越少，最后谁都不说话了。天哪！这段路真是让人心烦意乱！有一个柯尔克孜族人骑马走在我前面，每一次当他消失在小洼地中时，我都会情绪为之一振，心想他肯定已等在我们的目的地那儿了，但是过不了一会儿他又骑着马稳稳地在前面行进着。我恼恨起这个人来，虽然他并没有对我做错什么事，但是总是让我失望。哎，今天的路终于走到了头——突然在我们前面的一片隆起地面的顶部，我们看到了凹处有两座毡房。我骑的这匹马平时极为平静老实，很少嘶鸣，这一阵竟然昂首长嘶了一声，接着一溜小跑。马和我一样，看到这一天的跋涉就要结束了，都欣喜地忘记了旅途的困乏。这个宿营点的名字也很怪，柯尔克孜族人称它为提昂戴布巴（Tion-debba）。起这么一个名字的原因是附近的一座高峰顶部有一个麻扎。今天我们一共走了23英里。

然而，我们走过的这一片平地是多么荒凉啊！它被风扫荡得干干净净，寸草不生。高海拔使我们像得了病似的，头晕眼花，每走一步都很困难。尽管已是7月了，但是太阳一落山，气温就陡降下来，寒风刺骨。为了使孩子们稍微舒适一些，我们在一座大毡房里支起了自带的小帐篷，让他们睡在里面，我们自己则睡在毡房和小帐篷之间的狭小的地面上。

7月6日，星期一

今天早晨，我们继续沿着这条山谷盘桓前行，一直走到俄国哨所帐篷跟前，哨所在吐尔尕特山口的山脚下。哨所官员是个俄属吉尔吉斯人，彬彬有礼，给我们端上了茶点。休息了一小会儿后，我们又继续赶路了，向山口进发。俄国人修筑了一条越过这个山口的道路，弯弯曲曲，但路况相当不错，所以我们没费多大劲儿就登上了山口。山口顶部有一个石标，标出了中国和俄属中亚的边界。就在这里，我们告别了中国领土，越过边界进入了俄属中亚，同时我们也沿着吐尔尕特山口越过了天山山峰。在山峰一侧，大小河流向东流向罗布泊，而在另一侧，又是一条巨大的河流的发源地，这条河是加哈尔台斯（Jaxartes），或称为锡尔河（Syr Darya）。它流经俄属中亚，泻入咸海。

我们骑马下山，整整走了3.5英里。突然，在我们左边出现了一条山谷，远处是恰迪尔库勒湖（Chadirkul lake），湖水湛蓝，平静如洗，卧在被冰雪覆盖的群山脚下。在离湖边不远的一条小溪边的僻静处，已经为我们准备好了宿营地，宿营地的位置很隐蔽。越过吐尔尕特山口后，我们一直骑行在起伏不平的草滩上，草滩上到处是旱獭打的洞，多极了。马匹走在这样的地面上，到处都是陷坑，非常危险，稍不留意，马蹄就会陷进洞去。旱獭个头儿跟野兔一样，浑身黄褐色，样子小巧可笑。它们在草滩上嬉耍蹦跳，互相打着招呼。这些小东西极其招人喜欢，特别是那些胖乎乎的小旱獭们，更是如此，它们跳到母旱獭身上，又匆匆从上面滚了下来，活蹦乱跳，快乐无比。但一听到马蹄声或脚步声，它们又像炸了锅似的四处乱蹦乱钻，向窝里扑去，可怜的母旱獭们则心惊胆战，直到它们受惊的幼崽们安全地钻入洞中后，才会放下心来。但旱獭群里也有那么几只看上去像祖父模样的旱獭，一点儿也不怕我们，挺胸抬头，坐在洞边土堆上，胆子很大。它们看上去就像草地上一小块一小块的褐色石块，直到我们走近时才会认出它们。它们一见我们，立刻像玩偶匣子里的小玩偶，一下子就消失了。

今天，我们的高山反应很严重，这里“我们”主要指的是成年人。至于孩子们，比起前几天的情况，今天他们却活泼多了。我们一进入宿营地，孩子们就捡起毡房里备好让我们使用的靠垫，开始了一场“枕头大战”，互相扔了起来，一会儿又玩起刚刚学会的游戏——假装他们是藏在洞中的旱獭。

这两座毡房中的吉尔吉斯人为我们端来了一碟方糖和糖果，一罐俄罗斯式山莓酱。我们如同英国学校的学童一般，见到山莓酱高兴坏了。今天我们只前进了13英里，宿营在俄国一侧的吐尔尕特山口的山脚下。

7月7日，星期二

今天，大部分旅程都在恰迪尔库勒湖边。天阴沉沉的。早晨5点钟，我们起床，寒风刺骨。就在吃早饭时，下起了冰雹。但是，过了一阵儿，天气就开始好转，最后，天晴了，但刮着小风。恰迪尔库勒湖位于山麓，湖身又长又窄，看上去很荒寂，湖中没有生物存在的任何迹象。湛蓝的湖水，在绛紫色山峰及被白雪覆盖的山顶的映衬下，显得更加湛蓝，绿草茵茵的草滩一直伸向湖边，看上去就像绿宝石一样。天空中，飞浪般的白云随风翻卷，飘荡，气势磅礴。所有这一切构成了一幅绝妙的风景画。但是，这是一幅没有生命的画。这个地方荒凉孤寂，我感到很压抑。人们告诉我，传说湖中有一条怪龙，它一见到路过湖边的人，就会冲出来发动攻击，但我们根本没有看到它的踪影。

我们行进到休息地点时，一群吉尔吉斯人骑马前来迎接我们，并把我们让进了他们专为招待我们而支起的毡房中。

这一带的吉尔吉斯人肯定非常富有，因为他们的毡房很大，里面挂满了昂贵的丝绸织物，用来阻止风钻进毡房。毡房里摆满了各色被子，还有块头很大的靠垫式枕头，被子和枕头上都盖着五颜六色的丝绸。然而，这些吉尔吉斯人物质上的富有似乎并没有使他们过上一种干净卫生的生活。特别是他们睡觉的地方，情况更是这样。毡房里到处钻着令人讨厌的虫子，孩子们怕得要死。这些寄生虫个头儿很小，专往毛皮衣服里钻。我们很难发现它们，更不用说把它们抓光赶走，因为用热水洗衣服似乎也消灭不了这些令人生畏的小东西。

毡房的主人是一位伯克，身材高大，很胖。他给我们带来了一个俄式茶炉和上好的俄国茶，还有刚烤好的白面包，味道可口。我们靠着松软的大枕头坐在地毯上(当时并不知道这些枕头中到底藏着些什么)，喝着热茶，这种茶中并没有惯常所有的那种烟熏味儿；吃着白面包，这种面包根本用不着在吃之前放在茶里浸一下，不用浸就可以吃下去。所有这一切，都使我感到舒适和温暖。这里的空气也不那么稀薄，我们感到舒服多了。然而，今天我们所有的人却吃尽了另一种苦头——尽管我们在脸上和手上涂上了很厚的一层面霜和防晒粉，但皮肤仍被强烈的太阳光灼伤。灼伤的皮肤不能用水洗，连笑一下都痛得钻心。可怜的希尔薇亚，小脸肿得很厉害，几乎连眼睛都睁不开了。她的样子看上去可笑又可怜。但令人高兴的是，她对这一切似乎并不犯愁。两个孩子对这样一种陌生奇特的生活感到很开心，特别高兴，但总是喊肚子饿。这一带有一座小小的俄式房子，三个哥萨克人在那里照管着海关事务。这个地方的名字叫喀拉苏。今天我们一共行走了25英里，是迄今为止我们在一天内所走的最长的一段路，原因是这段路并不难行。

7月8日，星期三

早晨醒来后，外面风和日丽，好一个夏天的美好早晨！7点钟我们就上路了。今天我们一直在平坦的绿草茵茵的草地上前行，草地上到处都是盛开的鲜花。在相当长的时间里，我们一直穿行在一片特别宽阔的谷地，谷地里的草有高有低，长得极其茂盛，太像一片草坪了。草地在我们两侧延伸而去，从一座山峰延伸到另一座山峰。有时，马蹄踏断了野葱，立刻，一股强烈的野葱味儿就会扑鼻而来；有时，一股清爽的野麝香草的香味弥漫在空气中，沁人心脾。周围景色可人，安静极了，使人感到仿佛置身于夏日美丽的大海上。草地上处处可以看到一群群牛在吃草，与这广阔的草原相比，牛群就像散落在草原上的一个个黑色珍珠，在周围群山的映衬下，牛群看上去又像点点微粒。置身于这样的广阔天地之间，人只会感到有一种敬畏之情，只会感到自己的渺小。吉尔吉斯人的夏牧场营地掩映在一条条小山沟之中，从远处看去，他们的褐色毡房就像无数个大蘑菇长在山坡上。

数年之前，这里的吉尔吉斯人因抢掠而臭名远扬，他们在这条路上打劫那些运气不佳的旅行者和商队，并以此为生。而现在他们却过着一种平静的放牧生活，而且我们发现，这些吉尔吉斯人极其好客，待人热情慷慨。今天我们行走了15英里，并且到达了阿克巴依（Ak-bair）。

7月9日，星期四

今天，我们一直向山下前进，整个行程一路平静。道路很长，天气特别热。走到一个地方后，一群一群的马蝇突然向马发起了进攻，在之后的行程中，我们的马匹一直忍受着马蝇的骚扰，吃尽了苦头。我们也同样。马匹对马蝇的攻击无可奈何，只能在受到攻击时左跳右闪。一阵儿我骑的那匹马把头扬得高高的，使劲晃动着，想把鼻子上的一只马蝇驱走，过了一阵儿它又把头低下去想咬死一只叮在腿上的马蝇，而又一只马蝇却又向它的后腿发起了攻击，它只好费劲儿地想法把这只马蝇赶走。一路上，我骑的马就是这样不停地与马蝇打着架，我很担心，怕它一跟头栽到地上。

来到为我们准备好的毡房里，我们又惊又喜，因为除了柯尔克孜族牧民毡房里常有的摆设外，这里还准备了一张桌子、几只凳子，还有一张木床。一般柯尔克孜族牧民的毡房里没有这些家具。但是，从我们这些欧洲人的角度看，坐在桌子边吃饭，比蹲在地上吃饭不知要舒服多少倍。蹲在地上吃饭，有时候伸手到餐布中间取食物时，往往会把边上的盘子和茶杯碰到中间去，还会碰碎它们。在过去的10天里，我们就是这样吃饭的。

今天我们在喀拉古拉克宿营。这一天共走了22英里。

7月10日，星期五

今天，我们到达了阿特巴希（At-Bashi），结束了骑马旅行。今天穿越了一大片令人毫不感兴趣的平地，天气很热，旅程令人心烦。一路上，我们总是希望能看见阿特巴希，但是怎么走也走不到那里。就这样走啊走啊，终于到达了阿特巴希河边。在河边，对岸的村庄清晰可见。天哪！河中洪水滔滔，在我们面前激荡着流向前方，看上去很恐怖。

河对面村子的村长带着几个人涉水过来迎接我们，他们还要帮我们渡过这条河。按照当地的风俗，他们给我们带来了库米什（奶酒），作为对旅行者的壮行酒。我丈夫端起杯子，喝光了这杯奶酒，接着我们就开始涉水过河。刚开始找不到浅水滩，所以大家骑着马从不同的地方下了河，但是没走几步，马就被水淹没了，只好又退到岸边。于是，人们又大声喊了起来，有些人骑马向别的地点奔去，企图找到浅水区。终于找到了一片浅水区，我们一共40个人左右，又策马扑腾下了河。我和保姆的两侧各有一个人，牵着我们的手臂，还有一个人在前面牵着马。牵着我的手臂的两个骑手，把我抓得紧紧的，只要河水把我们骑的马冲开一点，我就会被狠劲拉住，像是要被他们扯成两半似的。所有的人骑马在水中紧紧地把我们围起来，阻挡住水的冲力。他们一边前进，一边大声吆喝着，给马壮胆。终于，我们来到了靠近对面河岸边的地方，这里的水要比我们下水的地方浅多了。两个孩子在涉水渡河时表现得极为沉着勇敢，他们既没有被马奋力在水中挣扎时的嘶鸣声所吓着，也没有被人们的大声呼喊而惊着。但是，这次涉水渡河确实可怕，看到每个人都安全过了河，真是谢天谢地，真是感谢这些人。对面河岸上，一群一群的人沿着河岸奔跑着，看着我们过河。就在渡河的过程中，我的脑海中总是浮现出班扬[1]的小说中，对人们涉过洪水到达彼岸时所受到的欢迎的精彩描写。这边河岸上的村子里的街道两旁站满了人，他们饶有兴趣地看着我们，当看到两个孩子时，他们都有点儿惊呆了。对我们的到来引起的这种喧闹，我骑在马上正暗自好笑，伊沙（那时他和艾瑞克骑在一匹马上）突然朝我喊了起来："快把少爷接过去！我要倒下去了！"我丈夫跳下马，冲到他们两人跟前，就在伊沙从马背另一侧栽下马的时候，抓住了艾瑞克。这确实把我惊呆了，心想，如果在过河的时候伊沙头晕，会发生多么可怕的事啊！人们把伊沙扶到一片树荫下，不一会儿，他就缓过了气，醒了过来。我想刚才那一阵儿他是由于中暑才掉下马的，因为整整一天，他骑在马上，只戴了一顶薄薄的帽子，这太愚蠢了。

村长的岳父带着我们过了河，事先他就在自己的家里为我们准备好了两个房间。他是个鞑靼人，从喀山来的。他的房子完全是一派欧洲风格，我们从炽热的阳光下，冒着酷热踏进他的家，马上就感到屋里极其凉爽，有一种回到家的感觉，让我想起了英国的那温馨的乡间别墅。

就在我们喝茶的时候，不断有人来看我们，我们确实有点"到家"了的感觉。虽然对他们来讲，我们完全是陌生人，但是来的每个人却极其友好，诚心实意地欢迎我们。后来，再没有人进来了，一切又变得宁静了。几位妇女前来拜访我，鞑靼人对女人限制很多，几乎不让见生人。

---

[1] 约翰·班扬（1628—1688），英国著名作家，著名宗教讽喻小说《天路历程》的作者。

对于年轻貌美的女人，他们绝对不让家里人之外的男人见到她们。我正在接待一群活泼漂亮的姑娘，我丈夫不知从哪里突然冒出来，来到我们待的这个房子，这些姑娘立刻就像一群受惊的小鸟，呼啦一下全不见了。女主人是个中年妇女，长得一点儿也不漂亮，却来来往往很自由，并且用俄语和我丈夫攀谈起来，显得很有主见和自信。

这一家的男主人和女主人心地善良，看上去他们总怕为我们做得太少。他们在餐桌上为我们摆满了各种好吃的东西，到了下午晚些时候，男主人还为我们打开了他的留声机，放了一段音乐款待我们。

自从我们离开秦尼巴克自己的家以来，一路上跋山涉水，备尝艰难，今天住上了温馨的房子，睡上了舒适的床，床单干净，枕头松软，吃上了香甜可口的饭菜，对我们来说，这可真是一次美好的享受啊！

今天我们一共走了21.5英里，从吐尔尕特开始的道路不适合马车行走，到了阿特巴希，这条路与修筑起来的马车路相连接了。

7月11日，星期六

在舒适的床上睡了一个极为惬意的夜晚，我们起床后，房子主人已为我们套好了一辆大马车。吃过早饭，我们向这里的好心朋友道别后，就乘坐三匹高头大马拉着的马车，全速出发了。而其他人骑马组成的马队，跟在我们的后面，行走得慢多了。在山丘地带的难行的小道上，我们用四个半小时走了30英里。一路上，车夫驾着车飞速前进，常常出现惊险场面。马车拉着我们甚至翻越了一座山隘，山隘路段高低不平，对马车来讲，也不够宽。有一处，马车驶过了一道岩架，岩架下面是万丈悬崖。一辆重载的马车，行走在这样一条道路上，确实让人胆战心惊。坡斜路陡，如果拉车的马胆怯不敢前行，或把车轮拉向旁边一两英尺，岩石边可没有任何东西能救我们的命。在最后一段路上，马车飞奔着盘旋进入一道深谷，路非常陡险，尽管马车轮子下装有刹车，车夫却一点儿也控制不住马，只好让它们拉着车飞奔而下，至于出现什么后果就顾及不了了。拉车的马太棒了，非常聪明，知道如何对付这样的情况，所以在马拉着我们刚开始飞奔而下时，我们还心惊胆战，但很快就不再这样了，尽管这段路看上去令人毛骨悚然，但我们倒喜欢起乘着这辆马车飞奔前进了。车飞速前进着，我们饱览了壮丽的山川景色。

下午，到了纳林，我们看到已为我们准备好了住房，还有一顿丰盛的晚餐。纳林地区官员马上过来拜访我们，看我们还需要他做什么事。俄国人极其好客，非常友好，我们一进俄国境内，他们已安排好了一切，以使我们旅途舒适。我们竟然又走了30英里！

7月12日，星期日

经过数日跋涉后，今天我们终于休息了一天。下午，我们乘马车游览了纳林，非常愉快。纳林城很大，这有点儿让我们吃惊。城里有些建筑精巧的俄式房子，在巴扎上还有一些俄罗斯人开的商店。城里的居民民族混杂，看上去很奇特，他们的服装各异，很有特色。俄罗斯男士们穿着漂亮的制服，与穿着时髦的女士们并肩散步；鞑靼人穿着剪裁合适的黑色大衣，戴着黑羊羔皮帽；而当地人则身着色彩斑斓的袷袢；东干人[1]和吉尔吉斯人戴着大皮帽子，很引人注目。

有一对年轻的俄罗斯夫妇住在我们对面，我们拜访了他们。这对夫妇非常好客，给我们送来了牛奶和其他必需品。他们有一个女儿，只有10个月大，这孩子长得很可爱，就像一个洋娃娃。

7月13日，星期一

今天下午，我们外出到街上买东西，希望能买到一些供我们下一段行程使用的物品，但没买到什么，这使我们很失望。但失望中又添了几分希望。他们告诉我们，今天只有一辆马车可供我们使用，原因是这个驿站的另一辆马车要拉运寄往欧洲的邮件。所以我们必须耐心地等到明天。

7月14日，星期二

今天清晨5点钟，伴随着车轮声和马的嘶鸣声，两辆马车来到了我们住所的门口。很快，我们就把行李等一应物品装上了车，我们几个也上了车，并向伊沙道了别，他要从纳林返回喀什噶尔。我想，这一段行

[1] 东干人，这里指清末迁居俄属中亚的回族人。

程走得如此艰难，现在要分别了，对我们来讲，是一个难受的时刻，对他也是如此。我们带着约翰一道继续前行，直到阿雷斯的火车站。

我们出发了，沿着大街飞驰，两辆马车发出的声响，足可以把全纳林城的人从梦中惊醒！乘坐这样的马车，你得花上一段时间，走上一段路程，才能适应它，一开始时，毫无疑问，马车颠来晃去，让人神经紧张。

一离开纳林，马车立即扎进了群山之中，沿着盘旋的崎岖山路上上下下。整整颠簸了3小时，我们到达了昂阿尔恰（On-archa）的驿站。在那里，我们停了下来，换了马，又喝了点儿茶。在此之前的一段行程中，就在我们快到驿站的时候，发生了一件祸事——一辆马车的铁轮箍从一个车轮上甩了出去，没走几步，这个车轮的一块也掉了下来。保姆和艾瑞克正好坐在那辆车上，只好下来到我们坐的这辆车上来。那辆可怜的破马车竟然一瘸一拐地慢慢行驶到了驿站，轮子也没有成为碎片。

我们的第二段行程经过的地区景色秀丽。我们的马车疾驶在一片郁郁葱葱的森林边的一条人工修成的道路上，森林一直伸展到了群山边。地上铺满了鲜花，野麝香草漫山遍野，把大地染成了紫色。在我们身旁的山峡里，从山上冲刷下来的一道急流飞奔而下，河水冲过巨石，溅起阵阵浪花，又为这美丽的山景平添了些许壮观景色。

下午2点钟，我们到达了喀拉温库尔（Kara-unkur）。我们想，这一天旅程该结束了，风景这般秀丽，景色这般宜人，应该暂时停下来消化这一切。这个驿站由一个移民过来的俄罗斯农夫及其全家管理着，驿站建筑物很简单，仅是一座木屋，修在松树林边。这里的一切都很简陋，但富有情趣。

我们爬到驿站前面的一座小山上，山上松林遍野，林间地上野花怒放，芳香袭人。这里的花五颜六色，品种繁多，使我们想起了英格兰古香古色的花园。这里盛开的勿忘我的花朵，是我见过的同一种花中最大最蓝的。火绒草高约1英尺，花朵开得特别大，看上去就好像用淡雅的绿天鹅绒铺满了大地。

我们采摘了一大把鲜花，正要往回走，突然一个当地的农家姑娘跑来找我们，请我们前去为她生病的母亲看病。她的母亲突然得了重病，家里的人认为她活不了多久。我向她解释，我不是个医生，但她一再求我帮忙。这个局面可真让我左右为难，因为我无法与这些人交谈，所以只好让仆人约翰来当翻译，他会讲俄语，另外我也怕如果给她药，她服药后死了，他们又会说我把她整死了。然而，我对这位姑娘的乞求又不能充耳不闻，无动于衷。所以我就前去看了看这位病人，随身带了一些简单的药械和一瓶"艾里曼"牌涂擦药水。这个可怜的女人看上去情况确实糟糕透了。疼痛折磨着她，疼得她忍受不下去了，我想她可能患有心脏病。她睡在厨房里的一张床上，几扇大窗户关得严严实实的，炉子里的火烧得正旺，锅里煮着什么，烤炉里烤着面包。室内热得让人透不过气来，闷得让人窒息，全家人都围在她床边，或失声痛哭，或暗自抽泣。我让他们把病人移到另一间房，那里空气比较新鲜，我只要这个女人的丈夫待在她身边。我先给她服了一些药，但未见效。好几次，我以为她会在我面前死去，但我又用"艾里曼"牌药水涂在她身上，过了一会儿，她的脸色变正常了，呼吸也自由了，最后睡着了。我让她的一个女儿留下来照管母亲，就回到厨房去了。家里的其他人都在厨房墙角的圣像前站着，一边抽泣着，一边不断地朝圣像鞠躬，并画着十字。谢天谢地，我总算给他们带来了好消息。这里的人对护理病人的知识一无所知，竟然能在这样一个与世隔绝的地方生活下去，这一点对我来讲，至今还是百思不得其解。这家有一个男孩，12岁开外，一条腿绑着，坐在椅子上。我问这是怎么回事，他们告诉我，几周前，他从山上摔了下来，摔断了一条腿，而他们又没时间带他到纳林去把腿骨接上。

7月15日，星期三

今天清晨，我们第一个想起的就是我昨天看过的那个病人，她虽然仍很虚弱，但情况已经好多了，真是令人高兴。我们给她的女儿交代了一些如何使她母亲休息好，以及需要注意的饮食事项后，便出发了。

我们开始翻越道兰山口（Dolan Dass）。道路状况很糟，山高坡陡，而且越走路越窄。我们到达了一条山峡，峡谷中一条河流急速向下奔去，水流像疯了似的冲向下游。翻越道兰山口没费多大劲，因为这一带的道路修得很好，坡度也不大，但这里的海拔却使我们出现了高山反应的症状。可怜的马匹一步一顿，不停地喘着粗气，显得很痛苦。翻过山隘，马车就顺着山势一路下坡，速度快得吓人。马车从山上疾驰而下，就像"之"字形盘山铁路上的火车一样，获得力量再冲上下一个山顶，对此我们已开始渐渐适应了，甚至喜欢上了这种疾驰带来的乐趣。车夫们非常聪明，很有头脑，而且马匹也都不错。特别是孩子们，对马车的上山下山运动太喜欢了。我们到了一个驿站换马匹，孩子们就像刚从笼子里放出来的小野兽一般，兴高采烈。

今天我们还是只走了两站路，因为到了第二站，就再也搞不到马拉我们继续前行了。这里的人心眼儿特别坏，一点儿也不通情达理。刚才我们还为一只咬不动的老母鸡和他们争吵了一顿，他们要的价格是通常价格的一倍，本来这样的鸡价钱只是10便士罢了。

7月16日，星期四

今天清晨，我们尽力想早点儿出发，6点钟就上路了。但是，只前行了半小时的路，一辆马车上的车轮就坏了，我们只好坐在那里等着。一个车夫从车上卸下了一匹马，骑着跑回去取来了一个轮子，就这样，浪费了宝贵的一小时。在路途中的一个驿站停了一会儿后，我们于下午2点到达了伊塞克湖边的库台玛尔迪(Kultemaldi)。正在这时，一阵暴雨倾泻下来。从喀什噶尔出发至今，一路上我们未见下过一滴雨。气温也相当适宜，晚上凉爽，白天不热不凉。今天早上，我们甚至见到了霜。

库台玛尔迪是个小村子，只有几座房子和一个电报局。但这里是纳林和乌耶恩依的交会点。令人奇怪的是，我们离开英国5年后，看到电线杆，使人有点儿到家了的感觉。

在邮局，我们找到了空房子，就住了进去。但是，就在快要上床睡觉的时候，一个俄国军官带着他的妻子和两个孩子，还有一个保姆，到了这里。几乎同时，又来了两个波兰人。这么一大群人怎么能在两间房子里过夜？我们正在犯愁的时候，那两个波兰人换了马，就继续前行了，而那个俄国军官一家人也找到了自己的住处，这样我们才松了一口气，可以安静地过夜了。

明天早晨，我们和那个俄国军官得来场竞赛，看谁先准备好动身，以便能保证首先在下一个驿站换到马匹。

7月17日,星期五

今天早晨,我们急急忙忙起了床,匆匆吃了早饭,看到我们的竞争者——俄国军官一家人就住在我们对面的一座房子里,也在匆匆吃饭,草草打好了行李。不幸的是,我们的事太多,就在做好准备要动身的时候,却看到他们的车驶过了我们的马车,车上的人还在那里得意扬扬地笑着。我们的车夫们也全力以赴地投入了这场竞赛,因为他们知道,这两拨车谁先到下一站,谁就有机会换上马,继续前行。车夫们展开了怎样的比赛啊!我们的车在山道忽上忽下,紧紧地跟在他们的后面。在一处非常陡险的山道上,我们实际上已追上了他们,但是由于路太窄了,我们未能超过去。他们上了山顶,一刻没停,又像离弦的箭,嗖地朝山下冲去,而我们的车要重一些,根本没办法赶到他们前面去。甚至拉我们车的马匹也理解了参加这场竞赛的乐趣,跑得像风一样快。但是,这场竞赛却落了个徒劳无功的结局。到了下一站,我们却发现谁也换不上马,那里一匹可换的马都没有。驿站的人说,到了中午才会有3匹马,最好还是让那一家俄国人先换吧,因为他们只需要3匹,而我们得要9匹。于是我们和对手倒成了朋友,在那个驿站上一块儿度过了一段值得怀念的时光。后来,他们就出发了。大约4点钟,我们也换上了马,车夫赶着马车继续前行,穿过了布尔曼峡谷(Burman Defile),这是楚河(Chu River)流经的一条山峡,特别荒凉。我们到那里时,正赶上发洪水,楚河里洪水翻卷,冲刷着泄过峡谷。

7月18日,星期六

今天的几站路特别漫长,也特别累,道路上石头很多,高低不平。离开山区的时候,天气很凉爽,但到了被称作草原的地方,天气一直很热,而且路上尘土飞扬。走到托克马克(Tokmok)有阴凉的道路上时,才使人大大地舒了一口气。

7月19日,星期日

今天,我们设法前行了3站路,一共走了55英里。先到达了皮什别克(Pishpek)(现吉尔吉斯斯坦首都比什凯克),这是一个俄国大城镇。

到那里时还不到下午时分。稍事休息后，我们上街转了转，就又出发了。在睡觉前走到了下一站，在一个名为苏卡拉克（Sukalak）的小村子里住了下来。今天经过草原地带的旅程特别有意思，一路上我们穿过许多俄罗斯移民居住的小村子，看上去这些移民占据了原先属于吉尔吉斯人的土地。吉尔吉斯人被俄罗斯人赶了出去。从他们的诉说中我们得知，吉尔吉斯人对此极其憎恨。这些小村庄很漂亮，路边种着树，树荫处处，一幢幢房子的屋顶上铺着茅草，这里到处是高大的干草垛，一群一群的牛在田间或草地上漫游。开垦好的土地里长满了庄稼，收割机突突地发出轰鸣，紧张地收割着。很明显，许多移民家庭刚到这里不久，他们住在用树枝搭成的很原始的棚子里，人们正在修建住房。妇女和姑娘们长得很漂亮，穿着印花布连衣裙，头上扎着色彩鲜艳的头巾。这里的女人们修建房子，而男人们则在地里干农活。

7月20日，星期一

今天，由于尘土太大，我们的旅程一直非常不顺利。有时候，我们连周围的东西都看不见，路上扬起的灰尘甚至把拉车的马都搞得脏兮兮的，尘土也把我们裹了起来。原来我们打算赶3站路，但是到达第二个驿站时，天色已经太晚，我们连晚饭都没吃上，只好在喀拉巴勒提（Kara-Balti）过夜。这个村庄相当漂亮，但苍蝇多极了。

7月21日，星期二

今天，风尘依然很大，让人喘不过气来，我们所有行李和物品都钻进了尘土，弄得乱七八糟。我打开一只箱子，发现尘土已钻到了箱子一半深的地方。我们到家后，所有的东西又会是什么样子呢？

现在，吃饭成了大问题。如果不是我们带了许多东西，如果不是约翰为我们做饭，我真不知道该怎么办。按理说，所有的驿站都应该为旅行者供应饭菜，但是，要吃饭的时候却找不到饭。我们设法搞到了一些鸡蛋，但一点儿也不新鲜。唯一能搞到的主食就是面包，面包倒很多，但是俄国人的面包很酸，根本不对孩子们的胃口，实际上也不对我们的胃口。

7月22日,星期三

今天,我们在拂晓就挣扎着起床了,目的是争取早点儿上路,以便在白天最热的时候能够休息一下。做好准备正要出发的时候,一辆马车拉着一位夫人、一位绅士及一个小姑娘赶到了,他们要在这里换马。但是,我们已经换完了所有的马,那位夫人走到我们跟前,求我们让给他们驾一套车的马,因为她急着要赶回圣彼得堡去看母亲,她母亲病得很重。我们犹豫了一下,但不得不拒绝她的请求,因为我们已做好了出发的准备,更因为我们为孩子们的安全着想,正急着快点儿赶路。到了下一个驿站,我们正在吃饭,他们却赶着车追上了我们。然而,这一次我们又先出发了,他们还得在那里等着换马匹。

晚上,我们正坐在驿站里吃饭,那几个俄国人乘坐的马车也来到了驿站,我们不打算晚上再赶路了,所以他们立刻换上了马匹,看样子要连夜赶路。看来,这些俄国人坐在马车里,在崎岖的路上颠来颠去,也能安然入睡。我发现那位夫人会讲法语,就在他们等着换马的时候,和她聊了一阵儿。她告诉我,她的丈夫在俄国发生的一次炸弹爆炸事件中被炸死了,她本人现在孀居。但是令人奇怪的是,她只字未提母亲生病的情况,只是告诉我她带着孩子回圣彼得堡去上学。所以,现在我们的良心才算安然了,因为今天早上她给我讲那个编造的故事时,我马上就相信她了,整整一天,我为未能先让他们换上马而感到惭愧并自责。

今天最后一站路的旅程简直是祸不单行。我们的一辆车上套的马很野,出发没有多远它们就受惊了,由3匹马拉的车一下子在路上狂奔起来。车夫用尽所有的气力,紧紧地拉着缰绳。但是,不管他怎样使力气,用什么办法,都不起作用。马拉着车还是在狂奔着。后来车夫在路边一道深沟处才把马制伏,3匹马站在那儿不动了。这次事故后,我们不得不让车夫把车赶得慢一些,小心一点儿,以免再次使马受惊。但是,就在我们离邮局还有大约半英里路的时候,这3匹马被经过的几辆马车吓了一跳,又惊跑起来。说时迟,那时快,马拉着车一下子转了个圈,飞扬起的尘土使我们什么都看不见了。这一次这3匹可怜的马受惊得更厉害,只有在马车上的一只轮子被甩出去几十英尺远后,车一下子向一侧倾斜了过去,我们才得救。拖在地上的车轴起了刹车的作用,马才停下来不再奔跑了。车夫用一枚生锈的钉子把车轮装在车上。就这样,我们又开始前行了,用步行的速度走完了剩下的这段路,每个人都累极了,而且心有余悸。

7月23日,星期四

今天我们破了纪录,竟然走了4站路!下午4点钟左右就到达了奥利埃阿塔(Aulie-ata)(今哈萨克斯坦城市塔拉兹)。可怜的小艾瑞克整整病了一天,还发高烧,然而旅行似乎并没使他太难受,因为尽管路途颠簸,大部分时间他都在睡觉。今天,马车一直行进在一条草原道路上,草长得很茂盛,尘土不大。奥利埃阿塔是座大城镇,这座城镇本地风格很浓郁,而俄罗斯风味则不强烈。

今天清晨,我们刚刚出发不久,车轮又掉下来了,真是一场冒险。这一点儿也不奇怪。昨天车轮掉了后,车夫只用一颗生锈的钉子固定了下来,就再没想起在今早出发前要把它好好修一修。我们倒也习惯了这类事,因为在这样的旅行中,马车掉个轮子只是小事一桩。没到这儿前,人们就告诉我们这一带热得让人受不了,但是天气一直还可以,并没有让人热得受不了,这使我们又惊又喜。

7月24日,星期五

今天早晨起床后,艾瑞克的病情大有好转,这使我们松了口气。我真希望这只是一次通常的热感冒。和往常一样,在大驿站,把马套上车的过程很慢,到了8点钟我们才出发。今天天气晴朗,万里无云,透过树枝望去,远处的雪山在朝阳的沐浴下形成一幅美丽的图画。我们的马车在一望无边的大草地上行驶了好一段路,农民正在那里紧张地打草,把打的草捆成一垛一垛的草堆,路边风景宜人,和我们的故乡一样。走了3站后,我们又累又饿。虽然有人告诉我们,在这个驿站早晨很难换到马匹,但我们觉得应该冒着耽误一些时间的危险,好好休息一下。这个驿站的所在地名为库勒巴斯塔依(Kul-bastai)。

7月25日,星期六

又是颠来颠去,饱受尘土之害的一天。将来这段路走完后,我们可真得谢天谢地了,因为大家已经从心底里对这种旅行生活方式烦透了。我们经过的那个邮局的地名为科尼诺乌斯基(Kornilovski)。

7月26日,星期日

今天对我们来讲是最为艰难的一天,两个孩子都不舒服,一点儿东西也不吃。他们看上去不舒服已有好几天了,无精打采,而今天则彻底病倒了。更为糟糕的是,我突然发起烧来,这真是火上浇油。所以我们只好在第二个驿站停下来休息,这个地方名字是别里沃拉(Beli-vola)。艾瑞克和我不得不躺在床上(实际上是躺在木制硬沙发上),看着小希尔薇亚的样子真让人怜惜。她病得很厉害,非常难受,但一直想跑出去转,看上去似乎一刻也不能休息。我们每个人都无法得到片刻的安静,因为驿站只给我们安排了一个接待女客的小小的房子,一大家人挤在一起,而且整个下午不断有旅客到来,他们就在旁边的房子里喝茶、休息,谈笑声不断,还不时发出一些令人躁动不安的声响。晚上睡觉时,我们得到了自己的房间,这太令人高兴了。

到了晚上,我的烧退了,情况好多了,但两个孩子的状况一直在恶化,我们很为他们发愁。

在今天的旅程中,我们碰到了一桩令人不快的事,差点儿酿成一场悲剧。马车沿着一段陡峭的山路向下行驶,赶行李车的车夫失去了对马的控制,因为车上装的东西很多,车太重了,车夫没有办法把车刹住。马拉着车像疯了似的直朝山下冲去,差点儿撞上艾瑞克和保姆乘坐的那辆马车,真是千钧一发!山脚下有一座很窄的桥,三匹马拉着车快要冲到桥上的时候,三个车轮飞离了车身,马终于停住了,也就再没有造成损害。但是,这类事情在一个人没有思想准备的时候发生,总会令人感到心惊胆战。

7月27日,星期一

拂晓我们就起床了,因为两个孩子的病情整夜都在不断恶化,所以我们急急忙忙赶往奇姆肯特(Chimkent),听说那里住着一位医生。我们驱车直接赶到他住的地方,很幸运,医生在家。他建议我们必须在这里住上几天,等孩子们的病情好转以后才能继续旅行,并帮我们在离他住所不远的一家小旅店里租到了房间，这个旅店旁边还有一个药店。大热天里，我们在尘土飞扬的道路上奔波了好几天，这里不仅很凉爽，而且很安静，我想在这里休息上几天，让我们恢复一下。安顿下来后，我们首先给两个孩子洗了个热水澡，换上了干净衣服，让他们上床睡觉。我们到这里时，看着孩子们脏兮兮且无精打采的样子，我真想大哭一场！孩子们钻进干净的被子里，立刻就睡着了，整整睡了一天——这是过度疲劳所致。就在过去几天里，孩子们的体重减轻了不少。

7月28日至8月22日

我们原想在奇姆肯特只需待上两三天，但不料却被拖在这里待了近一个月，这是一个令人焦虑不安的时期。孩子们的病情在开始的几天内并没有好转，反而发展成了痢疾。祸不单行，保姆也染上了这种病。整整三个星期，我们都在为保住艾瑞克的生命而苦苦奋斗着，好几次，我们感到要失去这个孩子了。希尔薇亚的病情也很严重，但病得不像艾瑞克那样令人束手无策。保姆的病情比起孩子们的，相对而言要轻一些。我丈夫和我担负起护理病人的重担，在那段时间里，我们两个谁也没睡过囫囵觉，只能忙里偷闲地打上几分钟的盹儿。俄国医生对我们极为关心，每天总要过来三四次看看孩子们的病情，而且尽他最大的努力帮助我们，帮我们搞到所需的物品，使我们在这里的生活减少一点儿困难。还有不少素不相识的人，他们只是听说我们初来乍到，处于困难之中，都伸出了援助之手，给我们送来了羊奶、蛋糕、水果和其他好吃的东西。只有处于我们这种窘迫艰难之中，才会发现这个世界上还有这么多的好人。但是，就在那令人心急火燎的二十几天里，我常常想，不会有任何人会像我们一样，从素昧平生的人们那里得到如此之多的同情和实际帮助。

住在这里，困难仍然不少。我们只有两间很小的房子，根本没地方放上我丈夫和我的床，我们只好一个睡在一张沙发上，另一个睡在地上，很不舒服。由于怕被传染，很多人都不愿意收留我们，只有旅店的女店主愿意让我们住在这里。然而，在这种条件下，要照料病得很重的人却不是一件容易的事。

虽然奇姆肯特地方很小，但我们住在这里却很高兴。这座小城分为两部分:俄罗斯人居住区和本地人居住区。小城有六七个俄国人开的商店,有兵营、军队医院,还有一座教堂。当地人的巴扎规模很大。城里还有几家专卖酒的店铺,俄罗斯人和当地人常常光顾这些酒店。城周围的田野风光很美丽。一片片树林环绕着小城,景色秀丽,树林后面就是大草原。绿茵茵的草原平坦无垠,伸向远方,即使在最热的日子里,我们也会感到微风阵阵,清新宜人。七八月份,这里要比喀什噶尔凉爽得多。我们能够暂住在气候条件这样好的地方,真是太幸运了。

终于,孩子们的病好了,我们又可以继续旅行了。明天,我们要赶到阿雷斯的火车站。孩子们身体仍然虚弱,一场大病后瘦得皮包骨头,可怜的小艾瑞克甚至站不起来。但是,我们想最好还是尽快回到英国去。

8月23日

今天凌晨,大约两点半,我们就起床了,目的是在拂晓时就出发,趁天气还凉快的时候赶到目的地。在星光下我们装好了车,天麻麻亮就驶离了旅店大门出发了,车上了城中的大道,我们告别了仍在梦乡中的奇姆肯特。旅店老板亲自赶着他自己的那辆俄式大旅行马车,车上拉着我丈夫、希尔薇亚和我,他的一个仆人赶着一辆小马车,车上坐着保姆、艾瑞克以及旅店女店主,她和我们一道旅行,度个短暂的假期。我们的仆人约翰和车夫并排坐在车厢前的木箱子上。第一站路我们走得很稳当,后来为了避开白天的酷热,我们就在一个小村子的农民家里休息了一阵儿。这一家人很穷,但一看就是辛勤劳作的人家,家里的摆设极为简朴,可收拾得干干净净,让人感到很舒适。我们的注意力立刻被几尊价格很贵又很精美的圣像和几幅圣画吸引住了,它们被供放在每间房子的墙的上角。我想,俄罗斯人内心深处笃信宗教,他们即使节衣缩食,也要买上一尊昂贵的圣像供在家里。日常生活中,他们每逢遇到困难和麻烦事,都要在圣像前祷告,祈求得到帮助。

四点半,我们又出发了,前面还有大约20英里的旅程。我们原想动身越早越好,因为怕在路上还会再发生什么事,耽搁时间,但是旅店店主却不想早做好动身的准备,嘴里不断地说:"时间多着呢!"出发后刚半个小时,马车上的一个挽具就断了,我们只好在那里等着。过了好大一会儿，旅店店主才把它修好。而接下来的道路状况却变得很糟糕，迫使我们不得不放慢速度。就这样，夜幕降临的时候，我们还在草原的大道上慢悠悠地前行着。更倒霉的是，这一段路上车辙很多，我们的马车在一条车辙里差点儿翻掉。这样一来，旅店店主就很紧张了，他坚持要他的仆人来赶我们乘坐的这辆车，让约翰赶那辆跟在后面的小马车，而他本人则在前面步行引路。他一边走，一边划着火柴查看道路情况，但火柴很快就用光了。这真让人心急如焚。旷野里漆黑一片，又没有灯笼，赶车人不敢赶着车向前走，生怕掉进哪个大坑里。更火上浇油的是，艾瑞克又发了高烧。有一处，我们不得不下车，让车夫赶着车慢慢下到一个陡坡下面，然后再爬出陡坡。把艾瑞克抱出马车是件冒险的事，在马车车厢内，我们可以把他包严实，不让他感到冷，到了车外，冷风飕飕，他怎么能受得了！但是，把他抱到车外，却似乎比让他在车里，在黑暗中摔下沟，摔得粉身碎骨要安全得多。这最后的20多英里路，让我们花了6个多小时才走完，到达阿雷斯时，已是夜里十点半了。我们马上去找明凯勒迪先生和他的夫人，他们家是我们事先安排好的住处。找到他们家时，他们已上床睡觉了，房子门也锁上了。叫醒他们后，他们热情地为我们安排好了床铺。忙里忙外，尽量使我们舒适一些。我们睡觉时已是半夜了，真的累垮了。

从喀什噶尔出发到今天，我们已行走了近800英里的旅程。

8月24日

可怜的小艾瑞克整整一天都遭受着疾病的折磨，他烧得很厉害，而且有些已消失的症状又出现了。这里的男主人和女主人极为善良好客，对我们来讲，住在这样一个彬彬有礼、教养极好的家庭中，真是一大幸事。他们有三个可爱的孩子，但是必须把他们与我们的孩子隔离开，以免被传染。在这样一个国家里，人们得采取一切可能的措施来预防痢疾。

明凯勒迪家的房子是欧洲风格的，很漂亮，内部陈设高雅，富有艺术品位。在俄国的这个地区看到这样一幢房子，似乎很令人奇怪。他们的花园里开满了鲜花，生长着大片大片的竹子、棕榈树，还有其他珍稀树木。花园中间有一个喷泉，喷泉中喷出的水四处溅射着，浇灌着花园中的植物。他们告诉我们，这一带并没有河水、井水，也很少下雨。花园中用的水是用火车从很远的地方拉来的，然后用泵把水泵到铁路边的一个高高的水箱中，水从那里经管道流到花园中来。明凯勒迪先生担任着莫斯科—塔什干大铁路在这一段的工程师和总调度的职务。

阿雷斯地方不大，只有为数不多的几幢房子，专供铁路员工住，有一个当地人的小巴扎，再就是车站，四周是沙漠。今天下午，我和保姆带着希尔薇亚到车站去观看开往莫斯科的列车。好几年没有见到过火车了，今天又一次看到它，我们又高兴又激动，几乎哭了起来，而希尔薇亚看到这个“大怪物”，却害怕极了。

8月25日

今天艾瑞克的体温终于正常了，精神也好多了。因此，尽管明凯勒迪夫人一直挽留我们，要我们多住一段时间，我们还是决定乘今天下午的火车离开这里。

9月7日

我们漫长的旅程终于结束了，现在我们已回到了家中。离开喀什噶尔迄今已有两个多月了。在过去的两个多月中，我们饱尝了旅途的艰辛，也经历了许多奇奇怪怪的事情。离开阿雷斯后，孩子们的身体状况一直在改善，他们也长结实了，当然，即使现在，他们仍有后遗症。

我们上了火车后，很快就经萨马拉(Samara)到了莫斯科，在莫斯科只休息了一天，然后经华沙到达了柏林。在柏林，我们与在喀什噶尔结识的老朋友A.冯·勒柯克博士、他的夫人和家里其他人一起度过了4天，这4天过得轻松愉快。最后，我们又从柏林经卡拉依斯(Calais)和多佛到达了伦敦。一路上，我们的眼睛从没离开过前方若隐若现的英伦海岸线。海岸线越来越清晰，景物越来越真切，终于，多佛城堡矗立在我们的面前。在陡峭的悬崖上，沿着绿色的岸边斜坡向上望去，这座城堡气势非凡。只有像我们这些人，离开故土多年了，经过长途跋涉，最终要回到家乡，心底里才会涌起一阵阵欣慰的浪花和无限的感激之情。

第十二章

中国革命

1912年春，有关革命的传闻开始在喀什噶尔城里散布开了。中国一些城市官员被杀害的消息流传到了新疆。在新疆，混乱局面首先在一个地方出现，然后又波及另一个地方，离喀什噶尔越来越近。终于，这里的官员也开始惊慌起来。他们把自己严严实实地藏在衙门里，甚至藏身于地窖之中。5月5日是个星期天，我丈夫前去拜访袁道台，他躲在衙门里已好几周了，传闻他藏身于一座牢房中。这位道台心里十分清楚，如果革命的火焰在喀什噶尔点燃，倒霉的首先是他。

我丈夫到了衙门，却吃惊地看到袁道台在那里自由自在，比传闻的要愉快多了。他告诉我丈夫，他本人及其他官员已给革命党人送去了大量的金钱，所以他们希望这样做问题就了结了。而我丈夫却暗自思忖，心想这不过是一场漫长的敲诈勒索的开始。

袁道台给我丈夫看了他佩戴的一个玉手镯，并说："你看看，这个精美的玉镯有多美，纯洁无瑕，浑然一体。只要玉镯在，只要它不碎，我戴着它命就保全了。"

我丈夫回来后在花园里喝茶时把这一切都告诉了我。他正在给我讲述袁道台的情况时，有人跑了进来，带来了革命风暴已在阿克苏爆发的消息。阿克苏位于喀什噶尔以北，规模仅次于喀什噶尔。来人说那里的官员都被杀了。我们知道，这场风波会很快波及喀什噶尔，心里在想着那位年迈可怜的袁道台的手镯到底能做些什么。

两天后，也就是5月7日星期二，凌晨4点，我们正在熟睡，突然一位仆人叫醒了我们，说是从俄国领事馆来了一个哥萨克士兵，告知我们俄国领事索科夫已经出门往我们这里来了。我们立刻明白他为什么这么早来见我们，因为前一夜睡觉前，负责守卫办公室保险库的仆人就曾来请示我丈夫是否可以给他再派一个人，是否他们都可以带上枪，因为白天城里群情激奋，到处沸沸扬扬，人们到处议论着革命，仆人们紧张极了。

我丈夫立即跳下床，匆匆忙忙穿好衣服，背着我把手枪放在衣装里。他让我穿上衣服，也让孩子们穿上衣服，并把领事馆的人都叫醒。那时候我妹夫唐纳德住在我们这里，另外，英国传教团的亨特先生也住在秦尼巴克。

没几分钟，索科夫先生与几个俄国军官就来了。他们带来消息说，眼下城里正在开火，所有的城门均已关闭，因此谁也不知道里面正发生什么事。

在紧要关头，我的那些愚蠢的想法真是太奇怪了。当时我的一个念头是，如果有人要来谋害我们，我和孩子们都应该穿上干净整洁的衣服。在凌晨4点30分，孩子们和我站在他们面前，穿着一尘不染的白色衣服，好像专是为了出席一个花园聚会！这使俄国领事及其随从都吃了一惊。

我们听到几声枪响，然后一切又变得死寂般的安静。在这样一个宁静的夏日夜晚，似乎不可能发生什么令人可怖的事情。

就在我们坐下来吃早饭的时候，突然有一个人出现在城墙上，他说自己是革命党的代表，手里拿着一个大红帖子朝我们挥舞着。我们的一个仆人赶忙跑了出去，他把帖子扔给了这个仆人。帖子上说，有一批官员已被处决，其中就包括那位可怜的道台（尽管他戴着玉镯），还有他的夫人和县官。这个人还让我们不必惊慌，说欧洲人是安全的，然而由于城里面群情激奋，很难控制局面，近几天最好待在家中，不要外出。现在发生的事只是中国人之间的事。

所以，我们把能找到的英国国旗都挂了起来，在秦尼巴克一共飘扬着5面国旗。我丈夫又给在喀什噶尔的英国属民下了命令，指示他们在自己的房子门口也挂起英国国旗。由于这些人没有现成的英国国旗，他们急急忙忙开始自己做，做出来的国旗有些不伦不类，样子很可笑。

亨特先生穿着一件中国式长袍，并梳起了一条辫子。我丈夫一再要他把这根辫子剪掉，换上欧洲服装，这样的话会安全一些。亨特先生个头儿很高，身材魁梧，我丈夫的衣服一件都不适合他，所以我们派人专门到豪格伯格先生那里借了一套衣服和一顶帽子，因为亨特先生和豪格伯格先生一样高大魁梧。就这样，我们让亨特先生恢复了他本来的面目——一个标准的苏格兰人。

到了中午时分，一个城门开了，一群逃难的官员仓皇逃了出来，跑到我们这里来。他们是藏在马车里跑出来的。当地维吾尔族人赶着车，这些人是这批落难官员的朋友。我们收留了这些官员，在花园中腾出了几间房子供他们住，房子住满后又在花园里搭起了数顶帐篷。最后，逃到这里的官员之多，已使我们无法再提供房子了。这些人逃到秦尼巴克时衣冠不整，样子极其狼狈。城里的大街上到处都是革命党人，他们挥舞着可怕的三刃宝剑，四处搜寻，宝剑上溅有令人毛骨悚然的斑斑血迹。

被处死的县官的遗孀及他们年幼的儿子也在逃往秦尼巴克的第一批人中。这个女人可怜极了，她形容凄惨，亲眼看到自己丈夫被砍头时的情景。革命党人把她的儿子抓走要杀他时，她不顾一切扑到这些人跟前，乞求他们放过这个孩子，因这些人当时还要收拾比这个孩子大的人，就放了他。她不停地哀号："我什么都看到了，我会永远记住他们杀人的样子！"还有一个可怜的妇女，生下孩子才数日，由于惊恐过度，就没奶喂孩子了，我给她送去了奶瓶和食物（那时候我们自己最小的儿子还不到一岁）。这个女人待在秦尼巴克的那几天，病得非常厉害，她的孩子却长胖了。有几位官员，革命党人出高价悬赏他们的脑袋，也跑到秦尼巴克，在花园里的帐篷中住了好几个星期。

过了5天，有一天深夜，两个瑞典传教士带着一个打扮成维吾尔族人样子的人来找我们，他表情悲凄，被传教士的仆人背着到了秦尼巴克。待到他们把这个人背到我们的房子里，我丈夫认出他是城里一个官员，这个人从星期二发生暴乱后就失踪了。他当官时欺压人民，暴民们对他恨之入骨，发誓要抓住他，并且宣布无论花多少钱也救不了他的命。他愁得快发疯了，一直躲藏在一位好心肠的维吾尔族打馕人的家中。那个打馕人把他藏在馕坑里，整整藏了5天。每天打馕人设法偷偷给他送点儿馕，他才活了下来。由于我们没有保卫力量，所以不可能保护像他这样一个劣迹斑斑名声很坏的人，而在俄国领事馆有60名哥萨克士兵，他能保住命的地方恐怕只有那里了。

于是，我们给了他一些食物，我丈夫和他的弟弟就带这位官员偷偷溜过农田，把他安全地送到了俄国人那里。俄国人立刻把他锁在了一间房子里，谁也见不着他。过了数周，他假扮成一个哥萨克士兵，被两个真正的哥萨克士兵借送邮件的机会送到俄国，后来从俄国返回了自己的家乡。

就在城里追杀官员的那天，暴民们找不到他，就把他年幼的儿子抓了起来，扬言要杀掉他。有个凶残的家伙把剑架到孩子头上，砍了一道血印子，情景可怖，他的母亲像疯了一样不顾一切地扑到孩子身上，把他救下了，后来逃到几个好心的维吾尔族人那里。他们把这对母子藏在房顶上的草堆下面，躲了好几天，那个孩子的伤口无法得到治疗，苍蝇不断地在伤口上作祟，后来伤口上长满了蛆。

瑞典传教团医院的护士们从一个患者口中了解到这对母子的惨状，勇敢地进城到处寻找，找到了他们，并且偷偷地把他们转移到了传教团的医院，经过一段时间的悉心治疗，孩子的伤痊愈了，伤口完全好了。后来，他们和其他几个汉族妇女、儿童被送回了自己的家乡。这个女人对丈夫的下落一无所知，心想他肯定被杀掉了，过了几个月，他们却在湖南老家重逢了，她丈夫毫发无损，想想这个重逢该有多么欣慰和高兴啊！但是，像这样的美满结局，在喀什噶尔的官员家庭中并不多见。

就在喀什噶尔旧城爆发革命的第二天，喀什噶尔协台杨大人来到我家，与我丈夫商讨喀什噶尔局势。杨大人是为数不多活下来的当地高级官吏之一。突然，有人急急忙忙赶来，报告说喀什噶尔汉城也闹得天昏地暗，那里的官员正在遭受屠杀。杨协台一下子冲了出去，跳上马，只带了几个人朝汉城奔去。在汉城城门口，他看见一群暴民正围着一个人准备杀掉他。杨协台问他们这个人干了些什么，犯了什么法。有人回答："他把辫子剪掉了！"杨协台说："看，老爷我也剪了辫子，先把我杀了，再杀他也不迟。"暴民们对他的胆量敬佩不已，纷纷跪下向他磕头，说是他们不能动这样无畏的人一指头。杨协台说："那么，把这个倒霉鬼也放走。"暴民们照办了。杨协台发现，虽然提台藏在衙门里活了下来，但有几个官员已经被害了。

就在那一天下午，我们接到从汉城发来的电报，说那里的暴民已无法控制，正在向回城进发，要来这里烧杀抢掠，电报还说这些人不会尊重欧洲人的。

看了这封电报，我们意识到必须做最坏的打算。于是，我丈夫告知英国属民，要他们带好值钱的东西，到领事馆来藏到最易于守卫的大房子中；必要时，领事馆的全部人员也要撤到那个房子里去。我丈夫和他弟弟甚至私下商议过，如果暴民力量太大，我们无法抗衡时，如何能把妇女们和孩子们先撤出去。这是我事后才知道的。我们准备好了一卷又一卷的绷带，我把孩子们的衣服都包好了，而且把婴儿的食品分装进袋子里，以防万一，藏到事先决定好要去的地方，以便于使用。

领事馆的仆人们和其他人员都用能找到的武器——刀子、棍子、旧刀剑等武装了起来。甚至我们的家庭女教师——克雷斯威尔小姐也把一把菜刀和一根钢棍藏在床上。事后有人告诉我们，瑞典传教团医院的一个护士甚至用一个装满盐酸的大号注射器把自己武装了起来，如果暴民们来袭击她，她就把盐酸从注射器喷出去，喷到这群人身上，这真是一件自卫的好武器。做好了一切能够做到的准备工作，我们好几天都全副武装，和衣睡觉，唐纳德和亨特先生则轮流放哨，在房子和花园里巡逻值班。

根本就没有睡觉的机会，每一天白天过去后我们能够躺下来休息一阵儿就很不错了。一切都那么平静，太令人奇怪了，我们成天昏昏沉沉的，疲倦极了。突然有一天半夜，三声枪响，把整个秦尼巴克的人都震醒了，每个人的心都像被敲了一下，我们一下子跳起来，全都跑了过来，大家想，这下子进攻可开始了。我们等着等着，却再没出现什么情况。后来，公鸡开始打鸣，小鸟又开始在树枝上扑来扑去。又是一个艳阳天，阳光又洒满了大地。经过一夜的折腾，人人都紧张得受不了了，现在又听到大自然万物的声音，我们的心情又放松了，此情此景，难以形容。后来，我们了解到暴民从新城已经出发了，但不知为什么却又撤了回去。这一次暴民们出发又撤回，并不是我们经历过的唯一一次，有好几次，他们已经计划好在夜间起事，抢劫烧杀，但都没有干成。听到的那三声枪响，虽然使我们很紧张，却是杀害道台的那些人在把道台的尸体装进棺材时，举行了一个必不可少的仪式，开了三枪以示敬意。那些杀害了道台老夫人的暴徒，由于他们竟向一个女人下手，也受到了同党中其他人的严厉责备，这些人辩解说，当时正值破晓前，天很暗，他们错把道台夫人当成了道台而杀了她。

喀什噶尔的革命爆发后，过了一周，革命运动发展到了英吉沙（离喀什噶尔有两天的路程），他们计划周密，预定要在某一天杀掉那里的地方长官。这位长官终日生活在惊恐不安之中。就在要杀他的那一天，刮起了一场罕见的尘暴，尘暴经过了喀什噶尔，霎时天昏地暗，什么都看不清了。我们看到尘暴呼啸着越过沙漠，向英吉沙方向扑去。尘暴形成的沙柱样子奇特古怪，英吉沙的人见到后一下子紧张起来。黑暗笼罩了那座城市，这一次尘暴比人们记得的过去任何一次都要遮天蔽日，天空比过去任何一次尘暴来临时都要暗得多，而且狂风大作，风势汹汹，人们连站都站不住。英吉沙的革命党人以为老天爷对他们要杀那个地方长官很不高兴，所以决定推迟执行。在他们惊魂未定的时候，喀什噶尔的革命政府发来了命令，严禁再杀害任何人。就这样，英吉沙地方长官的命保住了，再也没有发生流血事件。

一开始，我丈夫和唐纳德就骑马在城里转了一圈，没有人陪伴、保护他们，这样做的目的是向中国人表明，既然他们已经向我们保证，我们是安全的，我们相信他们所做的保证。他们两个骑着马，表示什么都不惧怕，这给中国人留下了很深刻的印象。中国人一点儿也不敌视我丈夫和唐纳德，所以唐纳德要求我让9岁的艾瑞克和他一起骑马出去转一圈。艾瑞克当然高兴极了，因为能够到城里去一趟。至于我，在这里我必须说实话，当时对这件事并不怎么情愿。但是我想，艾瑞克骑马出去在城里转一圈，如果有助于增强信心，那他必须去。他们骑马到了城里，出现在士兵们中，唐纳德着实被吓了一大跳，那些士兵们团团围住了艾瑞克，使他的马不能前行。但是，士兵们围住艾瑞克，只是表示他们看到这个孩子很高兴，他们很友好地欢迎他，纷纷给他许多糖果和点心。中国人喜爱儿童的天性体现在了这样一些人的身上，而这些人却在过去几天里干了那么多坏事。就这样，接受了士兵们的礼物后，唐纳德和艾瑞克骑着马穿过了兵营，没有任何人向他们表示敌意，欺辱他们。

我们的两个大一些的孩子虽然完全意识不到在那些日子里我们遇到的问题的严重性，但毕竟知道到底发生了些什么事，可他们并不发愁。孩子们对自己的父亲完全有信心，相信他的权力可以处理好一切难办的事情。克雷斯威尔小姐也是这样，并且总是镇定自若，足智多谋。有时候我自己自寻烦恼，总是想象天亮之前会有什么不测事件发生。可是看到小孩子们睡得那么香甜安稳，我也就不再紧张了。

事态持续了两个月，喀什噶尔被一个杀猪卖肉的屠夫和一个典当商统治着，为数不多的几个大难不死的官员也完全掌握在他们手中。虽然新的统治者急于与我丈夫和索科夫先生建立友谊关系，但两个外国领事馆却不承认他们的政权。

我们就这样生活着，那些在领事馆避难的人仍然待在秦尼巴克。虽然想杀他们的那些人完全知道领事馆里没有一兵一卒，他们只要来抓，就可以抓走这些人，但是走到大门口，没有一个人敢闯进领事馆。

最危险的时刻过去了，新城的提台鼓起勇气在新政府的一群卫兵的护卫下到回城来看望我们。我认识他的夫人，也想对他表示我们的特殊友好之情，我就出来会见了他。他问我："在发生革命的那些日子里，你是否不太担心，也没有受到太大的惊吓？"我回答道："没有，既然你们中国人已经向我们做了保证，我为什么会担心呢？"他听了这话似乎很高兴。我丈夫又说："另外，虽然你们要杀我们易如反掌，但这样一来，英国政府事后就要和你们算账。"接着，我丈夫转身对挤在门口的士兵们说："哎，你们听见了没有？英国政府要你们为领事馆人员的生命负起责任，记住了没有？"这些士兵们表情严肃地互相点了点头。这一切看上去有点孩子气，他们的表情是那样严肃，但又那样令人好笑，我们再也无法板着脸，装出一副公事公办的样子了。

大约过了两个月，一个团的俄国士兵来到喀什噶尔，维持这里的秩序。

俄国方面对喀什噶尔在军事上表现出来的过分的热情以及他们对局势的误解，使他们和中国人几乎开火打起来，这些，对我们仍然是个刺激，也使我们感到不安。当然，俄国军队到来后，我们感到自己安全多了，而且有他们在喀什噶尔，也可以起到维持这个地区平安的作用。但是我相信，这些军人会认为把他们调到这里来的原因仅仅是借口，是虚假的，而且这里那种平静、单调的生活一点儿也不对他们的胃口。俄国军队到喀什噶尔的那天，俄国领事馆在这片绿洲边上的一个花园里（离喀什噶尔城有几英里远）为他们举行了一个盛大的欢迎仪式。在喀什噶尔的所有欧洲人都收到了这个欢迎仪式的邀请。

在那些日子里，我们太紧张了，现在有机会看到在乐队引导下，穿过沙漠向我们走来的骑兵团阵容。可以想象的是，这对我们来说是个多么激动人心的场面啊！

骑兵团的军官们跳下了马，接着开始了一连串的相互介绍。使在场的人大为惊异的是，提台和革命运动的新领导人也乘车来到了这里。

他们来这里的背景是，我丈夫曾向提台提出劝告，要是他反对俄国军队的到来，那是不明智的，他最好能把俄国军人当成客人，以礼相待。

俄国骑兵团的上校指挥官对我丈夫说："鬼知道这是什么意思，我们原来想会一路打到喀什噶尔，而现在却像老朋友一样受到了欢迎！"

俄国骑兵团的大部分驻扎在喀什噶尔城几英里外的农村，其余的人则加入俄国领事馆的警卫部队。

但是，这些英勇善战的俄国军人很快就感到他们的生活单调乏味，于是在醉醺醺的哥萨克士兵和中国士兵之间开始出现了小摩擦，继而出现了零星战斗。有一天夜里，我们正要准备就寝，俄国领事馆派来的一个信使告诉了我们一个令人震惊的消息，说喀什噶尔城的大门就要被冲开了，我们应该做好防范骚乱甚至一场恶战的准备工作。让俄国人采取这种紧急措施的原因是：那天黄昏，在太阳落山之前快要关城门的时候，一群哥萨克士兵骑马在巴扎上闲逛，每一年的这一天对中国人来讲是一个特殊的日子——这一天，他们要在神庙或神坛前为故去的亲人烧纸。这些哥萨克士兵对这种仪式很感兴趣，于是纷纷跳下马，站在附近观看，而他们的马却没有拴好。哥萨克士兵注意到，在一所俄罗斯人住的房子跟前点着的一堆纸烧得很旺，对房子构成了危险，就向烧纸的中国人提出了警告，中国人要求哥萨克人少管闲事，让他们走开，一下子引发一场唇枪舌剑式的争吵。争吵中哥萨克士兵忘记了他们的马匹，突然，天空中响起了一阵轰隆隆的雷声，把马惊散了。这些马立刻沿着狭窄的小巷子狂奔起来，冲出了城门，奔回了俄国领事馆的马厩中。这时正是太阳刚落山的时候，关城门的时刻到了，待到哥萨克士兵跑到城门边，巨大的铁门已关上了，把他们关在了城里，他们只好在城里过夜了。

那些马奔回了俄国领事馆，而哥萨克骑兵却没有回去，领事馆里有人马上跑去将此事报告给了领事本人。他听到这个消息，心情沉重，双手搓在一起，使劲搓了起来，大声说："天哪！可怜的哥萨克士兵，他们陷在城里了，会被杀光的，我们必须营救他们。"

立刻有人去给城外的俄国军营送去了命令，全部俄国士兵骑着马一路飞奔到了领事馆门前，人人摩拳擦掌，士气高昂，因为他们觉得终于有仗可打了，终于有机会显示一下他们的存在了。大约午夜时分，哥萨克士兵把城门砸了个巨大的洞，城门终于被打开了。

整个晚上雷声隆隆，大雨滂沱。哥萨克士兵人人骁勇，争先恐后地杀进了城中，不料连一个人影也没找到，整个城市死一般的沉寂，人们或是早已入睡，或是跑到什么地方避雨去了。那些惹出麻烦的哥萨克士兵却在一个茶馆里通宵玩乐，根本没想到他们造成了这一场骚动和喧腾。到了早晨，进城的哥萨克士兵才找到他们。

俄国人觉得应该示示威，所以上校指挥官把一部分士兵部署在巴扎广场上，又派了一些士兵爬上了艾提尕尔清真寺的房顶，这就把毛拉们惹火了。其他士兵则在大街小巷巡逻，搜寻那些失踪的士兵。就这样，进城的哥萨克士兵在大雨中度过了这一夜，人人都淋得湿透了。

中国官员们待在修建得很结实的衙门中，暴风雨一点儿也没伤害到他们，他们到第二天早晨才知晓前一夜城里发生的这一切。发现城门被砸破了，喀什噶尔城被俄国士兵占领了，这些官员们又惊又怒。

提台立刻来见我丈夫，他怒气冲冲地问："这到底是什么意思！这简直是在宣战嘛！我已经下了令，让我们的士兵上城墙，把枪炮对准俄国领事馆。"

我丈夫总是劝说中国人不要激怒俄国人，不然的话，他们会正中俄国人的下怀，让俄国人占便宜。所以，这一次他对提台提出的建议是，他最好撤销这道命令，把发生的事件看作是俄国人犯的错误所致，事实上，事情的真相本来就是这样。

事情解决了，俄国人修好了城门！

中国人决定把一部分参加革命的士兵调到新疆省城迪化（今乌鲁木齐）去，并且安排好这些士兵在1912年秋天的某个深夜从北门出城，沿着到玛拉巴什的道路前往迪化。在巴扎上，人们毫无顾忌地谈论着一部分中国军队撤出喀什噶尔城的消息，所以，俄国人极有可能听到了这个消息。

那天晚饭后，我丈夫和他弟弟在俄国领事馆外的一条路上散步，不料看到俄国哥萨克骑兵团的士兵已骑马整装待发。他们吃了一惊，我丈夫找到了俄国领事，领事正与上校指挥官在交谈。我丈夫赞扬了哥萨克士兵军容整洁，很有精神，随后又装出一副漫不经心的样子，随口问："这么晚了，哥萨克士兵出去做什么？"上校回答："由于这些士兵最近很少训练，今天他们出发到玛拉巴什大道上进行一次演习。"

玛拉巴什大道正是中国军队的必经之路，两支军队在夜幕中相遇，除了打上一仗，还能做什么？

我丈夫回到家中，派了一个人送信到中国官员那里，他在信中说，中国方面没有就派军队夜间出发一事正式照会驻喀什噶尔外国领事馆，他对此颇感惊讶，并说俄国哥萨克骑兵团已出发到玛拉巴什大道上进行军事演习，在黑暗中很容易发生一场事故。

很快，中国方面就派了一个仆人带来了提台的拜帖并捎来口信说，原定计划已改变，中国军队在明日上午8时从东门出城。这个仆人说完后又前往俄国领事馆，把相同的口信捎给了俄国总领事。

第二天早晨，哥萨克骑兵垂头丧气地回到了他们的营地，整整一宿，他们坐在那条大道上等候中国军队，却扑了个空。就这样，避免了一场冲突。

后来我们才知道，这场波及全中国的革命运动是由一个庞大的秘密会社发动和组织的，这个组织在中国所有省份广泛地建立了分支机构。

这个秘密会社的成员遍布各个阶层,有占据高位的官员,也有社会底层的穷光蛋。喀什噶尔的协台极有可能是这个秘密会社的一个成员。正因为这样,他的同僚们纷纷被杀,他却有幸活了下来,而且在整个喀什噶尔都掌握在革命党人手中的那些日子里,他扮演了重要的角色。这个庞大的秘密会社的伟大目标好像是推翻以发财为目的的那些人组成的政府,把政府掌握在自己的手中。局面渐渐平静了下来,旧政权再一次掌了权,那个杀猪卖肉的屠夫和典当商也掉了脑袋。而那些侥幸活下来的中国官员,花了大笔的钱才保住性命,而这些钱是他们从平民手中巧取豪夺得来的。

喀什噶尔的革命党人极为谨慎地避免与外国人发生摩擦,因此,在这里的英国属民和俄国属民在革命中没有损失什么东西。我丈夫在这一段时间里的目标是避免革命党人和俄国军队发生冲突。由于现在已故的布坎南爵士(他那时是英国驻圣彼得堡的大使)对俄国外交部施加了压力,俄国军队在占领喀什噶尔近两年后撤了回去。

第十三章

喀什噶尔的变化

岁月流逝，我们在喀什噶尔的生活，许多方面都发生了变化。我居住在这座城市的最后5年里，各方面的状况与我刚来到这里时已大不一样。

我们最小的儿子罗宾在1911年出生，这样我们就有了三个孩子。我们请了一位家庭教师，她的全名是安妮·克雷斯威尔，负责两个大孩子的教育，给他们上课。

1913年，英国驻喀什噶尔总领事馆的新建筑修好了。这座新的建筑物是由我们的老朋友豪格伯格先生设计，当地工匠修建的。为了修建它，我们做了好几年的准备工作。从一开始，我们就得亲自选购好材料。所需要的木料选自喀什噶尔各个不同的地区，选好时这些树仍然生长在地里，我们雇人伐回了它们，剥去了树皮，又用了几个夏天把木料晒干；建筑用的砖块，有一些是当地的土块，靠太阳光晒干，有一些是在砖窑中烧制的；室内的装修材料和家具，则是陆陆续续地从欧洲购买，想法运到这里的。

起初，我们修了三排小房子，供领事馆的秘书们和医官居住，然而我们先搬进了这三排小房子里，因为原先的住宅和办公室都被拆掉了。新修的住宅和办公室建在了原先的办公室和住宅的旧址上，只不过修得离土崖边远了一些，看上去不那么险了。我们还在土崖边筑起了一堵墙，墙是用砖砌成的，这样就坚固多了。

新领事馆建筑仍然是平房，带有凉台，所不同的是增加了塔楼，塔楼俯瞰着花园。塔楼里修了两间小房子，有楼梯通到地面，还有一条凉廊。因为塔楼比较高，从那里可以俯视四周田野的景色。房顶平坦，阳光充足，冬天我们很喜欢到房顶上去。站在那里，能够看到帕米尔高原壮丽的崇山峻岭，欣赏奇异的景观。

在领事馆主建筑内，我们修了几间大客厅，这些客厅与中间的大厅相连，但与办公室和我们自己的卧室不相连。英国国内的人们可能不喜欢这样的风格，但是在喀什噶尔，每当我丈夫招待中国客人时，他们总要带上一群又一群的随从，这些人极为好奇。所以，主建筑的这种布局很适合当地的情况，使用起来很方便。

主建筑的地下室的一间房子里装上了暖气炉，用于集中供热。暖气炉燃烧时，把热气循环送到各个房间。冬天，房间里温暖如春，非常舒适。

往墙上贴墙纸是件很费劲的活，当地工匠根本不会干。所以瑞典传教团的全部人员都来帮助我们，加上领事馆的人，男男女女十几个人整整干了三天，才把9间房子里的墙纸全部贴完。由于我们也都是生手，这个速度应该是相当快的了。

我有了一间通风良好的大厨房，炉灶用砖砌成，镶有铁铸件，厨房旁边还有奶制品室、储藏室和洗衣房。这些都是豪格伯格先生设计的。新厨房及其附属设施与以前的那个厨房相比，完全不一样。旧厨房又小又暗，像个洞穴。新炉灶是铁铸成的圆形盒子，盒子下面烧木炭，生火时把木炭一小块一小块地放进炉膛里，炉火发出微红的火光。虽然木炭点燃时冒出的烟气常常会把厨师熏得窒息过去，但是我必须承认，这个炉子可用于烤饼干、烤面包，而且烤出的饼干和面包好极了。

新修的领事馆有好几间办公室，这与领事馆的地位很相配。还有一间审判室，面积很大，里面墙上挂着国王的精美画像。金库修在一栋办公用房中间，以防窃贼从外面溜进来。

领事馆大门口矗立着一座精美的盾形英国国徽，我们很为它自豪，这是英国外交部专门派人送给我们的。领事馆四周修起了高高的围墙，院内精心种植了洋槐树，形成了一条条林荫道。同时，我们也为领事馆的官员和来宾专门修了住宅和客房，而且为仆人们修了一片住宅，像个小村子。这片住宅里有一座清真寺，还有一个涝坝[1]。仆人们的住宅是依照当地的风格修建的，独门独院，质量很好。

从外观和舒适程度看，新修的领事馆建筑与原来的不可同日而语。但是，我们会永远怀念那些在旧建筑物中度过的美好的岁月。

喀什噶尔的俄国人人数增加了好几倍。俄国领事馆、银行和海关的官员和工作人员带来了他们的夫人和孩子。有一些长驻喀什噶尔的俄国商人也带来了家眷。这些俄国女士中有一两位会讲英语，我和她们建立了友好的交往，她们也很喜欢我。但是，对于大多数俄国女士来说，由于语言上的障碍和生活方式的不同，我们和她们不可能建立起亲密的关系，双方无法相互理解，也无法沟通。

下午或傍晚时间，我们碰见的这些俄国女士穿着非常讲究、漂亮。她们皮肤白皙，化了淡淡的妆，头发也精心梳理过。但是，如果碰巧在上午，无论什么时候，我们去拜访她们，总会发现她们慢腾腾地在做家务活。她们只穿一件罩衫，遮住睡觉时穿的内衣，头上不戴睡帽。这些俄国女士在客人快要来访、喝茶时才会想起穿好外套，打扮好自己。每天，她们很晚才开始社交活动，直到第二天拂晓或更晚的时候这类社交活动才会结束，所以全家人起床起得很晚。

我自己的生活方式和习惯却又使俄国人感到莫名其妙。有一次，我听到他们中有人这样议论我："那个英国妇女有点怪，在早晨7点钟，她就穿上了裙子和衬衣，还把头发梳得整整齐齐的。"

人们几乎看不到在喀什噶尔的俄国女士戴帽子。夏天，她们出来转一转（这时候她们确实敢出来"散散步"），也会刻意收拾打扮一番，衣着很正规，而且总是拿着遮阳伞；冬天，她们则在头上蒙上一块大披肩，代替帽子。

---

[1] 涝坝指居民点附近的蓄水池，以供居民们饮用以及作其他用途。这是那时新疆各地的特点之一。

俄国男人们总是身着制服，虽然看上去有点呆板，但很帅气。他们向别人致意问好的方式最初使我感到很可笑。俄国军官迎接我时，先站起来，走过来，站在我面前，双脚并拢，敬礼，再向我鞠躬，吻我的手，然后再敬礼，又并拢双脚，靴子碰在一起，发出“咔”的声音，整个欢迎致意的过程才算完成。我花了很长时间才适应这种方式。我永远不会忘记俄国哥萨克骑兵团到达喀什噶尔时，他们的军官向我致意时的情景。上校指挥官排在第一位，他手下的军官则尾随他，排成了“一”字长蛇形。每一个军官都前走几步，站在我面前，按照上述的过程致敬行礼，然后退开让位于下一位。我拘束极了，真不知道该怎样结束。突然，站得离我不远的一位俄国女士，看到这种仪式太滑稽了，禁不住咯咯地笑了起来。在这种场合，我能做的，只能是摆出一副若无其事的样子，面不改色。

俄国人太喜欢接吻了。绅士们总是要吻女士的手，男士之间总是要狠命拥抱一番。我丈夫常常得经受这种考验，这使我感到太有趣了。我也告诉来到喀什噶尔的英国客人必须有个准备，好经受这种考验，他们听了后又是愁又是怕。

有时候，我丈夫外出，不在喀什噶尔，恰巧有俄国领事卸任离开这里，我得乘车到“地毯”边（指绿洲边缘）去送行，同去的还有在喀什噶尔的其他欧洲人。道别时，俄国领事先走到我跟前，庄重地鞠上一躬，再吻我的手。然后再去和俄国女士们一一道别。只见他吻每一位俄国女士的手，而女士们则低头弯腰去吻他的秃头顶。这让我大为惊讶，谢天谢地，好在我是向俄国领事告别的第一个女士，不然的话，我非得学别人的样子，吻他的秃头顶，天哪！要是那么做的话，我非得经受一场磨难。

我们的俄国朋友们天性追求享乐，喜欢社交。他们喜欢到别人家串门做客，几乎每天晚上他们中总要有一家设宴招待其他人，或举行聚餐。我们常常受到邀请。参加这类活动的每个人都尽情欢乐、尽情享受，彼此之间都客客气气，很友好。但是，吃饭的时间拖得很长。由于在这类活动中，人们讲的是外语——一种或几种，所以对我们来说，交谈起来很困难，常常很难把谈话继续下去。从晚上9点或9点30分开始，我们就得坐在餐桌边，待到第二天凌晨1点或2点，这使我们感到劳累不堪，精疲力竭。有时候，为了打发时光，在上一道菜和下一道菜之间，人们还要起来跳舞。宾客和主人在宴会的整个过程中总是在不断地吸烟，房子里烟雾弥漫，让人简直看不清房子中另一头的人。整个晚上，聚会的房子里乌烟瘴气，使人透不过气来。主人和客人们一道不停地喝烈性酒，正餐开始前先喝伏特加，正餐结束后喝香槟和其他烧酒，席间还要喝十几种葡萄酒。我和丈夫都不喝酒，而俄国人和他们的客人则善饮，在这种场合，既要回绝敬给我们的酒，还要尽量不使主人和其他客人感到难堪，真让我们煞费苦心，左右为难。一般情况下，我让他们把摆在面前的各种各样的玻璃杯都斟满酒，而我则一点不喝，始终让这些杯子里装满酒，摆在那里。常常，宴会进行到一半，许多客人已不胜酒力了，话也多了起来，无法控制自己了。不仅男士们这样，女士们也同样。宴会快结束时，有些人“失踪”了，原来他们都躺倒在桌子下面了。对俄国人来讲，这是宴会进入高潮的标志，也是友情的体现。而对我们来讲，却是一种磨难。怪不得一位俄国夫人亲口对我说：“要是我丈夫不喝醉，他就不是一个真正的男人！”

在庆祝他们的节日的时候，俄国人总要举行盛大的宴会，我们不止一次在这种场合经历了可怕的考验。有一次，俄国人庆祝他们的国庆，狂欢了整整一天。晚上，我们前往俄国领事馆出席他们的国庆招待宴会。俄国领事出来欢迎我们，他喝得已站立不稳了，只好扶住大门柱来迎接。我们进去坐下后，坐在我旁边的那个俄国军官已喝得醉醺醺的了。这使我真不好受，但是毫无办法，抬头看到我丈夫就坐在我对面，倒使我松了一口气。在宴会期间，酒杯斟了一次又一次，香槟像流水一样哗哗流进了客人的口中。坐在我左右的两名俄国军官越来越管不住他们的嘴，不断地向我说些疯话。后来，他们竟然靠在了我身上，我不得不尽力撑住他们，尽我所能与他们周旋。而他们两个在那里却争吵起来，吵闹不休。我有点害怕，心情糟透了。尽管这样，我心里清楚，我丈夫就坐在对面，一直盯着这两个人，而且几个头脑还清醒的年轻军官也厌恶地看着这两个人，对他们的举止反感至极。

正式致辞的时刻到了，我们的主人——俄国领事挣扎着站了起来，摇摇晃晃，开始致辞。他手里端着香槟，左右晃荡着，杯子里的酒晃了出来，洒在我的肩膀和衣服上。而他全然没有意识到发生了什么事，带着喝醉酒时常有的伤感语调讲起话来，但我们听不清他讲了些什么。几个年轻军官看到香槟酒洒在了我身上，殷勤地奔了过来，用餐巾帮我擦掉衣服上的酒迹。领事致完辞后，一屁股坐在了椅子上，对周围发生的事茫然不知，这真是幸运极了！我们随后就告退了，在场的人几乎没几个人知道我们已退席。但是，我那套珍贵的礼服却被毁了，实际上我其他的礼服也都遭受过相类似的命运。

在喀什噶尔，这些事是我们工作的一部分，也成了我们日常生活的一部分。处理好这些事，难度很大，又让人心烦。在这种场合下，需要我们具有极大的耐心，使用最机智的策略，才能应付自如，避免破坏双方的友好关系。

在喀什噶尔的一些俄国人喜欢打网球，所以就成立了一个网球俱乐部。在我们两个领事馆之间租了一块地，把它整平、夯实，搞出了两个网球场，又在上面铺上了和着麦草的泥巴，每天夜里在上面洒上水。就这样，场地可以使用了。这样修成的网球场算不上第一流的，也打不出高水平的球。然而，大家都不在乎这些，因为谁也不是高水平的网球运动员。再者，这个网球场给我们提供了锻炼的场所，也提供了社交机会，增进了社交友谊。

俄国女士中只有两位敢冒险，参加打网球，对于其他女士，打网球太费劲，太花精力。同时，打网球时，为了移动自由、灵活，人们得穿上低跟鞋、宽松的裙子，俄国女士们可不愿别人看到她们这副打扮。她们遇到的另一个难题是，一个人不能一边打网球，一边又举着遮阳伞，以防止太阳晒黑她的脸！

我们这些女士每周两次轮流供应茶点，我们之间展开了竞赛，看谁能做出最好的饼干、雪糕或草莓冰激凌。

中国发生革命后，俄国哥萨克骑兵团开进了喀什噶尔，来的年轻军官们很喜欢我们这个俱乐部，其中有些人特别喜欢打网球。

我们打网球的时候，当地人感到十分好奇。在网球场墙边总是聚集着一群人，享受一个开心的下午。他们看着欧洲老爷们在大热天跟着网球跑来跑去，感到可笑极了。但是，当看到欧洲夫人也打网球，而且和她们的丈夫一起打时，简直无法理解，但还是津津有味地在那里目不转睛地看着。

瑞典传教团的人员也增加了不少，并在喀什噶尔城、英吉沙和叶尔羌建立了传教站。在这些地方，他们治病、为儿童开办学校、举行宗教仪式，此外还深入家庭访问，把《圣经》、圣歌、宗教小册子译成维吾尔文。他们的医疗活动特别受人欢迎，很兴盛，每天都有大批人拥来找他们治病。

这些瑞典人都讲英语，我们总是感到，在传教团中，我们有着极好的朋友们。

当然，在我们居住在喀什噶尔的那些岁月里，这里欧洲人的情况也在发生着变化。在我丈夫任职期间，送走了4位俄国领事。许多瑞典人离开了，又来了许多新人。中国官员也都换了人。有时候，我们感到，不管别人怎样来来往往，换来换去，而我们似乎命中注定，好像这里大名鼎鼎的克孜尔河水，一直流淌在这里，永远不会离开似的。

每年，我们总希望从新疆之外来三四位客人访问我们。有许多著名人物来到喀什噶尔，和我们住在一起。他们来自世界各地，有人来探险，有人来打猎。有一些是动物学家，有一些是自然博物学家，有一些是新闻工作者。他们到这里做科学研究，进行考古活动。现在已故的莫瑞斯博士，从北平出发，或是乘马车，或是骑马，用6个月时间，穿越了整个中国，也来到喀什噶尔，在我们这里做客。奥利尔·斯坦因爵士和A.冯·勒柯克博士，在他们到新疆进行考古探险期间，曾多次住在我们这里。

德·菲立普博士[1]率领他的那个庞大的科学探险队于1914年来到喀什噶尔，并在离秦尼巴克很近的一所房子里住了下来。他们在我们花园后面的一座土丘上架起了一根高高的天线杆。我仍然记着当这根天线杆架起后在这里引起的激动场面。这个天线杆是为了使用他们带来的无线电接收仪器而架起的。他们希望，有了它，就可以接收到从拉合尔发出的报时信号。在那个年代，喀什噶尔没有几个人使用或懂得无线电。在我们这里和拉合尔之间，横亘着那么多高山峻岭。所以，看起来电波不可能越过它们而传到喀什噶尔。那天晚上，在预定的接收

---

[1] 德·菲立普，意大利探险家，1912—1914年在中亚进行了探险考察活动。

信号时间，我们都围在放仪器的地方，紧张地等着，期待着电波信号的传来。当清楚地听到传来的信号时，人们激动万分，相互祝贺。当时，我们有一种感觉，感到置身于本世纪一项最伟大的科学发现之中。但是，当时我们没有想到，没几年，我们这里的每一家中（指英国领事馆的工作人员家中），就都有了无线电接收器！从接收器里，我们听到了音乐，听到了广播讲话，而这一切都是从地球的那一端传来的。我们并没有架起高高的天线杆，也没有拉电线，所有的只是一台小小的收音机，它很小，一个箱子就可以把它装进去。

领事馆的中国籍秘书在接收信号时也在现场站着，我丈夫认为他也对此感兴趣，就走过去向他详尽地解释了无线电接收的原理，他口若悬河、滔滔不绝，讲得很有说服力。讲完后，这位秘书摆出一副早已明白的样子，瞅了瞅我丈夫，然后说："别指望我会相信那一套，这不过是在那边（他用手指了一下俄国领事馆的方向）的电线上发出的嘈杂声音而已。"

在我来喀什噶尔之前，利特勒戴尔先生和其夫人[1]前来喀什噶尔，在秦尼巴克与我丈夫待过一段时间，我来这里后的年月里，只有三位英国妇女来这里做过客。

1912年，我丈夫接到发自印度的信件，说有两位女士——E.G.肯普小姐和麦克道格尔小姐想到喀什噶尔来。那时候，中国发生的革命运动尚没有结束，这里的形势不很稳定，所以我丈夫不愿意在喀什噶尔再为照料更多的英国妇女而操心，就断然复信说："别让她们来这里。"但是，这两位女士天不怕地不怕，竟然来了。我们见到了她们，发现这两位是极其能干的人，肯普小姐是位著名的艺术家，她在中国旅行过好几次，收获颇多。我们非常高兴的是，她们自己做出了决定，不顾一位过分谨慎小心的总领事（指作者的丈夫）反对，来到喀什噶尔。她们两位游遍了拉达克地区，然后在当地仆人的陪同下，翻越了喀喇昆仑山。翻越喀喇昆仑山对任何人来讲都是极为艰险的，对女士们来说，更为

[1] 利特勒戴尔及其夫人都是英国探险家、狩猎家，曾于1892年、1897年等多次来新疆进行考察旅行。

艰险。

我在喀什噶尔多年，与英国妇女们隔绝了交往，所以只有我才能明白这两位女士来到这里，并与我们待在一起，过上一段日子，对我意味着什么。她们是初秋到喀什噶尔的，气候温暖宜人。由于当时我们的领事馆旧建筑刚被拆掉，正在修新的，所以住房极其短缺。因此，我们在花园里的柳树下支起了两座大帐篷，布置得很舒适。她们告诉我，因为在旅途中一直过着野外露营生活，她们更愿意住在房子里。

第二天清晨，麦克道格尔小姐醒来了，不料看到床边站着一个面目肮脏难看的男人，正盯着她。看到麦克道格尔小姐醒过来了，这个人拔腿就跑，逃走了。不知道这个人究竟想干什么坏事，麦克道格尔小姐急急忙忙跑进了肯普小姐的帐篷，待在了那里。听到麦克道格尔小姐受了这么一场惊吓，我们极为不安，但无法知道钻进来的这个男人到底是谁。只是事后我们才了解到他是当地一个人人皆知的疯子。然而，在这种情况下，这两位女士再不能住在花园的帐篷里了。

我们的秘书提出了一个解决办法，他说这两位女士可以住到他家的客房中去。但是，要进那间客房，非得经过他妻子的卧室，这两位女士不愿意这样做。所以，我们决定在马厩的墙上掏一个洞，因为秘书的客房就在马厩隔壁。安上一个临时的门，她们就可以进入那间客房了。在喀什噶尔，像在墙上打个洞、安个门之类的事，做起来很容易。搞好以后，我们让人把客房打扫了一遍，并把她们的东西搬了进去，到下午的时候，她们就被安顿好了。

那时候，用这种方式为尊贵的女士们安排住处，似乎并不是件稀奇事。所以她们在每天夜里上床睡觉前，点一根蜡烛，从我们的马中间穿过去，回到那间客房。

但是，现在回首一想，当时用那种方式招待我们的客人，似乎是太简陋、太原始了。一个人进入陌生之地，他的全部看法和行为就会发生变化，就得适应当地的情况。但对我们来讲，这两位女士的来访，使我们，特别是使我，度过了一段美好的时光。

来喀什噶尔访问的另一位英国女士是伊拉·塞克斯。1915年，我们全家回英国度假时，她哥哥珀西·塞克斯爵士（当时是位陆军准将）[1]来喀什噶尔代理我丈夫的职务，她也随同塞克斯爵士一起来到了这里。

多少年来，新疆的城市面貌没有什么大的改观。街道和过去的一样，还是那样脏，乱哄哄的。除了一些富商，其他人还是过着很多年以来他们一直过着的生活。尽管随着时间的推移，许多人穿上了欧式服装，但看上去并不十分庄重，也极不协调。

我和丈夫为中国人举办最后一次新年招待会时（更确切地说，是我最后一次举办新年招待会），来的中国官员们穿着的外衣松垮无型，就好像是从英国旧衣店里买来的。提台乘车从新城赶来了。这次他的马车是一辆四轮轿式马车，车厢封得严严实实，由两匹高头大马拉着。他穿着一件黑礼服，镶花边的背心，一条黑绸裤，显然是中国裁缝做的。他头戴一顶圆顶黑礼帽，作为这一身打扮的最后一件东西是一条鲜艳的绿色领带，他却把它系在领子的最上端。原来这些男人穿着漂亮的丝绸服装，戴着琥珀珠子，本来他们使人感到仪表堂堂、威严端庄，而现在这一身打扮却使他们看上去滑稽透顶，甚至令人伤感。还有一位本地姑娘，坚持要在婚礼时穿上一套她认为欧洲姑娘在同样的场合穿的衣服，而且要戴上一顶硕大的草帽，草帽上缀满了手工做的花，花都被压得皱巴巴的，又脏又凌乱。喀什噶尔市场上欧洲服装的需求量很大，特别是各式帽子，更是如此。但是，看不到那些漂亮的中式服装和饰物，不能不使人感到遗憾。

喀什噶尔的道路上也出现了四轮马车，但数量极少，原因是路面保养得太糟糕，驾驶这样的车或坐上这样的车使人产生不了一点舒适感。有一个安集延来的男孩子骑了一辆脚踏车，一上街便被当地人称作“魔鬼的车”。后来，又有人带过来一辆摩托车，但这一次当地人似乎再也找不出一个恶名来称呼它。人们和马匹对这辆摩托车怕极了，而且对它发出的刺耳的噪声也非常恐惧。我们常常骑马外出，我总是怕碰到这辆摩托车。有一天，我们又骑马外出转一圈，突然，骑的马不走

---

[1] 珀西·塞克斯（1867—1945），英国军官。从1893年起，在伊朗、阿富汗、中亚驻守长达26年，并著有《波斯万里行》（1902年）、《越过中亚的沙漠和绿洲》（1920年）、《波斯史》（1925年）、《阿富汗史》（1940年）等。

了，而且耳朵也竖了起来，站在那里全身颤抖着。我们听到了从远处传来的那辆摩托车发出的噪声。我们的马一下子跳了起来，跳上几英尺高的一段河岸，我们还没有意识到发生了什么事，它们就飞奔着越过了一片开阔地。骑摩托车的那个人见到这种情况，只好停下来，让我们把马勒住，不让它们再狂奔了。从那以后，每次我们骑马外出，我们骑的马都要在它们看到那个“怪物”的地方失惊乱跑。由于摩托车的主人感到喀什噶尔的路太糟糕，他得花大量的时间清洗发动机里的泥土，就不再骑它了。

一个安集延人在喀什噶尔开了家简陋的电影院，但是我想这家电影院并不成功，而且它放映的影片并没有精心选择，所以对我们并没有产生多大的吸引力。

我永远不会忘记在1910年看到的奇异的天象景观。那一年，在英格兰，人们看到了哈雷彗星，但是与在喀什噶尔看到的哈雷彗星相比，简直算不了什么。这颗彗星初现的时候，我们在半夜三点钟就起床了，抬头看着它。它刚出现时，犹如启明星，拖着长长的发光尾巴。接着好几个星期，只要太阳刚落山，傍晚的天空就被这颗灿烂的彗星照亮了，彗尾映现在半边天幕上，像一个半合的扇面逐步扩展变大，彗星光芒渐渐在天边暗淡下去，直到消失在墨蓝色的夜空中。“彗星出现”这个天象景观把当地人吓坏了，他们既恐惧，又想找出它预兆什么。喀什噶尔的当地人声称，这颗彗星的出现预示有一个伟大人物要去世，或预示着在世界上要发生惊天动地的大事。不久，传来了爱德华七世国王去世的消息，他们立刻把这个消息和彗星出现联系到了一起。

我们在喀什噶尔看到了两次日全食。第一次日全食发生在快到中午时分，天空一片漆黑，星光闪烁，鸟儿都进巢栖息去了。在发生这次日全食的前一天，我在厨房里告诉仆人们，第二天上午10点钟，太阳会被遮住，不再发光（这是我在《韦提克年鉴》[1]上读到的），那时节我们都会处于一片黑暗之中。仆人们认为我疯了。而到第二天上午10点钟（那时我们的表不太准），他们看到我和丈夫正在看太阳，都面带怜悯的

[1] 《韦提克年鉴》是英国人约瑟夫·韦提克于1868年创办的年鉴。

表情笑话着我们，认为老爷和夫人有点蠢。但不一会儿，太阳光逐渐消失了，天色逐渐变暗了。我们养的狗也开始悲号起来，叫声令人毛骨悚然。接着，天空如夜幕降临一样，一片漆黑。从太阳表面四周可以看到喷射出的火舌，周围的一切变得凉飕飕的，令人感到神秘不解。后来，太阳上的阴影部分逐步退去，天地又变得一片光明，暖洋洋的。这次对日全食的“预报”，使我赢得了极大的名声，我想仆人们和其他人或许认为我一定事先做了些什么，召唤出了这奇异的景观的吧！

在喀什噶尔，人人都很熟悉月全食，原来是只要一出现月全食，人们就要为此折腾一番。有时候听到外面敲锣打鼓，敲打水壶、盘子，放鞭炮，吹号的嘈杂声，才知道发生了月全食，他们把一切可以制造出噪音的东西都搬出来敲打一番。我甚至看到领事馆的中国籍秘书，恭恭敬敬地坐在他的房子门外，用一根小棍子敲打盘子。中国人对月全食的看法是：出现了月全食，意味着阴盛阳衰，必须用这种方法把阴气逼走。所以，他们竭尽全力，狠劲敲打东西，制造出巨大的声响。他们把月亮上的阴影退去当作是自己敲打的功劳。

第十四章

告别喀什噶尔　战时穿越欧洲
回到家乡的旅程

终于,孩子们到了该回英国上学的年龄了。1914年初,我丈夫提交了请求休假的报告,那一年,艾瑞克已12岁了,希尔薇亚也已8岁了,最小的罗宾3岁。当时我们的想法是:把孩子们留在英国家中,由于我丈夫还要在喀什噶尔任职三年,所以我应再回到喀什噶尔与他度过这一段时间。但是,当时我们一点也没有想到在1914年这个带来灾难的一年要发生的事件。我们的申请被批准了,因此,当时我们认为肯定能够回英国度假。于是,我们举办了一个拍卖活动,卖掉了一部分东西,把能带回去的东西打了包装箱寄了出去。当时想,寄出去的这些沉重的箱子要比我们晚很长时间才能到英国,我们的猜想不幸言中了,寄出的东西三年后才到达伦敦!

克雷斯威尔小姐的身体状况很不好,她急着要回英国,所以就先动身走了。我们留在喀什噶尔,等接替我丈夫职务的人的到来。很快我们从北平得到了英国向德国宣战的消息,紧接着又收到英属印度政府发来的电报,通知我们所有的假都不批,也不准休假了。

在这种情况下,我们和其他人一样,感到非常茫然,但我们丝毫没有意识到整个世界面临着一个可怕的时刻,我只把自己回不了英国这件事看得非常严重，实际上我们没有欧洲出产的生活用品了，也不会再给我们送来这些东西，那我们怎样过日子？全家人没有冬衣，根本不可能有人给我们寄来任何物品，也没有人帮我们照看、教育孩子，甚至没有厨师，因为我训练好的那位厨师刚刚去世不久。

我有两个大孩子，得有人给他们上课，不然的话，会把他们惯野的；还有一个3岁的小男孩，需要整天都有人管他，而且当时在秦尼巴克，还住着从印度来的两个客人。

这两位客人很体谅我们。有一天，我实在忙不过来了，其中一位客人是一位印度警卫部队的军官，我们称他为布莱克上尉，他把艾瑞克带了过去，给他上拉丁文课；另一位客人是海顿博士，他是一位著名的地质学家，带着罗宾在花园里做泥饼，一块儿玩耍。

然而，和往常一样，我们挺住了，事情也变得有头绪了。虽然我忙得团团转，但是一日三餐还是照常做好了，衣服也都缝制好了，把孩子们也照顾得很好，每天坚持给他们上课，我甚至还照料了一位生病的瑞典朋友，每天陪护他，陪护了好几个星期。就这样，又一个忙忙碌碌的冬天过去了。虽然从欧洲传来的消息总使人心安定不下来，但这个冬天我们过得很愉快。

通过从印度送来的每一个邮包，我们得到了从吉尔吉特寄来的路透社的电讯。由于邮件每两周才能到一次，要把两周积存下来的电讯读完确实是件费时费力的事。虽然这些电讯登载的消息到我们这里时已晚了近一个月，但它们都是可靠的。

第二年4月，我丈夫收到了英属印度政府的通知，通知说珀西·塞克斯爵士已经动身来喀什噶尔，以替换他。

因此，我们又匆匆准备好了动身的行李。两天后，塞克斯爵士和他的妹妹伊拉·塞克斯来到了喀什噶尔。因为我们要赶在铁列克山口被洪水阻断之前翻越天山山脉，旅程很急，所以他们来到后我们马上就出发了，不然的话，我们还得等上几周，等塔尔迪克山口开通后才能动身。

在喀什噶尔的最后几天，我们忙得不可开交，更倒霉的是，罗宾又发起了高烧，我们很担心，心想我们又得推迟动身了，这真是一场噩梦！

幸运的是，他很快就退了烧，痊愈了，我们可以动身了。我们真希望在告别秦尼巴克之前，能够再见一见朋友们，见得越多越好，但是我们等不及了。而令我感到高兴的是，在我离开后，有一位女士照管秦尼巴克的事务。我想，这里的仆人们也会这样想，也会高兴的。

我们乘坐的马车动身了，离开秦尼巴克的院子，我回首又看了看我们的家，心里想我们是否要永远告别它了。虽然可以回英国了，又要见到故乡了，但此时此刻，我心里沉甸甸的，真不是个滋味。

翻越天山的道路状况糟透了，一路上适逢冰雪融化，许多地方，乍化乍冻的冰水把地面冲得沟沟坎坎，行走起来极其困难，而且很危险。我们碰到的最危险的情况是，在许多地方，从山坡上滚下来、冲下来的大大小小的石头随时会掩埋道路。

我们沿着一条狭窄的山谷向铁列克山口前进，山谷两侧悬崖陡壁林立，非常险峻，我们只能在山谷中的河床边择路前行，一路上到处都是石头，我们绝没有想到，这些石头是最近才被水和泥石流冲下来的。我丈夫和我骑马走在前面，突然，伊沙骑的那匹马（马上原本还有希尔薇亚，坐在伊沙前面）一下子冲过了我们，而马背上一个人也没有，它这一跑，惊得其他马跟着狂奔起来。等到我们把马停下来，回首一看，希尔薇亚正坐在一块大石头上伤心地号啕大哭，而伊沙则被甩得更远，躺在地上。可怜的小希尔薇亚被吓坏了，但他们两个伤得都不重，这真是不幸之中的万幸。我们费了好大的劲才把希尔薇亚说服，让她重新骑到马背上去。我丈夫骑的那匹马很老实，走起来相当稳当，于是他和伊沙换了马，因为他认为伊沙原先骑的那匹马靠不住。换完马，我们又都上了马，开始前行了。没几分钟，同样的怪事又出现了，又是伊沙原先骑的那匹马。这一次是我丈夫骑在它背上，它开始扭头转圈，然后又往回跑，而其他的马又跟着它往回奔跑了起来。待到它们停下来，才发现了其中的原因：路边一侧的高山坡上，大块大块的石头和小岩石块，被融化的冰雪水裹挟着，从山坡上流了下来，速度快得骇人。这一次石头恰巧从我们的正前方滚过。那匹马过去一直用于驮运邮件到色勒库尔，很有经验，知道山坡上发出的轰隆隆的声音预示着要发生什么事，这一次它听到了石头滚动的声音，扭头就跑，救了我们的命。就在那一天，它用这种方式，一次又一次地向我们发出了警告，使我们避开了从山坡上飞泻而下的石头。

我们来到了铁列克山口山脚下的驿站——喀拉库姆什，感到像垮掉了似的，心力交瘁。这里的海拔也使我们头昏脑涨，非常难受。我们刚躺下来想歇息一会儿，突然，正在房子里玩耍的罗宾看到炉子上烧红的铁皮筒上的红颜色，觉得很美，很好玩，就把自己的双手贴在了上面，这一下，使我们再不能休息了。当然，他的双手烫得很厉害，痛得他整夜无法安静下来。A.冯·勒柯克博士在喀什噶尔逗留期间，给了我一些非常有效的治疗烧伤、烫伤的药膏，幸好我出来时带上了它。我马上把药膏敷在罗宾烫伤的手上，在整个旅程中，他的手上都涂着这种药膏。

第二天早晨，我们出发翻越铁列克山口。由于地面上都是冰，而且路面被冰雪水冲得乱七八糟，根本没法骑马。一路上到处躺着死马的尸体，还有奄奄一息的马，有些马只剩下了残肢，有些则四肢不全，奄奄一息的那些马遍体都有伤，样子很惨。这些马原来驮的货物就摆在尸体两边。附近空中，秃鹫盘旋着，等着我们走过，好再开始它们的令人可怖的争抢死马肉的战斗。

我们雇的两个柯尔克孜族牧民对我们说，他们愿意用背在脊背上的当被子用的口袋背着希尔薇亚和罗宾上山，这两个孩子同意这样做，就让他们背着放心地上路了。可怜的小罗宾双手都缠着绷带，尽管这样，他表现得很勇敢，情绪很好。我骑上了一头牦牛，由一位年老的柯尔克孜族牧民牵着，走在前面。牦牛在融雪中深一脚浅一脚地向前移动着，一路上磕磕碰碰，踉踉跄跄，在整个前行途中，一直不停地大声哼哼着。我所能做的只是拼命骑稳，任凭颠来颠去。由于我不能在这样的路上步行前进，只好让牦牛驮着往前走，也就顾不得它走的方式了！就这样，谢天谢地，没有出什么事。我丈夫和艾瑞克只好与仆人们一样，步行前进。这里空气稀薄，人人憋得喘不上气，越往上走，越是艰难，花费的气力越大。上到山顶，艾瑞克倒了下去，一动也不动，这真使我们又急又愁，我们用尽了一切办法，也没有使他苏醒过来。我们甚至给他灌了几口白兰地，也没起作用，而我们其他人喝了一点就起作用了，这真把我们急坏了。他被放在我骑的牦牛背上，靠在我身上，但一点精神也没有，瘫在牦牛背上，几乎丧失了意识。我紧紧地抓住他的双手，并把它们按在我的腰上，使他紧紧地靠着我，要不是这样，他肯定会掉下去。牦牛磕磕碰碰，晃荡着朝山下走去，而这里的山坡又非常陡，因此,在牦牛背上坐稳不掉下去不是件容易事。其他两个孩子,由牧民背着,感到非常新奇,他们安全地上了山顶,又跟在我们后面安然向下走着。这两个牧民每走一步都非常小心,小心翼翼地照料着孩子,我们对他们感激不尽。就在向下走了1000英尺左右,艾瑞克突然病得很厉害,到了山脚下的驿站,他却完全好了,这真让我们又惊又喜,松了一口气。

再往前走了一程,我们遇到了一幅可怕的惨景。我们的马首先注意到了这幅惨景。开始,它们的鼻子里发出了哼哼声,然后躁动不安起来。接着,我们看到在前方不远的一条阴暗的山谷里,一个驮队,包括人和马,都被冻死在那里。马匹依然直立在地面,但已冻得僵硬不堪地死了。他们可能是碰上了一场暴风雪,才遭到这样的厄运。秃鹫们正趴在他们身上,津津有味地干着它们惯常的老勾当,把人骨和马骨上的肉叼得干干净净。我们慢慢地走过这些尸骨旁边,离开了那个确确实实的死亡之谷,把这个命运悲惨的驮队丢在了我们身后。但是,多少个日日夜夜,他们的惨状一直深深地印在我们的脑海中,印在孩子们的心灵里。这又是我们这趟旅行留给他们的最不容易忘却的印象。

我逐渐失去勇气,感到在这趟旅行中我们都活不了了,这种想法像一团阴云,一直笼罩着我,怎么都甩不掉。

靠老天保佑,也靠我们的运气,我们终于平安地翻越了崇山峻岭,在安集延又一次登上了火车。我们在天山山区经历了冰天雪地的寒冷,而俄属中亚的燥热天气却使我们感到难以忍受。

在整个俄属中亚,我们看到了一批又一批的德国战俘,这些人看上去不像遭受了折磨,情绪很好,除此之外,再没有看到战争的迹象。但是到了奥伦堡,哥萨克士兵占满了车厢,车厢的窗户都放了下来,遮得严严的,而且士兵把守着每一节车厢的门,这种情况直到我们的火车在萨马拉驶过伏尔加河以后才不见了。

在莫斯科和彼得格勒(即现圣彼得堡,那时候人们这样称呼它),我们好好休息了一阵子,过得很愉快,而且还见到了几位在喀什噶尔结识的朋友。这一次在俄国的旅行比我们以前的几次要令人愉快得多,比我们预先设想的也愉快得多。沙皇在此之前颁布了禁酒令,这个法令使人们的行为举止发生了很大的变化。甚至那些农夫,过去肮脏不堪，样子邋遢，行为粗野，喝了伏特加酒后，成天迷迷糊糊，像半个野人，而现在却变得行为规矩，稳稳当当。社会的各个阶层似乎都有了变化。在价格昂贵的旅馆和饭馆里，人们甚至连一点带酒精的饮料都买不到。

从俄罗斯出发回英国的唯一可能的路是，向北经过芬兰到波的尼亚湾[1]顶端的托尔尼（Tornea），在那里越过托尔尼河，在哈帕朗达（Haparanda）的铁路终点站乘上开往克里斯蒂安娜（即现在的奥斯陆）的列车，再从克里斯蒂安娜乘列车前往卑尔根，然后在卑尔根乘船到纽卡斯尔。

我们乘坐的火车刚开出彼得格勒不久，哥萨克士兵就上了车，把所有的车厢中的暗窗都拉下来，而且发出命令，如果哪节车厢的暗窗被拉开，值勤的哥萨克士兵就要向那节车厢开火射击。我们的列车经过了芬兰湾，这里到处是防御工事和要塞，这里的人们很紧张，因为估计德国人会在这个方向发动进攻，向前推进。

我们一路上心惊胆战，唯恐孩子们出于好奇心，摆弄车厢里的暗窗，而且听说有人违反了哥萨克士兵的命令，在窗户前被开枪打死了，我们就更加不放心了。

约莫过了一个小时，暗窗又被拉了上去，列车停了下来，乘客们要在这里接受军方的检查。事先并没有人通知会有此类检查，心想我们要乘很长时间的火车才能到达目的地，于是我就换上了拖鞋，拿出了看的书，孩子们把玩具也取了出来。这一阵儿，他们命令我们带上所有的东西，马上下车。所以，我们只好匆匆忙忙地拿着靴子、玩具、上衣和其他东西，仓皇地离开了车厢，样子狼狈极了。

所有的乘客走进了一个大棚子，军方的检查开始了。军人们把我们的衣袋翻了个底朝天，命令我们把双手举过头，在我们身上从头到脚摸了一遍，以便找到值得怀疑的鼓起的地方，因为他们怀疑在这些地方有可能藏着情报文件之类的东西。军人们甚至把有些乘客的衣服都扒掉了。后来，我们听说军人们把一些女乘客穿的高跟鞋的鞋跟都割了

[1] 波的尼亚湾位于瑞典和芬兰之间。

下来，因为有一位女士穿的古巴造的高跟鞋的鞋跟里藏着偷运的情报。我的手提包里的东西被底朝天地全部倒在桌子上，倒出去的东西有发卡、别针、止咳药、铅笔、一小块橡皮，等等，这些东西零零碎碎，杂七杂八，是带着三个孩子的母亲在旅途中必备的，而他们却把它们全部抖搂了出来，真让人感到难为情。

俄国军事检查人员在我丈夫的衣袋里发现了一张纸，对此他们很怀疑，因而得意扬扬。这张纸条上的文字是波斯文，在场的人谁也读不懂。我丈夫也愣住了，记不清这张纸条怎么会装在他口袋里，他想了一会儿，突然想起我们在山间旅行时买过马饲料，这是一张发票。当时他就把这张发票塞进了自己的衣袋，后来就完全把它忘了。俄国军队检查人员对此吵吵嚷嚷，大做文章。最后我丈夫告诉俄军负责检查的军官烧掉这张纸条，以表示它根本无用，也不会造成任何危害，于是那位军官划了一根火柴，就把它烧掉了。

接着，又来了几个军人，把乘客们一个一个分别带进了里面的一间房子，在那里有几个人询问我们从俄国要带出去多少钱，因为每个乘客只允许带出去一定数量的钱。第一个被检查的乘客就是我丈夫，很快他就出来了，一点儿麻烦也没有出现，他向检查人员出示了他的私人护照，护照上有我们全家人的名字。当时他还带着一个外交官护照，但并不急于使用它，因为他不愿意暴露自己的官方身份，以防我们在乘船越过北海时落到德国人手中。接着，轮到我接受检查。我被带到一张桌子跟前，一个军官坐在桌子边，两把手枪摆在他面前，他身后还站着三个哥萨克士兵，端着的步枪上的刺刀寒光闪闪。一想到这些刺刀，就使我脊背上有一股寒意，浑身发抖。他问我带了多少珠宝，带了多少钱。我只给他看了带的俄国钞票，以为从喀什噶尔动身前我缝在衣服里的60个金币与俄国人无关。那位俄国军官接过了俄国钞票，把它们放进了抽屉里，说因为我丈夫带的钱数量已足够了，我无权再带任何钱离开这个国家。我抗议说我和其他女旅客有相同的权利，另外，我还带着三个孩子，他们允许我们带出去的那点钱根本就不够我们在回英国的路上花。这一下把那个军官惹火了，马上盘问我是否还带有金子或诸如此类的值钱东西。我丈夫站在一旁，向我示意把金币交给俄国军官，我照办了，费了好大的劲才把那些金币从藏着的地方拿出来，这个军官用手一扫，又把这些钱扫进了抽屉，又向我要护照，我丈夫向前跨了一步，亮出了他的外交官护照。看到它，那位军官勃然大怒，质问他为什么事先不说明他是英国总领事，还质问他为什么允许把钱收走。接着，他从抽屉里把收走的所有卢布和金币全部挑了出来，摔在桌面上让我拿走，并让我们离开了。他转身对另一个俄国人嘟嘟哝哝地说了一通话，情绪很激愤。我们听到他说了句，要是不把钱退还给这些愚蠢的英国佬，他有可能倒霉。

在检查期间，我的孩子们耐心地站着，双手紧紧地抱着大衣和玩具，根本就没有谁想到要搜查他们一番，说不定他们身上或许藏着秘密文件和钱！

就这样，我们又一次上了火车，真希望再没有这样的检查了。然而，在到达瑞典边境之前，我们又被迫好几次下了火车，接受名目繁多的检查。

车厢里坐满了英国人，他们是从中国、波斯以及东方的其他国家和地区回英国的。

火车经过的地区景色很美。芬兰处处可见森林、湖泊、山脉，人们称它为"千湖之国"，真是名不虚传。

我们终于到达了托尔尼，这是芬兰铁路的终点站，位于波的尼亚半岛的最顶端。到达托尔尼时，天麻麻亮，下了车，寒风凛冽，非常冷，河中浮着大块大块的冰。一艘轮渡等在那里，接乘客和行李。冒着刺骨的寒风，我们拥挤在甲板上，轮渡带有破冰装置，它穿过河中的冰块缓缓前进，驶向对岸。到了对岸，我们被告知还得过一条河——我想这是我们刚刚渡过的托尔尼河的一条支流，这一次不乘轮渡，必须步行走过一座桥。我们上了桥，风刮得很大，人几乎站不稳。希尔薇亚和罗宾根本无法向前行走一步。有一位好心的瑞典农民，推着一辆独轮手推车，见到我们进退维谷，就把这两个孩子抱起来放到独轮车上，推着车过桥。桥中间就是瑞典的边界线，有一座小小的房子，这是边境上的过桥收费处，一面瑞典国旗迎着寒风飘扬着。到了小房子跟前，我们得向一位乐呵呵的瑞典老汉交过桥费，他看到两个孩子坐在独轮车上，笑了起来，说他们应按行李收费，于是就只收了行李费。

过了桥，要做的第一件事是通过瑞典的身体检查。那时候在俄国，斑疹伤寒病闹得很厉害，瑞典人正竭尽全力不让这种病传进他们的国家。

为我们做检查的那位医生很友好，问我们是从哪里来的。听到我们来自喀什噶尔，他一下子喊了起来："你们认识我的老朋友斯文·赫定博士吗？"听说斯文·赫定也是我们的老朋友，他把我们领进了自己的房间，为我们煮了咖啡，就这样，一场令人担心的身体检查变成了一次极其友好的拜访。这位医生谈笑风生，说话很有意思，我们马上快乐起来，他煮的味道极佳的咖啡也温暖了我们快冻僵的身体。

由于当天这个瑞典铁路终点站哈帕朗达半夜才能发车，我们新结识的这位医生朋友告诉我们，附近就有一家旅馆，我们可以在那里度过等车的这一天。到了旅馆，我们看到一同来的乘客们都已到了那里，其中还有一家德国人。一会儿，从旅馆的走廊里传来了吵吵闹闹的声音，赶去一看，却发现艾瑞克和两个德国男孩子为争论这场世界大战的谁是谁非问题动起了拳头。我们只好狠劲地把他们拉开，并向他们解释，现在他们正在一个中立国家，必须保持这里的和平状态。

由于许多人来自温带地区，没有带合适的衣服，都感冒了，很难受。有一家人，带着几个年龄很小的孩子，来自波斯，他们只带了棉外衣和小小的针织外套。第二天，其中一个孩子生病了，病得很厉害，这一点并不令人奇怪。万幸的是，我们带上了在翻越天山时穿的衣服。

那天夜里8点钟左右，旅馆前来了许多车辆——有农家用的马车，运货用的四轮马车，各种各样大小不一的载人马车，甚至还有4辆汽车，来拉我们这些乘客。我们带着行李上了车，坐没有棚子的马车出发了。从旅馆到哈帕朗达车站，要沿着托尔尼河走上二十几英里。

第一次世界大战结束后，我相信瑞典和芬兰的铁路已经接轨了，现在沿这条线旅行就没什么麻烦事了。其实那一次我们选择这条旅行线路乘火车经过这一带时，芬兰的铁路已经铺到了面对哈帕朗达的地方，但桥还没修，所以在冬天，人们只能乘马拉雪橇从冰面上过河。

尽管外面天寒地冻，冷风飕飕，这一趟乘马车的经历却给我们留下了极好的回忆。这里离北极不远，每年的这个月份（5月），太阳在午夜时才落到地平线下面，因此，此时此地的夜景和天地间的色彩，和我们以往看到的一切都迥然两样。

马车行进的道路穿过松林，道路沿着长满松树的山包向前伸展而去，我们经过的大部分地方都是在山边的松林里。很明显，在这快靠近北极的北方地带，汽车不多见，偶尔驶过的一辆汽车都会使拉货马车和运人的马车上套的马惊跳起来。

在哈帕朗达我们上了火车，列车拉着我们越过了瑞典国土，到达了奥雷布罗（Orebro），从那里我们又换车到了克里斯蒂安娜。从克里斯蒂安娜出发，一路赶到了卑尔根，路上一切都顺利，大家都很高兴。翻越一座白雪皑皑的山口后，我们发现已经到达了一片风光绮丽的峡湾，峡湾直通卑尔根一带的大海。

我们的最后一段旅程开始了。从卑尔根乘船到英国的纽卡斯尔，行程极其令人担惊受怕。一上船，大海中巨浪翻滚，再加上船没装货物，船很轻，在惊涛骇浪中，它忽上忽下，颠来颠去，摇摇晃晃，真让人心惊胆战。大部分乘客被颠得晕了船，迷迷糊糊，外面出了任何事情都顾不上了。我们一家也是同样，病得很厉害。

在轮船航行的大部分时间中，我一直盯着趴在船头的瞭望台上搜索海中水雷的那个人。海面上空荡荡的，一路上我们连一只船的影子都没有见到。那天夜里我回到自己的船舱后不久，一个英国男孩好意前来敲了一下我的船舱门，特意告诉我一个消息，说我们乘坐的这条船差一点撞上一颗水雷，当然我早已知道了这件事。

风浪一直很大，直到我们快到苏格兰海岸一带时，风浪才小了下来。海面渐渐平静起来，旅客走出他们的船舱，出现在甲板上。靠近自己国家的海岸边了，我们悬着的心才放了下来，感到安全了。每一个旅客都变得高兴起来，甲板上充满了说笑声，人们开始一起唱起歌来，一首接着一首。到达了纽卡斯尔，突然有人告诉我们，就在我们的船经过阿伯丁一带的海面前一两个小时，有一艘大货轮在那里触雷沉没了。这个消息把我们吓了一大跳。后来，我们乘坐的这艘轮船在返航途中也触了水雷。

在船上办理完各种手续后，我们在纽卡斯尔登上岸，两名英国警察实实在在地站在船的舷梯边。看到他们，我思绪万千，感到要么好好哭上一场，要么扑过去拥抱他们一番，来安慰自己，摆脱一路上的千愁万难。由于去拥抱警察根本不可能，我只得偷偷地流下了热泪，哭出声来，但又哭得尽可能不让别人发现。

第二天，我们平安地回到了家里，与我母亲团聚了。母亲这些日子里也一直心急如焚。在离开喀什噶尔前，我在写给她的信中故意没告诉她我们动身的确切日期，原来打算等到纽卡斯尔，再给她发一个电报，告诉她我们平安到达的消息，免得她牵肠挂肚，天天在企盼着。

我原来打算在英国住上半年，然后随我丈夫一道返回喀什噶尔，只把孩子们留在英国上学。但是那时候仍在战时，不允许妇女外出旅行，所以我丈夫只好一个人回去了。他仍然走的是我们来时的那条路线。回到喀什噶尔，他还要在那里待三年，才结束他的任期。在喀什噶尔居住了整整17年后，我最终告别了在中亚的我的那个家。

古老的土地

［英］戴安娜·西普顿 著
王卫平 译

自序

很久以来，喀什噶尔就一直是我魂牵梦萦的地方之一。在我还很年轻的时候，旅行就成为我生活的一部分。1917年，我出生于印度，父亲那时是印度政府的林务官，童年的大部分时间，我都是在印度联合省的丛林中度过的，我们游遍了父亲管辖下的地区。那时候，丛林中几乎没有现成的路，我们骑着大象，在丛林里漫游，就住在帐篷之中。因此，作为家的帐篷，刚刚搭好没几天，又被拆掉，再在另一个地方搭起来。这种生活虽然单调，有点游牧人的味道，但是过了几年，我就意识到这种漂泊不定的生活是多么与众不同。萍踪浪迹，寄身于帐篷，碰不着商店，见不到教堂，更看不到柏油路和来来往往的车辆。只有父亲，只有大象和狗。这一切都是如此熟悉，如此令人感到安全、可靠。

5岁时，父母亲送我去了英格兰。在那里，我仍然过着一种漂泊不定的生活。今天住在这家亲戚家，明天又寄居另一家亲戚家。我就是在这样一种无根无依的生活中长大成人的。到20岁时，我返回了印度，住在已结婚的姐姐家，姐夫和父亲一样，也是一个林务官。这样，我又投身到印度北部的密林。有时随着姐夫在漫山遍野巡视，每逢面对雄伟壮观的喜马拉雅群山，都会为它们的奇异雄浑而倾倒。群山的那一侧就是中亚大地——那是一片广阔无垠且神秘无比的秘境。通常，外人很难进入这个地区。

从童年时代起，我心目中的英雄就一直是那些“女士探险家”。人们也正是用这样的名称，来称呼诸如伊莎贝拉·伯德、玛丽·金斯利，以及弗雷娅·斯达尔克这些女探险家的。但是，尽管我喜欢那些遥远而荒凉寂寞的地方，尽管我渴望穿越沙漠，到群山中探险旅行，但是我并非生来就具备实现这些梦想的勇气和决心。在印度，我也发现了这样的英雄：那些攀登印度北部高山峻岭的男人们，那些在这些崇山大川中探险的男人们。我如饥似渴地阅读描写他们试图征服珠穆朗玛峰的壮举的书籍，心也随之飞到了西藏和更遥远的阿富汗。

1939年，我和父亲的朋友们住在克什米尔的斯利那加[1]。在那里我遇到了艾瑞克·西普顿，他是我读过的有关珠穆朗玛峰探险读物中描写的英雄之一。那时，他正在做准备工作，打算到人们还知之不多的阿希尔山脉一带去探险，阿希尔山脉是昆仑山的一部分。我们的主人邀请了他们那个探险队的所有成员，其中包括几个舍巴人[2]驮夫，来到我们居住的地方进行一次户外野餐活动。艾瑞克他们的探险队当时正在忙忙碌碌地做准备工作，因为他们打算在冬天动身，前往那个人们还从没有探过险的地方。而在这一段时间里，居住在斯利那加的人们为他们举行了许多社交活动。在这个高山湖泊交相辉映的地方，我们参加了一次又一次的宴会和野餐，乘着像威尼

---

❶ 斯利那加位于印度河支流杰赫勒姆河畔，是印控查谟和克什米尔邦的夏季首府，历史上是中国西藏属地，巴基斯坦与印度对该地归属有争议。

❷ 舍巴人，即不丹人。不丹人自称为“舍巴人”（或译作“朱巴人”）。由于不丹与西藏在文化、宗教、种族等方面所具有的共同背景，故本书又称舍巴人为西藏人或藏族人。

公格尔峰远眺

斯平底小船那样的船，荡舟在达尔湖上，渐渐地，我和艾瑞克之间产生了罗曼蒂克般的情感。

艾瑞克邀请了另外一位姑娘海伦，和我一起陪伴他进行为期5天的探险旅行。这使我感到很惊讶，但更使我惊讶的是，父亲的朋友们竟然允许我接受了这趟探险性质的旅行邀请。那是我有生以来的初次探险经历。道路极其艰险，而且没有一位林务官巡游时可以享受到的那一点点舒适和奢华。相反，我们天刚刚亮就得起床，在炎热中长途跋涉，晚上才能围着篝火吃上一顿由舍巴人炖煮的混合饭。艾瑞克给我们上了攀登陡峭的山岭的第一课。山间风景壮丽，气象万千，整个旅程令人眼花缭乱，我们兴奋异常，但也累得疲惫不堪。遥望远处闪烁着银光的南伽帕尔巴特峰，海伦和我却只好折返回家了。

那一年晚一些的时候，欧洲烽烟骤起，第二次世界大战开始了。艾瑞克带着他的探险队返回印度，加入了英国军队。但不久，他就被任命为英国驻中国新疆省喀什噶尔的总领事，这使他十分高兴。喀什噶尔是遥远的偏僻之地，政治上极其敏感，而这一切又都使这个职务分外艰难。也就是在这个时期，我正在英国的本土志愿部队里服役，所以一直到1942年，我才和艾瑞克重逢。那时，他离开喀什噶尔回到了英国，就在一次短暂的休假期间，我们结了婚。但是，除了偶尔匆匆见上一面外，我们很少在一起生活。直到1946年，我们才生活在了一起，共享婚后生活的欢乐。

大战后期，艾瑞克在英国驻维也纳的使馆中任职。1946年，他又突然被任命为驻喀什噶尔的总领事。我喜爱遥远陌生而多山的地区，所以，得知这个消息后，简直想不出还有什么比到喀什噶尔去更令人激动的旅行了。但是，我们那时候面临着一个令人烦恼的困境，得做出艰难的抉择。我们的儿子尼古拉斯刚刚9个月，年龄太小，无法适应旅途中的艰难险阻，更不用说喀什噶尔最基本的生活设施和医疗设备无一不短缺的状况了。经过反复考虑，我们把儿子留在了英格兰，托付给一个可信赖的人家照顾。那时，新疆极其封闭落后，只要注意到这个事实就足以证明这一点：我们居住在那里的两年多时间，总共才接待了7位来自其他国家的客人。而现在，当地的中国旅行社每天至少要接待50个外国旅游者。

1948年，随着印度的独立，英国驻喀什噶尔总领事馆也关闭了[1]，艾瑞克被调到中国西南地区的英国驻昆明总领事馆任总领事。这次调动也带来了一些新的政治问题。人们警告我们说，由于毛泽东领导的共产党军队正不屈不挠地向中国南方进军，因此，在昆明的英国总领事馆可能会处于危险之中，而且如果国民党政府垮台了，英国拒绝承认新政权，那么，共产党人也会拒绝承认英国在华的外交代表的地位。

但是，不管这项职务能够维持多长时间，艾瑞克还是接受了任命，转赴昆明就职。因为这个风景秀丽的新环境对我们诱惑太大了，无法拒绝。这一次，我们带上了已经4岁的尼古拉斯。1950年，我们的小儿子约翰出生于昆明。尽管在昆明

---

[1] 这是因为，所谓英国驻喀什噶尔总领事馆实质上是英属印度殖民地政府的派出机构，所以当印度独立了，这个领事馆就不能存在了。

住的时间不长，但我们还是非常喜欢这里的一切，在闲暇的时候，我们尽可能在中国南方进行了范围广泛的旅行。而当我们在昆明的生活险象环生，而且活动受到限制后，我想该是带着孩子们离开这里的时候了。艾瑞克还得待在昆明，直至接到英国政府召回他的通知后才能离开。我独自离开中国时，开始是乘坐轮船，换了一艘又一艘，沿长江顺流而下。这段旅程既令人激动，又充满了艰辛。一路上，长江沿岸那些被驱逐出境的外国传教士陆续登上轮船，与他们同舟沿江而下是一次难得的经历。自身就在困境中的传教士们帮了我许多忙，这一点使我终生难忘。

艾瑞克返回英国后，我们又得再三考虑今后怎么办。因为我们十分清楚，艾瑞克不是英国驻外领事中很有地位的一员。也就是在那时候，艾瑞克的生活中又浮现出了珠穆朗玛峰的影子。有人请他去组织一个探险队，试图从南坡登上这座世界最高峰，因为那时候，从北坡攀登顶峰的道路被关闭了。虽然他在珠穆朗玛峰南坡进行的探察活动极为成功，但是，却没有被选中去领导1953年那次著名的攀登珠峰的活动，这使他感到失望至极。所以，他又转入了一个全然不同的领域，担任了设在英格兰坎伯兰郡艾斯克达勒的境外登山学校的校长。

令人非常伤心的是，就是在这个学校生活的那一段时间里，我们分道扬镳了。对此，艾瑞克在他的自传《那个未曾旅行过的世界》中这样写道："一开始，戴安娜和我几乎同时产生了一种依恋感，我猜想这是基于互相的吸引力，但现在我们却发现双方都缺少这种吸引力了。"他说的这些或许是对的。离婚后我们一直保持着朋友关系，我对此非常高兴，也很感谢他。这种朋友关系一直持续到1977年，那一年他去世了。

我再也没有攀登过高高的山峰，连平缓的山坡都未曾涉足。但是，我将怀着一种对过去的深深的留恋与感激之情，永远铭记在新疆度过的岁月，怀念那个曾被称为"古老的土地"的遥远神秘的异域。

第一章

踏上旅途

与艾瑞克结婚之前的一段时间里，我给他写信时，在信封上总是署上"喀什噶尔，英国总领事馆"的地址。他去那里赴任时，我在地图上找到了喀什噶尔，却发现这个城市在亚洲腹地的遥远偏僻之处。尽管艾瑞克向我描绘了喀什噶尔的情况，但我却无法形成有关这个城市的清晰印象。我知道，马可·波罗曾到过那里，古老的丝绸之路从那个城市穿过，而且它几乎比世界上任何城市离海洋都更远。但是，这些零零碎碎的知识，却只能使我对喀什噶尔的看法更加虚幻：这是一个充满幻想的城市，一个具有古老传奇氛围的城市。

人们都有过这种体会：无论在感觉上你与那里的人们有多么贴近，无论在精神上，在心情中，你与他们产生过怎样和谐的共鸣，但只要那不是你自己亲身体验得来的，只要你未曾亲临其地，一切的认识和感觉都是毫无具体意义的。你听别人对你讲过关于那里的人民，讲过那个陌生的国度，而你对此从无己见。你看着他们拿出来的照片，但是，不管你愿意对它们有着什么样的兴趣，由于你没有亲自去过那个地方，没有亲自接触过当地居民，那么这一切对你来说，只不过像小说中的描写，充满隔阂恍惚，没有身临其境之感。因为只有亲身体验，才能使你形成一个牢固的真实感。

1942年，艾瑞克初次离开了喀什噶尔，过了4年后，他再次被任命为英国驻喀什噶尔的总领事。这一次，我能够与他同行了。那时候艾瑞克正在维也纳任职，让他到喀什噶尔履新的通知来得太突然，出乎我们的意料。他是从维也纳打电话到英国告知我这项任命的，他问我能否做好准备，与他一同动身。对我来讲，下决心并不困难。在打电话时，即使只容许我们通三分钟的话，即使通话时线路受到干扰，声音不够清晰，要我下决心也并不难。一边打电话，我脑子里就已开始做计划，考虑如何准备行装上路的事了。尽管在过去，我与喀什噶尔早就有着渠道各异的联系，但这一次我就要亲自到那里去了。那个城市的孤立封闭，它的地理位置，它的历史，它的重要性，对我来说，开始具有了一种活生生的现实意义。

喀什噶尔是座古老的城市，现在它是中国新疆众多城市中的一座。新疆位于中国荒凉的西部，离中原地区路途遥远。新疆的维吾尔族与中原的汉族不同，有自己的语言，有着不一样的风俗习惯。中国人把新疆的主要城镇都用汉语另起了名字[1]，我猜想，那是出于使用汉字的方便。

新疆境内沙漠面积很大，河水往往流到沙漠中就消失了。新疆境内还有众多的绿洲和高山大川。天山山脉把新疆一分为二，在北部，坐落着省城迪化；在南部，坐落着喀什噶尔和其他一些历史上有名的城邦古国，如叶尔羌[2]和和阗。这些绿洲镶嵌在广阔的塔克拉玛干沙漠的南缘。在喀什噶尔绿洲的北边、南边和西边，耸立着天山、昆仑山和帕米尔高原，群山绵延，巍峨壮丽。从境外通向喀什噶尔的道路非常艰险，而且障碍极多。

自1890年以来，在喀什噶尔就一直驻有英国的外交代表，照管英国在那里的利益。1890年，马噶特尼先生（后来受封为乔治爵士）以英

---

[1] 清代收复新疆后，确实曾陆续为各城镇起了名字，一部分是纯汉语的，如迪化、徕宁，但这主要是具体的城池之名，而不是地域之名；地域之名除用当地原名（如和阗、喀喇沙尔、巴里坤），也曾以新疆古代地名（如皮山、且末、鄯善）命名。

[2] 这里的叶尔羌是指今莎车。

斯利那加附近的喇嘛

国贸易代表的身份到了喀什噶尔。1908年，在喀什噶尔建立起英国领事馆。又过了两年，领事馆升格为总领事馆。通常，从印度到喀什噶尔的道路要经过克什米尔和吉尔吉特。需要骑6个星期的马，才能穿越世界上最高的山脉之一。冬天和夏天，邮件经由这条路一般得走一周，才能从吉尔吉特送达喀什噶尔的总领事馆。近40年来，这个纪录几乎一直没有被打破。到了1945年，由于吉尔吉特的道路被切断，邮政通信就被迫中断了。那时候新疆境内不断爆发零零星星的叛乱。在色勒库尔地区，叛乱分子（或是土匪）不断向邮递员发起进攻，攻陷中国要塞，并切断了通向印度的道路。到了1946年，当我和艾瑞克做前往喀什噶尔的计划时，这条路仍然不安全，与驻喀什噶尔总领事馆的联络只能通过无线电电报进行。

无论什么时候，从印度到喀什噶尔去都是一种带冒险性质的举动，而现在却又平添了不安全的因素，我们怎么才能平安抵达喀什噶尔呢？

1946年8月，我们到达了当时的印度首府德里，但始终没有就赴任的交通问题想出一个万全之策。那一年印度兴起的独立运动和不久势必要独立的前景，困扰着英国政府和英属印度殖民地政府。德里气候潮湿炎热，人心浮动，士气低下，前途莫测。在这样一种气氛下，似乎没有人对我们所遇到的难题感兴趣。我们提出了几种方案：可以在中国租一架达科它飞机，把我们送到喀什噶尔；或者我们可以开汽车穿过中国中原地区，向西穿越戈壁到新疆；或者我们能够乘坐中国民航飞机先从重庆飞到迪化，再经中国的驿路转赴喀什噶尔——然而，有没有这个航班，能不能飞却无法肯定。但最终我们还是放弃了这些方案，只剩下了一种最古老、最传统的选择：沿着梗阻难行的古代商道，经过拉达克翻越喀喇昆仑山口。

写上几行关于逃避“机械时代”的愿望的文字，并没有什么特别的新奇之处，因为人们正在不断地“逃避”到世界上那些具有原始特点的地方去。或许，人们骑自行车穿越美洲大陆，再返回欧洲，或是乘木船扬帆航行到多瑙河，那都是为了去寻求新奇感。

现在的世界已变得既单调乏味又千篇一律，要去寻找充满诗情画意的新境界，已变得越来越难。我们并非刻意去寻求什么，只是按事情的常规，迫不得已进行了这样一次探险，追随此前多少个世纪里的人们，沿着世界上有名的、历史悠久的一条商道旅行。这倒不是因为我们想显得与众不同，也不是因为我们想写点更为轰动的东西，只是因为我们别无选择，没有飞机，没有汽车，甚至也没有吉普车能够进入那个生命的禁区，我们只好像几千年来人类一直在这条商道上所做的那样，依靠牲口出发到喀什噶尔去。

一位大约生活在公元前25年的中国作家，对从中国到克什米尔的旅途中遇到的艰难险阻作了如下的极为生动的描述："你得翻过一座巍巍高山，人们称之为'头疼山'，因为它确实让人头疼，还引起高烧和呕吐。接着，你沿一条小道穿越悬崖，小道长三十里，宽只有两尺，只要脚下不小心一滑，你就会跌入无底的深渊。"[1]当然，并无根据说明这些描写是专指喀喇昆仑道路的，但是，这一带的崇山峻岭的情况与其极为相似。一旦第一批探险者找到了一个低矮一些的山口，通过它更容易翻越峭壁，后继者就会沿着他们走过的路，踏出一条大致相似的新路来。说不定那位中国作家笔下写的，就是今天人们仍然使用的这一条古道。因为可以肯定的是，大约在公元950年，还有人经拉达克，在印度、叶尔羌和喀什噶尔之间做买卖。

人们为了促进贸易发展、挣钱糊口，极具耐性，极有胆量。这是多么了不起的事啊！穿行于这条道路，翻山越岭的早期探险家们，肯定具有无穷无尽的勇气，而他们的后代，仍然需要好好继承这种勇气，在旅行途中遇到的千难万险面前勇敢起来，向它们挑战。我没有找到有关这条道路的历史的确切资料，然而，在海上贸易航线开通之前，在这条山路上，与古代丝绸之路的传说或与繁荣的香料贸易商道的传说一样，肯定有过许许多多的冒险和传奇故事。但是，这条道路由于对欧洲贸易没什么影响，所以在西方，它并没有引起人们的多少注意。

想到即将沿这样一条道路旅行，我的心情激动极了，好像就要追溯逝去的光阴，回到历史时空之中，旅行在遥远的往古时代一样。在德里，我们耽搁了好几天，原因是等从大吉岭[2]赶来的舍巴仆人格雅勒根。在艾瑞克过去攀登珠穆朗玛峰和进行其他探险活动时，他一直就

---

[1] 这一段文字出于《汉书·西域传》，但因不是严格的引证，所以与原文有一定出入，不能用《汉书》原文替代。据《汉书》记载，这段话是汉成帝时杜钦对大将军王凤所说，成帝在位为公元前33年至公元前7年，所以这里大致推定为公元前25年。头疼山，是汉代通克什米尔地区的必经之地，具体所指尚无定论。

[2] 大吉岭是印度西孟加拉邦的一座小城。

是忠心耿耿的挑夫。现在格雅勒根被雇为我们的贴身随从，同意陪着我们到喀什噶尔去。那时候，加尔各答的骚乱已演变得很严重，局势非常糟糕，已到了不可收拾的地步。时间一天天地过去了，我们还没有得到格雅勒根的任何音信，于是越来越担心。但是我们知道，这些来自西藏的舍巴人，虽然个头儿很小，尽管有时他们把你搞得哭笑不得，倒是完全可以信赖的。5天后，格雅勒根终于出现在我们在德里住的旅馆，他浑身上下黑乎乎的，脏得一塌糊涂。他说话声音很大，就像唱歌一般，给我们描述了一路上遇到的千辛万苦。越说，他的声音越大，越激动，嗓门儿就更高了。

他的描述生动有趣，听上去完全是一次冒险历程。途中，他不得不跳上一列火车，又跳下来，再跳到另一列火车上。他说自己一直藏在货车车厢下面，为的是避免出现一些"小麻烦"。遇到参加骚乱的印度人，他一次又一次地大声向他们保证，说自己是个藏族人，对他们的争斗一点兴趣也没有。他盯着那些高大健壮的械斗者，看着他们高举着刀剑棍棒，向前挺进，而印度人却拿着刀子，从后面冲上去袭击他们。刀子虽小，但很锋利。格雅勒根找到了我们，使我们大大地松了一口气。可以离开德里了，真是谢天谢地。和我们一起动身的，还有艾瑞克的一位老仆人，他是一位洪扎人，名叫阿米尔·阿里。不知他是从哪里冒出来的，来时的样子与当地的仆人们完全不一样。就这样，我们出发了，向凉爽宜人的克什米尔进发。

在印度所有的地区中，有关克什米尔的著述肯定是最多的。但是，每一位访问过克什米尔的人，对克什米尔的看法都与别人不同，那些人都根据自己的印象把这个地区写得活灵活现。对我们来说，克什米尔的首府斯利那加具有特殊的意义。7年前，我与艾瑞克就在这里初次相遇。所以这一次，我们又乘平底船，在宽广的达尔湖上泛舟游览。达尔河和它的支流河渠中，船只来来往往，十分繁忙。我们完全沉浸在又看到笔挺的白杨树，又乘船荡漾在湖中并被漂动的花簇和莲叶掩映起来的喜悦之中，沉浸在与把山色湖光包容在一起的蔚蓝山脉相逢的欢愉之中。这一次，我们按照来此游玩的游客们惯常做的那样，租了一只可作房子用的船，船上备有食品和睡觉的设施，还有其他所需之物，并且有人服务，一应俱全。船停泊在法国梧桐树下，离湖岸很近，而另一边则是流水哗哗的达尔河。

在斯利那加的一周过得非常繁忙，我那间小小的卧室中摆满了要打进行李的东西。大箱子或旅行包绝对装不进那些东西去，所以我们得找到其他合适的箱包，使它们能够经受旅途中一定会出现的摔摔碰碰，经受住驮夫们的一次次装卸，经受住沿途山中岩石边角的顶撞和刮割。斯利那加的用锡做的小箱子价格不贵，我们决定用它们。这些箱子坚持到了列城[1]，但已不成样子了。后来找到的最佳解决办法，是使用一种皮革做的箱子。这种箱子很大，也很结实，当地人称之为“牦牛包”。我们又买到了一种能装不怕碰撞的东西的皮口袋。这些牦牛包果然一直坚持到了喀什噶尔。

湖岸上，向我们兜售东西的人越来越多，挤成了一团。我和艾瑞克仔细研究了他们提供的各种各样的货单，想一下子把所有的事办妥。一个鞋匠，耐心地等着让我们试穿定做的镶有毛皮边的靴子。而就在同时，我们又和一位许诺能把我们所有的东西运走的人商量怎样运走这些东西。一位很体面的绅士跑前跑后，紧跟着我们，一次又一次地向我们保证，他只消挥挥手，就可以把我们的旅程安排得天衣无缝。他态度谦和，彬彬有礼。但我们要他找一些马鞍子来，这位客气的绅士却再也没有露面。

要准备上路，你得考虑要带的食品，还得考虑为格雅勒根和阿米尔·阿里买暖和衣服，买预防脚上磨泡的东西，而把煤油驮在马背上的最最安全的方法也不能忽略。而且，为了“避免”把问题搞得太“简单”，艾瑞克竟然决定必须带上一只狗，以便在喀什噶尔冬天打猎用。所以，他买了一只两个月大的金色猎犬。这种狗可以把打中的猎物叼回来。另外，我们又买了一个项圈，一根牵狗绳，还有一只篮子，以及适合狗在路上吃的食物。我们甚至豁出去了，不管行李有多重，还买了一瓶石蜡药水，以备在旅途中狗生病时用。

尽管忙得不可开交，还得应付那些乘船漂到我们的船尾另一侧的

---

[1] 列城是邻近中国新疆与西藏的古城，位于克什米尔印度河上游的岸边，其历史与文明同西藏关系极密切，曾长期是清代外藩拉达克的首府。

商贩们。这些人殷勤地向你问好，缠着向你介绍他们带来的物品。他们的态度不那么凶，却很有耐心，不知什么时候就会冒出来。我正好热得受不了，刚坐下想歇一会儿，或是绝望地看着装得太多的一大堆箱包发愁，窗口突然会出现一个人，给你拿出一些刚雕刻好的木屏风；或是我们正在那里认真地讨论旅程计划，计算日期的时候，窗口又冒出一张满脸堆笑的脸，很明显是从河面上冒出来的，向你挥舞着一件绣花扎口短裤。

斯利那加有一大批人靠来克什米尔旅行的游客过日子。他们准备随时为旅行者提供一切可能的东西，诸如安排到山上狩猎，或是为你找一个过夜的年轻貌美的女子。当然，他们也向游客兜售各种各样的东西，无所不卖，无所不有。克什米尔人非常擅长制造手工艺品，他们当中许多人，通过向欧洲人了解到他们到底需要什么东西，会向游客提供一些令人爱不释手的物件：各式各样的小木船，堆得高高的毛织绣品，丝绸内衣，各种各样的纸制品和木制器物。这些人围着游客乘坐的船屋，不停地在那里转悠，他们兜售的东西确实很诱惑人。但是对我来讲，要带的杂七杂八的东西已够多了。这肯定既不是满足购物欲合适的时间，也不是买旅游纪念品合适的地点。我开始回绝他们，尽量客客气气。“不，今天我不想买这些东西，谢谢你了。”尽管我这样做了，但对那些商贩们一点儿作用也不起，他们仍然划着小船，耐心地在窗外晃悠着。直到我或是耐不住性子向他们吼上几声，或是一个小时不理睬他们，这些人才会暂时放弃向我出售东西的想法。

我们很焦虑，急着开始下一段行程。准备工作很累人，也让人兴奋，但突然一下子你会对这一切深感厌烦。总是有零零碎碎的事不断地堆在面前要你去做。你想的越多，越周详，事情就反而会变得越复杂。一旦上了路，就得靠你准备好的东西应付一切，如果哪些东西忘记准备了，那么你就得受罪。然而，在斯利那加的最后一夜，我们不时地感到懊悔，因为有些东西得丢在脑后了，事情太多了，朋友们、电影院、商店、和家里人快捷的联系、一份日报，还有电灯，所有这一切都使我们留恋。有些东西看上去没什么重要性，但是一想到将要完全得不到它们时，却让人觉得它们同样必不可少。

不论人们如何向往“逃到”边远荒凉之地，只要他们还希望能够自由自在地出发，总有一些东西，无论大小，得割舍掉。但有些东西却使人们很难下这个决心。

9月2日，驮队准备就绪，于是我们出发了。

沿着古道行走的驮队

出发不久，由于在山路上行走，我们的脚就磨了泡，而且因为肚子疼痛，我的身体一下子虚弱起来，立时情绪低落。真是令人扫兴！我们决定先在风景秀丽的索南玛尔戈山谷中扎营休息两天，逐步适应走山路。对“逐步”的想法，艾瑞克与我并不完全合拍。

第一天，我们越过了一片绿草茵茵的山坡，向山上爬去。穿过一片郁郁葱葱的松林，踏上了一条到处是石头的、很荒凉的小山谷。就在这山谷里开始出现堆积的冰雪。我们走近了一座雪桥，艾瑞克迈步跨上雪桥，刚刚走过一半，突然轰隆一声，雪桥和艾瑞克都消失在下面的冰河中。我爬到冰河边张望，心里紧张极了，却见到他站在河水中央的一座由雪堆成的小岛的残余处。我再也不信任任何雪桥了。那一天晚些时分，下起雨来，雨点猛烈地从天而降，脚下是汹涌的水流，一刻不停，向下泻去。这真令人烦透了，又湿又冷，可算得上是一次很有效的“适应”行动。我踉踉跄跄地返回营地。但是，置身于苍莽群山之间，又使我很高兴。雨停天晴，我们围着坐在这趟旅途中点起的第一堆篝火边，暖和着身躯，休息着，那种感觉真是太好了。当夜，我们就露宿在松树下，头顶满天繁星。

拉舍尔的宫殿

也就是在9月2日，我们见到为我们带路、牵马的第一批驮工。为首的那个人穿着一件皇家空军旧夹克，很健谈。他们开始把我们的行李整理好，分成适合驮在马背上的若干份，每一份重量均等，有80磅。这样，每匹马只驮两个40磅的驮包。我们口气温和地提醒他们，按照常规，每一匹马的两边应该至少驮100磅的东西。他们听了居然也同意了，同样客客气气，一点儿也没有愠怒之意。这些人曾一直试图增加我们所雇的马匹的数量，但没有成功，他们似乎也没有抱怨我们。走过三段行程后，当我们分手时，就付费问题，那个穿旧夹克的人和其他人之间爆发了一场激烈的争吵。

每走上一程路，我们就换掉驮工，再重新找人。这样，这些人不必走得离他们的家太远，而且驮队沿线的人们的生活也不会出现混乱。每一天，这些人为了抢到最轻的行李包，总要争夺一番，而我们则总是先行离开，向前走去，一点儿也不涉入他们的争斗。我们买的那只小狗被拴在一个筐子里，每当驮队超过我们时，它都要站起来，注视着周围的一切，一点儿也不害怕，更多的时候则安静地躺在筐子里呼呼大睡。碰上太艰难的道路，驮那只筐子的马磕磕撞撞，会把这只狗从筐子里甩出去，但看上去它一点儿也不在乎，并且适应了这种奇特的、摇摇晃晃的生存环境。买狗的时候，卖家向我们保证，只要我们在旅途中不要让它跑太多的路，就不会伤害它。然而有时候我想，狗似乎是骑在马背上走完这一路的，但它的旅行却更为艰难。

前往列城的路途要走两个星期。我们上路了，沿途得翻越许多山口，第一座是佐依拉山口。这座山口虽然只有11500英尺高，但由于在冬春季节，这里经常发生雪崩，因此恶名远扬。在9月份，翻越它虽没有什么危险，但从斯利那加出发时，到处是茵茵绿草覆盖的山岭，坡度和缓，一下子走到佐依拉一带，却发现这里道路艰险。视野所及，寸草不生，非常荒凉，冰川处处，阴郁逼人。这个地方使人感到冷酷异常。到达佐依拉山口的那天早上，没有阳光，冷风飕飕，仿佛处处充满敌意。

就在我们缓慢地向山口爬去的途中，前面的山坡上传来一只迷途的羊羔发出的阵阵哀鸣。格雅勒根把它救了起来，并企图用它从牧羊人那里换一些牛奶。然而，竟然没有一个牧羊人想要这只可怜的羊羔，原因是他们没有母羊喂它。我试着用手指蘸上牛奶和奶油喂这个小东西，但它对这种食物一点儿也不感兴趣。直到我们翻过佐依拉山口后，才找到两个小孩，他们愿意把小羊带到母羊那里去。

我们来到了巴尔提斯坦，这是一个干旱荒凉的地方，到处是裸露的乱石山坡，峭壁和冰川就悬在我们上方。而在另一边，令人大为吃惊和感到突然的是，赤裸的山谷中，竟有条条灌溉渠道沿坡而下，很规整，让人觉得修它们的人真是巧夺天工。渠道下方，农田处处，鳞次栉比。

有一段时间，我们沿着一条与众不同的、根本没有水的渠道走了12英里。路上我们询问，为什么这条渠道被废弃不用了？人们告诉了我们一个关于这条渠道的修筑者的悲惨故事。很久很久以前，他们整整苦干了三年，才把这条渠道修好，该引水时却发现，把坡度计算错了，它完全不能使用。一切心血都白费了！在无雨地区，灌溉显得至关紧要，只要哪里能把冰川融水形成的河流之水引过来，哪里的庄稼就会屡获丰收。眼下田野里谷物都成熟了，树上也挂满了杏子和苹果，沉甸甸的，一片金黄。这个地方气候凉爽，令人陶醉，与它上面光秃秃的高山形成了鲜明的对照。

这一段旅程平静宜人，没有什么令人心惊胆战的经历。我们逐步形成了自己的行程时间表。清晨5点钟喝早茶，吃点饼干，然后出发，行走三个小时，再吃早饭。格雅勒根在极短的时间里就能为我们准备好粥、鸡蛋，烧好菜，速度快得惊人。吃完早饭，驮队继续缓缓前行，而我们却在那里懒洋洋地休息很长的时间。我们用不着匆匆赶路。由于这里天气晴朗，阳光灿烂，但又不太热，所以我们慢悠悠地向前行进。有时候，我们停下来，在途中的果园里好好睡上一觉；有时候，涉过一条激流翻滚、溅起一阵阵水花的河流，便争先恐后地爬上岩石嬉闹一阵。而艾瑞克则常常离开驮队，登上途中的山坡寻找松鸡。这些个头很小的野鸡，吃起来味道极美。我们总是在每一段行程中，力争5点前就赶到当地的驿站，有时候时间还会早一些。格雅勒根就又会及时给我们做上一顿热腾腾的晚餐。

人们会很快忘记一次经历中的那些令人不快的东西，这真有点奇怪。现在回想起来，我只是对到列城的这一段旅程记忆犹新。

一路上天气晴好，我们或是沿着绿洲中弯弯曲曲的小道前行，或是盘旋在高山禁区之中。两周的旅行是一次全新冒险行动，充满了欢乐。一路上美景处处，令人陶醉。而旅途中艰辛劳累必不可少，驿站又总是可望而不可即，还有那些小小的令人不快之处，可是所有这一切，已在我脑海中烟消云散。唯一没有从记忆中消失的，就是我那根深蒂固的对骑马的讨厌——这也是一种深藏在心中的恐惧，确实是这样。这种心理状态成为我和艾瑞克之间争吵的唯一内容。

艾瑞克曾对我说过："要是你来亚洲，你必须学会骑马。"

我慢慢地理解了他的话，认为他是正确的。山间小道狭窄，绕来绕去，在这里步行令人心旷神怡，但是走在光秃秃的戈壁沙漠中，一眼望不到边，四周一片荒凉，真是令人打不起精神。一匹体格健壮的好马，驮着你走过这一段苦旅，会令人感到舒适欢畅，而且速度也快得多。但是，我可从来都没有喜欢过骑马旅行。每换上一匹马，对我都是一次考验。这些马看上去就不死不活的，只会慢腾腾地向前蠕动着。而我连一匹无精打采的驽马都控制不住，没有一匹马听我的话，除非在极个别的情况下。所以我开始怀疑这并不总是马有什么毛病。在骑马的旅途，大部分行程我总是喜欢步行。我们的仆人们和整个驮队的驮夫们看到我尽可能不骑马，都感到不可思议。

拉达克的首府列城周围的景观再次面目全非。这次变化的是人和建筑物，不同的人，不同的建筑。这里的山野景观荒凉，寸草不生，与绿洲的生机勃勃形成了鲜明的对照，却使人随时感受到另一种氛围——藏族人和藏传佛教主宰了一切。

在这个地区，一方面人们看似对佛教并不狂热，这一点令人很高兴，但另一方面宗教确实起着重要的作用。到处你都可以看到关于后一点的证据。对一个佛教徒来说，不管他理解与否，神圣的六字真言在他自己的日常生活中有着不可替代的重要性。每诵读一遍这句经文，诵经者就会在精神上获得某种慰藉，就是一次功德，他死后获得在更高层次上超度再生的机会就越大。信教者，无须自己反复诵读这句经文，六字真言书写在经幡上，经幡在高山山口飘扬，在孤寂的山头摆动；真言刻在石块上，这样的石块一块块垒起来，筑成了一道道玛尼墙；经文写在如同鼓一样的转经轮上，路过的人用手一摸转经轮，它们就会旋转起来。甚至更为简单的是，风和水也能使它们转动起来。虔诚的信徒一边行走，手中一边摇晃着小小的转经轮，样子像响盒。转经轮每旋转一圈，经幡每飘动一次，或是仅仅走过玛尼墙（从墙的左边走过），都意味着做了祈祷。大部分玛尼墙的两端都有一个乔尔腾（佛塔）。这些佛

玛尼墙与佛塔

塔在拉达克地区构成了极有特色的景观，里面盛着去世的喇嘛们的骨灰。骨灰和泥土混在一起，做成一个又一个的小小的圣像，供放在壁龛中。

喇嘛们尽职尽责，维持着这个地区的宗教生活。这里人口不多，却供养着全地区的众多寺庙。寺庙坐落在岩崖高处，巍峨耸峙。这种居高临下的位置，非常威严，似乎象征着寺庙的权力。进入庙宇，那里的建筑却不像它们的位置那么壮观。寺庙里很脏，却与古代文化混杂在一起，看上去像是一种奇特的组合。在那些光线昏暗、神秘无比的屋子里，摆放着酥油灯，灯中燃烧的酥油散发出阵阵怪味。还有壁画上那些形态各异、稀奇古怪的神像，巨大的菩萨安详地端坐着，显得神秘莫测。屋子里错杂放置着各色旗帜，锦缎织品，无数的银质杯子，用人的头盖骨制成的小鼓，巨大的钹，花哨俗气而又破烂不堪的经幡，不值钱的搪瓷茶壶，往往还有一张寺庙住持方丈的照片，照片上方丈表情呆滞。而所有这一切，都蒙上了一层厚厚的尘土。

我尽量怀着敬畏的心情参观这些神圣的殿堂。如果仅仅摆放着供品，注视它们时似乎没有什么特殊感觉。在前往列城的途中，我们经过了一个叫作喇嘛玉柔（Lamayuru）的地方。或许我一路上太疲乏，加之爬上高高的喇嘛庙，彻底使我累垮了。进入寺庙，在黑暗里刚围绕神坛转了一半，酥油灯散发出的怪味就把我呛得头昏脑涨，站立不稳，还没来得及向受惊的喇嘛做任何解释，我就冲到了外面，一下子摔倒在门槛边。每个人都表示出关心，都过来安慰我，而这又使本来就很窘迫的我感到更加难为情了。

喇嘛中有一些人学识渊博，精通哲学，还有一些喇嘛通晓寺庙图书馆中所藏的各种经典。但是，大多数喇嘛没有多少知识，和当地农民一样，是文盲。这些喇嘛的生活相对悠闲，他们无所事事，对整个地区而言，是相当沉重的拖累。这里几乎每个家庭都有一个儿子进入寺庙当喇嘛，过着无忧无虑的生活，所以喇嘛的人数绝对不会减少。但这样一来，当地的出生率却被有效地控制住了。然而，拉达克人很尊敬喇嘛，看上去完全是情愿为维持喇嘛庙供奉一切，而且他们像愿意接受所有负担一样，接受了供养喇嘛的重负。拉达克人看上去对民族主义既不热衷，对宗教也无狂热的情绪，更没有膨胀的军事野心。但同样，他们也没有追求进步的渴求，没有接受教育，更没有学会新的生活方式的热望。如果肮脏的居住条件，慢腾腾的生活节奏，甚至无知，这些都不会使你感到厌烦，不会使你"改变一切"的热情油然而生，那么，这里的人民那种发自内心的快乐，那种对人的友好态度，对任何事情的容忍之心，都会使你着迷。

在路边，一位姑娘会送给你一小把扎得很好的花，另一位又会送给你一些水果，无论是穷是富，每一家人脸上都洋溢着迷人的自信，都会欢迎你去做客，去喝杯酥油茶，饮一盅令人心醉的青稞酒。无论你走到哪里，人们口中喃喃的问候"jujule"，都像温馨的乐曲，始终伴随着你。

妇女们头上戴着精致而沉重的头饰，承担着日常的家务活和农活。拉达克的妇女们的头饰极有特色。这些头饰镶嵌着绿松石，把一条形状如蛇的细长布条缠成三角状，飘至前额，拖到背后。越富有的妇女，她们的蛇形布条就越宽、越重。如果可能，她的布条上还会缀上一颗珊瑚。黑色羊毛编成的飘带，从头发上披散下来。这些飘带上又垂下许多假辫子。此外，妇女们还穿着长长的厚袍子（似乎这里的妇女以褐色为贵），系着腰带，袍子上缀满了她们所能买得起的首饰，非常沉重。我们还常常看见妇女戴着白色贝壳做成的手镯，很大，就像假手铐一样。无论天气有多热，她们总是披着粗山羊皮缝制的斗篷，但富贵人家的妇女，则披着披肩或深红色的华丽外套。

这里的男人们与妇女相似，也喜好首饰。他们身穿长袍，这种袍子像裙子一样。男人们也梳着辫子，平添了几分女性风姿。他们的腰上缠着一块布，松松垮垮的。这块布当口袋用，里面塞满了喝茶的碗、刀子、宝贵的别针，或是鞭子。普通农民的衣服，虽然样式相同，很有特色，但是由于又破旧又脏，看上去褴褛不堪。尽管这样，它们却丝毫没有失去装饰作用，这真令人感到奇怪。

距列城6英里的一个地方，有片绿洲穿过石质干滩，令人赏心悦目。离我们不远处，印度河河水清澈碧绿，哗哗向前流去。极目远眺，巍峨的雪山银光闪闪。它们周围低矮的山峰隐映在蓝天的阴影中。我把马交给了阿米尔·阿里，向前走去，心情完全平静下来。不一会儿，我的美好心境完全被破坏了。一大群人，数目多得令人吃惊，骑着马从干滩上朝我们奔了过来，霎时尘土飞扬。这是一队骑兵，他们叫喊着，喊声夹杂着马蹄声，非常嘈杂。奔到跟前后，我们才得知他们是列城的印度商人派来迎接我们的。一想到我又要骑马，还要被夹在这一群骑兵中朝城市奔去，我的情绪一落千丈，一点儿兴致也没有了。因为在这种情况下，步行已经完全不可能。后来，艾瑞克作了妥协，同意由他先和骑兵队一起启程。一个英俊的锡克年轻人会讲英语，他很有风度地提出陪我一同前行。可是，他根本不知道问题出在哪里，而我也不希望他知道。这6英里的路给我留下了极不愉快的印象。

渐渐地，我们来到了城门跟前。进入列城，大家都下马步行。我觉得自己蓬头垢面，满身灰尘，两条腿还像骑在马上一样，颤抖着。但是，我还得硬撑着，摆出一副高贵的样子，陪着艾瑞克穿过巴扎，就像刚刚得胜归来似的。我们的脖子上挂满了花环，街道上彩旗飘扬，到处都有拱形彩门。在我们一行中途停下来的时候，不断有人为我们献上干果、饼干。而列城的老百姓则看着我们，就像看一对穿着破烂衣服进行表演的狗熊。被引到列城官邸后，我马上“逃”进了这个凉爽、宁静的“避难所”。

列城官邸那时没有住人，专为我们留着。一路上尽住在那些满是灰尘的、破败的驿站，现在住进了这所大宅院，真是有点奢侈。客厅里摆放着包有印花棉布的椅子，餐厅的桌子上放着银质和瓷质餐具。我们的卧室在楼上，走廊的墙上装饰着一排排鹿角。所有这一切都使这所房子具有一种真正的英国氛围。从阳台上望去，下面是一座花园，花园错落有致。越过花园远眺，视野广阔，景色一览无余，一直伸到了扎斯卡尔山脉（Zaskar Range）。有时候风暴掠过山脉，山体黑黝黝的，似乎在发怒；晴空万里时，山体洁白，熠熠闪光；而在夕阳下，山体则被染得橘红一片。

无论在山间旅行有多么愉快，结束旅行后也同样会感到快乐无比：穿上干净的衣服，洗个热水澡后，或是坐在松软舒适的椅子里，或是躺在软和的床上，这一切带来的愉悦，只有和旅途中备尝的艰辛比照一番后，才能真正体验到。而且，再也用不着早早起来，急急忙忙地向前赶路，这也值得好好回味一番。在列城，我们还有整整10天的时间来享受这一切。

但是，我们又开始了忙忙碌碌的准备工作，为为期4周的最后一段旅程精心做好各种必需的安排。我们买了许多毯子和棉衣，把那些已经破烂不堪的锡皮箱子扔掉，重新打包装箱。我们还检查了所带的食物状况。官邸周围挤满了商贩，恳求艾瑞克帮帮他们的忙，买他们的货。仆人们不停地跑来请示各种问题。还有客人们络绎不绝地来拜访我们，而那只小狗，无论来什么客人，总要咬住他们的脚。

一些中国士兵的代表，总是在官邸后面伤心无望地徘徊着。这些代表代表了大约24个士兵，他们在色勒库尔地区发生叛乱后逃到了列城。现在，他们都想同我们一道返回新疆。这些士兵没有钱，也没有任何装备，更没有人管他们。艾瑞克尽其所能帮助这些可怜的士兵，但下决心不让他们加入我们的行列中一道回喀什噶尔。

然而，我们并没有完全把自己局限在旅行准备工作中，而是挤出时间游览了列城。在古代，列城是来自西藏、印度和中亚的商贾云集之地。在巴扎上，你可以看到各种各样的人混在一起进行交易的热闹场面。城里最重要的地方是旧王宫，它虽然已经破败，但给人留下了深刻的印象。每一年，这座旧王宫只有一次恢复昔日生机的机会，那是在拉达克的前王室成员回到列城进行的一次纪念性访问期间。在访问时，他们住进王宫中现在已作为国家政府办公室的房子里。这些房间到处都是尘土。然后他们又越过印度河，返回在斯多克的家园。在旧王宫里，我们见到了前王后。我们到那里时，她正坐在靠近屋顶的一间小房子里。事先我们没有料到她会在那里。我们与她坐在帆布躺椅上，喝着茶，通过翻译结结巴巴地交谈着。翻译是一位上了年纪的当地人，穿着一件拉达克袍子，头戴一顶翘边帽。他可以讲一点乌尔都语。

后来我们了解到这位王后是一位很有个性、意志坚强的人。她完全控制了自己的丈夫和家族。当然我们之间谈的都是些陈谷子烂芝麻的事，而且谈话方式彬彬有礼，不可能为我们提供更多的关于她的情况。但是当时她头戴绿松石头饰，显得十分尊贵。虽然个头不高，但看上去很严厉。从总体上来说，拉达克的妇女都很勤劳，而且富有独立性。她们绝对不能容忍别人关于这里的妇女的隔幔深闺制度和伊斯兰国家后宫类似的胡说八道。她们拥有自己的财产。我们听说在这里一妻多夫制仍然存在，无疑，这会使妇女的地位更加巩固，对她们更加有利。

几位有教养的、颇具风度的拉达克人出面招待了我们。我们坐在低矮炕桌后面的垫子上，吃了许多东西，喝了不少藏族茶。藏族茶盛放在有杯托的杯子里，杯子上盖着用银或其他金属做的盖子。我不大喜欢这种像汤一样的茶，所以只是偶尔呷上一两口。后来我发现这种喝法只是表明你想多喝点，不然的话，你必须喝完杯子里的茶，再把杯盖盖上。我们访问过的一户人家的主妇，还带我去看了她的厨房。她完全有理由为自己的厨房而自豪:柜子里的铜锅锃光瓦亮。这种铜锅很大但很轻。这一家的铜锅里里外外找不到一点儿不干净不发亮的地方。羊皮做成的风箱,把灶里的火吹得烈焰熊熊。也就是在这个厨房里,我头一次看到制作藏式茶的木桶。

我们暂住的这所大宅院,友好的列城人,还有这座色彩缤纷的城市的魅力,都有一种使我们继续住下去的诱惑。但是,天气已经逐渐变冷,而且我们的准备工作也已经完成,一切都已安排停当。所以我们还是决定,在9月20日继续动身上路。

第二章

头疼山

9月19日,艾瑞克收到了发自德里的一封电报。电报向我们通报说:“据报告,在喀喇昆仑一路有土匪,他们劫掠了一个商队,货物和马匹都被抢劫一空。”德里方面强烈希望我们折返,然后经吉尔吉特前往喀什噶尔。这个消息太突然了,我们不能置之不理,掉以轻心。但要做的事情太多了,重担一下子都压在了艾瑞克的身上。

我们这一行人包括驻喀什噶尔总领事馆新任总领班雷法库阿图拉·罕先生、艾仑·摩西大夫、药剂师穆罕默德·沙先生以及他的妻子和婴儿,还有艾瑞克和我,以及我们的两个仆人。我们已经和一位维吾尔族商人订了合同,由他负责把我们经喀喇昆仑山口送到喀什噶尔。这个人要价很高,我们已经给他预付了一半定金。如果折返回德里,我们就会损失掉这笔钱。虽然听说吉尔吉特道路被认为是安全的,对此我们很高兴,但要是决定走那条路,就意味着我们还得再花上三周时间,向西越过崇山峻岭,才能到达吉尔吉特。这样,还得额外花上一大笔钱,而且很难找到一个愿意到那里去的驮队。现在天气一天比一天冷,前面我们要经过的山口一带的雪越来越厚。最后我们还得考虑从喀什噶尔出发回印度的医生的命运问题。他和家人已经出发,按计划这几天就应该到达列城。然而,在途中他们有可能与土匪遭遇。如果出了这种情况,他们就需要帮助。在我们即将动身的这一刻出现的这场危机来得太突然,让人很难相信是真的。我考虑问题的方法很奇怪,认为倒霉的事只会落到别人头上。我简直想象不出土匪会干些什么,也想象不出他们会抢劫到我们的头上。但是可以肯定,我们要去的对我们来说并不是一个友善的地方,我们不能草率行事,冒险前行。

像我们这样的一行人,有妇女,还有儿童,沿途没有现代化的交通工具,没有食物,没有睡觉的地方,也没有燃料,在这种情况下,要去挣扎着翻越喀喇昆仑山口,活下来的希望似乎微乎其微。如果土匪把我们的马匹抢走,仅这一点就会使我们陷入绝境;而如果土匪抢不到其他东西,他们要抢的只会是我们骑的马和驮东西的马。

三天来我们连续开会商量这件事,因为我们对前面路上的详细情况一无所知,大家都很着急和焦虑。我们推测那些劫掠者或许与色勒库尔发生的叛乱事件有关;也有人认为他们是一群出没于那个地区的惯匪,专门在商道上等待猎物,一有时机,就会下手。我们摊开了一张又一张的地图,盘算着如何冒险进入没有人烟,而且很少有人知道的地方,以避开危险地带。同时,我们也仔细考虑了返回斯利那加的可能性,而且我们也认真询问了与我们订合同的那个维吾尔族商人,想了解他对这个问题的看法。令人吃惊的是,他竟然对德里用电报通知我们的情况毫不在意,似乎不仅愿意冒着让我们遭受劫掠的危险,而且愿意冒着让他那个很值钱的商队也遭到劫掠的危险。他说,要是路上我们遇到了任何麻烦,证明他的判断错了,他愿把脑袋交给我们。他的这种许诺一点儿用也没有,但是我们还是被他的那份乐观精神所感染。由于我们对宾斯上尉(从喀什噶尔出发返回印度的那位医生)的安全的担忧,更由于对折返回去的犹豫,我们决定继续朝前行,先到帕纳米克去(有5天的路程),并且决定如果在这个拉达克辖区的最后一个村子里见不到宾斯医生和他的驮队,艾瑞克就挑选几个人继续前进,进行侦察。

就这样,我们心中笼罩着愁云出发了。

行程一开始就不顺利。艾瑞克和我在午时先期启程,途中停下来在野外吃了一顿午餐。到下午3点时分,还看不到驮队的踪影。艾瑞克一下子发了火，骑马奔回列城，不料发现驮队的马匹和那些驮夫正在客栈里闲逛。艾瑞克马上决定狠狠地罚他们一笔钱，这才使这些人手忙脚乱、急急忙忙地动弹起来。或许让他们最为震惊的是，他们亲眼看到艾瑞克把收到的罚款的一部分，亲手交给了站在附近的那些受惊的儿童。

驮队动身太晚了，所以那天夜里，我们只好在要翻越的第一个巨大山口的山脚下宿营，度过了一个寒冷、漆黑的夜晚。一切都乱哄哄的，我们的情绪糟透了。格雅勒根刚刚点起一堆篝火，管驮队的那些汉子们一下子就围了上来，行李乱七八糟地散落在地上，一点儿也不在乎，马匹也没有人管了，更不管婴儿冷不冷。这是我们与他们打交道的第一天，没想到竟然是这么一个不祥的开端。

第二天，我们开始翻越海拔17500英尺的喀尔墩山口。道路漫长，而我们却行走得很慢。好在道路虽然狭窄，但走向还能辨认清楚。在向山口爬去的时候，受到海拔的影响，我感到非常难受，每向上走一步，都要付出极大的努力。由于害怕，我再也不敢骑马向上走了。上到山顶后向下走的时候，情况更糟糕了，而且我们头痛得更厉害了，就像得了一场大病。下山时连路的影子都看不到，只有岩石和冰雪覆盖着的山坡，山势极其陡峭。马匹滑着向下走，不断地有马摔倒在地面。驮夫

驮队成员

们则凶狠地抽打着马，不断地踢着它们。箱子和其他行李顺着山坡滚了下去。这时候我们才意识到穆罕默德·库尔班[1]在出发前安排的驮夫人数太少了，现在他们根本无法照管所有的马匹。整个驮队失去了控制。

就在这样一种混乱的局面中，药剂师的妻子挣扎着，痛苦地经受着折磨。她很年轻，又是个穆斯林，裹着一件印度女人穿的大袍子，看上去就像一顶帐篷。她把自己包裹得严严实实，只有一个小小的网饰可以使她看到外面的东西。在整个旅途中，她身上裹得非常臃肿，还要抱着婴儿，而且她一直生着病，浑身发冷。她对周围的一切毫无兴趣，也不知道还要吃多少苦。这是一个不适合这种旅行但又非常勇敢的女人。她骑着马走过那些在我看来是太危险的地方。有一次，她的马失了前蹄，一下子摔倒了，把她和婴儿甩在了地面上。我真想在一路上帮帮她，但她只会讲普什图语[2]。看上去她已经麻木了，完全听天由命。

翻过喀尔墩山口后，到帕纳米克的路要好走一些。但是，骑马涉水渡过夏依奥克河，却是使我极其畏惧的事。河面很宽，河水湍急，乍看，激流会把我们的个头很小的马冲走。

每一天，我们都盼望能在途中遇见宾斯医生和他的驮队；每一天，我们的脑海中都会浮现出他们惨遭抢劫的场面，以及他们遇到灾难的情景，而且越向前走，这些情景就越清晰，情况就变得越严重。但是，就在帕纳米克，我们竟然意外地与他们相逢了！我们在这个村子的一个果园扎下了营地，用了很长的时间来交换情况。宾斯医生告诉我们，他们离开喀什噶尔的时候一点儿也不知道有关一路上有土匪抢劫的消息。有一天上午，正当他们骑马前行时，突然子弹呼啸着越过他们身旁，他们一下子从马背上滚了下来，趴到地上，后来又在岩石后面隐蔽起来，然后拼命挥舞着一块白手帕。向他们开枪射击的并不是土匪，而是一群被派到那里整肃治安的中国士兵。这些士兵太紧张了，所以根本没有瞄准，就开了枪，幸亏他们的枪法太差，所以也就没有造成什么

---

[1] 这是那个乐观的维吾尔族商人的名字。

[2] 普什图语是中亚普什图人的语言。由于普什图人主要居住在阿富汗东部和今巴基斯坦西部，所以是在该地通用的语言之一。

伤害。后来,他们匆匆向医生一行道了歉,就让他们通过了。

我丈夫和宾斯医生在交谈中详细讨论了我们在旅途中可能遇到的问题。接着,我们又开了几次会,气氛更为严肃凝重。宾斯医生的12岁的儿子也在场。他当了艾瑞克、宾斯和那一群满脸胡子、模样凶狠的驮夫之间的翻译。这个孩子会讲一口流利的维吾尔语,头脑清晰,而且喜欢他所承担的任务。

我们现在得知,虽然土匪击溃了原先在那一带的中国军队,打死了两个士兵,抢走了许多马,但那一带肯定还有中国军队。另外的消息也证实,中国方面正在派更有战斗力的部队赶往那个地区。得到了这些令人欣慰的消息,我们的脑海中又浮现出了翻越喀尔墩山口时遇到的那些苦难,一切都历历在目,犹如刚刚经历过一样,所以我们决定继续向前赶路。

我们在帕纳米克多待了一天,参观了几个就在附近的温泉。在一个温泉上方有一座小房子,房子被隔成两间。在那里,我们洗了旅途中的最后一次澡。而对宾斯医生一行来说,这是一个月来第一次洗澡。

两支驮队就这样相逢了。经过两天平静的休整后,我们朝相反方向出发,又踏上了各自的旅程,开始了我们的长途跋涉。驮队中增加了许多人,杂七杂八,什么人都有。但是,所有加入进来的人却都希望得到艾瑞克这位英国总领事的保护,而他却实际上提供不了什么保护。尽管艾瑞克下了命令,不让中国逃难士兵跟上我们一起走,但还是有一两个士兵跟上了我们的驮队。这样,我们的驮队中就有了一长串骆驼,前面一头小毛驴领队,看上去很壮观。驮队中还有三头毛驴和一匹白色的骡子,它们走在一起,样子很可笑。一个表情悲凄的男孩,一路上一直在咒骂着这几头牲口,不断地抽打着它们。在整整600英里的旅途中,男孩嘴里一直重复着相同的咒骂这些牲口的话,不断地吆喝着,语音语调既没有变化过,咒骂声也没有停止过。

除了与我们结伴同行,或跟在驮队后面的人外,一路上我们很快就遇到了从边界那边过来的一支又一支的驮队,驮队川流不息。这是个令人高兴的迹象,因为它表明道路已经畅通无阻了。那些土匪,就像他们刚冒出来时一样,现在又突然都消失了。我们遇到的驮队都说在路上没遇到什么麻烦。这些人穿着臃肿的羊皮大衣,脚蹬长筒皮靴,戴着各式各样的古怪皮帽，面目粗犷可怕，然而他们都极其和善友好。有一次，一支驮队的人请我们过去吃饭，饭很丰盛。一个大锅里煮着刚刚宰掉的一只羊，大块的羊肉在锅里噗噗地翻滚着，肉汤沸腾着。这支驮队赶着一些羊与他们同行。我们去时，他们已在地面上铺好了毯子和羊皮。我们无拘无束地好好吃了一顿。我在这里第一次喝到了绿茶。喝这种茶既不放糖，也不放牛奶，我想，比起藏式酥油茶来，这种茶要好喝多了。

在我们正翻越途中的第二座，也是最艰难的一座山口时，气温陡降，我们急忙把带在身边的所有衣服都套在了身上，而且在后来的三周中再也没有脱下过。夜里我们只是脱掉靴子，然后立刻就钻进双层鸭绒睡袋中，艾瑞克的那顶登珠穆朗玛峰时用过的小帐篷仅能容下我们两个人的睡袋。摩西医生说，夜晚他甚至穿着靴子睡觉，当然，他的靴子是一种高靿毡靴。天气寒冷时，生活就变得简单多了。用不着洗漱，也用不着脱衣服。我们有两个仆人，每天晚上睡觉前就做好了准备工作，使我们马上能钻进睡袋。为了保持温度，我们也帮助仆人们从马背上卸东西、支帐篷、提水，这使驮队的人感到非常惊异。一吃过饭，我们就赶快睡觉，因为睡袋是最暖和的地方。长夜漫漫，小小的帐篷里空间很小，让人透不过气来。然而，解决这些问题的最好办法，莫过于赶快进入梦乡。

萨瑟尔山口高17480英尺，这里气候变幻莫测。但是对我们，它却

萨瑟尔山口

很仁慈。我们翻越它的时候，一点儿风都没有。马匹踏着滚圆的石头痛苦地挣扎着，向山口爬去。一路上这种圆石头比比皆是，一直铺到冰川边。山口顶部就是冰川所在，但马匹在翻过冰川时却没有出一点儿事。也就是在这个地方，枯骨和尸体开始映入我们的眼帘，绝大部分都是牲畜的。在这条荒凉、人烟稀少的道路上，这些满载着东西的牲畜受的苦难最多。因为所有的燃料、食物、草料都要由马匹来运输，驮队商人们往往让马驮更多的东西，因为货物很值钱。所以用来喂马的草料就相应带得少了。饥饿、疲劳以及寒冷，使马的死亡率一般都很高。一路上我们不时地看到死马的骨架。甚至到了平原地区，还能偶尔见到它们。那一串串骨架和一堆堆死尸绵延不绝。无论我们到什么地方，每当无法确定前行道路的取向时，这些骨架和死尸就充当了令人毛骨悚然的路标。

我们的马匹体质开始下降了。在翻过萨瑟尔山口的那天，不少马走起来一瘸一拐的，还有几匹马无精打采，看上去快要垮了，样子很惨，但我们又没有办法。而那些驮夫却连一点儿同情心都没有，他们医治这些马的方法只是狠劲抽打，用力地踢它们。哪匹马彻底垮了，走不动了或站立不起来了，他们就把它抛弃在路上。我和艾瑞克企图挽救一匹快要死去的马的生命，而驮夫们却把我们的举动看作是荒诞之举，而那匹马也没有被救下。虽然我本人对如何照料马匹一窍不通，但是这些人的方法，在我看来，似乎是一种没有必要的残忍，太愚蠢了。每一天长途跋涉后，他们只是让马站立在一旁，既不喂水，也不喂食。要么两匹马用绳子拴在一起，一匹的头对着另一匹的尾巴；要么如同我们后来在新疆常见的那样，把马拴在树干或木杆上，拴得很紧，迫使它们的头扬得高高的。如果我们对此提出抗议，驮夫们的回答却是这样的——这样的做法可以避免马得病。无论我们怎么说，都不会使他们有丝毫的改变。

驮队缓慢地行进在孤寂苍凉的大地上。有一天，我们穿越了一片寸草不生的荒滩，白雪皑皑的冰峰在地平线上闪耀着光芒，山影依稀可见。过了一阵儿，我们又得越过干涸的河床，河床里铺满了石头，走在上面十分累人。而到了第二天，我们又沿着弯弯曲曲的狭窄小道，走向陡峭的山崖。有时候，我们还得沿着小道，走向两侧怪石耸立的峡谷，峡谷里见不到阳光，一条激流奔腾而下，声震如雷。

有一段路我们整整走了6天。6天来，我们一直绕着一条河蜿蜒而行。头一天，我们走一阵儿，就得涉水过河，过了不久，又得涉水回到对面河岸。就这样，过来过去，竟然涉水30多次。我们途中经过的大地，光秃秃的，寸草不生，只有那无边无际的干滩、石块、卵石、冰雪。四周死一般的沉寂，如果没有河水哗哗的奔流声打破这种沉寂，无声无息的荒野真让人感到恐惧，让人感到处处充满了敌意。高原上地势不平，高低差很大。在我们两侧，地面延伸出去数百英里，毫无生气，但也显得广阔壮观。我们常常感到冷得受不了，常常感到疲惫不堪，常常感到没有办法继续走下去了。但是，漫漫长途，似乎永远没有止境。

尽管这样，我们在旅途中处处都可以体验到自然景观的使人目酣神醉之美，这回报了我们饱尝的艰难困苦。月亮在山谷当空高悬，而河流就沐浴在皎洁的月光里。黑黝黝的山崖映衬着轮廓分明的蓝天，每当太阳慢腾腾地从山后升起，大地立时充满了生机，蓝白辉映的冰川与黑黝黝的山崖相映成趣。即使在这片不毛之地，也存在着万般景色，瑰丽壮观。

翻越萨瑟尔山口之后的6天行程中，我们一直行进在海拔1.5万英尺的地区。走完这一段路后，又得翻越海拔为18290英尺的喀喇昆仑山口，山口那边便是中国新疆了。

通向喀喇昆仑山口的山坡不陡，坡度缓缓而升。从这一边高度逐渐上扬，但并不明显。翻过山口，向下走的路，坡度也不陡，和山口那边几乎一样。对我们来讲，这确实是一个重要的时刻，因为越过山口后，再向前走上一段路，便踏上了那片声名远扬的地区——土匪们曾在那里劫掠过往的商队。尽管前面不远的地方危险四伏，让人胆战心惊，但是我们还是很激动，因为就要进入新疆了，而且我们现在已经走完了从列城到喀什噶尔的大约一半的路程了。

在到达喀喇昆仑山口的两天前，驮夫们的情绪一下子变得沮丧起来，失望到了极点。原因是，在上一趟去列城的旅途中，他们就在现在的这个地方把准备归来时喂牲畜的几口袋饲料埋在了地下，但现在却连影子都找不见了。由于在此后的旅程中，他们全得靠这些谷物来喂马，而现在马匹已经疲惫不堪。今后每天得到的饲料只能比以前更少了。马匹现在很虚弱，已经死了两匹。首先倒毙的是我骑过的那一匹。艾瑞克认为，由于我很少骑它，这匹马是因为烦闷而死的。实际上，它一直很懒，就在临死的前两天，它每天走得很慢，仿佛虫子般在蠕动，惹得我发了火。现在它死了，我倒为曾经诅咒过它而感到内疚不已。我意识到，它在死前蹄子早就有了病，这是它真正的死因。

除了突如其来的饲料短缺问题外，驮夫们的燃料也快用尽了。这样一来，这一行人差点造起反来。他们信誓旦旦地说，前面一段路只有15英里了，但实际上走了20英里。我们要停下来休息一阵儿，而驮夫们却要求我们再走一段，并保证说前面可以找到烧的柴。但是，以往几天的严酷经历告诉我们，这些人关于距离的概念伸缩性很大。

天色已晚，灰蒙蒙的天空中又飘起了雪花。我们拒绝再向前走一步，于是爆发了一场激烈的争吵。最后，驮夫们的意见占了上风，我们又被迫继续前进了。很快，我们来到了一个地方，地面的石头缝中稀稀疏疏地长着一些灌木，对此，我们倒有点惊奇不已，因为这是9天以来我们见到的第一批植物。也就是从这个地方开始，沿途偶尔可以捡到一些干树枝，还有一些干牦牛粪。这些燃料勉强够我们维持下去。就这样，靠它们我们一直走到了平原地带。这次我们和驮夫之间发生的争吵并不是唯一的一次。驮夫们生性粗犷，独立不羁，有他们自己通常做事的行为方式。我们对他们最不满意的一点是，每天他们都不愿意早点动身出发，因为他们根本不把距离和时间放在心上。他们喜欢晚起床，起床后又极喜欢坐在火堆周围，慢慢地喝着茶，然后才把前一天晚上放出去的到处转悠的马匹找回来，驮上东西，动身上路，直到天黑后才又停下来。而我们却极不喜欢在黑咕隆咚的夜间冒着寒风搭帐篷。因此，我们尽量避免那样做。无论是威胁，还是臭骂，都没有产生什么效果。有时候气得我们提上一桶水，浇到他们在早晨生起的火堆上。但是即使这样做，也并没有明显的作用。他们唯一一次自己早早起床，却又做得过了头——在凌晨2点45分就把我们叫醒了。

他们这种毫无计划、随心所欲的旅程安排，最终使我们陷入了困境。有一次，我们只得把帐篷支在一个险峻的山坡上，那里的雪很深，晚上我们度过了整个旅途中最寒冷、最不幸的一夜。这个地方在英达坂的下边，英达坂海拔1.6万英尺。那一天，我们动身很晚，沿途四五次涉过同一条河的宽阔河面，接着又沿着一道狭窄的峡谷挣扎着向山口走去。一路上巨石遍地，马匹接二连三地摔倒，因而我们不得不一次又一次地在峡谷中停下来。天色越来越暗，最后终于漆黑一片，而我们还得向上爬。头顶乌云密布，四周大雾茫茫，把我们围了起来。我们终于意识到在这种情况下，根本没有翻越这座山口的任何希望了。令人十分恼火的是，那些驮夫早就知道我们会在前边遇到什么样的情况，但他们根本就没有打算早早动身，以使我们在合适的时间翻越过这座山口，并且在山口那边找到一个宿营地。我们气极了。为了惩罚他们，我们把几个驮夫的宝贵燃料没收了，供可怜的穆罕默德·沙的夫人和她的婴儿取暖用。

那个让人气愤的宿营地是我们在高山地带的最后一个宿营地。

第二天，我们翻越英达坂时，天下着雪。昆仑山山脉笼罩在奔腾翻滚的茫茫云海之中，灰蒙蒙的一片，隐隐约约地显示出它深不可测的轮廓。翻过了达坂，我们缓缓向山下移动着。地形高度逐渐降低了。

两天后，我们到达了在地图上标出的第一个新疆的村子。在此之前，我们一直期望着能够回到有人类居住的地方，现在终于来到了，这真使我们激动万分！到达那个村子后，我们见到的只是两个小小的土房子，小得在褐色的地面上几乎认不出它们来。一位年迈的老人正坐在那里晒太阳。他数着一串念珠上的珠子，嘴里呢呢喃喃，念念有词。我们不敢相信，在这样荒寂的地方竟然还有人能够生活下去。

走了没多久，我们又看到了另一些土房子，那里人们的生活要富足一些。他们邀请我们到家里喝茶，为我们端上了一种又圆又平，像盘子一样的饼。但是，这些人很腼腆，不喜言笑，缺乏拉达克人所具有的那种开朗、爽快的魅力。毕竟，这里已经是边境的另一侧了。

然而，这些居民的房子虽然小，但比起我们在第二天见到的中国驻防军的兵营来，却要好得多。那天，我们刚要走过一个转弯处，突然，一支步枪直对着我们，一个满脸疑云的士兵命令我们道出身份。由于我们仍然记得宾斯医生的遭遇，所以特别小心，也特别彬彬有礼，跟着这个士兵到了他们的“要塞”。这是一座用石块修建的房子，坐落在一个被风摧平的山头上，破烂不堪。

坐下后，我们互致问候，喝着茶，开始交谈。双方轮换说着4种语言——首先把汉语译成维吾尔语，再把维吾尔语译成乌尔都语，然后再译成英语。这次谈话很费劲，又特别麻烦，而且只是些礼节性的内容。从谈话中我们得知，这支驻防军被派到这一带来搜查土匪，虽然他们一个土匪也没有碰到，但负责的军官却不愿意放我们立即上路前行，说是要等得到上司的命令后才会让我们继续赶路。这样，我们得待在这个寒冷而且一点儿吸引力也没有的地方，还得宿营在要塞的墙外，与马匹和垃圾为邻。这简直无法忍受，所以我们一次又一次地向这位军官说明情况，口气谦恭有礼，极为客气。首先，得感谢他的“好客之举”；其次，又向他说明，我们已没有燃料，还带着一个生病的婴儿。当然说明中不免夹杂着夸大之词，作为不愿意留宿在这里的借口。最后，我们终于说服了这位军官，他让我们启程了。

终于，我们开始感到艰难困苦的旅途快要结束了——我们已经翻越了所有的高山山口，海拔再也不会高得让人受不了。一路上我们并没有受到土匪的袭击。前面路上，只要再蹚过几条河，翻过一道陡峭、光秃秃的山口就行了。而且蹚过的河水碧绿碧绿的，很清澈。河流沿着红灰色的山岩一路向前冲去，飞溅过浅浅的石头滩，在有些地方形成一个又一个水湾，水流轻缓，静静地流动着。河岸上，一株株柳树长满树瘤，节疤处处，柳枝倒垂于河中。各种各样的灌木丛，一丛丛、一簇簇，到处可见。眼下正值秋天，灌木红一摊、黄一片，偶尔还夹杂着金色，散发出一股股令人心醉的气息。在前一段旅行中，我们已习惯于山岩冰雪，那里的景观虽然给我们留下了很深的印象，但毕竟单调萧瑟，环境恶劣。当我们突然来到了处处有植被的地方，这里斑斓的色调，令人心情格外舒畅。我们就好像还没有渴极但已不知不觉口干舌燥的人突然遇到清冽甘泉，不禁喜悦异常。

一天下午，我们在宁静中前进着，突然，周围的山谷响起了几声枪声，回音打破了静谧的基调。当时我正在驮队后面步行，离驮队还有相当一段距离。而我也知道，这一带并没有艾瑞克要打的山鸡。我想，这或许是中国军队在练习射击。但看上去又不像，所以心里没底，有点发慌。通常，我不骑马，只是步行。涉水过河时总是顺便搭个“车”——要么骑在艾瑞克马背的鞍鞯上，要么坐在穆罕默德马背的高高的行李卷上。这一次，我看到格雅勒根拉着马在等我，准备同我一起涉水过河。

我问他刚才的枪声是怎么回事，他笑了笑，没有回答，只是让我上马。待到我爬上马背，坐在他身后，他才告诉我，刚才我认为是土匪进攻的枪声，只是雷法库阿图拉·罕先生用他的手枪打山羊时发出的声响。

离开那条碧绿的河流，我们又穿过一条狭窄的峡谷，峡谷两侧山崖陡峭，地势险要。接着，又翻过了一道不高的山口。由于峡谷过于狭窄，驮夫们或是在后面推着马，或是在前面狠劲拉着马，硬挤了过去。峡谷两侧的山岩把马驮的东西刮来磕去，损坏得很厉害。翻过山口后，我们又向山下走去。越过一片由砂岩组成的干旱丘陵地区，旅途中最后一段艰难的地带展现在面前。这里几乎找不到水，与我们前几天天天得奋力涉水过河的情景相比照，真是令人啼笑皆非。

阿克米其特位于我们刚刚翻越过的山口脚下，在地图上找得到这个居民点。远远看去，有希望在那里搞到水，因为我们似乎看到了泉水和绿树。但走到跟前一瞧，却只是一个小小的土房子，它似乎是从干涸的地面上长出来的。走近房子，见到一位没有腿的老人，跟在一头毛驴后面移动着。他就是这“一家村”的主人。

老人把我们请进了房子，并且让他的妻子为我们端来了馕。他的妻子一边祈祷着，一边把馕掰碎，摆在我们面前。我想，这个可怜的女人看着她家已经不多的食物让我们吃掉了，肯定非常伤心。我给了她一些糖和茶叶，又给了她的儿子一些麦芽糖，作为回报。男孩子看着我们，脸上露出迷惑的表情。在中亚，有多少人的日常饮食中没有糖，想到这些让人不免慨叹。对这里的人来说，糖并不像通常认为的那样，是生活必需品，而是一种奢侈品。

对选择环境条件好一些的地方宿营，我们的驮夫们一点儿也不感兴趣。他们既对景观是否优美全无兴趣，也对环境应该给我们带来的一点儿舒适感并不在意。在选择宿营地这件事上，我们极少有发言权。但是，有一天傍晚，他们把宿营地设在了一头死去的毛驴旁边，并要我们在那里扎起帐篷，我们马上抱怨起来。自从离开阿克米其特后，他们变本加厉，选择的宿营地更加令人难以接受。我们问他们为什么要这样做。他们说，那里离唯一能找到水的地方只有几英里了。到了他们讲的有水的地方，只见水是从地面上的泥沼里一点一点地渗出来，积水成池的，而且被过往的驮队搞得混浊不堪。那天晚上我们喝的茶中(我们是多么想喝点茶啊!)有一股怪味,与马身上的臊味十分相似。我们只好把它倒掉了。在这里没喝成茶,使我们在以后的24个小时里,一直忍受着口渴的煎熬。

第二天,情况更糟糕了。这一天是我们上路以来最炎热、最令人疲惫的一天。整个上午,我们一直在沙窝里挣扎着,沙子很松,走起来非常费劲。头顶太阳毒辣辣地照着,脚下是一望无际的土包和沙丘。我和格雅勒根同骑一匹马。我骑在马上恨骑马,走在地上恨步行。终于在地平线上看到了杨树。虽然它们看上去很近,但我们用了很长的一段时间才走到跟前。这是一片真正的绿洲。出发18天了,我们终于见到了第一个人类永久性居住点。我们的心情立刻振奋起来,那股高兴劲儿就别提了。

这是个小小的村庄,村子中央有中国海关的办公处,看上去似乎是一个繁忙的活动中心。这里的树依然绿叶婆娑,渠道中流水哗哗,天气凉爽宜人。不但有遮阴的地方,还有水喝。这一切都使旅途中的劳累困顿,甚至令人窒息的艰难坎坷成为过去。我们大大地松了一口气。这个地方的名字是普萨(Pussa),来到这里真让我们高兴极了。在我看来,应该有人吹起号角,朝天开枪,庆祝这个美好时刻的到来。但是,我们骑着马穿过村子时,村民们只是呆呆地看着我们,没有人说一句话。

在还没有见到当地官员之前,艾瑞克和我就从驮队那儿溜走了。我们溜到了一座果园中,在静静的树荫下狼吞虎咽地吃了一顿瓜。新疆的瓜闻名四方,人们夸口说,他们的瓜至少有26个不同的品种,但我们一直没能品尝到所有的品种。过了一会儿,我们被请到海关的一间房子里,房子里有一位官员,年纪不大,穿着一条很俗气的大格呢灯笼裤,正用毛笔在一张草纸上写着报关单,字体秀丽工整。那个维吾尔族商人穆罕默德·库尔班,这次带来一大批货,他必须在海关"讨价还价",以求过关。他们之间的这种讨价还价,就像做一笔微妙的买卖似的,整整进行了三个多小时。我们只好在那里等着,一边等着,一边吃喝,不知道吃了多少葡萄、瓜、鸡蛋,喝了多少新鲜牛奶和茶。这里的茶中有一股桂圆的芳香味。尽管等着,我丝毫没有不耐烦的感觉,而且只要待下去,我会一直吃个没完。我坐在那里想着,我们终于再也用不着跋山涉水了,而且有了能喝下去的东西。

那天下午的晚一些时候，我们离开了这片绿荫处处的绿洲，越过了一片沙漠，沙漠广阔。身后，小山丘一个又一个地隐去了，隐没在灰蒙蒙的尘埃之中，尘埃像一件无边的斗篷，一直弥漫在这片空间里。阳光透过尘埃，暗淡地留下了投影，使大地笼罩在一种酷似月光的光线中，显得非常神秘。

在离开印度之前，我们曾通过无线电报做了安排，要求驻喀什噶尔总领事馆的卡车开到那天我们宿营的柯克亚绿洲接我们。但是直到从印度动身之前，我们也没有收到总领事馆对这件事的确认，无法确定车来不来。由于通信条件的限制，我们不能肯定能不能和卡车会合。如果不能会合的话，我们还要再走上10天的路，而不是乘卡车用两天时间到达喀什噶尔，所以我们在柯克亚等了一天。能够休整一天，特别是能好好吃点东西，真是太令人高兴了。可是到了第二天，汽车来接我们的希望几乎没有了，大家心情都不好，我们笼罩在一种说不出的沮丧中。这样，我们又一次踏上了慢腾腾的旅程。

动身之前，我抱了一个大西瓜，打算在走出绿洲，进入炎热而光秃秃的沙漠后再吃它，因为这样至少会给我们一些安慰。一路上，我们一直在渴望听到汽车发动机的声音，但是，耳边却总是回荡着马脖子上的小铃铛发出的永远不会消失的銮铃声。突然，我们那股想放弃"现代旅游方式"、继续尝试简朴生活方式的愿望又回来了。坐在那辆可望而不可即的卡车里颠簸上两天，似乎并不比骑马或靠我的双脚走上十几天好多少。

雷法库阿图拉·罕先生骑马走在我前边。突然，我看到他策马奔上一座沙丘，向我不停地挥手，大声喊着："卡车！卡车！"

前面不远处的沙漠里，从喀什噶尔总领事馆赶来迎接我们的人就在那里，他们乘坐的一辆旧福特卡车也停在那里。这辆车颇有些名气，艾瑞克·泰齐曼爵士曾开着它从中国内地出发，穿越大戈壁，到达了喀什噶尔。代理总领事在他外出旅行前收到了我们的电报，我们更幸运的是，他居然获悉了我们已经到达柯克亚的消息。

一见到汽车，大家立刻七嘴八舌地议论开了，但是，谁也没有听到别人在说些什么。我们都拿出了各自带的瓜，切开共享。我们的一部分行李搬上了汽车，大家费劲地挤进了卡车，驮夫们跳上了腾出来的马，匆匆向我们道了别，就又开始赶路了。我们并不怎么留恋他们，有时候我还有点讨厌这些人。但是，这些人毕竟和我们一道经历了一段艰难的旅程，所以看到熟悉的驮队影子很快就消失在沙漠中，心中未免颇感惆怅。

过去我乘汽车旅行时，道路状况都很好，从来没有像这一次这样，道路状况糟糕透了。所以，我不得不重新调整自己关于速度的概念。在松散的沙地上，马匹比起汽车来，有着优越性。虽然在刚出发时，卡车吼叫着超过了驮队——即使这样，每小时的速度才10英里。但是，过了一程，我们的车就陷在了沙窝里，驮队很快又超过了我们。我们从汽车里爬了出来推车，眼睁睁地看着驮队从身旁走过，真是丢脸。甚至那三头勇敢的小毛驴和白骡子也超过了我们，骑在毛驴背上的驮夫，嘴里仍然诅咒着它们，敲打着催促它们走快点。

就这样，我们的卡车在沙漠中走一程，停一阵，磕磕绊绊地终于爬出了沙漠，开上了看起来像路的地方。在这里，卡车可以以每小时15英里的速度前进，甚至更快些。我们把车开到了进入新疆后到达的第一个大城镇卡哈里克(Kaghalik)[1]，但是当地并不欢迎我们，真让人伤心。在城里一条狭窄的街道上，一个年轻的士兵蛮横地挡住了我们的车，他根本不听我们的解释，只是一遍又一遍地说，他没有接到允许我们通过的任何命令，口气十分强硬。这次耽搁惹得我们七窍生烟，因为天这么晚了，而且这里离为我们准备好的房子和饭菜又那么近。那个士兵口气坚定，一点儿让步的余地都没有，而且无论谁走近他，他都会亮起刺刀威胁上几句，扬言要捅死那些不听话的人。后来，他同意我们派一个人去拿允许我们通过的命令，并且同意我们买些瓜。整整两个小时，我们坐在那里，吃着水果，强压着怒火。周围围上了一群人，交头接耳地议论着我们。这些人与那个士兵保持着一段谁也不碍谁的距离。终于，一个人奔过来，手里拿着一张允许我们进城的通行证。我们的卡车又开动了。但是，我们怎么也想不出那个好斗的士兵把我们挡在那里，让我们当众出丑的原因是什么，要是真有任何原因的话。

---

[1] 卡哈里克，或译卡其里力、哈尔哈里克，即叶城县县城所在地。

我们的车开到了一所大房子跟前。房子前面有一座花园。房子里已经准备好了有四道菜的晚餐等着我们。吃过饭后,我们又一次睡在了有床的房间里。第二天,我们用11个小时跑完了从卡哈里克到喀什噶尔的168英里的路程。途中我们经过了叶尔羌城,然后卡车沿着一条笔直的大道行驶,这条道路交错穿过沙漠和绿洲。后来我了解了新疆的公路状况,相比而言,这条道路算是不错的。即使这样,一路上我们还是常常被穿过道路的水渠所阻挡,因此,车行驶的速度受到了很大的影响。

那天夜里9点左右,在昏暗的夜色中我们隐隐约约地看到了喀什噶尔的高大的城墙。城门为我们打开了,我们的车开进了城。巴扎上一盏盏小油灯在我们周围闪烁着。很难让人相信我们已经到达了喀什噶尔,而且进入了这座我们梦寐以求的古城。这一切简直就像一场梦。从我们乘船离开南安普敦(英国)那天算起,到今天已经快三个月了。

第三章

喀什噶尔即景

到达喀什噶尔就像是一场梦似的。到达后很长一段时间，我们仍然沉浸在这种梦境中。事实上，我并不愿这种梦境般的感觉消失掉，也不想去“适应”喀什噶尔的现实生活，更不想忘掉我已经生活在中亚了这样一个不寻常的事实。这种感觉不可能是故意装出来的。来到喀什噶尔，居住在喀什噶尔，对我来讲，并不是多么了不起的大事。因为我既不想给任何人上关于喀什噶尔的课，更不想成为这里的“第一位英国妇女”，因之做一番惊天动地的业绩或别的什么。我只是想亲身体验一下这片土地的重要性，保存住自己对这里的一切及对我周围的人们的兴趣。

住在总领事馆的宽敞、舒适的房子里，太容易沉溺于一种毫无想象力，而且尽是居家过日子的环境中，一天尽干些只有自己才感兴趣的零碎事。然而，身临其境地看一看世界的这块地方，无疑是极为难得的机会。所以，我并不想让自己失去对身边事物的新鲜感。在1946年，乘飞机到喀什噶尔只是为数不多的中国军政要员的特权。无论从哪个方向来喀什噶尔，一般的旅行者都要经历艰难险阻，根本没有什么舒适惬意可言。来到英国驻喀什噶尔总领事馆，就好像从荒凉干燥的沙漠里一下子来到了某个设备完善、尽遂人意的英国式家庭，似乎好得了不得，就好像破解了魔法，原先的一切烦恼都不见踪影。这听起来似乎感情太冲动，而且从西方的标准来看，总领事馆的房子也远非尽善尽美。但是对我来说，经过一段艰难的旅程，对这里的豪华和舒适，反差特别强烈。

总领事馆的这所房子是1913年完工的。虽然在设计上有不少缺陷（比如，许多屋子阳光照射不进来，很暗；而两间客房又修在粗糙不平的石墙走廊的尽头，而且在厨房后边），但是，房子很坚固，建造得很美观。比起马噶特尼夫人所描绘的她刚到喀什噶尔时住的房子，不知道要强过多少倍。在她的笔下，当时的那所房子完全按当地样式用土块垒成，谈不上任何的布局和修饰。有些东西——比如像装在窗户上的玻璃，我想对她来说，完全是奢侈品。而且，她使用的家具都是自己制造的，样子很笨拙。想一想那时候他们修建这所房子，制造那些家具的想法和口味，真让人感到奇怪。现在，我完全可以按照自己的想法和口味为这里增添些东西。在过去的33年中，人们期盼后来接踵而至的英国人，会把总领事馆的房子装修得更舒服一些。考虑到那时他们遇到的困难，做到这一点已是奇迹。在当地买不到有用的东西，而且当地的手工艺水平不高，所以一切特殊的东西都得从印度翻山越岭运来。有许多大件的东西，到底是怎么运到这里来的，对我来说一直是个谜。它们很可能就像当年英国的移民把房子拆

英国驻喀什噶尔总领事馆办公楼正门

散，一组一组地运到北美那样，也是拆散后一件一件地运到这里来的。但是，总领事馆里最让人羡慕的却是它的图书馆。在那里，收集有一批极好的书籍和文献，以及300多本题材广泛的其他书刊，诸如《穆罕默德传》《南海猎虫记》这样的书，甚至还有蒙古语的《算术》和大部头的十二卷《道德百科全书》这样一些典籍。有一些篇幅很大的书，书页还没有拆开，想必是像英格兰的许多旧图书馆一样，买这些书就是为了当装饰品。在楼上的一间没有装修的大房间里，除了摆着一张乒乓球台外，还有一批小说书籍，内容之丰富，真让人大吃一惊。这些小说中竟然还有许多封面刺目的"犯罪小说"。同样，我也仔细考虑了如何换换口味，按我的兴趣，改变这里藏书良莠不齐的状况。

总领事馆里还有一批新近收藏的唱片。在我们之前有人带来了一架漂亮的电动留声机以及种类繁多的唱片，有全套交响乐唱片，还有过了时的舞曲唱片。我曾一直认为在如此偏僻的地方，居然可以坐在那里倾听熟悉的莫扎特或勃拉姆斯的乐曲，无疑能极大地丰富我那已经不同寻常的生活。有时候，从外面传来的不知什么人扯着粗哑的嗓子吼出的歌声，压倒了我正在听的古典音乐，这又会提醒我，别忘了此刻自己身在何处。

对这个位于偏远地方的总领事馆的舒适生活条件，我们并未感到有什么特殊。这种生活条件和氛围，远远超过了我们到过的新疆的其他任何地方，这就使我感到有必要探究一番它的底蕴。

在谈论这个问题时，我们无权责备这些当地人。因为即便是我们遇到的所有官员，无论是行政官员还是军官，无论是高级官员还是低级官员，他们看上去都对所过的那种暗淡无光的生活很知足。他们似乎缺乏把自己的房子修建、装饰得好一点儿，更能吸引人一些的愿望。他们的屋子脏乱不堪，毫无舒适之感，里面摆放着或许是来自西方的东西，但看上去不伦不类。我们极少遇到一个除了自己的工作之外，还有其他兴趣或追求的官员。在他们中间没有活力，缺乏精神境界。在这一点上，即使他们的兴趣异于我们的，也无伤大雅，只要这些官员确实对事物肯钻研，对任何事情有热情就好。而在我们的总领事馆里，虽然人们的情况不同、背景相异、兴趣有别，但他们各有各的对事物的热情。总领事馆能包容各种各样的东西，就表明了这一点。普通人（不一定必须是有钱人或有知识的人）只要有使人们能感到高兴、愉悦的才能，就尽可以淋漓尽致地把它们表现出来。

在总领事馆的会客室里，展示着一组组拍得极好的、放大了的照片，错落陈列着许多狩猎的“战利品”——野兽的犄角和头骨。总领事馆有一个精心管理的花园，还有一本印制精良、装订考究、分类全面的《狩猎大全》和一本关于鸟类迁徙的书，以及图书馆、留声机和各种做游戏的器械。所有这些东西的搜集和收藏，都需要时间，需要有热情。并非只有英国人才会产生这些各种各样的爱好和兴趣，也并非仅是中国人产生不了所有这些爱好和兴趣。在东西方存在的广泛而深刻的差异中，使我感到最具有意义的却是对“流放生活”的态度差异。

平心而论，我得承认自己没有到过中国中原地区，我也并不想就英国文明和中国文明做一番比较。要是这样做了，那就太轻率了，而且过于荒谬。然而，在喀什噶尔，与中国人、印度人，甚至俄国人生活在一起的几年间，我始终对他们生活层面的贫乏难以理解，也总是会为西方人自春天抵达喀什噶尔后，立即就产生的那么多的向往、那么高的热情、那么强烈的活力颇感惊异。

写到这里，这一章显然离题了。讨论这样的题目，可以另写一个新的章节！我们在喀什噶尔的生活使我们有时间对此无休止地讨论下去。艾瑞克的工作不忙，而料理家务对我来讲也不是什么费劲的事。我手下有一批仆人和帮手，刚到那里时，我觉得人数太多了，有点不好意思。因为经过了战争年代，我变得更习惯于接受命令而不是向别人发号施令。过了一段时间，拥有佣人给我的那种满足感消失了。我得与仆人们的懒惰、欺骗和低效率等毛病作斗争。这并不能否定他们是一些很好的人，但凡此种种，让人觉得很麻烦。

格雅勒根是我的主要领班，我通过他管理着一个年老的厨师；一个生性快活，但总不开窍的男孩子，他的名字叫罗沙伯克；一个身材矮小的洗衣妇女；一个拉水的人；还有一个人，永远见不到他的笑容，但他又做不了什么，后来我把他辞退了。仆人中还有一个人，我从来都没有正面瞧见过他，命中注定要由他干那些打扫卫生、清运垃圾之类的脏活。格雅勒根的兄弟拉克帕6年前曾跟随艾瑞克来到喀什噶尔，至今还在总领事馆干活。这个人可是个人物，把总领事馆的所有的人都欺负遍了。使艾瑞克很遗憾的是,拉克帕把过去陪他登山探险中表现出来的诚实、幽默的品质几乎丢光了。他变得粗壮结实、粗鲁无礼,而且很富有,让人不能不怀疑他的钱究竟是从哪里来的。

格雅勒根学维吾尔语学得很快,但是学得不精。我也开始学。由于这种语言的语法很复杂,词汇结构变化多端,很快我就放弃学会它的想法,只学会了讲几个词。所以我一切都靠格雅勒根,由他给仆人们下命令、训他们、上街买东西、伺候我们吃饭或为宴席服务,并且做一些一般的监督管理工作。但是在管理这一摊子事情方面,他和我一样,都没有经验。格雅勒根根本没有变成现在关于东方的电影中常常出现的那种少言寡语、谨慎小心、穿着一身洁白制服的仆人。他给我的印象更多的是,像一个做好了准备去登山探险,而不是做好准备能随心所欲地出没于餐厅的人。他虽然做起事来毛毛糙糙、笨手笨脚,但是心地善良、直率开朗,而且有讲不完的故事,有他在,我一直非常欣慰。

整个夏季,我们都为没有剪草机、不知道如何把草坪上的草收拾整洁而伤脑筋。我们养了奶牛,所以决定把它放到草坪上去,吃掉那些新鲜嫩绿的草。这样做一举两得,既能喂饱奶牛,又能使草坪保持整洁。过了不久,这头奶牛不产奶了。当我问格雅勒根为什么没有牛奶了,他像受了委屈似的,回答问题的逻辑很独特,说:"既然我们坚持要奶牛吃新鲜嫩绿的草,又怎能期望让它产奶呢?"这样,只好由我自己出面解决问题了。

在喀什噶尔的第一年中,我为茶的事整整操心了一年。格雅勒根在煮不能喝的茶方面技术很高明。我买了几把新茶壶,而且试用了好几种茶叶,就是解决不了煮出的茶不能喝的问题。我想,那种把水倒在他们用的那几口锅里,煮上三遍的做法是不是与此有关系。格雅勒根对此的解释是,连续煮三遍是为了把盐蒸发出来。我也就不打算和他争论了,因为他从来不会让步,而且对我的每一个问题总是下决心找到一个现成的答案。但是,尽管他很倔强,认死理,我倒逐渐喜欢上他了。他是个对人友好,心地善良,富有同情心的人。我心里知道,他想的是如何把我们伺候好,而且想表明这里的一切都进行得很顺利,有条有理。

我们自己养了一头奶牛、几只鸡,而且还有一个相当好的菜园子,因而从巴扎上只需买回面粉、大米和肉。由于喀什噶尔的通货膨胀日益严重，有时候物价隔一个小时一个样，所以我尽可能不在当地买东西。我们需要的其他东西一般都从印度订购。用这样的方法买东西，需要至少在三个月前就仔细斟酌，好好推敲一番。即使这样，令我们失望的时候仍然不少。在冬天，每件包裹限重4磅，夏天每件限重10磅，而且，送到的包裹常常破烂不堪。但对我们来讲，幸运的是可以使用自己的邮路寄送东西，中国人时断时续地要取消我们的这个特权。1947年8月15日，印度获得了独立[1]，此后，我们的邮路就风雨飘摇了，再也不那么可靠了，动乱、战争、运输困难接踵而来，使这两个地方都处于动荡不安之中。我购买东西的企图常常落空。当然，我早已储存好了必需品，数量挺多，但储存的东西用完时，我们得想方设法补充，有时候也只好将就了。

等待邮件的结果常常令人失望，尽管这样，我们还是盼星星盼月亮地盼着每一周的邮件。星期四清晨，我们怀着人们在特殊的日子里怀有的那种兴奋激动的心情，早早就醒了。我们的邮差们虽然遭遇到他们所无法左右的事件，例如1945年的色勒库尔叛乱、旁遮普动乱和1947年的克什米尔战争那样的事件的影响，他们却从来没有耽误过把邮件准时送过来。如果晚了一天，他们也会对此深感内疚。考虑到沿途的艰难险阻——他们要翻越冰雪覆盖的山口，冒着被雪崩埋掉的危险；在夏天，他们要沿着狭窄的山谷，蹚过由于冰雪融化而河水暴涨的山间激流。我们的邮件被这些邮差迅速及时地送到这里，该有多么了不起！

我们的邮路是一个计划周密的系统，由步行的邮差和骑马的邮差组成，沿途有供他们使用的邮站和给养，一切都组织得很好。这条独一无二的邮路的第一段，从斯利那加到吉尔吉特。邮差两人一组（步行，但有人及时替换），日夜兼程，用接力的方式把每天的邮件传递下去。平常一般人要走14天的路，他们只用6天的时间就到了。邮路的第二段从吉尔吉特出发，到米思噶尔（Misgar）。同样，两个邮差一组，有人接替，用6天时间跑完这段路，但他们只在白天工作，而且每周只有一

---

[1] 1947年6月，英国公布《蒙巴顿方案》，实行印巴分治，同年8月15日成立印度自治领。1950年1月26日成立印度共和国。

班。第三段从米思噶尔到色勒库尔，每班邮差有三个人，几班倒也得用5—7天才能赶完。最后一段，两个骑马的邮差用6天时间从色勒库尔赶到总领事馆，一路上他们快马加鞭，非常辛苦。然后这两个骑马的邮差在喀什噶尔休息上23天，在第24天启程返回色勒库尔。他们的生活很苦，但是这份工作在喀什噶尔却很受欢迎，因为休息时间很长，有机会挣上一些额外的补贴，还可以附带做点买卖。

在总领事馆，只要一听到“邮件来了”这几个字，就像它们有魔力一样，马上会出现一个极为庄严、隆重的场面——打开邮包，把信件和包裹分送到每个有关的人手中，就像固定的“仪式”。一旦读完了信，拆开了邮包，一想到又要等上漫长的一周，等下一次邮件的到来，人们心里就又平添了几分忧伤和惆怅。有时候，到来的邮包是空的，没有寄给自己的邮件，人们心中的那份惆怅和失望感就愈发加重了。我曾极力克制住自己不要到邮袋里搜寻什么，也不要抱什么希望，更不要预期能收到什么，但是，这根本就做不到。毕竟，一周才来一次的邮件对我们来讲，包含、意味的东西太多了。

英国驻喀什噶尔总领事馆官邸

总领事住的是带花园的房子，地势依台阶而下，有四个分明的层次。漂亮的高台俯视着田野、河流和山丘，视野开阔。总领事馆的这一部分由一条大门道和警卫室与总领事馆的其他部分分开。警卫们穿着猩红呢子制服，在警卫室里站岗，在这个居高临下的高台外边，是医生、印度籍职员和中国翻译住的平房。在这个区域内，有用土铺好的网球场、篮球场、办公室、门诊部、冰窖，甚至还有一个供总领事馆其他雇员居住的“村子”。尽管我们花了很大的气力清理住在这“村子”里的人口，但是始终控制不了。雇员们的亲戚，包括那些远亲，挤满了他们居住的房子。如果我问某一个面生的男孩是谁，他们会告诉我，这是“守门人的妻子的妹妹的唯一儿子，而且还是个孤儿”。这样一来，我就无话可讲了。如果在总领事馆里暴发了斑疹伤寒，他们的这种家族凝聚力带来的危险就更明显了。如果这里有谁得了这种病，他的亲戚、朋友既不怕传染，也不会感到有威胁，都会来这里表示同情和安慰。如果那个人死了，所有的人，有关的或是无关的，都会挤来围着尸体哭上一场。要和这些人的信仰和风俗的力量斗一场，根本没有用。在这种出现瘟疫的特殊时刻，我们曾要求用降落伞把血清空投到吉尔吉特，而一组邮差日夜轮换，带着血清，以有史以来最快的速度，兼程赶回喀什噶尔。我们只出现过一次要命的大疫情，但是传染得并不严重。在总领事馆里还常常聚集着一些过去曾为总领事馆服务过的老仆人和其他有关的人。有一个年已古稀的老人总是用英语向我们致礼，他说起话来语音语调标准，一边鞠躬，一边慢慢地向我和艾瑞克问好：“早晨好，先生！ 早晨好，夫人！”说话样子就像一个自动机器，一旦你投进一枚1便士的硬币，一定要把全句说完。我第一次遇到他时，很高兴，就开始和他友好地聊了起来。但是这位老人只会讲那么一点儿英语，只会像一只鹦鹉那样总是重复问候人的那句话。后来我在学习汉语时，自己也陷入了这种尴尬的境地。为了使当地的人高兴，我学会了表示诸如感谢的几句客气话，立刻就有人认为我会汉语，就对我讲起汉语来，滔滔不绝，一大串，把我搞得很不好意思，因为我不能回答他们的任何问题，也不能对他们谈的内容作出任何反应。

在到达喀什噶尔之前，艾瑞克和我曾就我如何在那里把时间使用好的问题进行过讨论。我们在那里没有朋友，也没有有组织的社交应酬活动，而且要处理的事情也不多。整日里无事可做，白白打发日子，必然会使我浪费掉大量的时间，这样，不知不觉地，时间一天一天过去，而我却一事无成，还会感到悠闲自得。因此，我们两个制定了一个大致的每日时间安排表。逐渐，我们越来越依赖这个时间安排表，对任何外界的干扰都极其反感。

每天吃早饭之前，我们出去散步大约一小时。后来艾瑞克买了一匹马，我就一个人步行散步。每天散步的路线几乎一样——出了总领事馆，走到弯弯曲曲的河边，穿过田野，经过几个忙忙碌碌的水磨房，然后绕一圈再回来。每天早早起床总是不那么容易，也让人感到不情愿，但是一旦走了出去，却感到这样做似乎是值得的。在散步时，我们随时能感知出季节和庄稼颜色的变化。冬天清晨，起床的时候天还没亮，地面冻着冰，树上光秃秃的，空气里飘浮着黄土。所有这一切，构成了一幅以尘土为底色的和谐完美的画面。喀什噶尔没有常青树木，除了河流泛起的粼粼波光和冻冰的小溪流外，四外没有任何东西能让人摆脱这单调的土黄色彩。接着，太阳升起来了，霎时为这刻板的景观涂上了一层亮色。尽管景观单调，我还是挺喜欢在冬日里外出散步。结冰的河面会突然扑起一只野鸭，没完全封冻的水面上笼罩着一层层水汽，好像什么东西在那里沸腾着。树上和桥上结的冰凌悬垂着，千姿百态，样子奇特。而河边的磨坊，也被冰“拥抱”起来，一层又一层，非常壮观。

3月，春天来了，这里的景色之美，比起英国的春天，要更令人激动，因为春天来得是那么突然，形成的对比是那么强烈。果树一下子点缀上了粉红色和白色的花朵，嫣然含笑。生长在所有河溪边的柳树，无论是在大河边还是小溪旁，一行行、一排排，嫩绿初绽。我们站在院子里的高台上，饱赏着春天的美景，观察着这一片娇绿萌生出万紫千红。紧接着，高大挺拔的白杨树也抽出了新叶。在田野里，我们追随着麦子、棉花、稻子、瓜和高大笨拙的玉米随着季节的变化而变化的步伐。

在这里，甜瓜是一种很重要的农作物。瓜的个头要比我曾经梦想过的还要大，也比我想象的甜得多，种类就更不用说了。瓜田的主人常常睡在瓜地里，以防有人来偷瓜。夏日的清晨，我散步路过瓜地，仍能看到看瓜人躺在床上或土台上呼呼酣睡。瓜成熟收获后，种瓜人把它们储藏在地下，一直可以保存到来年早瓜成熟的时节。瓜熟麦收，田野里又长出了稻子，稻秧深深地泡在水中，一片碧绿，令人赏心悦目。渐渐地，庄稼陆续收割完了，垄亩间只剩下了农作物茬子，我们又回到了赤裸、黄褐色的冬天。

初夏的清晨,在田野里散步会碰上小青蛙,数量多极了,多得成了灾,让人感到极不舒服。田野的小径上爬满了这种个头很小,跳来跳去,到处乱钻的小东西。我讨厌青蛙,尤其讨厌踩在它们身上,所以走路时我小心翼翼,两眼总是盯着地面。青蛙们还喜欢往我们的卧室里钻,有时候我会看到一只迷了路、瞪着吃惊的双眼的青蛙,从洗澡间里偷偷地窥视着我。8月,我们从山间旅游归来,大量的青蛙消失了,只是偶尔发现一两只成年的青蛙,已经很老了,被困在我们的洗澡间里。喀什噶尔没有什么特别厉害的害虫,人们告诉我这里有蝎子,但我从来没有见到过它们。这里的蚊子也不多,我们花了许多钱买了蚊帐,支在床上,但是只用了一两次,仅说明它已支在那里而已。

夏天,远处山中的雪融化了,喀什噶尔的河水猛涨。每天早晨我们都要经过的那座小桥被洪水冲走了,但似乎没有一个人愿意把它重新修好,只有等到河水退下去了以后,才会有人把它再修起来。所以好几个星期,我们只好每天骑着两头毛驴,战战兢兢地涉水过河,而原来为这两头毛驴安排的任务是从河里为我们驮水。通常,它们背上的鞍子两侧各有一个小木桶,保持着平衡,为我们驮来全部用水。但是,有多少个夏日清晨,大约在7点钟,它们得在过河的地方等着我们,当我们到那儿后,极不情愿地把我们驮着送过河,然后又回去驮上木桶,完成它们每天的驮水任务。

夏日的清晨,我们总会遇到一个人,他就是总领事馆的自己管自己的运水工。他的耳朵什么也听不见,但干活非常卖力,脸上常常挂着一种羞怯的但很有魅力的笑容。这个人知道尊敬别人,也很守规矩。每天为了让他管的三头毛驴听使唤,他可费了不少劲,吃了不少苦头。他做的事看上去挺滑稽的——每次见到威严的总领事大人和夫人走了过来,他就开始吆喝毛驴,抽打着让它们老老实实地站成一行,而毛驴们则心领神会,把脸转过去,不看着我们,以免我们觉得不自在。在这个场合,我感到自己就像个中国老皇帝,因为周围无人敢仰视。

在喀什噶尔的生活场景中,毛驴可算得上一大特色。到处都有毛驴,人们使用它们来做一切它们可做的活儿。一头个头矮小的毛驴,常常领着一串威风凛凛、目空一切的骆驼。一群又一群身材魁梧的维吾尔族老人，骑在毛驴背上，毛驴被压得几乎贴着地面，晃晃悠悠地行进着，就像一队队微型骑兵。一个男孩骑着一头特别倔强的毛驴，毛驴撒开四蹄，风驰电掣般地冲了过去，男孩的两条腿吊在驴背两侧，不停地晃动着，力图跟上毛驴的节奏。毛驴驮着又高又圆的草捆，从我们身旁蠕动着走了过去，根本看不到毛驴，只有那四只小巧的驴蹄在动弹。喀什噶尔的人们很少步行，几乎每个人都有一头毛驴，人人以驴代步，哪怕是只有几丈远的路，也要骑着毛驴走过去。尽管毛驴有一个“硕大无比、像怪物似的头，叫唤起来让人心惊肉跳，像得了病似的”，我倒渐渐喜欢上了它们，这真有点奇怪。毛驴看上去很有耐心，也很老实，它们的眼眶总是水汪汪的，有一种忧伤和哀怨的意味。然而它们却有着一股顽强精神，也有一种决心和韧劲，这些都是它们的优点。比起大多数马来，毛驴要忠实可靠得多，要勇敢仗义得多。它们叫唤起来，像受了折磨似的，声调各异，有点令人可笑，但是，往往突然就停住了，好像它们自己也为这种吵闹声而感到羞愧。

或许，在我们散步的时候，能看到的最重要的特征就是那莽莽的群山。向北望去，一串串低矮的山丘构成了视野可及的景观。远眺西南方，雄浑的帕米尔高原景色壮观，历历在目，座座高大伟岸的冰山闪闪发光，而公格尔雪峰海拔25145英尺，就像坚固的堡垒，巍然屹立在云霄。恰克拉吉尔(Chakragil)双峰，海拔22180英尺，山形奇巧，形象别致，在我看来更加美丽。对我们来说，山景如此重要的原因，是它们非

帕米尔高原景色

常罕见。在喀什噶尔,该受诅咒的是它那无穷无尽的尘霾。一年四季,总会有尘土悬浮在空中,像大幕似的,好几个星期都不消失,遮天蔽日,把所有山脉,无论高低远近,都严严实实地裹在了里面,把自然界的万物都罩在里面。甚至就在我们到山里探险旅游时,尘霾像一个大信封,也把我们装在昏天黑地之中。接着,不知什么时候,一场猛烈的风暴就会咆哮着铺天盖地而来。你吃的是尘土,闻到的是尘土,打喷嚏喷出的也是尘土。尘土无孔不入,钻到了房子里的每一个角落。然而,又是尘土,却也常常清洁着空气。尘暴刮过后,有那么几天,山脉又会轮廓分明,清晰可见。

如果在这样一个空气清新的早晨,我们早早起床,就会看到整个天际被初升的太阳染得一片嫣红,在如此神奇、如此明亮的景色中,尘霾不见了,天地间蕴藏着各种各样的情趣。有时候,薄雾萦绕在天地之间的低处,远处的高峰似乎飘浮于薄雾之上的空间。在刮起风暴的早晨,我们只能隐隐约约地窥探到,那熟悉的山影神秘地隐隐出现在层层云雾中。有时候,山峰清晰,却显得一点儿色泽也没有,就像投在屏幕上的影子。有时候,公格尔峰和恰克拉吉尔峰却又像被云雾放大了似的,虽然高峻无比,却不像是和我们同时存在于一个时空之中。

就我们的生活而言,喀什噶尔周边的崇山峻岭提供了一个留下如此深刻印象的背景。它们太美了,每个人都不可避免地感受到这一点,这似乎是人人都应该具有的感觉。然而,总领事馆的罕先生[1]有一次却真被我们的这种感觉搞迷惑了,他说:“你们是怎样看那些山峰的?我自己也看过,但是,我真弄不明白这些山峰有什么特殊的地方值得你们如此赞美?”因此,喜欢这些山峰毕竟是只属于我们自己的情感,对别人来说,这里并没有什么“妙不可言”的体验。

回过头来再谈谈我们的日常安排。这个安排只在保证我们有具体的读书和写作时间方面做了硬性的规定。在喀什噶尔,我有了非常好的机会读那些过去一直想读但没时间读的书,因为在英格兰时,家务活使我忙得团团转。而现在,我再也不会有什么借口不去读像托尔斯泰的

[1] 指总领事馆领班雷法库阿图拉·罕。

《战争与和平》，鲍斯威尔的《塞缪尔·约翰逊传》等这样的一些书了。能够不受干扰，能够不受深藏在我自己心中的那些内疚感的唠叨，坐下来读点书，真是太让人高兴了。我们并没有只放纵自己轻飘飘地沉浸在小说中，也没有让自己只是坐在那里听听舞曲唱片来消磨时光。这听起来有点自以为是或沾沾自喜，但是，正如我已经说过的，只要一个人无事可干，只要没人管他，虚度光阴，乃至堕落之类的事就会马上开始出现。

在春天和夏天，每周有三次打网球的机会。艾瑞克从来不打网球，但我通常和医生、其他职员，还有几个常来的当地人一起打。我们的网球水平不高，因而常常闹些笑话。我们的汉语翻译朱先生有一套独特的打球方式，但只是偶尔有效。别人告诉我，过去总领事馆的雇员们常常踢足球。艾拉·玛依拉特女士在访问喀什噶尔期间曾参加过一场足球比赛，震惊了当地人。喀什噶尔还有过一个排球场，但是我在那里的时候，人们对体育锻炼和比赛的热情已经消失了。

据说马球就起源于洪扎地区，过去，总领事馆里有许多洪扎人。就在艾瑞克1940年到喀什噶尔前，在一场马球比赛中发生过伤人致命的事故，此后这项体育活动就被禁止了。后来艾瑞克力促重新把马球竞赛组织起来，而他本人在以前却从来没打过马球。重新组织起来后，第一场比赛刚刚进行了两分钟，突然一个人从马上栽了下来，被马拖着踏死了。第二次发生的悲剧使马球比赛在喀什噶尔绝了迹。兼做足球场和马球场的场地后来种满了瓜和果树。关于那个在第二次悲剧中死去的马球手，还流传着这么个故事——就在他参加比赛之前，有一个小男孩对他说过，他很快会死去。苏联驻喀什噶尔总领事馆有时候放电影。城里有一个“俱乐部”，在“维文会”[1]的资助下，那里放映了许多苏联电影，为了平衡这种一边倒的宣传活动，艾瑞克的几位前任曾努力从印度订购了一些电影片子。我们陆陆续续收到了6部纪录片，这在当地竟引起了一阵巨大的不安。首先，他们要求这些片子要经过地方当局的检查，但是在进片子之前，我们就得到了允许，同意我们“私下”先放一部片子供自己看。于是在排球场上支起了一幅大银幕。一切准备停当后，我和艾

❶ “维文会”，全称是新疆维吾尔文化促进会，成立于1934年8月5日。

瑞克到了场。让我们感到紧张的是来了一大群当地热切的各族观众。喀什噶尔的娱乐活动很少,英国总领事馆要免费放电影的消息经巴扎很快传开了,而我们的守门人竟然没有采取任何把这些人挡在大门外的措施。听到消息的商人们也赶来了,卖馕的,卖糖的,卖瓜的,早已把摊子摆开了,昏暗的小油灯闪烁着,小贩们的叫卖声此起彼伏,一声高过一声,气氛狂热。把这些观众赶走已不可能,但我们早已向地方当局保证过要使放映只局限在总领事馆范围之内。由于感到忐忑不安,我们只放了一部片子。看完后我们感到这部片子特别没意思,是一部关于德里电台的纪录片。由于它的目的在于宣传,因而对当地人来讲,这部片子再好理解不过了。片子刚放完,艾瑞克和我就匆匆离开了。

后来,所有的电影片子都得到了官方的批准,我们又举行了一次公开演出。我似乎觉得这次的观众人数比起上一次少多了,有一个玩世不恭的家伙甚至把他的琴带了过来,到这里打发时间。所放的纪录片都是关于印度的生活的,这样的片子真是缺乏想象力。片子中有很长的一段镜头表现了印度生产可可果及其产品加工的实况。有人听到一个观众竟这样评论:“我们在印度能够用瓜做出了不起的东西!”我私下认为,英国驻喀什噶尔总领事馆很少搞宣传活动,这一次短暂的宣传活动并不成功。

经过这次插曲后,我们的威信在很短的时间里又一次受到了打击。按照惯例,为庆祝诸如国王诞辰、穆斯林的节日等,总领事馆都要举行歌舞、杂耍表演。安排这类活动时,在总领事馆的院子里总要支起一顶漂亮的凉棚,供我们和参加活动的当地官方人士用,里面和周围铺上了地毯,夜幕降临后,点起的汽灯灯光闪烁。在把网球场隔开的一堵矮墙后面的林荫处全是妇女。我出席看的第一批节目是由总领事馆的多才多艺的雇员演出的,来自洪扎的雇员表演了精彩的刀舞,给大家留下了深刻的印象;一个清扫工表现出他是个跳维吾尔族舞蹈的行家;头戴稀奇古怪的面具的几个人,展开了一场滑稽搏斗;邮差班的头儿,已是年逾七十的老人,人很健壮,竟然也表演了一段舞蹈,舞蹈生气勃勃,他的脚步轻巧灵活,简直像个芭蕾舞演员。我非常喜欢这种具有家庭气氛的节目,看到平时熟悉的人都化了装,“包裹”了起来,真是有意思极了。但我也怀疑,这样的演出年复一年都一个样,内容太陈旧、太传统了。然而在大多数东方人的眼中,没有变化并不是一个缺憾。

在一次节日活动中,罕先生决定雇一些当地的专业演员来进行表演,这个决定却使我们的威信遭到了第二次打击。

喀什噶尔的“维文会”同意让一个由舞蹈家和歌唱家组成的演出团在当晚为我们演出。这一次,在英国总领事馆举行免费演出的流言又不胫而走,从外面招徕了大批观众。但是,到了开演的时候,竟然连演员的影子都没有见。我们的卡车开出去接演员,却不见一个演员来,而观众的人数却在不断地增加。我们一次又一次地派人去打听,得到的回答变了又变。一会儿说演员正在吃晚饭,一会儿又说他们已经被人请走,去婚礼上表演了。我们的“面子”丢尽了,幸好,乐队已经到了(有一把提琴、一个手鼓和一把古代式样的木琴),我们只好设法找到了总领事馆的一两个人来跳舞。过了一阵儿,属于那个演出团的6个男演员嘟嘟囔囔地出现了,他们脸上毫无表情。在我们和观众的压力下,他们开始按照自己的节目单表演起来,但是表演得三心二意,一点儿精神也没有。女演员的缺席把整个演出气氛搞得冷冷清清,没有一点儿精神。我尴尬极了,感到太倒霉了。突然,我给艾瑞克出了个主意,建议他和我必须上台演个节目,我们应该把冷落气氛搞得活跃起来。维吾尔族舞蹈似乎并不复杂,而且音乐节奏很强,舞蹈者舒展双臂,快捷地移动双脚就行了,不需要多少变化。唯一困难的是头部的动作,头要保持垂直姿势,肩膀要保持静止姿势。我们用不着先试一下再表演,于是就选了一个我们熟悉的乐曲,艾瑞克和我一边向前跳,一边转着圈,步伐轻捷。结束的时候我按照自己见过的女舞蹈家常常做的那样,双臂摆动,身子倒向地面。我们的这个一点儿水平都没有的表演却受到了极大的欢迎,掌声四起。我们急忙结束了这场晚会。到现在我也没搞清楚那天让我们大为丢脸出丑的原因,到底是安排上确实出了问题,还是有人故意捣乱。

在总领事馆的那个小小的世界里,我们就这样日复一日地生活着。虽然很单调,却也令人留恋。只有我们自己举行小小的宴会或晚会,举行庆祝活动,与中国地方官员和俄国领事馆的有限接触,才会稍稍改变一下这种单调的生活。对我们的个人日常活动,由于它们平淡而又令人感到欣慰,我很满意。我们常常外出旅游探险,或是到乡下去度周末，这为我们平静的生活增添了情趣，这也是我们对自己在这里的生活感到满意的另一个方面。我们有无线电收音机，可以使我们了解在世界各地发生的事情。我感到我们生活在一个文化停滞、落后的地方，然而世界上的文化发达地区却并不平静，而且让人无法感到乐观，所以我一点儿也没有想要返回到主流中去的心思。只要新疆一直存在着的时断时续、处于地下状态的不满活动和种种痼疾不爆发成一场风暴，我就很愉快，也很满足了。

第四章

狩猎和探险

我们并没有把所有的时间都花在喀什噶尔城里的日常生活或招待、娱乐活动上，而总是尽可能地走出总领事馆到外面去。

我们到达喀什噶尔时，已经是10月份了，大地上光秃秃的，什么也没有，一派萧瑟景象，而且天气越来越冷。我们油然生出到外面去打猎的兴趣，想一想都令人兴奋。每一个星期天，我们都要到乡下去，或是干脆在乡下度周末。通常，总领事馆里总有几个人乐意加入我们度假的行列中来，特别是洪扎人，他们极其喜欢打猎。

然而，在这些人中，重要的人物却是米尔·胡木扎，他是我们的司机兼机械修理师，是个帕坦人[1]。他给我们留下了深刻的印象。米尔·胡木扎身材高大，满脸胡须，长着一口很尖利的黄牙，牙齿很大，看上去十分凶悍。他的这副凶相却被他温顺的眼神和不时突然露出的笑容冲淡了。这个人深不可测，是个人物。他孤傲而又冷漠，一点儿也没有印度

[1] 帕坦人，即普什图人。由于领事馆是英属印度政府的派出机构，而那时巴基斯坦亦属英属印度，所以使馆的工作人员有居住于巴基斯坦西部的帕坦人。

仆人中常见的那种奴颜婢膝的样子，也没有他们的那种毕恭毕敬的神态。他有话直说，说话算数，而我们对他的话也是言听计从，从来不提出疑义。米尔·胡木扎在危急时刻从来都是镇定自若，这样的危机在我们的探险中遇到的可不少。一方面，他心地善良、关心别人（有一次，他坚持让艾瑞克把卡车停下来，而他自己却把一个骑在马上的妇女带到了安全的地方）；而另一方面，他却对手下的人态度粗暴、严厉无比。玉素甫在他手下过着一种备受折磨的、整天愁眉不展的日子。

使我们大为惊讶的是，我们发现米尔·胡木扎对一条有病的狗照料入微。有一次，我们到山里去旅游，遇到了一条无精打采的病狗，浑身都是被感染的伤口。这种情况并不罕见，当地的居民极少关心动物，而且他们也认为狗不干净。米尔·胡木扎用他那种粗野但好心的方式把这条狗照料了好几天。

虽然米尔·胡木扎没有文化，大字不识一个，但是在许多方面，他却懂得很多。他靠自学，掌握了有关机械、电、织地毯和无线电的知识。或许他做的买卖有点不合法，但是买卖却一直很兴隆，发了财。外出打猎时，他在给帮助驱赶野兽或野禽的当地人付小费时，出手极为慷慨。外出旅游时，他带的装备总是非常有用的，诸如普利姆斯汽化炉、非常漂亮的热水瓶，等等。但是，尽管他在总领事馆很有势力，但他只是一个沉默寡言、谦恭有礼的人，而且工作极为努力。总领事馆里有一辆破得不成样子的旧福特卡车，而他保养、驾驶这辆车的时间却比任何人都要长。他爱车如同爱自己的孩子，把许多毛病都修好了。外出时，遇到特别难走的路，他总要下车，跑到车前面，找到一条最好的路。在这里很难找到像他这样做事专注、一心一意的人。似乎他喜欢自己的工作只是为了工作本身。

打猎是米尔·胡木扎的另一项爱好，但他很少与别人一起分享其中的乐趣，总是一个人外出打猎。他不言不语，却一直拒绝与他人合作。他的这种做法，常常会搅乱一场狩猎活动。有时候，又会在无意中把艾瑞克发现的鸟给惊飞了，或是把他的战术搅乱。

在大多数的星期天的早晨，我们都会到河边去。在那里，我们尽力把武器收拾妥当，把驱赶野禽的人安排好，便准备开始打猎。但是，似乎没有一个人懂得该打什么。除了米尔·胡木扎之外，带去的其他人根本不知道打那些正在飞的鸟，他们喜欢蹑手蹑脚地走近那些落在地上或树上的鸟。那些赶鸟人漫无目标地到处晃悠着，往往走错了方向。但是在运气好的日子里，遇见野鸭从云层中飞过，艾瑞克倒也不需要什么战略。我们会在那里待上整整一天，或是趴在离河流很近的地方，或是藏在河岸后面，忘却寒冷和时间的流逝，注视着一群一群的野鸭从我们身旁或头顶飞过。

一只孤独的小野鸭唰地从旁边闪过，飞得很低但很快，一直飞到高空，要看见它就很困难了；12只大雁，以“V”字形的队列掠过天空，消失在蓝天里；两只野鸡吵吵闹闹，笨拙地飞翔；几只黑白相间的红头潜鸭，落在了附近的水面上，一点儿警惕性也没有。突然，我们会听到从远处传来的大雁的鸣叫声，由于惊慌，声音异常尖利。艾瑞克急急忙忙换子弹时，鸟鸣和换子弹的声音交织在一起，显得很急促。大雁整齐的队形乱套了，向这边飞了过来。通常在这种情况下，大雁们在进入射程之前会改变它们飞的方向。能够击中一只飞在空中的大雁，是特殊的荣耀。我猜想，由于大雁的个头特别大，但又很难把它们打下来，人们一般都认为打下一只大雁是了不起的成绩。有一次，艾瑞克打中了一只，我们都欢欣鼓舞起来，但令人失望的是，它却一点儿也不在乎地继续向前飞去。艾瑞克继续向野鸭瞄准开枪，直到我们又听到大雁飞过来的声音。让我们感到惊异的是，它们飞得很低，掠过我们的头顶。我们看到一只大雁身上流着血，是这只受伤的大雁使雁群飞回来的。艾瑞克又开了一枪，把它打了下来。艾瑞克、格雅勒根和我又欢呼了起来。

就在那个季节的晚一些的时候，我们的这种胜利的喜悦完全消失了。那一天，不知为什么，我们几乎什么也没有打着，差一点儿空着手回了家。

我们随口问了一下米尔·胡木扎那天的打猎收获。

他回答：“还不错。”

我们又问：“你打到一只大雁了吗？”

“我打下了7只。”他回答，口气里带着受到羞辱后的委屈。这一阵儿可是他辉煌的时刻。

后来我们发现，米尔·胡木扎极少开枪打下一只飞着的大雁。他在打大雁时过于小心，蹑手蹑脚，偷偷靠近它们。虽然这样做违背了艾瑞克的原则，他也试着用这种方法打过大雁，但常常失望。艾瑞克趴在地上，肚皮贴着潮湿的地面，一些预想不到的声响会惊起大雁，它们会扑打着翅膀飞跑。但是，有时候如果地面有能隐蔽的地方，大雁正在觅食，艾瑞克会爬得离它们越来越近，而我则在远处等着，由于兴奋和激动的缘故，大气都不敢喘一口。要打下一只大雁，这种成功感可是最要紧、最关键的事，猎获的雁肉的价值与它相比，算不了什么。看上去这有些不合情理。艾瑞克一英寸一英寸地向前爬，最终他一跃而起，开枪射击，如果打中了一只，等在周围的驱赶野禽的人会一股风似的冲过去，割断大雁的喉咙。

别人请我们参加狩猎活动的机会很少。

一次，一位中国将军提出建议，说我们应该到一个小湖边去一趟，他说那里的野鸭子多极了。开着车在几乎没有路的荒野上跑了一阵子，搞得我们很疲劳，但终于到了一片水洼处，水面上竟栖息着成群的水鸭！那位中国将军端起枪，噼里啪啦一顿射击，但击中的都是那些没有飞起的鸭子。他一边射击，一边对艾瑞克打下了一群飞翔的鸭子中倒霉的一只大加称赞。这群野鸭飞得很慢。

对不同于我们的打猎方法不感到新奇是困难的，而对我来说，英国传统的打猎方法似乎如此有规有矩，而且是“正确”的。但我猜想，要别的人也得这么认为，那就没道理了。

一次，从迪化来的新疆教育厅厅长赛福鼎·艾则孜[1]邀请我们参加为他安排的狩猎活动。我们再次实践了自己特有的狩猎方式。作为特殊经历，这次狩猎很有意思，而作为整整一天的打猎活动，简直是浪费时间。早晨，我们开车到了赛福鼎·艾则孜的住地。他首先招待我们喝了必不可少的茶，吃了许多旧式饼干。接着，我们又在那里等了很长时间，时断时续地谈了一阵儿话，俄国总领事和他的6个随员才到。坐在一长串小汽车里（在喀什噶尔，这样的车队极为罕见），我们驶向大约4英里外的一个村庄。在那里，我们又被带进了房子，同样，房子的地板

[1] 赛福鼎·艾则孜当时担任新疆省教育厅厅长，1946年10月曾赴南疆监督喀什的县参议会及县长的民主选举，于1947年1月返回迪化。

上又摆满了茶和饼干。和上次不同的是，这次增加了白兰地和葡萄酒。我们开始怀疑，这次狩猎活动是不是一次“饮宴”的委婉说法。然而过了一阵子，马匹都已鞴好，除了我之外，大家都上了马，骑马走了600码的路，令人筋疲力尽，终于到了河边。

艾瑞克和我仍然抱着这是一次严肃的狩猎的想法。我们弯腰爬到离河岸很近的地方，在那里等着野鸭飞起来。但是，河边集合起了一大群人，有客人、随从、牵马的人，还有那些对我们的狩猎产生兴趣的村民。河岸上、河岸下都挤满了人，几乎再也看不到那一只只还有自尊心的鸭子会从河面上飞起来。过了一会儿，几只被误导的鸭子飞了回来，艾瑞克抓住机会开枪，打下了两只正在飞的鸭子。他的特殊表演又一次引起了人们的好奇和交口称赞。打中的两只野鸭都掉进了河中，我们的一个随从跳入河水去捡它们，而岸上的人们高声喊叫着，指示随从、我们，甚至他们自己该怎么做，有的还不断给随从和我们提出建议，场面热闹非凡，但也就这样结束了这一天的狩猎活动。在这段时间里，应邀而来的客人们只是毫无目的地在那里转来转去。过了一阵儿，在地上又摆上了吃的东西，这一次更多、更丰富，我们又围坐在了一起，但是谁也不吃。俄国总领事逼着艾瑞克用一支A-22手枪瞄准一只鸡蛋

库鲁克塔格山

射击。大家都盯着他,他第一枪就击中了鸡蛋。我松了一口气。

在我们看着艾瑞克射击的时候,我们的主人已骑着马过河了。突然,从远处传来了像加农炮弹爆炸的声音,一股烟尘直冲蓝天。但是,不幸的是,这种旨在给人留下深刻印象的表演,却没有产生什么效果。接下来,我们又回到了那个村子。这一天最重要的事情开始了。

就在我们去河边之前待过的那所房子里,我们看到已经摆好了一张桌子,四周放好了椅子。他们已经为客人们准备好了一顿花样繁多的美味佳肴。有一盘又一盘的抓饭,几大盘肉,一碗又一碗的汤,热气腾腾。还有非常好吃的喀什噶尔馕。当然,还有比上一次更多的白兰地和葡萄酒。然后,人们第二次到河边去打野鸭,这次可不是一次认认真真的打猎,许多人三心二意。然后,这一天就打发过去了。这一次艾瑞克热情过了头,他骑马沿河岸向上跑了很远的路,去搜寻野鸭子。所以,大家都得等他,每个人都有点不高兴,一直等到他回来。很清楚,他们并不希望我们把这次打猎看得那么严肃,这就如同在伊顿公学和哈罗公学并不期望每个人都迷上板球一样。

对于狩猎涉及的道德问题,我一直没有自己的主见。我自己根本没有亲手开枪打野物的欲望,但是我却很喜欢分享他们的那份激动,那份打到猎物的喜悦之情,也喜欢分享打下的猎物。讨厌看到一只死鹿的眼睛,但毫不在乎地看着一只死鸭子,这似乎是矛盾的。对于一个不食素的人来说,为什么会觉得一只野山羊的死要比一只普通绵羊的死更显得具有悲剧性?这个关于狩猎这种“血淋淋”的体育运动是否符合道德标准的讨论,早已是陈词滥调了。就我个人而言,我对这个问题的看法和做法并不一致。我喜欢看人们追逐野生动物,喜欢那种在追逐中获得猎物才有的激动的感觉,喜欢在等待野鸭子飞进射程时才特有的那种悬念和不安,喜欢听到即将被射击的飞禽在飞翔时发出的那种高昂而又凄厉的鸣叫,以及在旷野中度过整整一天的那份喜悦之情。但是,有多少次我希望艾瑞克打不中飞过我们头顶的鸭群,它们的形体那样优美,颜色那样悦目;它们是那样自由自在,飞翔是如此矫健有力。不知有多少次,在满是乱石的荒滩上,我故意装作没有看到在阳光下悠闲地吃草的一群野山羊。宣称“打猎是为了解决肉食短缺”似乎完全是一种遁词,一种狡辩。这种遁词对飞禽和野兽来说,根本不是什么慰藉。再说，我们根本就不缺少食物，用不着非要去打猎来解决吃饭的问题。然而，我曾经吃过野味的肉，而且很喜欢。所以就整个问题而言，我陷入了一种非理智的、自相矛盾的感情旋涡中。

为了避免老是打野鸭，我们也换换狩猎的对象，有时在山里面待上几天，猎取沙鸡。这种个头小、灰羽毛、红腿的野禽仅仅在受到惊吓的情况紧急下，才会飞起来。它们飞得很快，但只能飞很短一段距离。艾瑞克总是当它们在低洼的地方吃食时，突然袭击它们。但是一旦它们受到惊吓，就会四处乱窜。他也喜欢在山坡上急急忙忙地追赶它们，这对我来说，却太累人了。所以，他和沙鸡跑得不见踪影时，我只好漫无目的地一个人到处溜达一番。

在海拔相当高的地方，生活着雪鸡，或称为喜马拉雅雪鸡。这是一种个头与小火鸡差不多大小的鸟，很漂亮。有一年夏天，我们到喀什噶尔以北的山里去旅游，认识了一个柯尔克孜族牧民，叫库尔班。他向艾瑞克保证，就在离他家不远的地方，可以打到很多很多的雪鸡。就在喀什噶尔度过第二个冬天的那年12月，我们在晚一些的时候出发去寻找这种仅有耳闻的珍禽。同去的还有总领事馆的医生。

静悄悄的山谷里，在一处四周都是山峰的地方，我们找到了这位柯尔克孜族朋友。他住在一座土房子里，有两间屋子。他高兴地欢迎我们，拿出了我们想要的一切好东西——沙鸡、雪鸡、羚羊和野山羊。出去打雪鸡，但是一直没有打到，让我们失望了好多次。后来我们才发现，猎获这种山禽，只是一种诱惑。虽然我们已经在山谷上下搜寻了很久，可连一只雪鸡也没找到。但是就在离房子几百码外的一个地方，我们找到了一群。立刻，艾瑞克跟着这些鸟就向山上奔去，很快就消失在一个山头后面了。漫山遍野都是它们。虽然在灰色岩石的掩护下，我们很难发现，但它们的叫声很大，吵吵闹闹，叫唤声似乎就在附近，惹得人心急火燎。

那天半午时分就刮起了风暴，到晚上，暴风刮得更猛烈了。格雅勒根以他惯有的深奥的推理，把我们的小帐篷支在了旷野之中，使我们无法得到山岩或树木的庇护。他不可辩驳地解释，这里无论如何也找不到别的房子。在柯尔克孜族朋友温暖、安全的房子里美美吃了一顿饭后，我们回到帐篷，并被暴风困住，而格雅勒根本人却睡在了库尔班那所房子里。整整一夜，帐篷的绳子被风绷得紧紧的，帐篷摆来摆去，晃晃荡荡，尘土和小石子猛烈地敲打着篷布。我把一条手帕绑在脸上，挡住鼻子和嘴巴，除了把靴子脱掉外，一件衣服也没有脱，就缩进了那个双层睡袋。这样休息真不是个滋味，一夜过得惨极了。

第二天清晨，风暴停息了。天变晴了，平静的黎明降临到了群山中，阳光照射进了我们所在的山谷。

库尔班带着我们向主要的山谷进发。他把我们领进了一条狭窄的峡谷，峡谷直通群山的中心地带。艾瑞克、医生、格雅勒根和我跟在库尔班后面，急急忙忙地向前赶路。库尔班总是走得那样快，脚步却又那样轻，一点儿也不费劲。他在山坡上行走，就像山羊一样轻捷，走得又快又稳，一句话也不说。我们一步一步地向上爬去，不时地要越过从山上掉下来的巨石，绕开前进道路上的乱石堆。

终于，我们从峡谷中一下子钻了出来，翻过一条陡峭的涧壑，来到了一个开阔的山坡。突然，在沉静的空中，我们听到了雪鸡响亮的鸣叫。叫声短促，一声高过一声，停顿也那样突然。库尔班的话是对的。他和艾瑞克向一个方向爬去，而我们三个人则绕过山坡向另一个方向走去，并和他们定好在下面的一条小山沟里会合。我们不知道艾瑞克早已在离集合地点不远的山坡上看见了几只雪鸡。不幸的是，我们却没有看到他一边拼命朝我们的方向跑，试图挡住我们，一边发狂似的发出的信号。就在他快要进入我们的射程内时，我们仍然没看到他。医生瞄准一只雪鸡，开枪了。我们千辛万苦才找到的雪鸡受到惊吓，鸣叫声凄厉揪心，呼啦一下子从头顶飞了过去。在这种地方，要找到藏身之处，蒙骗过这些疑心极重的山禽，可不是件容易事，而刚才艾瑞克就刚好找到了一处。我们的那种失望感，那种伤心劲儿，真是无法形容。

那天我们还看见了许多雪鸡。在一个地方，格雅勒根为我指着那边山坡上的十几个移动的“黑点”。“是野山羊。”他说。

我们慢慢向那里爬去，爬得近了些。这些“黑点”移动的方式似乎有点怪，不像山羊。

“那是雪鸡！”我激动地叫了起来。

费了好长时间才说服了格雅勒根相信那不是山羊。事实上，那些“黑点”是那样大，连我自己也很难相信它们是雪鸡。

我们足足花了八个半小时爬山坡、翻山坡、绕山坡。有时候，站在高高的山岭上，我们远远地向帕米尔高原望去——帕米尔就隐隐约约地高高耸立在西南方。在我们和帕米尔之间，飘荡着一层奇妙的雾霭，颜色比尘霾湛蓝得多。只有那些高峰才浮现在蓝色的岚烟之上，看得很清楚。即使从这样高的地方望去，雪山也很陡峻。

向导库尔班的热情就像传染病似的，传给了艾瑞克。在他的诱惑下，艾瑞克和他一道，越走越远，而我们几个，在比较低的地方苦苦地向前赶着路。在往回走的时候，似乎根本就找不到下到那条峡谷里去的任何途径。虽然我已经累得受不了了，但还得跟上库尔班，沿着山顶上的路向前走去。后来，他领着我们顺一道到处是岩石的险峻斜坡向下走去。我被艾瑞克和格雅勒根搀扶着，很不高兴地、跌跌撞撞地跟着他。到了峡谷底，我感到就如同在风浪滔天的大海上航行之后，重新登上陆地那样舒服。

在下山的路上，这个小个子柯尔克孜族牧民一直在找寻猎物。谁也没有打到任何东西，他似乎感到自己有责任。但是他已经实现了自己的诺言，带着我们看到了雪鸡。就在我们从峡谷里快要出来的时候，一只体形巨大的野山羊在我们上方的峭壁上奔跳着。艾瑞克开了一枪，但没有打中。我的感情当时又变得复杂起来，让我难受了好一阵儿。我真想看到一只野山羊被带回家，分享那令人激动的时刻和胜利的喜悦。但是那只野山羊奔跳在岩石上，看上去又是那么漂亮，如果它被射中，从峭壁上栽下来，我又会由衷地感到失望。就在行将消失的那一刻，这只野山羊站立在峭壁上，略作停顿。它黑色的身影映衬在蓝天下，骄傲地把角高高扬起，接着就不见了。

艾瑞克和库尔班去找他们带到峡谷口的马匹，而我们三个则匆匆向卡车走去。

我累得浑身像散了架，再加上因一整天没有喝一口水而渴得难受。我知道卡车上有瓜，心里想，吃点瓜会马上使我精神起来。但是，瓜虽在，卡车却被抛在那里。虽然米尔·胡木扎和玉素甫整整一天没和我们在一起，但我们盼望他们现在能回来，因为天已经快黑了。我感到自己根本不可能开着车在如此颠簸的山路上往回走，也不知道还要等多长时间。很快，玉素甫回来了，却带来了令人震惊的消息——米尔·

胡木扎把自己的脚打伤了。他在山上追赶猎物时滑倒了，枪走了火。他骑着艾瑞克的马，忍着疼痛回了宿营地。好在这次事故并不严重，没有伤着骨头。可是，在好几个星期里，他再也没有打过猎。

后来我们又和库尔班一起打过几次猎，他的热情和精力从来没有减退过。有一个周末，艾瑞克打着了三只野山羊。星期六，我们在库尔班的房子跟前支起帐篷过了夜，第二天醒来后却发现下雪了。我们在山上时，天空一直灰蒙蒙的，阴沉得可怕。在大雪覆盖着的岩石和斜坡上行走，我总是滑倒，所以那次打猎我没有出多少力。库尔班自己也承认，他计划好第二天要走的路非常困难。听到这句实话，我就返回了住的地方。因为一般情况下，我们的向导总是坚持说："道路不难走。"

几周后我们又去了那个对我们来说已经熟悉了的山区，又钻进了那些峡谷。这一次我们把帐篷支在了那条主要峡谷的沟口。在第一天傍晚，艾瑞克就打着了一只野山羊，这是迄今为止打到的最大的一只野山羊。当时我们正在峡谷里转悠，看到8只野山羊正在我们前面的山坡上奔跑着，被打到的那一只也在其中。

第二天，我们上了山，足足在山里转了十一个半小时。库尔班和他的一个表弟带着我们登上了一条长长的山冈，整整一天我们都在高山上跋涉、搜寻。坡度不太陡，所以行走起来不太费劲。我们爬得越高，就越显得在我们下边伸展而去的那些山头是如此低矮，不时可见冰雪覆盖的高峰在低矮的山头中突兀而起。这一天乌云密布，天空灰蒙蒙的，但偶尔能看到远处的冰峰上冰雪折射着灿烂的阳光。天气很冷，大地无垠。在一群暗褐色的山峰上，有古代火山喷发时遗留下的一道凝固了的熔岩的残迹，使红一条、黑一条的岩脉呈现在这些山峰上。

这里到处都有雪鸡，三四十只一群，见到我们后呼啦一下子飞了起来，尖叫着飞跑了。艾瑞克好几次想偷偷地走近它们，而我们则屏气凝神，连咳嗽都不敢，静静地趴在附近。但是这一切都没有用，艾瑞克一只雪鸡都没有打着。我们在山上转来转去，听着雪鸡们那似乎是嘲笑我们的叫声。猎人在深沟窄壑里趴着，满怀着希望，但是，雪鸡总是可以逃避开枪口。这一天过得既兴奋又累人。夜幕降临时，我们却空手而归，我感到自己已经累得不行了。我们从陡坡上滑到了一条山谷中，然后拖着沉重的脚步摸黑回到了宿营地。在空旷沉静的夜空中，我们看到了一堆篝火，火苗在黑暗中狂奔乱舞。坐在火堆旁喝杯热茶，那感觉真是太好了。刹那间，荒野和群山都隐去了，只剩下我们，留在这孤单而又充满温暖的小小地方休息。

喀什噶尔的附近地区有野鸡。但是我们去那里打猎，整整一天也只能打到六七只。我感到在那里的日子，是我们狩猎探险时光中最没有意思的时刻。野鸡们栖息的小树林和稀稀疏疏的草地，在冬天呈现出一片死气沉沉、单调乏味的景象。一切蒙在灰尘中，看上去毫无差别。我们拖着沉重的脚步，在树林和草地上转来转去，经常转上六七个小时，一只野鸡也找不到。所以，突然一只野鸡从我们的脚底下飞起来，艾瑞克被吓了一跳，慌得连枪都来不及开。野鸡们藏得严严实实，我们在同一个地方走来走去，突然一只野鸡会从那里扑腾一下子跳起来，笨拙地飞走。人们总是告诉我们，某某地方野鸡非常多。我们也总是满怀希望，一次又一次地到那些地方去搜寻。但是每次都是乘兴而去，败兴而归。

我们认识的一位很富有的维吾尔族朋友(他与总领事馆有点买卖上的往来关系)经常对艾瑞克说，他的地里野鸡多得不得了，数都数不清。我们最好亲自去一趟，在周末好好过把打猎的瘾。那时候我们对这种诱惑方式还没有足够的了解，所以就相信了他说的话。

2月的一个星期天的清晨，我们大队人马离开了总领事馆，有医生、3个印度籍职员、仆人领班哈菲兹、一大帮仆人，还有我们自己。这一天依然尘霾满天，30多英里的路走得人困马乏。

那时候除了有通向叶尔羌、迪化的主要公路和到伊尔克斯坦姆的一条很短的公路外，喀什噶尔的确就再没有人工修筑的路了。那些蜿蜒穿过绿洲的马车路，只是对“道路”这个词的滑稽曲解。我们的车行驶在这种道路上，我对在车驶过后造成的一连串灾难感到非常内疚。卡车行走过程中碰上了一条又一条的狗，把它们卷到车轮下；马、毛驴和骆驼被惊吓得跳起来，把骑在它们上面的人甩了下去；马车、牛车急忙躲闪在路的一侧，而车夫们拼命地想拉住马匹或牛。在一个地方，一峰骆驼正跪在路边，背上驮着一大堆草。骆驼的主人看到我们的车疾驶而来，急忙用他的手臂蒙住了骆驼的眼睛，慌张地抱住了它的头。但他的这种预防措施一点儿用也没有。骆驼一听到汽车的声响，受惊了，后腿一蹬，把背上的草一下子甩向前边，刚好把那个人完全埋了起来。

一路上我根本无法理解的一件事是，农民看到汽车，反应慢得让人无法相信。我原来想，由于他们对汽车还不习惯，汽车发动机发出的轰鸣声应该把他们惊吓得要死，并赶快逃开。然而，还是不断有人注意不到自己身后的汽车带来的可怖的危险，我们的车经常在农民注意到车之前就碰上了他们。

我们到达了那个维吾尔族朋友的家，不料他早在那里摆好了丰盛的食品等着我们，有我们熟悉的喀什噶尔馕、一盘又一盘的石榴、葵花子、花生，还有瓜，一股脑儿摆了出来。我们有点不耐烦了，就问他关于野鸡的情况。很快，他就为艾瑞克和医生鞴好了马。主人问我是否骑马。对他的关心，我回答："我倒愿意步行。"一个印度人都没有跟我们去打猎。整个下午和傍晚我们只是在附近的树林和野地里转悠。天完全黑下来之前，我们都回来了，自然是两手空空，一只也没有打到。而在哈菲兹的指挥下为我们驱赶野鸡的人却为数不少，而且他们个个身材高大魁梧。即使这样，我们见到的野鸡也不超过3只。

然而我们的主人却一点儿也没有动摇，他向我们保证，第二天会有一场精彩的狩猎活动。他说，就在20英里开外，野鸡的数量多得很。他做了安排，除了我之外，所有的人都骑马去，拉克帕和我应该坐上他的小马车，马车有两个高大的车轮，但没有弹簧，车厢是一块木板，木板上方有一个五颜六色的圆篷子。

星期天早晨，我开始了有生以来感受到的最难受、最痛苦的经历。这是对我胆小、不敢骑马的惩罚。

我过去向我们的卡车司机抱怨过的阻碍行车的水渠、窟窿和沟沟坎坎，在我们的路上都出现了，而且情况有过之而无不及。马车夫坐在车辕上，熟练地指挥着马匹跳来跳去，越过那些极难通过的地方，而我却在马车里，一会儿移到一个角落，一会儿又挪到另一个角落，把车里的每个角落都试遍了，想找到一个舒服的地方。我坐在马车的最里面，什么也看不到。我在那里一会儿蜷缩着，一会儿又伸开腿躺下，过了一会儿又觉得坐在木板的最边缘，把两条腿搁在车外，由它们晃来晃去是最舒服的姿势。我曾经读过在汽车还没有来到新疆之前，那些坐着马车在新疆旅游过几百英里的欧洲人写的书。我感到自己由于乘坐汽车、火车这些舒适的交通工具而被惯坏了，堕落了。将近40英里的行程结束后，我浑身就像散了架似的，一点儿劲都没有了。

最后，我们来到了那个“野鸡多得很”的地方。大家跳下了马，哈菲兹开始询问一个当地的农民。“是的，过去这里有很多的野鸡，但那是两年前的事了，我记不得最近是否见到过野鸡。”他说。本来坐马车就已经惹得我火冒三丈，我一下子开始骂起我们的主人，骂起马车和野鸡来。由于已经跑了这么远的路，我们还是决定到树林里搜寻一番。然而，那个农民是对的，我们一无所获。

在返回的路上，我们吃了午饭，还到树林和低矮的灌木丛中搜寻了几次，这样火气才小了一点儿。我们大概一共见到了4只野鸡，但是一只也没打着。骑马的人决定分几路穿过田野回去，而拉克帕和我还得与马车一道顺原路返回，这真是令人太痛苦了。

我们的主人在家里等着我们，他干巴巴地问了我们几句有关的情况。听说没有野鸡，他又一次表现出了满不在乎的神情，连一句道歉的话都没有说，更没有试图就当时向我们做得那样漂亮的保证作点解释。我们根本不知道他邀请我们的目的到底是什么。肯定不是为了把我们拉到他的家，而使他高兴一阵儿，而且也不像企图从艾瑞克那里得到什么好处的样子。

我们很伤心地，而且有点生气地回喀什噶尔了。

我们曾经在一两个地方发现过鹬鸟，所以打鸭子或大雁这样的正经事就搁置了下来，艾瑞克愉快地把心思集中到了猎取这种个头小但跑得快的鸟上面。搜寻这么一种不起眼的小东西，竟然也引起了当地人的大惊小怪。我们在沼泽地和小溪边漫游寻找鹬鸟的时候，他们就跟着我们，七嘴八舌地告诉我哪些地方能打到鸭子。我想他们会认为，因为艾瑞克一直打不到野鸭，所以就来猎取这些小不点儿的鸟安慰自己。

我们在喀什噶尔住了一年多，经常为找不到我们曾在惯常散步时碰到的鹬鸟而悲哀。所以在吃早饭前，艾瑞克开始扛上他的枪到离我们的房子不远的水沼地里搜寻这种鸟。奇怪的巧合出现了，就在他第一次扛上枪出去的时候，一只鹬鸟从离我们的后门不远的一条渠沟里飞了出来。在此之前，我们从来没有看到鹬鸟离我们的房子这么近，而在此之前，我们外出散步时也从来没有带过枪。

艾瑞克在附近的田野里漫游寻找鹬鸟的时候，偶尔遇到了一个小男孩，他的眼睛很亮，人也很热情。他告诉艾瑞克，他知道一个地方，那里的鹬鸟多得很。我们对此有点怀疑，有一种个头小、嘴很长的鸟，或许这个男孩把它们错当成了鹬鸟。但是男孩坚持说那里就是有鹬鸟，甚至同意和我们一起回到总领事馆内，找人把他那一串话翻译一遍，因为我们只听懂了个大概。所以，一天清晨，我们跟着他到河对岸的田野里去了。

那一带我们不熟悉。到了那里，他的眼睛很锐利，立刻就看到了一只鹬鸟，然后又是一只，再后是第三只……男孩简直不明白为什么艾瑞克迟疑着不马上开枪射击，打那些正在地上觅食的鸟。艾瑞克没有开枪，而是断然地向那些鸟走去。孩子绝望极了。到吃早饭的时候，我们已经打到了6只鹬鸟。我们很高兴，男孩也很高兴。艾瑞克高兴是因为男孩为他找到了一个好地方，男孩高兴的原因是艾瑞克打到了想打的东西，把空子弹夹给了他，而且他那天也开了眼，见了一次世面。

这个孩子很讨人喜欢。他长着圆圆的脸，脸蛋儿红扑扑的，总是那么快活。孩子热情洋溢，对艾瑞克的要求一听就懂。我们听到他给那些感兴趣的过路人解释，艾瑞克不想打野鸭。事实是，在这里猎野鸭是再平常不过的事了。这里大多数当地人对事情不愿意深究，而且有点懒，只是情愿站着看热闹，所以这个孩子就是个例外了，这真是让人高兴。

在我们外出打猎时，总是吸引了一大群一大群的村民来观看。由于他们人很多，在一起叫叫嚷嚷、吵吵闹闹，所以不可避免地把大部分猎物给轰跑了。在观看我们打猎时，他们总是高声喊着，给我们出些前后不一致的点子。而一旦给我们提出如何驱赶猎物、取回猎物的建议，或是为我们指路后，他们的人数就渐渐会减少，这有点怪。或许这种现象不只是当地人特有的，绝大多数人都喜欢给别人提出建议，主动帮助人。但是，我们很喜欢与这个主动、活泼的男孩在一起，他长着一双特别有神的眼睛。

在新疆，有两种古代流传下来的狩猎项目仍然很受欢迎，它们是用隼打猎和用鹰打猎。艾瑞克的前任被用隼打猎迷住了，他想让我们买下他喂养的隼。但是有一天下午，他带着那些隼外出打猎，却什么也没打到。所以艾瑞克认为，还是用枪打更好。训练那些隼或许是很有意思的事，能使人着迷，但看上去肯定是件极其复杂、细致的活。

拉克帕给我们讲了许多驯隼或鹰的知识。按照他的介绍，驯隼者或驯鹰者得把隼始终带在身边，无论走到哪里，都要带上它，得这样做好几个星期。驯隼人把隼带到巴扎上，以便使它适应巴扎上的人、马和噪音。他得保证让隼不睡觉，甚至在晚上，他必须外出到处走动，以便遛隼，以消磨隼的敌对情绪和抵抗性。还要让隼饿着，每天只给隼喂一点点不带血的肉。只要肉上带有一点点血水，就会使隼长得太胖。当隼处于饥饿状态，而且再不反抗时，驯隼的人就会用一根长长的绳子拴住它，然后在手里拿上一块肉，呼唤隼来吃。慢慢地，这只隼就学会了怎样吃驯隼的人手中的肉，学会了怎样识别它的主人，这时候就可以训练它如何去叼小猎物了。隼能够很轻松地逮住兔子和鸽子，但是逮野鸭并不在行。隼飞得很快，但是飞的距离却不长，它逮不住在水面上的野鸭。

柯尔克孜族驯鹰人

这两个弱点大大地降低了猎隼的价值。我们对猎隼所知不多，也没有多少经验，但在我们看来，除非隼能够看到待在地上、半醒半睡，或者飞起来时飞得很慢的野鸭，否则，它逮住野鸭的机会就太少了，因为在野鸭看到隼之前，隼必须先看到野鸭。

一天早晨，三个人骑着马来到了总领事馆。在此之前，他们带着鹰到近山地带打了一周猎。他们给我们送来了两只羚羊、一只狐狸，这些都装在一个大袋子里，而且都是他们的鹰逮到的。他们把鹰架在手腕上，手腕上戴着厚重的手套，用皮子做成的眼罩蒙在鹰眼上，鹰每过一阵就发出响亮而又令人心悸的鸣叫声。这些鹰个头很大，很有气势，但很凶猛，看上一眼就会让人不舒服。它们的钩形喙很大，爪子看上去邪恶无比。揭掉眼罩，鹰的眼睛炯炯有神，使它们看上去更加恐怖，让人害怕。这些人告诉我们，像这样的鹰，在带它们出去打猎之前，得用大约一年的时间才能驯好。鹰的一个主人说，这些鹰的寿命能达到二三十年。

这些猎人骑马进入沙漠，如果看到任何猎物，他们便飞马跑过去截住它们，不让猎物钻到山里面，然后放开他们的鹰。即使对好骑手来说，这肯定也是一场激动人心的搏斗。他得盯住自己的鹰，鹰威风凛凛地在空中勇猛地飞翔着，看到猎物时疾速扑下去，骑手紧接着策马飞奔起来，赶到地点取上鹰猎获的动物，再把鹰收回来。但是，我却从来没有亲眼见到过他们架鹰打猎的场面。

第五章

扑朔迷离的穹形山

离开喀什噶尔城，沿着通向俄国的驿道走上20英里，就会看到一些由砂岩构成的低矮的峭壁，在峭壁后面耸立着一条壮观的山脉。这条山脉的山峰形状各异，有的呈尖顶状，直插云天；有的呈尖塔状，参差不齐；有的呈堡垒状，高大雄浑。它们逶迤绵延，耸立在蓝天下。这条奇特的小山脉有一个去处，显得格外引人注目——在一座尖塔状的巍峨山峰上，有一条穹形通道，这是由大自然雕琢出来的。

1942年，艾瑞克开车从喀什噶尔出发，经俄国回英国的途中，第一次看到了这座令人着迷的穹形山峰。1946年返回喀什噶尔后，由于对这个穹形山一无所知，也猜不出这个捉摸不定的穹顶到底有什么作用，所以他决心要去那个地方作一次探险。我们在新疆的第一个冬天，去那里探险就一直在各种计划中占有突出的地位，但始终没有成行。尽管这样，我们还是决心力争去那里探险一番。

虽然对这个地区我们知之甚少，却有点盲目的乐观。在元月份的一个星期天的早晨，我们开始了第一次尝试，开车出城向那条山脉驶去。我们相信，只需用几个小时就会登上穹形山峰。在头20英里，我们的车行驶在还算是路的一条古道上，这条路的绝大部分都在光秃秃的沙漠里。

我来到中亚地区之前，对于沙漠的概念还是人们惯常认为的那样：一望无际的滚滚沙丘，尽管看似冷酷无情，但从根本上讲，却充满了“浪漫情调”，到处是海市蜃楼、沙漠酋长，一串串骆驼奔走在沙漠之中，更给这种“浪漫情调”增添了气氛。如同电影里展示的，沙漠酋长和奔走在沙漠中的骆驼，会连续不断地出现在银幕上，背后是夕阳，落日的余晖洒满大地。但在新疆，我看到的沙漠却是另一番景象。这里的沙漠更加严酷、肃穆，更加单调、死气沉沉。灰溜溜的碎石子铺满了大地，有时候被灌木死死拖住的那些石子，挣脱了羁绊，一直蔓延到地平线，无边无际，平展如砥。远处也会常常看到有如水面般波光粼粼的景观，却不是像小说中描写的在撒哈拉沙漠中常常耍弄人的树丛倒影，也不是令人欣喜之余而又使人垂头丧气的虚幻景象。然而，新疆的沙漠倒也有它们独特引人的地方：无垠的广阔，刻板的单调，沙漠的死寂和它们的面积给人以深刻的印象，而且能激起人们的敬畏之情和灵感。这里的沙漠中也有骆驼，它们连成一长串，慢悠悠地行走在沙漠中。像在电影中见到的行走在高山大川的人，只能衬托出高山的壮观和巍巍雄姿一样，在这里是那些一小群一小群的小毛驴，使沙漠显现出它的空旷辽阔。有时候，我们看到的是一个孤零零的人，赶着他的小毛驴穿越这广阔的大地，他的出现使沙漠之景更加肃穆，更加寂寥，也更能引起人们的思绪。

在一座巨大但又快要垮下去的古老路标——炮台，即中国式的“里程碑”，我们折向北方，走到了一条封冻的河边。河面结的冰不太牢固，但很光滑平展。刚从沙漠中来到这里，见到水域毕竟让人欣喜。我们还没有到达那条山脉的山麓，也仅能隐隐约约看到那个穹形的山峰，但我们还是决定下车步行。当我们快走到通向山脉的一条峡谷时，那个穹形山峰却消失了。我们已花了整整一天的时间，在砂岩小丘中转来转去，好不容易才探索着来到这条峡谷。直到离开那些小山丘，我们才再次看到那个穹形山峰。我们开始意识到面临的任务要比原来想象的艰巨得多。我们要找到那个穹形山峰，在这个地区作探险考察，一天时间远远不够。

其后近一个月的日子里，我们一直在等待着晴天，等待着尘霾散去。但是很明显,继续等下去是没有什么用了。最后我们做了准备工作,打算借到外面去度一个周末的机会,再到那里去一趟。我们决定在2月的一个星期六,吃过午饭后再出发。

那天上午11点钟,我们的决定被一场大风摇撼了。大风以极有气势的力量横扫着大地,把道路和田野里的浮土卷起,撒到漫天遍野,形成了一道厚厚的沙幕,遮天蔽日,使大地比过去任何时候都显得昏暗。我们的仆人们已经准备卸东西,放弃这次旅行了。但是我们知道,这种风暴常常来得快,停得也快,就吩咐他们等到下午看看情况再说。

到了下午3点,情况还没有出现变化,狂风仍然肆虐着,刮得昏天黑地。怒吼的尘暴,卷走了地面上一切可以卷走的东西。尘土钻入了房子里每一个可以钻入的缝隙,在所有的东西上都铺上了一层细细的粉末。但是我们仍然顽强地坚持着,不肯放弃计划。经过一阵耽搁,我们终于等到了天晴,把行囊装上了卡车。一大群人围了过来为我们送行。大约在4点钟,我们乘坐卡车离开了总领事馆大院。

即使在卡车的密封车篷里,尘土也像有人倾倒一样灌了进来。由于4个仆人坐在车厢后边的露天处,他们的境况就更加糟糕了。他们下车后,看上去就像鬼一样。

我们顶着风前进,而且道路崎岖不平,因而车速很慢。我们所能看到的只是眼前的沙漠,偶尔有一支骆驼队,朦朦胧胧,在一片昏天黑地中孤零零地移动着。我们在前次看到的路标处向北拐去。在上次越过那条冰冻的河流的地点上边远一点儿的地方,我们被河面上的冰蒙骗了——突然,我们的车驶进淤泥中,车轮卷起了淤泥,淤泥四处飞溅,但车辆纹丝不动。米尔·胡木扎和玉素甫对付这种紧急情况很有一套办法。他们喊叫着,用杠子和铁锹硬是使车很快脱离了险境,把我们送到了比较坚实的地面上。在这场抢险中,玉素甫的一个指甲盖被完全揭掉了。

一路上,我们尽量避开松软的地面。汽车颠颠簸簸地向前行驶着,很快就拐入了以前我们曾去过的那条宽宽的峡谷。光线昏暗,我们选好了宿营的地方,希望在这个地方能够得到峡谷两侧高高的峭壁的保护,免受暴风的祸害。然而即使在这里,风力仍然没有减弱。我们翻越过山崖,风吹打着我们,使我们连站都站不稳。我们急急忙忙地察看了一下那个穹形山峰的方位，尽量记住它的位置。因为根据上一次的经验，一旦我们钻入了通向那条山脉的迷宫般的地势，穹形山峰就会从我们的视野中消失掉。艾瑞克用望远镜仔细搜寻着它的位置，但从望远镜里什么也看不清楚，直到我向他指出后，他才发现望远镜镜头的盖子没有揭掉！

我们支好帐篷并点起一堆篝火后，天已经完全黑了。吃晚饭和喝晚茶持续了很长的时间。我们围坐在火堆旁，天上星光暗淡，我们忘记了周围呼呼的大风，对现在所能享受到的自由、空间、食物、茶水，以及住的地方的状况感到相当满意，而这种满意感在我们钻进帐篷睡下后一下子烟消云散了——地面硬邦邦的，石头藏在你意想不到的地方硌得人难以入睡。暴风不停地怒吼着，敲打着篷布，差点儿把帐篷卷走。过了好长时间我们才进入梦乡。

睡觉之前，我们期望第二天会有变化，想到第二天的探险活动，感到很激动。可是第二天早晨，我们发现这种期望和想象中的激动至少在早晨7点钟看上去是可笑的。天气很冷，而且仍然一片黑暗。由于睡觉时我们没有脱衣服，所以只是费劲地穿上了靴子，但是从睡袋中爬出来可费了大劲。早饭仅仅恢复了我们部分的热情。随着光明的到来，没有意想到的事发生了——我们竟然看到了远处的帕米尔高原。这一下子唤醒了我们。一排排雪峰刺破蓝色的雾霭，俯视着大地。雪峰的壮丽轮廓沐浴在初升的朝阳播洒的淡红色光芒中，风已经减退了，大地洋溢着罕见的清新之感。一切都好极了。

满怀着期望，我们与拉克帕和格雅勒根一起出发了，沿着峡谷向上走去。

正如预料的那样，穹形山峰不见了，但是我们已经弄清了它的具体位置，而且前一次的探险已经指明，有一条很好的路——通过那片由小尖塔似的丘陵和山崖组成的迷宫般的荒野，就可以到达穹形山峰。我们所在的这条峡谷越走越窄，而且越来越幽深，阳光逐渐被山崖遮挡住。走着走着，我们用手都可以触摸到两侧的崖壁。这条不可思议的小小山脉的丘陵地带是由砂岩和页岩构成的，构造看上去很结实。从远处看是一大块一大块的岩体，但是我们开始向上爬的时候，岩石却常常崩塌下来。有一段时间，路走起来很轻松。我们沿着峡谷谷底向前行进，前行的路只是偶尔被一道坚硬的砂岩墙拦腰切断。这时候就得靠别人把我和狗或是推，或是拉，硬拽到砂岩墙的顶部。

我们在克什米尔买的那条金色的猎犬在喀喇昆仑山的艰苦旅途中活了下来，它很健壮，食量很大。然而，要么这是一条生来就很蠢的狗，要么在6周的喀喇昆仑旅途中的不寻常经历影响了它——它对一切的反应都慢极了。在房子里对它的训练遇到了许多困难，多少次我们试图让它把猎获的东西叼回来，但都没有成功。我们对它表现出来的一片感情，几乎得不到任何回报，而且它似乎分不清楚我们和它周围其他的人。除了吃的东西之外，只有两样东西可以唤起它的热情。一是见到人把石头甩入水中，它就会变得疯狂起来，它从来没有停止过对水中的影子的好奇和冲动。只要有人把大石头扔进河中，或是把小石头投进水洼里，它就会高兴得发狂。它常常在大石头跌落到河中后，一下子扑进河水，或是总在水洼中狂暴地挖来挖去。然而，它却对落入河中的野鸭很少表现出兴趣。二是它总是追逐自己或别人的影子，追起来永远不知疲倦，但它却对追逐木棍或球毫无欲望。它变成了一条小丑似的狗，我们对它的喜爱程度一般，但我们非常怀念大多数狗所具有的对人的那份眷恋之情，那份机灵劲儿。只要我们外出探险旅游，这条狗都要跟上我们，它总是会给我们制造许多麻烦。

艾瑞克第一次在喀什噶尔任职时，有一条可爱的猎犬，是杂交种。艾瑞克给它起名为堪布，这个名字源于舍巴人的故乡的一条山谷。那是与世隔绝的幽静地方，全名是索拉·堪布。我们为现在的这条狗起的名字是索拉。

还是让我回到穹形山的探险上来吧。我们上一次到这里时，曾堆起了一些石堆路标。根据这些路标，我们知道在前面的山沟里遇到许多曲里拐弯的地方时，应该沿着哪个方向前进，这就节约了不少宝贵的时间。终于，我们来到了一个巨大的“壁垒”跟前，上一次我们就被挡在了这里。这堵“壁垒”很高，横卧在山崖上，就像一个壁炉一样，朝外挺立着。从外表看，它似乎很坚硬，但其实不然，由于太滑或岩石太松，无论用手还是用脚向上攀登时都很危险。只有一条很陡的斜坡可以攀登而上，并由此越过这道障碍。我们上去后，从它另一侧满是碎石渣的松软山坡滑了下去，又回到了峡谷底，这倒没有用多少时间。渐渐地，这条峡谷消失了，我们来到了一条小河的干涸河床上。接下来的上行路线长满了密密麻麻的灌木丛，不时地阻挡住我们前进的脚步。

我们向前走着，来到了一片平坦的台地，景观突然变了，狭窄的峡谷不见了。由于我们不断地在向上走，现在，尘霾层已被我们踩在了脚下，我们周围展现出一片洁净开阔的景观。在我们的上方，耸立着尖塔似的山峰和城垛似的山包，极为壮观。我们意识到，就在它们中间的哪个地方，隐藏着扑朔迷离的、仍然看不到的穹形山峰。在我们所在位置的下边，就是那些迷宫般的山头和峡谷，我们正是穿过它们来到这里的。现在，它们看上去像侏儒一般，又像孩子们在沙滩上玩游戏时堆起的各种模型。就在这些迷宫般的山头后面，是一望无际的沙漠。沙漠平坦，伸向地平线上的沙质山脉，那里的山脉看上去更加低矮。在这些仿佛相当矮小的沙质山脉上方，雪山依稀可见。雪峰不那么清晰，只是一些隐隐可见的闪闪发光的线条，仅在能够折射阳光的冰雪上，才闪耀着光芒。雪峰似乎是悬浮在半空中，与大地并不相连，而且似乎不是真实的存在。

高高的台地挡住了我们前进的道路，我们意识到，要想离目的地尽可能近一些，必须再次下到一条通向群山的新峡谷中，溯峡谷而上。这条峡谷的两壁非常险峻，似乎并不欢迎我们。峭壁表面坚硬，但还不够安全。所以我们又开始“穿越大地”，以便能找到一条容易攀登的路。

离开了那条宽阔的峡谷之后，行路就变得艰难起来，速度很慢。我们被迫在陡峭的山峰上爬上爬下，一点儿也不安全。到处都是长刺的灌木，再加上从松散的土层上不断跌落下来的尘土，又使行进变得困难多了。这样走了一个多小时，我就累垮了，走不动了。我决定在一个三面环山、阳光能照进来的地方先等上一会儿，避免像以前那样匆匆忙忙地去登下一个山头。似乎在那里等了好长时间，四周一片死寂，万籁无声。又刮起风来了，冷风飕飕。气温一下子降低了。为了保持体温，不能闲着，所以我又挣扎着越过了一道深沟，小心翼翼地沿着一条狭窄的、支离破碎的岩壁战战兢兢地向前蠕动着。我向四周的旷野大声喊叫起来。没想到在我所在的地方以下很远处传来了回应声，使我惊诧不已。在这个峡谷的一个转弯处，显现出两个小小的人影，他们向我挥着手。人影又消失了，但脚步的回声却在空谷回荡着。很显然，艾瑞克和格雅勒根找到了下去的路。拉克帕返回了,给我送来了午饭。

天气太冷了,不能在这里再徘徊下去,于是我和拉克帕决定往回走。我们在那里堆起了一个石堆路标,为另外两人标明我们特地为他们留下的半个西瓜的位置,接着我们就往回走了。在如此荒蛮的群山中,要记住回到那个高台地的路确实不容易。我们两次被一道绝壁挡住,只得返回去。为了避开那些特别高的悬崖峭壁,我们选择了一条越过疏松地面的又有点陡险的斜坡路往回走,一路上险情不断。斜坡的坡度很大,令人不敢向下看,手能够抓到的地方总是不够结实。我紧贴着陡坡的壁,小心翼翼,用脚蹬出一个又一个的落脚点,向前挪动着,不敢看下面那光秃秃的悬崖。为通过这个陡坡,我们似乎花费了好几个小时。拉克帕尽全力帮助我走过了这一段路。到那个石头遍地的灰色高台地时,已经是3点钟了。

"他们两个人现在在哪儿?"我一边回顾着那个深深的峡谷,一边喃喃地问道。

他们就在我们的下面,正在往回走的路上!

突然,他们折返过来,开始向我们待的地方攀登,速度非常慢。可能他们是想抄一条近道。我们从上面紧张地朝下看着他们,拉克帕大声向他们呼喊着,用英语、乌尔都语和藏语苦苦哀求他们不要攀了,还是回去走那条长一些的路。还告诉他们,在那里还给他们留下了半个西瓜。但是,这一切都没有用,他们一英寸一英寸地向上登攀,而我们只好在上面等着,总是期望那些靠不住的蹬脚点垮掉,使他们滑到底部。索拉拼命地叫着,并试图下去和他们会合,这太怪了,反而增添了我们的忧虑。风刮得很厉害,灰尘不断地刮进我们的眼睛里,灰尘肯定带给那两个攀登者的麻烦更多。

一切似乎都静止不动了,凝固了。终于,他们放弃了攀登,又返了回去。我们看着他们顺利地到达了峡谷底,才向宿营地走去。

在离开这个高台地的时候,我们又走错了路,竟然来到了另外一条小河的河床上。这使我们的位置比原来的山崖低了20多英尺。我们发现自己再也不能走这样难行的路了,只好垂头丧气地顺着原来踩下的脚印返回那个高台地上,从那里重新找到原来的路。顺山而下的返程要容易多了,但是沿途还是有一些陡壁得通过。这一次,比起来的时候困难要多一些，因为只有一个男人帮助我下去，而来的时候三个男人帮助我登上去。我们总是先把索拉扔下去，然后我再踩着拉克帕的肩膀，战战兢兢地滑到地面。下的时候慌里慌张，几乎把这个个头很小的人踩翻、摔倒在地上。在地面的尘土上画着一个箭头，向我们指明从哪里再向上攀登，以便越过那道“壁垒”。我们又一次开始了手脚并用的攀登，抓住那些从松软的土中垂下来的植物根茎，或是任何可用手抓住的地方，往往要费很大的劲才能勉强抓住可以凭借的东西。

行程中的最后一个小时的路相当顺利。我们沿着那条熟悉的峡谷，一路绕来绕去，一直向下走，最终走出峡谷，来到了平地。但是我们已经累得四肢都无法动弹了，而回宿营地的道路却似乎永无尽头。绕过一个弯，总会又有下一个。到5点钟，我们看到了卡车，留下的人已经为我们烧好了茶。但不幸的是，我们每个人喝的茶是定量的，因为水已经用完了。

45分钟后，艾瑞克也到了。格雅勒根一瘸一拐地在10分钟后也回到住地，他已经累得筋疲力尽，但还是乐呵呵的。我在那条峡谷见到他们后，他们就沿着原来的路往回走，在途中被两条封冻的冰瀑布挡住了，那是无懈可击的冰墙。他们在第一道冰墙上砍出了台阶，花了很长时间和很大力气，但是却没有在第二道上砍出台阶，因为没有时间了。即使这样，我们动身往回走的时候，天已经完全黑了。

整个下午，风都没有停下来。现在风在我们背后刮着，或追着我们刮。我们身上的尘土被刮得干干净净，在卡车的大灯前，刮起的灰尘闪着光，在车灯的映照下飞舞跳跃着，最后什么也看不到了。在满是沟沟壑壑的戈壁滩上，我们费劲地追着狂奔乱跑的尘土。汽车向前行驶着，快到目的地的时候，情况好转了，我们能够看清楚前面的东西了。到了晚上8点30分，我们到家了。

家中那温馨的炉火、热热的洗澡水和一顿丰盛的晚饭，都已经为我们准备好了。这真是一个紧张的周末。那个穹形山峰对我们来讲，依然扑朔迷离、神秘莫测，要想探寻它的秘密，非要经过一番折磨人的跋涉。然而，由于我们在山上观看到了清新的、魔幻般的景观，还有那不可思议的茫茫大地所具有的吸引力，都使这个周末的旅行很有意义。

我们用维吾尔语为这条山脉起了名，称它为“吐秫古塔格”，意为

“洞窟山”。我们第三次到那条山脉的探险,由于卡车抛了锚而被迫失败。那一天天气并不比平常冷多少,而且风刮得也不是非常猛烈,但卡车不是走上几百码水箱就开了锅,就是开着它向前行驶,水箱里的水又会冻住。一路上我们不断地停车,有时候停的时间相当长。米尔·胡木扎得在车底下点上火烤水箱,这样就使我们在路上耽搁得太晚了,于是我们决定回去。而当开车回去的时候,由于风在车后刮着,一切又都恢复了正常,简直太莫名其妙了。对我们的计划来说,真是极其扫兴。

在离那个“炮台”5英里的地方,有一个名叫明约尔的村子。艾瑞克搞了个新计划,打算先到那个村子去,和村民们谈一谈,看看有谁到过那条山脉,而且到过那个穹形山峰。在3月的一个周末,我们再一次开着卡车沿着那条熟悉的沙漠路行驶。到了明约尔,我们立即被那些对我们的到来不可避免地产生兴趣的村民们围了起来,但是他们显得相当谨慎。通过格雅勒根,我们发现他们把我们当成了俄国人。我们向他们再三说明,并保证我们不是俄国人,而且我们到这里来一点恶意都没有。村里的男人们热情地为我们的计划出谋划策。

大家的意见是,最适合给我们当向导的是一个名叫乌斯满阿洪的人。这人最喜欢打猎,熟悉那条山脉,在他之前,他父亲就一直试图找到通向那座神秘的穹形山峰的路,而且他本人也一直在寻找这条路。乌斯满阿洪一表人才,长相英俊。后来我们得知,他曾经到过阿富汗和俄国,是个旅行过很多地方的人。这个人沉着冷静,很有头脑,比起一般的维吾尔族村民,他是个出类拔萃的汉子。我们给他起了个绰号“塔菲”,意为“硬汉”。他似乎很乐意与我们一道到吐秫古塔格山里去,但又强调说,我们不可能找到那个穹形山峰。

有塔菲和他的一个朋友为我们带路,我们驱车离开了明约尔,穿越沙漠直奔那条山脉。那时,一种像扫帚的植物正开着花,一丛丛硕大的黄色花朵灿烂地怒放在大地上,一扫沙漠那种灰蒙蒙、光秃秃的景象。这里有许多峡谷把山脉劈开,我们成功地使福特卡车沿着其中一条峡谷开进了山中,这要比上一次开进去的距离深入得多。看上去我们已经进入了一条主要的山谷,我们产生了各种各样的希望,希望这条山谷是一条易走的路,会直接把我们带到穹形山峰的山脚下。然而塔菲似乎对打猎的兴趣要比对我们这趟奇怪的探索旅行大得多,他下决心要把我们引到能打到野山羊的一片荒原中去。

第二天早晨8点，我们这支庞大的队伍开始出发到那个峡谷中去。队伍中有拉克帕、米尔·胡木扎、格雅勒根、塔菲和他的朋友，还有罗沙伯克、索拉和我们夫妻。我们曾希望能够碰到野生动物，但是由于队伍中每个人谈话的声音都像吼叫一样，我们只好放弃这个想法。虽然塔菲自称是一个了不起的猎人，但他却根本认识不到不出声是多么重要，他和别人说起话来，就像对方是聋子似的。

这条峡谷不如我们前一次探索过的那一条宽，也没有那样多的曲里拐弯，但是，我们仍然被峡谷两侧沙质山的奇特形状和它的寂静，以及在我们探索中产生的神秘感所深深吸引。这一切紧紧绷住了我们的心弦。我们甚至对那个穹形山峰是否存在都怀疑起来，怀疑它是否仅仅是一个由光线造成的幻影，只有在远处才看得到。

这样的探险完全是艾瑞克一个人的主意，因为他曾经在许多地方把那个穹形山峰描绘得那样生动逼真。塔菲刚刚把我们领出峡谷，我们发现自己又开始向一面满是卵石的山坡爬去，这种地方对我来说是太艰难了。最终我们来到了一道陡坡，而我却没有办法爬上去，只好和索拉留在那里，眼睁睁地看着其他人向上面攀登。

阳光还没有照射到这个山坡上，等在那里非常冷。索拉对和我待在一起很不满意，它狂吠着，试图跟上其他人一起走。后来，一阵滚下来的石子把拉克帕带了回来。在喀什噶尔的6年中，他无所事事，缺乏风风雨雨的考验，长得胖乎乎的，他走了一阵儿，发现路太难走了，就回来了。塔菲的朋友是个不中用的人，也回来和我们待在一起。我们三个人在山坡上索然无味地整整等了5个小时，等着艾瑞克他们返回。由于艾瑞克走时曾向我保证，说用不了多久他就会回来，所以我时时刻刻盼着他的归来。远处传来的枪声使我相信他就在附近，但这是米尔·胡木扎开枪传来的回声。后来我才发现，艾瑞克和塔菲受到一条通向主要山脉的不起眼的小径的诱惑，走得越来越高，越来越远。最后他们到达了一条峡谷，峡谷很窄，他们只好在一片黑暗中摸索着，沿着峡谷的一边往前走。回来的行程对他们来讲简直是冒险，连塔菲的勇敢精神也几乎荡然无存了。

没有料到这次探险竟然会冒这么大的险，我变得不耐烦起来，也动了火。到下午2点钟，我饿坏了。从这次行动中我学到了三条“探险规则”：永远要带上面包，随时得带着书，必须把所有衣服都绑在腰上。这一次我把不穿的衣服都让格雅勒根带着。而他却和米尔·胡木扎、罗沙伯克消失在群山中。我会永远记住这三条规则的。

拉克帕、索拉和我返回了宿营地，美美地吃了一顿面包，还有桑葚。桑葚是从我们的花园中带来的。过了一阵儿，我又一个人在附近的一条峡谷里转了一圈。在家里，我极为讨厌一个人待着，因为我总是根据自己的想象，认为我和百十个幽灵同在。可我很少在意自己一个人在孤寂的大地上漫游。但是那天晚上，我的胡思乱想却出了格：我总是听到身后有脚步声，而且想象得那么强烈，竟然坐在了一块石头上，等着让“艾瑞克”过来把我逮住。这种幻觉并没有什么独创性，因为我猜想大多数人在某个时候都会有这样的体验。但是，那天晚上的“脚步声”确实存在。

我们驱车驶出峡谷，行进在沙漠上。这时的帕米尔高原的美景使我们疲惫的精神为之一振。高原清晰无比，雪峰历历在目，落日的余晖斜射在雪峰上。在峡谷里转了半天，突然来到开阔的地方，看到绚丽的色泽，感到真是壮观极了。

我们这次探险又失败了。在这次行动中遇到的困难，使艾瑞克相信从南边无法到达那个穹形山峰，所以我们决定将从北边再次发起进攻。4月初，我们自阿图什背后的一条山谷做了一次尝试性的侦察。驱车上路，在通向迪化的主要公路上行驶了10英里后，我们便拐入沙漠中。此次沙漠中的行车是我所经历过的乘车旅行中令人最不舒服的一次，这是一个枯燥无味、毫无乐趣的周末。但是，这次侦察却证实了我们从北边探察吐秣古塔格山的计划的可行性，而且我们也找到了一条可行的路途。

14天以后，我们再次驱车来到通往迪化的道路上。驶离这条道路，我们一直沿一条满是石头的干涸河床上行。这条道非常累人，我们整整行驶了两个小时，绕来绕去，始终没离开河滩，有时还陷在松软的积沙中。偶尔我们可以看到有路的痕迹。穿越过一个村庄后，我们甚至还驶上了一处地面坚硬、没有石头的地域。但是，大多数地面乱石满滩，坑坑洼洼，我们坐在卡车里，被抛来抛去，颠得一会儿倒向这一边，一会儿又倒向另一边。我们的头多次狠狠地撞在了车顶上。到了下午5点30分，我们抵达了砂砾岩构成的一座高高的悬崖下面，这里长着一滩绿油油的草，很是诱人，便停下车，就在那里扎了营，过了一夜。

第二天，我们早早出发了，开车向南，沿着一条干河道上行，朝吐秫古塔格山脉锯齿般的山影驰去。山影笼罩在尘霾中，勉强可以看见一个大致的轮廓。后来又在一个柯尔克孜族牧民的营地里停了下来，想问问路。在那里我们等了一阵儿，才见有一个走路一瘸一拐的老人向我们打招呼，显得很紧张。我们发现，所有比他年轻的人听到卡车的声响都溜走了，原因是我们再一次被当成了俄国人。这里的牧民对俄国人对他们施行直接统治的年代记忆犹新，因此认为我们到这里是来抓他们，强迫他们服兵役的。我们向这位老人保证，我们到这里来仅仅是为了自己放松娱乐，他才不太紧张了。但是他对那个穹形山一无所知，因为从那条山脉的这一边看不到那个穹形山峰。

我们沿着一条山谷慢慢地向上爬行着。走了一阵儿后，从山谷里拐了出来，转向左侧我们要去的山脉的方向。卡车挂着二挡向前爬行。前面有一排小山挡住了去路，但我们发现有一条山谷通向这些小山里面，于是再一次向左拐，进入了这条山谷。山谷越来越窄，在途中我们不得不停下来，把挡在路上的松软的土堆搞倒推平，让卡车勉勉强强通过。最后，这条山谷消失在一些低矮的褐色山丘中。大概在早晨9点钟的时候，我们停了下来，就在停车的地方扎下了营地。

我们从那个地方步行出发，翻过了一些小山包，继续前进，直到看见我们要去的山脉就在前方，清晰异常。一条岩石峡谷，很宽，沿着它可以不费劲地朝山脉走去。山脉北边有许多峡谷，都很平缓，但是我们得从中选一条。在这里根本看不到穹形山的影子，但是由于我们现在已经熟悉了这条山脉中的尖塔似的山峰和城堡似的山头的走向，知道走向都是沿着直通主要山体的右边绕行，所以我们就选了一条通向山中的最宽的峡谷。沿着峡谷，踩着满是小石头但平坦的谷底前进。在山脉的这一边，山体都由结实的砂砾岩构成，形状粗犷，地面坚硬，高高耸立在我们的头顶，但在有些地方，山体看上去又像巨大的蜂窝。走着走着，突然峡谷又一分为二，分别向左右两侧急速拐去，我们再一次碰到了选择方向的问题。艾瑞克选择了左边的一条路，因为这条分岔出来的峡谷看上去要比右边的宽一些。

但是没有走上多远，这条峡谷却突然变窄了，变成了一条黑洞洞的通道，我们前进的路被一道潮湿的岩墙挡住了。我们不费劲地翻越过了这道岩墙，索拉是被人推过去的。虽然在我们这一天的步行探险中，这条狗的大部分时间在寻找粪便吃，并为此挨了打，但它似乎还是挺喜欢与我们一道出来参加这次探险的。无论如何，在翻越峭壁时，一旦落在后面，它就要汪汪叫个不停，以示抗议，而且宁愿让人把它拽上悬崖，再抛到另一侧，也不愿被扔下。

走到这里，再也没有第二条路可行，我们只能沿着峡谷前进，在每一个拐弯处，我们都怕前进的路被无法通过的峭壁堵死。我们在此后又遇到了三堵峭壁，但是都比较容易地通过了，其中一道很平滑，大约有11英尺高，我得靠别人托着才能上去，其他人则毫不费劲地翻过去了，因为我们这一行人中，有格雅勒根、米尔·胡木扎和罗沙伯克。翻过这道峭壁后，我们进入了一个长满灌木的小山沟，山沟里还星星点点地长着一些小松树，很吸引人。在这样一个光秃秃的干旱山区，生长着这么多的植物，完全是我们没有预料到的。我们甚至有点想入非非，想找到据说存在于这条小小的但又奇特的山脉中的一个果园。在当地人的传说中，这里有这样一个神异的果园。

在这片绿荫的尽头，我们又遇到了一道不高的山崖，在别人的帮助下我先翻了过去，其他人也随后翻过来了。山崖那边的山谷又变得狭窄起来，最后山谷化成了一道陡险、满是石头的干河道，弯弯曲曲地伸向左边。在我的两侧和前方，山峰高耸，巍峨险峻，前方远处的高山上，似乎还有一小摊一小摊的积雪。在海拔这样低的地方见到积雪，我感到很惊讶。这时候艾瑞克赶了上来，他对看到的东西的反应要比我快得多，听我说完后他倒抽了一口气，然后指着那些一片一片的“积雪”让我看，我惊呆了，突然意识到看见的不是别的，而是天空！我一下子激动地在这个拐弯处跑了起来。原来，就在山谷的尽头的高山上，那个穹形出现了！

正当我们激动地在那个干河道里跳着叫着的时候，艾瑞克说了一通话，一下子把我激动的心情扫得一干二净。他说，这不可能是我们要找的穹形山，因为它太小了。脚下的岩石一直通向一道斜坡，斜坡很陡，长满了草。似乎这个斜坡一直通向那个穹形山的脚下。而当我们爬上斜坡的顶部后，发现自己正站在那个穹形的巨大穹环里向前面眺望。这个穹形的上部是半圆形，直插云天，但是两边的山壁却一直伸向下边的一个深不可测的峡谷，站在那里就好像站在离一扇巨大的窗户不远的平台上。这个"窗户"把其背后的所有山景都框了进来。要想测得穹形的精确高度完全不可能，但是现在，既然它的全景显露在我们面前，它又是那样的宏大，艾瑞克也承认，它就是我们心目中的那个穹形，就是我们在遥远的地方看到的那个穹形，就是我们花了这么长的时间苦苦寻找的那个穹形。

穹形两侧的山壁光滑、干净，它们就像被人仔细地雕刻成的，四周浑圆，构造极为漂亮，我们看不到穹形的底部，其底部陷入黑咕隆咚的深渊中。但是从这里我们理解了为什么在南边我们到不了这一带：下边的那条深不可测的峡谷的尽头被一座坚实的大山挡住了，只有一些极深、极窄的幽壑从这座大山里伸出去，但是人不能钻过这些幽壑。由于北边地形坡度的缘故，从那边接近这里相对而言容易一点。我们在那么多可选的路中，竟然一下子就选中了这条最佳路线，把我们直接引到了梦寐以求的地方，这真是个奇迹。

我们在穹形山峰上停留了一天，完全无所顾忌地沉浸在自己的胜利之中。我们尽可能地多拍了些照片，还爬到离它不远的山头上转了一圈，然后吃了午饭。就穹形来讲，它是一处给人以深刻印象的自然现象和奇异景观，而我们对它的苦苦寻找也使它增色不少。我们想，在以前会不会有人来过这里？或许某位猎人来过，但是我们爬过的那些峭壁是那样的高，牧人不可能赶着他们的牲畜越过它们，而且我们见到过的当地人中，并没有一个人知道有这么个地方，也不知道有这么一个穹形。我们愿意怀有这样一个幻想，即我们是第一个到达这个秘密山谷的人，无论怎样，我们是自己找到它的，并没有靠向导的帮助。

后来，我们又一次来到了穹形山峰，为的是向总领事馆的医生显摆我们的发现。那一次是在一个刮着暴风的周末来这里的，一路上我们还遇到了几次急促的阵雨。在此之前我几乎忘记了对下雨的感觉，因为在我来喀什噶尔之前，我并不把凉爽、清新和湿润的气候看作是什么了不起的东西，但是来到这里，这里一年才下上有数的几次雨，我的感觉就变了。

我们在穹形山峰附近度过了星期六整整一天，在星期天我们决定到通向主要山脉的一条山谷里探索一番。那一天天气晴朗，风暴后空气就像被雨水洗了一遍似的，清新可人。我们很轻松地步行到了一条河道，一路上没有碰到什么峭壁之类的地形挡住路，最终到了那道长满草的斜坡上。突然，米尔·胡木扎看到了一只野山羊，瞄准了它，其他的人屏住呼吸，悄悄地向坡上爬去，谁都想看到这只野山羊，但是它却早就钻入了高高的悬岩下。使我失望的是，这个河道里没有什么好看的景色，只有一条很深的、阴暗的山沟拐向南方。从它的昏暗、狭窄的“V”形山口上，勉强可看到帕米尔高原的一隅，但要看到帕米尔的整个壮观景色，我们非得爬上就在头顶的那座山崖。而要爬上去，只有两条路：要么沿着一道依山崖边盘旋而上的小径上去，要么从山崖正面的崖壁爬上去。艾瑞克建议走后一条路，因为这样他们可以用绳子把我直接拉上去，让我少走点路，而且我们也带了登山用的绳子。在艾瑞克和格雅勒根用绳子绑我的时候，我感到很不高兴。

虽然艾瑞克从12岁时就开始登山，但我却从来没有登过山，充其量只是在山间漫步或走走而已。我体验过在山区的滋味，也感受过山中的美景，但是山中那些陡峭的地方总是让我感到不寒而栗。因此，以前我从来没有想过能做一些严格来讲可以使“攀登”这个字眼不丢脸的事。当然，由于登山者的技术和技巧的不同，登山的难度只是相对的。我在这里不想给人留下这么一个印象，即我当时可以依据登山者对“困难”这个词的理解程度，来为自己的无能开脱。我们面临的确实是一堵峭壁，崖面光秃秃的，如果攀登时失足，就会从上面一头掉进深深的峡谷中，而峡谷的底深不可测。但是，岩石很结实，上面用于脚踩和手抓的地方很多，也很牢靠，在登山者的行话中，它属于“容易登”的山崖。即使这样，对我来说，也不是什么安慰，因为我的恐惧是不可理喻的。在登上这道山崖的过程中，是格雅勒根那温和而又令人感到安慰的鼓励，而不是艾瑞克从逻辑上所作的保证，使我登到了顶部。在我们的探险中，艾瑞克和我常常会为登山的难度争吵。由于我有某种程度的恐高症，因此必须熟悉和我一起到过山区的每一个人，以便在必要时刻可以帮助我。大概真正的登山者都很有信心，因为他们已经掌握了登山的技术和技巧，比如学会了如何控制自己的脚和手，如何掌握登山时使用的绳子，而且也必须学会如何控制自己的情绪。虽然艾瑞克从来没要求我做那些他本人认为是很危险、很困难的事，但是，他确实要求我试着登那些在他看来很容易也绝对安全的山峰，他认为这样做是完全正确的。他相信，只有通过实践，我才学得会如何在崖壁上移动，如何去控制我的那些没有道理的恐惧感。他的这些说法，和我们以前就骑马发生过的争论一样，我发现自己很难按照他的建议去做，很难相信他所作的保证。但是在那次攀登中，对我来说，收获比以前要大多了，所以我也更加努力地去克服自己的恐惧感。在这里我向大家介绍自己胆小的故事，这真令人遗憾，但我只是想说明那些“艰难的攀登”与我的水平低有关系。

我的第一次“攀登”的报酬是丰厚的。登上崖顶后，放眼北边和南边，皑皑雪峰凌霄高耸，在明亮的蓝天映衬下熠熠生辉，低矮一些的山峰呈现出的钢蓝色山皱，色彩柔和，不知不觉地融入比它们低矮的红褐色山丘中。在我们的两侧，平坦的沙漠和宽阔的河谷一直延伸到我们所在的山脉边。我们周围的山头，形状各异，非常复杂。这些山头或是急剧地从地面耸起，呈精致巧妙的塔形，或是巨石叠架，或是像埃及的金字塔，而且都被巨大的沟壑隔开。我们站在狭窄的山崖边，向下面的一道峡谷望去，令人心惊胆战。我向下丢了一个石子，整整9秒才到达沟底。

想起还要走下山崖回到宿营地，有点挫伤了我对这壮美景色的欣赏，这始终是登山后的不足之处。这一次我选择了沿山崖边的那条盘旋而下的小径下山。他们在我身上绑了一根绳子，以防我滑下去，而且还安排了两个人在前面为我带路，我半坐在山坡上，小心翼翼地滑了下去。下去时很容易，因而我对于自己那份愚蠢的担心很是后悔。

既然已经找到了要找的穹形山峰，我们倒感到现在无事可干了，因而对搜寻它的那份热情的消失感到有点后悔。但是，塔菲和他的朋友曾用那些深藏于这些山峰中某个非常漂亮的地方的美丽果园和美丽湖泊的故事，吊起过我们在吐秣古塔格中探险一番的胃口。据说，只有心灵纯洁的人才能找到这个天堂般的地方，因为在果园的大门口，厚重的大门会挡住那些心灵邪恶的人的路。我们自认为心灵是纯净的，就决定到明约尔去找塔菲，请他带领我们去找那个果园，当然我们也急于想告诉他，我们已经找到穹形山峰的情况。

我们给塔菲讲了在北边有条路直接可以通到穹形山峰，但是，即使我们的叙说给他留下了印象，他也没有表示出来，我怀疑他是否真的相信我们所说的话。不过塔菲同意和我们一道再出去一趟，寻找那个果园。所以我们与上次一样，开车直奔那条主要的峡谷，到了那里后，我们又拐进了我在上次曾漫游过的那条小一些的山谷。支好帐篷后，我们就都出去寻找水了。由于在离帐篷走一小时路的范围之内根本找不到水，所以找水花了很多时间。即使这样，我们还是空手而归。我们只好饮用携带的“罐装水”，这种水喝起来总是有一股淡淡的汽油味。

第二天清早，我们一行8人就出发了。拉克帕过去曾在南边一侧找到过两条路线，那趟探路可把他累得够呛。我们安排了玉素甫接替他，这一次，出于极为特殊的原因，总领事馆的裁缝也参加了我们的探险。在我们外出旅行时，格雅勒根总是坚持要带上罗沙伯克，帮助他做饭或干一些其他活。在总领事馆当差，也使格雅勒根产生了自以为了不起的想法，现在他认为被别人看见他洗东西或是削土豆皮是极为不体面的。虽然罗沙伯克是在城里长大的，然而在山区的探险活动中却表现得非常活跃、能干。他总是乐于和我们一起出来，而且理解我们的探险精神，全身心地投入到我们的探险中。虽然他的智商并不高，但干起活来非常卖力，而且其他仆人让他干什么他就干什么。遇到非常难攀登的山峰，他就会急急火火地冲上去，显得很急躁，而后又不能下来。遇到这种情况，格雅勒根一边嘟嘟囔囔地骂他一顿，说他蠢极了，一边又得帮助他下来。有了米尔·胡木扎和塔菲参加我们的队伍，我们在清晨7点30分就出发了。

不管塔菲对那个传说中的果园是怎么想的，到底是真还是假，但他在那一天极其肯定地说他带我们去的地方就是要找的果园。他说那是一个被环抱在群山中的湖泊，四周有树，有茵茵青草和盛开的各种鲜花。听了他的话，我们很是怀疑，可还是跟着他顺峡谷向上走去。走了不长的路，我就发现，比起以前的探险来，这一次要艰难得多。我们不时地发现从山上滚下来的巨石和碎石块挡住了去路，要越过它们并不总是容易的。再一次，我得让别人从后面推，或是从前面拉。和通常一样，又是格雅勒根扶着我走过那些最难走的地方。那个裁缝也遇到了一些麻烦，他脸上常有的那种讨好别人的微笑很快就消失了，我开始猜想他已经后悔跟上我们来吃这种苦。这趟路对索拉来说确实是太困难了，这并不是它的过错，既然已经带来了它，我们并不想把它甩下不管。索拉一直汪汪地叫着，很可怜，而且有时候还独自待在峭壁底下。有时候我们忘了它，它会在后面难受上很长时间，直到我们派罗沙伯克返回把它找回来。然而这条狗表现得极有勇气，似乎下定决心要加入我们的探险中，这使我们都很吃惊。

我们一会儿攀越过巨大的石头堆，一会儿又行进在平坦的峡谷谷底，谷底走起来容易多了。后来到了一个地方，我想这地方肯定过不去，至少对我来说是这样。然而，我发现自己不必非从上面攀越过去，而是可以从下面钻过去，因为下面有一个通道可以直穿岩石堆。就是靠着这样的一些小小机会，支撑着我要自己看到那个湖泊的希望。一路上我总是期望出现一些自己无法应付的障碍，在岩石下趴在地面上硬挤着钻过去，再从里面硬挤着钻出来，来到宽阔的峡谷中，这与在狭窄的峡谷里行走形成了截然不同而又令人心惊胆战的对照。前方地面上生长着一些灌木，还有一些树，树相当高大，我们开始感到那个魔幻般的果园或许就在附近的什么地方。

我们正在峡谷谷底前进着，路不难走。突然，塔菲领着我们向山崖坡走去，以避开一道瀑布般的石墙，石墙确实险峻，把峡谷的出口挡得严严实实。而山崖坡又很陡峻，走在上面，碎岩石片一片一片地滑落下来，裁缝和我都被绳子绑着，格雅勒根拉着绳子，为的是给我们一点儿精神上的支持。我很高兴有人和我一块绑着绳子走过去，而且希望最好这个人比我还要紧张。我们越过岩石边，就算翻过了那道石墙。路又变得容易走了，但是我们又进入了一道深深的峡谷，这道峡谷的样子就像一个又高又窄的走廊。一路上我们又越过了几堵石墙，它们和我们在前往穹形山峰的路上遇到的很相似。最后一堵石墙最难过去，我在挣扎着向上爬的时候，一条溪流飞溅着从上面流下来，我碰到的倒霉事已经够多了，这股飞溅而下的流水又溅得我浑身湿透了。真是祸不单行！

已经到了这个地步，而且走到了这样远的地方，我下决心要走到那个湖边，但是我心里还是嘀咕着，期望会有什么东西把我们挡在任何一个转弯处。然而，最后的一段路虽然使人疲惫不堪，却一直畅通无阻。那个像走廊似的峡谷走到了头，迎面而来的是一道陡峭的山坡。我们很费劲地爬上了陡坡的顶部，向下看去，下面是一条很小的幽静山谷，山谷里郁郁葱葱，就好像是伽南乐土的缩影。我们激动极了，一下子从陡坡顶向下跑去，飞奔到了山谷中。

那个有名的湖泊却令人失望至极。它已经干涸，变成了一个小池塘，而且只剩下了一洼泥水。但是这条山谷却一点儿没有让我们失望。它深藏于群山之中，周围都是高山大川，有些山峰垂直耸立，上面光秃秃的，而山谷里却长满了灌木，绿草茵茵，点缀着一丛丛娇小的鲜花。在一个不灌溉几乎什么都不生长的地区，竟然发现了这么一块生长着自然植被、布满绿草的地方，真是太迷人了。我们在水边躺着，久久不愿起来。吃着东西，打着瞌睡，心满意足极了。

后来我们又沿着山谷继续向上探索，意外地发现了一群绵羊。我简直不敢想象牧羊人是怎么把羊哄着走过了我们刚才来时走过的那条路。然而从山谷北边，根本没有通向山谷里的路。或许牧羊人知道一条从山下到这里的近路？我们迟疑着，久久不愿离开这条令人销魂的山谷。就在继续沿山谷向上走的路上，艾瑞克注意到了一座山峰，他认为很值得攀登，就要求再给他时间去探索一番。于是他和塔菲离开我们走了，而我们则往回走，向宿营地进发。下了流水的峭壁，穿过了黑洞洞的“走廊”，然后又沿着来时经过的那些大大小小的峭壁和岩障往下走。裁缝、索拉和我，一路上免不了又让别人帮忙。只要有谁预料我需要帮助的时候，其他人就会狠狠地戏弄他、嘲笑他，对此我很是为那个人感到不安和遗憾。索拉有个令人讨厌的习惯：下山时，在有些很陡的地方，只要有人过去帮助它，它就会向后退去，除非有人保护着先把它推下去。索拉会一直哼哼着表示抗议，可它又待在顶部迟迟不动。它的爪子被划破了，流着血，而且已经累得不成样子了。它一路上慢慢地向前挪动着，像个醉汉似的，打着滚，终于走完了最后一段比较容易走的路，回到了宿营地。回到宿营地后，我们两个饱餐了一顿，就睡觉了。

艾瑞克和塔菲又经历了一场令人心惊胆战的攀登，翻过了许多山峰。直到快7点的时候才回到宿营地。他们回来之前，我开始紧张起来，因为我不知道怎样组织起一支搜索队，也不知道到什么地方去找他们。我和其他人商量了一下，认为这两个人或许会退回到另一个山沟中，我们到那个主要峡谷的分岔处，他们就会出现，和我们相遇。艾瑞克的攀登技术早已给塔菲留下了极为深刻的印象，然而我想，他不会愿意再去我们前一次去过的那个特殊地方转一圈了。

在黑暗中，我们驱车回家。回去后发现拉克帕已经着手组织搜索救援队，那时已经是晚上10点钟，越来越焦虑的心情早使他坐立不安了。

第六章

总领事馆的日常生活

在别的国度和在英国一样,针对生活在本土以外的英国人的嘲讽和笑话,虽然单调乏味,但颇为流行。我们的"前沿阵地"在消失,或许随着它们的倾覆,我们自以为是的那种妄自尊大感也在丧失。19世纪建立繁荣的大英帝国的先辈们现在已成了历史人物。在新疆喀什噶尔与中国人、印度人和俄国人的相处,使我惊奇地了解到,世界上还有些国家和民族,比起我的国家和民族来,对自己的喜好更为固执、狭隘,更有偏见。作为一个英国人我并不感到羞耻,也不愿意变成其他国家或民族的人。但是,这并不影响我对其他国家或民族的风俗、思想、行为方式、服饰和食物的兴趣,更不会影响我对他们的有些东西发自内心的喜爱和赞美,但是我的这种兴趣并没有得到回报。似乎这里的人们对赞扬外国的东西总是犹犹豫豫,品尝外国的食品也是这样。他们心中似乎存在着一种坚定的信念,即自己的生活方式毫无疑问是最好的。

那时候,尽管当地一些人做起事来不尽如人意,但是我和艾瑞克却能够接受他们,喜欢他们,对他们的生活方式也有兴趣。我猜想,这种差异反映了我的"兴趣多变"的另一个方面,即缺乏对东方的一种寻根问底的精神。我们在这里见到的俄国人,几乎都是俄属中亚人。所以越了解得多，我对英国人中所特有的那种并不受人欢迎的优越感的体会就越深。但是我似乎又觉得，这种优越感还是不要过于外露，不要强加于人更妥当，因为至少会使我们对其他国家和民族保持广泛的兴趣和赞美的态度。

在我们的总领事馆里，印度籍职员和中国翻译之间的关系很紧张，已闹到剑拔弩张的地步。应该承认，翻译朱先生是个性情暴躁的人物。他动不动就冲到艾瑞克的办公室，露出胸脯，说他被别人“揍了”。然而，虽然说他“挨了别人的打”这件事后来证明完全是虚构的，他确实有理由感到受到了伤害。他常常遭到闲言碎语的攻击，受到不公正的对待，因而常常生气，总是怒火满胸。他在总领事馆干了9年，在他和全家人离开的时候，矛盾终于公开化了，几乎没有一个人出来帮他们搬搬行李，装装车。我们猜想，这是悄然无声的故意捣乱，完全是孩子般的泄愤的表现。为此我们感到非常难受，因为他是怀着对总领事馆的这么一种苦涩的感情离开我们的。在我们看来，当事的双方都应该受到责备，因为他们谁都瞧不起对方，也不愿意把自己并非总是事出有因的优越感略作收敛。对这种人际和民族之间的复杂纠葛，我们感到很是困惑，所以想做点努力，把总领事馆的人际关系引向和睦平静的轨道上。举行一次晚宴是件非常微妙的事。一道一道的菜上得要慢一些，以便人们有时间聊天。还要避开那些疙疙瘩瘩的小事，力争不要出现暴风雨般的激烈场面。我们内部总是举行一些小型的聚餐，互相请一请，但是，常常发生这样的事，比如在朱先生的餐桌上见不到印度籍的职员，而在印度籍职员的餐桌上也见不到朱先生和他的家人。我不知道他们对我们的食物有些什么看法，但是对对方的饭菜表现出来的那种无理和不尊敬，却是不言自明的。他们既没有尝试另一种新的做饭方法的愿望，也不愿意对固有的饮食结构略作改进，更不能互相学习。

朱先生的继任者杨先生，个头虽小，但风度翩翩，在和印度籍职员打交道时，比起朱先生来显得要有心机，更会做人。他认为喀什噶尔原始落后，来这里好像流放。对他来说，一切不熟悉的东西，无论是英国饭菜，还是新疆的某个城镇，都不放心，都要持怀疑态度。他是个相当不错的翻译，为艾瑞克服务得很好，但是我有点可怜他，因为他在喀什噶尔的日子过得太压抑，一点儿也不愉快。

从外表上看，总领事馆的生活很平静，很顺利。但这是个很小的圈子，发生一些摩擦是不可避免的。

我和艾瑞克招待总领事馆的全部工作人员的唯一机会，是在每年过圣诞节时。对我们来说，这根本不像个过圣诞节的样子，正是在过这样的节日或为家庭中的成员庆祝生日之类纪念活动时，在遥远他乡的孤寂和隔绝会随时触动你的心弦。这时，“新的世界”带给你的新奇和兴奋都荡然无存，牢牢地占据你的心的，只有怀念家乡，怀念熟悉的旧宅故园，怀念那些与你讲同一种语言、有着同样风俗习惯的人们。

所以在过圣诞节的时候，喀什噶尔的魅力和我们对它的兴趣都突然消失了，似乎这只是一个遥远的、与我们毫不相干的地方。在这里试图按英国的方式举行庆祝圣诞节活动的努力，注定要失败。原因不仅仅是在这里的巴扎上根本买不到像礼物、装饰物这样的东西，也不仅仅是这里见不到神圣的圣诞树。根本的差异是，对当地人来说，这个节日根本算不了什么，因为他们一点儿都不了解我们的传统和习俗。当然，在总领事馆里，人们知道圣诞节是英国人的大节日，所以为了庆祝这个节日，在过去的几十年间，已经慢慢地形成了一些习惯。这一天的安排有一定的规矩，我们只能照着办。首先，我们要在会客室里接待总领事馆的主要工作人员和在喀什噶尔的印度商人，给他们端上茶和糕点，还要为那些喝酒的人端上烈酒伏特加。绝大部分客人会接过端给他们的东西，但是一点儿都不吃，顺手就把盘子放到不想吃的食物上面，摞成高高的一堆。在这种场合很少有人说话，除开那些会讲英语的人，由于我们主动提示——诸如问起他们来喀什噶尔有多长时间了，等等，他们才开口说上几句。在这样的聚会上，大家一排一排地坐在那里，只有向他们明确示意或暗示他们可以告辞了，所有的客人才悄悄地退席离去。

客人刚刚走掉，我们要继续招待总领事馆的杂役们，有守门人、警卫、清洁工、拉水工、邮差以及仆人们，这一大串人蜂拥到大餐厅，餐厅正中摆上了一张大桌子，上面满是糕点和水果。这一次却不会浪费什么东西，每个人坐下后，就会马上拿起一块糕点吃起来，不到10分钟，桌子上的食物就都吃光了！当他们把我们倒给他们的茶一气儿喝干后，就鱼贯而退。每个人经过我们面前时，都毕恭毕敬地向我们致意问候，但我们之间说不上几句话。这真是一个快速而又少言寡语的招待会，令人感到有点怪，与其说是个庆祝活动，不如说就像一场灾难。

在下午，我们为总领事馆的孩子们举行的招待会就欢乐多了。在楼上的图书室里，无论男女，无论年长还是年幼，也无论个头大还是个头小，一大群孩子又叫又闹，像一群快乐至极的“小土匪”。哈菲兹手里提着一根棍子，维持着秩序。

招待会开始时，我们得扯上喉咙喊上几声，孩子们在慌乱中按他们的理解来服从我们的要求。等逐渐理解了我们的意思，才安静下来。一个极受欢迎的保留节目是，把小面包裹上糖浆，用绳子吊得高高的，让孩子们得到它们，但是不能用手，只能用嘴叼。一个满脸满身都沾满了糖浆的小男孩，经过一番苦苦奋斗，很快赢得了胜利，表现出一副得意扬扬的样子。女孩子们则更喜欢参加用手拿着勺子，勺子里放着鸡蛋的跑步比赛，因为它更庄重一些。所有的孩子都很有礼貌地看着我小心翼翼地试图用小勺子捡起鸡蛋的表演，他们显得很有耐心。

接着艾瑞克放下架子，尽情地在地板上滚来滚去，表演了一场模拟斗鸡，这也是我们的保留节目。双方作为对手都蒙着眼睛，躺在地板上，用纸卷互相打斗，也是很受欢迎的表演。男孩子们排成队等着参加

总领事馆人员的午餐聚会

进来,虽然没有什么规则,但不乏精彩凶猛的交锋。每一轮“斗鸡”过程中,孩子们推来搡去,笑声叫声不断,而哈菲兹则在旁边叫喊着、威吓着,要他们规矩点,但没有什么效果。整个屋子里尘土飞扬,令人感到憋闷。我们想让那些小姑娘表演跳舞,但是由于她们太害羞了,只好作罢。

最后,哈菲兹让所有孩子坐成一个大圈,我们给他们分发饼干、点心和爆米花,每个孩子都伸出自己的帽子,得到一份东西,甚至没有煮的土豆(土豆是用来进行取土豆比赛的)他们都乐意接受,而且还表示了感谢。我们让他们尽情地吃着自己所得的那份食品。这真是一场非常累人的招待会。但是,这是一天来最让人快乐、最能体现出真情实感的招待会。晚上,我们为总领事馆的官员们举行了宴会,并结束了整个庆祝圣诞节的活动。在喀什噶尔过第一个圣诞节的晚宴上,当点着灯的葡萄干布丁引人注目地端上桌子的时候,灯突然昏暗下去,原因是买到的廉价酒——俄国白兰地点不燃。我本应该记住,订上两份布丁,一份没有酒,专供不喝酒的客人吃。唉,我是多么想念那些插在布丁上的冬青枝条啊!

在欢庆圣诞节的所有活动中,穆斯林妇女都不能参加,所以我决定在圣诞节的次日,专门为妇女举行一次“深闺”晚会。由于总领事馆雇员的妻女们都深藏在大院内各个角落的鸽子笼般的房子里,我不知道她们到底有多少人,只简单地把圣诞节那天剩下的所有糕点都摆了出来,又打开了一听香烟,以备有人抽烟。仆人们不允许走近客厅,由一两个女人端茶倒水,做服务工作。

在我举行第一次“深闺”晚会开始前,我和朱翻译的夫人早早就在那里等着。直到很晚的时候,客人们才姗姗到来。她们把自己裹在长长的外套中,披着小纱巾,出现在客厅门口。看上去每个人都尽量穿上了自己最好的服装,有些戴着天鹅绒镶边的帽子,帽子上绣有金丝线;有些披着纺绸纱巾,身穿由锦缎、丝绸或天鹅绒做成的外套,颜色五彩缤纷,应有尽有。也有人头上戴着镶有毛皮的帽子,首饰珠光宝气,但都是些便宜货。她们的头发梳成了许多细小的辫子,有的人的头发卷成黑色的旋儿,粘在前额上。鼻梁上端的眉毛用浓厚的染料涂得黑黑的。把两端的眉毛勾连在一起,再用染料涂黑,这是当时的时尚,虽然并不好看，但很流行。尽管她们穿着打扮精致入时，但是每人脚上都蹬着一双笨重的俄国造的大靴子。

很快，所有的座位都坐满了人，端上的茶和糕点也都吃光了。我发现，竟然人人都吸烟！而且香烟和糕点有时被偷偷地藏在了大衣里面，供回去后享用。最初来的人犹如涓涓细流，但后边来的人却如滔滔洪水，越来越多。我和帮忙的人忙得团团转，在所有的房子里到处寻找椅子。我急得不行，赶忙下令给厨师们，要他们快点供应茶水，又打开一听听的香烟，最后又把仆人们事先“埋伏”起来的糕点统统都找了出来，急急忙忙地分到盘子里。

但在这种场合，却没有令人窒息的沉默，也没有故意的拘泥不安。房间里坐满了女人，没有椅子的就坐在地板上。大家立刻倾谈起来，有人向坐在对面的朋友大声打着招呼。帮忙的人端着盛着糕点和茶杯的盘子，在人缝中挤来挤去，不小心会被在地上爬的婴儿绊倒，或是撞在人身上，茶洒在了地毯上，糕点在脚下滚来滚去。母亲们给她们的婴儿喂奶，有些婴儿高声啼哭着，还有一些嘴里嚼着饼干，甚至烟卷，或是悄悄地凑在一起，给忙碌着的大人们添点小麻烦。

慢慢地，房子里的声音渐渐低了下来，食品都吃光了，香烟听也都空了，帮忙的女人们累得精疲力竭，坐在那里呷着茶。

后来，有人提议跳舞。一个妇女回去拿来了她的“吉他”，这个长柄“吉他”有两根弦。一两个客人有点犹豫，其他人则在劝她们上场表演。于是，仆人领班的两个妻子——年纪虽然有点大，但穿着讲究——领头开始跳起来，她们翩翩起舞，慢悠悠地跳着。一个长相一般却很自信的姑娘，用有点沙哑的喉咙唱起了一首维吾尔族歌曲，最后两位怀孕的妇女也加入了跳舞的人群中，慢步跳了起来。但是，大家跳舞的兴趣并不高，所以表演的人感到有点尴尬。朱夫人会讲维吾尔语，我让她帮我宣布：晚会结束了。并让她帮我翻译，告诉大家，我非常高兴见到了她们，并向她们道了别。于是，每个人都向我再三表示了谢意，然后到门厅里，仔细地披上了自己的围巾，就走了。

拉克帕和格雅勒根看着妇女们走后乱七八糟的会客室，气坏了。尽管拉克帕的妻子也是个当地人，但这藏族兄弟俩却不停地抱怨当地的妇女。他们不喜欢当地妇女们那种无所事事但又藏藏躲躲的生活方式，并向我解释，藏族妇女干活很卖劲，她们在各个方面的品行都很好。当然，维吾尔族妇女没有给我留下很深的印象。她们的主要兴趣在于参加招待活动，或是招待别人，以及穿各种新衣服。

虽然我还是数了数烟灰碟，看丢掉了没有，但是，相比较为男人们举行的晚会，我还是非常喜欢我举办的“深闺”晚会，因为在这种晚会上，有一种无拘无束、敞开心怀的氛围，而在为男人们举行的晚会上，气氛僵硬，令人尴尬。例行招待活动的另一个节日，是国王的诞辰，这一天固定在每年6月的一天。很奇怪的是，英国似乎没有国庆节。而国王诞辰这个节日，在英国并不是件大事，所以我不太了解。在喀什噶尔，我们庆祝国王诞辰时，当地所有的官员和俄国总领事馆的人员都要过来拜访艾瑞克，他还得正式回拜这些人。在那一天晚上，我们都要举行宴会，以示庆祝，请这些人来赴宴。

我在喀什噶尔的第一年，一想到要举行这个宴会，心里就犯怵。我感到，格雅勒根和上了年纪的厨师，再算上我一个，不可能应付得了这种场合。然而，总领事馆的每个人都来帮忙了，而且我发现庆祝活动的大部分内容都有定规，我的顾虑是多余的。在哈菲兹的指挥下，领事馆内外挂满了旗帜，看上去就像一艘轮船似的。为晚上准备的装饰很迷人，房顶四周布满了金字塔般的小灯，而且在花园里也布置了灯，看上去流光溢彩。院内放上了土陶小盘子，盘子里盛满了灯油，放上了灯芯，这些灯在晚上点亮，它们就像许许多多的萤火虫，发出一闪一闪的光芒。

我们决定，晚宴一律为印度式饭菜。他们正式通知我，由米尔·胡木扎来操办这一切(他是总领事馆最好的厨师)。我们紧张地观察着天气变化，这并不像在英国，为出门必须做这件事，而是为了预知是否有那令人头疼的风暴。看上去风暴已经逼近喀什噶尔了。到了6点钟，我们还在争论到底是把宴会安排在室内还是室外，大多数人主张安排在室外。于是一张可供30个人用餐的桌子摆在了高台上，而且把会客室的所有家具和地毯都搬到了草坪上。到下午7点，客人们陆续到了。我作出一副高高兴兴的样子，极力掩藏起对已经翻滚起来的乌云的担心。宴会开始了，风也刮开了，天气越来越冷，我赶忙拿了一些衣物，让女客披上。我们坚持到上布丁这道菜，餐桌上的每个人都客客气气地故意不理睬天气带来的不便。接着，风暴骤起，狂风像毒蛇一般扑向我们，卷起了尘土。我们急忙把客人们让进了空荡荡的会客室，开着的窗户上的玻璃被狂风刮碎了，仆人们从外面拿来了灯和椅子，跌跌撞撞，互相磕碰着，我自己则撞翻了地板上的一盆水，一下子坐在了地板中央。

用我们自己的语言，有可能拿一句玩笑就可以化解尴尬的处境，但是通过翻译，就不那么容易沟通了。所有的客人们的脸都绷得紧紧的，没有笑容，这似乎把我想通过"一笑了之"化解掉这种尴尬局面的努力消除掉了。陆陆续续，客人们都重新入座了，我们把为宴席准备的剩下的菜肴又端给了每一位客人，而没有在乎风从破碎的窗子吹了进来，仍然在怒吼着。这场风暴很快过去了，比来的时候还要快，但是已经把我完全累垮了。除了中国军队司令赵将军[1]和他的夫人外，客人们都走了，夜晚也变得宁静了。其他客人对今天的安排遇到的困难，没有试图做一点点机智的补救，唯独赵将军想得很周到，他问，可否把那些小灯全部点燃，因为他知道我们早已安排好了。我们马上把人叫来，点燃了院子里和花园里的灯，看上去我们确实搞出了点小小的名堂，霎时灯光闪耀，就像一座仙境，非常诱人。看到这一切，我对没能实现原来的设想，更加感到失望和伤心。

突如其来的风暴造成的尴尬局面令人难受，但我们并不是唯一的受害者。1947年，当时的新疆省主席张治中将军到南疆视察[2]，人们说那并不是一次明智的政治举动。但无论当地的人们怎么看待这件事，张主席的视察可不能等闲视之。当地做了周到的准备工作，喀什噶尔城里匆匆装饰一番，插上了各色旗帜，搭起彩门。张主席的车队从机场开向城里的时候，受到了组织好的小学生、青年队员和警察的夹道欢迎。他还到驻喀什噶尔的两个外国总领事馆做了礼节性的拜访和交谈。最后他举行了宴会，有200多位客人出席。

---

[1] 指当时的南疆警备司令、第四十二军军长赵锡光。当时喀什噶尔是南疆警备司令部的所在地。

[2] 张治中的这次南疆之行安排在1947年4月中旬至5月初，喀什噶尔是此行的重点地区。

客人们到了后，在室内寒暄了一阵儿，房子里的桌子上摆满了各式水果、各种干果和糕点，有一些客人挺直身板呆呆地坐在桌子周围。后来，我们所有的客人都从房子里走了出去，冒着大风在院子里的长长的宴会桌子周围找到了自己的座位。但是场面很乱，桌子上的餐巾、客人名牌和从头顶葡萄架上掉下来的叶子被风卷得团团转，落在了桌子下面。风怒吼着，让人很难听清讲话人的声音。客人们都急着寻找自己的外套和大衣，根本顾不上找自己的座位。挂在墙上的照片被风刮得哗啦哗啦作响，又被刮得皱巴了起来，最后不得不取下来。

中国各地美食（这次宴会准备的食品种类很丰富）通常都极为精美、好吃，但是这次端上来时，大部分已被无法控制的天气搞坏了。盛菜的盘子送到我们跟前，里面的食物已经凝结成一团，令人一点儿胃口都没有了，没有一个人想吃什么东西。我们想通过翻译与坐得远一些的人谈话的企图，被风声淹没了，除非我们能用坐在身旁的客人的语言谈话。

宴会上人们使用的语言极为复杂。汉族人用俄语同维吾尔族人交谈，和我们坐在一起的一位美国客人又把他们的谈话为我译成英语，俄国人讲着流利的维吾尔语，而维吾尔族客人却又讲一口流利的俄语，一位上了年纪的维吾尔族人则用法语交谈。我被搞得晕头转向，心想，我应该用自己熟悉的波兰语和藏语赶快参与进他们的谈话中去。由于这种情况，我试图与省主席略做寒暄的努力落空了，他被搞得无法集中注意力，一点儿也不想听朱先生像吼叫一样翻译过去的话。

把人们的注意力从那些引不起食欲的饭菜上引开的主要活动，是客人们之间无休止地相互敬酒和干杯，还有记者们拍照时闪光灯不停地闪出的逼人的光，这真令人吃惊。在这样一个场合有那么多闪光灯，真是没有预料到。眼下，讲话已是相当困难的了，省主席把他的致辞缩减成了几句表示歉意的话，而且我怀疑人们是否都听到了他的道歉。艾瑞克事先精心准备了一篇讲话稿，但也只好放弃不讲了。

宴会结束后，客人们又都来到了大客厅里，这里的气氛比起刚才轻松和缓了一点儿。一支维吾尔族乐队刚才一直在外面演奏，现在又为一个精神饱满的男声合唱队伴奏，他们唱了几首颂扬省主席的歌。我不知道省主席当时的心情怎样，这场风暴完全把他的盛宴破坏掉了。

并不是喀什噶尔的所有宴会或晚会都像这次那样乱，但是绝大多数都把时间拖得很长，也很乏味。中国人的礼仪要求每次宴会上的菜肴在道数上要足够，而且要给人留下印象，却不管这些菜肴是否能吃完，我很快就学会了每道菜只尝一点点。有一次，我们受到赵将军的邀请去赴宴，这次宴请还有一个特别令人感兴趣的额外节目——戏剧演出。

我们到那里时，一大批俄国人、汉族人和维吾尔族人已经在赵将军花园的葡萄架下的凉亭里坐着，他们硬是把我和艾瑞克分开了，他去加入男宾的行列，而我则被引到了一群女士那边。女主人那天打扮得花枝招展，满身珠光宝气，涂着鲜艳的口红。她穿着一身高领的中式旗袍，与她的身材不太相配。她讲的英语结结巴巴，听起来几乎与听汉语一样，使我难听明白。但是由于其他人都不说话，她的话却使我们能够摆脱完全沉默或只能无可奈何地用微笑交流的困境。我以为整个晚上我和艾瑞克都得分开，但等了很长一阵儿后，终于宣布宴会开始了，我们都移到了室内。

宴会共有三桌席。中国人的习惯是让参加宴会的夫妇二人挨着坐，所以我和艾瑞克又到了一起，俄国领事和他的夫人也坐在了一起。我们的座位是为贵宾专门安排的，正好在男女主人对面。旁边有个俄国人，他的英语讲得结结巴巴，另一个中国人讲俄语，这两个人当翻译。就这样，没有遇到多少困难，谈话慢腾腾地进行着。突然，外面的一个铜管乐队开始演奏了，声音震耳欲聋，几乎一下子把我们讲的话都淹没了。演奏的音乐似乎是华尔兹，但声音大却是演奏的主要特点。乐队在整个宴会期间都在演奏，欢乐而又吵闹。

中餐菜肴一般都是色香味俱佳，很好吃。汤的味道奇特诱人。中餐厨师知道如何调配蔬菜，用什么样的蔬菜做什么样的菜肴，而且搭配得当，样式精美复杂，给我们留下了很深的印象。每过一阵就会端上一道菜，并把它放在桌子中央，我们都想尝一尝，于是就夹上一点儿。我那时已开始学习用筷子，但是每次都夹不起多少东西，只好转而使用在这个场合显得更为笨拙的刀叉。宴席菜肴中有海参、鱿鱼，用海带类原料做的样式繁多的菜，十几种用鸡做成的菜，样式认都认不全，有拔丝土豆、莲子，缠绕成奇特形状的豆角，还有鸭掌、干蘑菇和松花蛋，香味

艾瑞克与翻译朱先生外出办公

四溢，回味无穷。端上的汤有燕窝汤，我一口都没尝。我们的翻译朱先生很庄重地告诉我们，人们认为燕窝汤是极品，非常昂贵。但是他又补充道："没有人真正喜欢喝它。"

在宴席进行到一半的时候，端上来了甜食，同时还给每个人一小碗热水，用来烫洗各自的筷子。赵将军讲起了他的拿手故事，说有一个粗心的人把烫洗筷子的水喝了下去。但是我招待过的客人中，有人吃过甜点后，喝过供洗手用的小碗里的水。甜点上完后，又接着上了好几道菜，直到把一碗一碗的白米饭端到每个人面前，我们亲眼见到的这个宴会才算结束。

漫长的一顿饭终于结束了，我们被引到了军营的戏院里。这个戏院很大，有一个正规的舞台，戏院里用电灯和油灯照明。赵将军带着参加他举行的宴会的客人们来到戏院，等在那里的观众——士兵们开始有节奏地鼓起了掌，但是同时又有一个铜管乐队奏起了乐曲，乐声回荡，很有气势。上演的戏剧有两出，每一出的台词都翻译成了英语和俄语。

演出开始了。第一个剧目是《寺中杀妻》[1]。故事发生在1000多年前，很感人。剧中的主角为了替被谋杀的父亲报仇，也为了安慰他的母亲，他得亲手杀掉自己的妻子和她的父亲，因为妻子的父亲就是谋杀他父亲的人。虽然她的父亲是元凶，但是这位妻子本人却忠实贤惠，也是一个孝顺的媳妇。她经常在寺庙中为自己的家人和丈夫一家人烧香求愿。就是在这座寺庙中，她丈夫找到了她，不得不向她说明要在这里把她杀掉的原委，于是在这里演出了一场生离死别的动人场面。丈夫不忍下手。为了帮助左右为难的丈夫，妻子一把抓过宝剑，自刎而亡。而当那个怀有满腔仇恨的母亲看到自己的儿媳妇命已归西，她也由于过度悲伤而悬梁自尽了。

为了忠实于中国戏剧的传统，这出令人感叹的戏的台词，在震耳欲聋的乐队的伴奏下一半念白，一半唱出来。虽然乐队藏在幕后看不到，但是好像它仅包括鼓、钹和锣。整个演出过程中，伴奏的音乐很少停下来。在我听来，比起我们听过的东方音乐，它的音乐完全缺乏曲调变化。戏中的女角色都由男演员扮演。虽然女主角的脸涂得苍白，眼圈四周涂成了深红色，但这种化装的效果却不像听起来那样如同小丑一般，而是具有奇特的柔弱娇媚和感人的效果。我很羡慕“她”的锦缎戏服和复杂的头饰。这位女主角用假嗓演唱，但很像女子的声音，他用手作出了中国戏剧中所具有的那些极富传统又细腻美妙的动作。第一次观看这样的戏，对我来讲，是无法理解这些动作表示的意义的，但我相信，在所有的古典戏剧中，都肯定有一些必须严格遵循的动作规则。

在莎士比亚的时代，剧场没有布景，而且道具都是象征性的。中国的戏剧对观众想象能力的要求，比起今天的西方戏剧对观众的这种能力的要求要高得多。举例来说，戏中的寺庙是用一张桌子和放在桌子上的两根蜡烛来表示的，而且也没有用使幕布下降一些的方法把它突显出来。有一个与剧情无关的矮个子，身着白衣，极像牙医的助手，在戏中夫妇二人进入悲剧高潮时，在舞台上走来走去，搬着必不可少的桌椅之类的东西，却有点与剧情不相干。在妻子自杀之前，这个人还要耐

[1] 根据作者介绍的剧情，这应是周信芳的保留剧目《斩经堂》（即《吴汉杀妻》）。

心地站在舞台上，等着给丈夫递过去死去的妻子的“头”。在幕间休息时，他还要提来一壶茶水，让演员喝了提提神。舞台上还有些不相干的士兵，在那里看管着油灯，这些士兵在舞台上走得很急，而对发生在他们周围的动人的情感高潮无动于衷。

但是，无论舞台管理如何不力，也无论这出戏的台词我们有多少听不懂，更不讲那些让人感到精疲力竭的音乐多么吵闹，两个主要演员确实有传达感情、使剧情感人的能力。我自己确实被戏中的悲惨情景所感染，关心起情节的发展了。突然，一个服饰奇特的人跳到了舞台上，他使我们都吃了一惊，好一会儿我都在费脑子琢磨，怎样才能把这个人的古怪行为和寺庙中的故事联系起来。然而后来马上明白了，他是下一出戏的人物。两出戏之间没有给人以喘息的时间，我们一下子又被带进了另一出戏[1]。这出戏没有开场白，似乎是一出打斗的喜剧。而事实上是由古代的一位文学家写的，剧情是关于猴王和牛魔王以及猴王为了争夺海底龙王至高无上的控制权进行斗争的故事。

“这不是真的。”赵将军夫人好意地悄悄向我解释道。

猴王是一个讨人喜欢的角色，谁也压不倒他，他的脸谱由红、白、蓝三色画成，精巧别致，很是独特。但是对我来说，由于不了解这出戏的故事背景，感觉似乎只是一出供一群非常敏捷的杂技演员打打斗斗、翻跟头的戏剧。各种各样的人物匆匆连滚带翻地上了场，又匆匆蹦蹦跳跳地下去。两个年轻演员的跟头功夫好极了，跳得非常高，很惊险。一队一队的男孩子或是急速跑过舞台，或是在舞台上挥剑舞蹈一番，他们都身着猴王服，装扮得五彩缤纷，夸张有增无减，一会儿来了，一会儿又不见了。这出戏，猴王翻来翻去，光彩夺人，以他为中心，情节令人迷惑不解，场面让人忍俊不禁，色彩千变万化，像个万花筒。它使我想起了伯特拉姆创造的一个优秀小丑，这个小丑的幽默在任何语言中都能得到理解。

所有这一切都在无休止的、把人耳朵震得嗡嗡作响的锣鼓伴奏下进行，那个“牙医助手”也一直在台上伺候着，他和那把茶壶几乎没有离

[1] 根据作者介绍的剧情，这应是《西游记》中的片段。

开过舞台。在间隔时,那些杂技演员总会急速地对着壶嘴喝上一口茶。我不知道那些守护着油灯的士兵是怎样避免和那些翻来斗去的武打演员撞在一起的。最后,经过一番错综复杂的争斗,猴王被一位古代的佛收服了。落幕是那个"牙医助手"的最后任务,他很小心地走到前面,拉下了大幕,演出就结束了。

这场演出整整进行了两个小时,真是一场奇特而又令人神往的招待演出,而且时间也不长。有人告诉我,通常,一场中国戏剧要演近6个小时,欧洲人很少有那么坚强的神经,能够忍受乐队如此冗长的煎熬。我完全被中国士兵表演的另一个节目迷住了,这就是各种各样的舞花灯表演。在开阔的场地上,一排又一排纸做的花灯样式复杂,图案精巧逼真,上面有从龙到飞机等各式各样的东西,转来转去,上下翻腾,闪烁着光芒。在黑暗中,这些花灯如同在梦中仙境,美丽迷人,巧夺天工,而又虚幻缥缈。接着表演开始了。朱先生承认他解释不了演出的所有内容,因为这是他所不了解的某一方言中的一个传奇。这倒不要紧,因为表演场面就已经够令人神往和眼花缭乱了:一条用纸做成的长龙被灯火照得通明,在空中上下左右翻腾着,舞姿令人想起美国的康加舞;一只小船装饰得五彩缤纷,船上灯光熠熠,在摇曳摆动。我们看到的一盏灯,上面有一位美女,但只有上半身,倒立在船上,两条好斗的腿却在下面奔跳走动着,真是令人不可思议。一圈静止不动的男人突然出现了,把这梦境般的场面搞得更加沸沸扬扬;面目僵硬的武士,诱人的"姑娘",还有直来直去的小丑,随着不断冲来杀去的场面和乐队的鼓声,在我们头顶转来转去。这些身材似乎被拉长了的各色造型人物,脸上涂得五彩纷呈,看上去栩栩如生,在我们的头顶上走来跳去,奔腾翻滚,奇特无比。我想,这就是中国真正的民间的东西——古老的表演艺术。奇特的场景和造型,还有美妙的人物和动作,都融入了这盏盏花灯中。

有时候,喀什噶尔的"维文会"也请我们去观看维吾尔族专业的歌舞表演。我确实喜欢前两个小时的舞蹈和歌曲演唱。虽然我听不懂歌词,但是音乐本身非常吸引人,演员的服装色彩缤纷,整个演出比我期望看到的还要精彩纷呈。你用不了多长时间,就会发现他们的训练和组织工作是从哪里学的。有一些舞蹈演员的俄罗斯味道很浓,有几个肯定是哥萨克演员，在每次演出中我们都会听到有一位姑娘在唱一首斯大林的颂歌，像唱祈祷的歌曲一样。俄国人利用传统的维吾尔族音乐和舞蹈素材，并把它们编成了吸引观众，而且艺术、政治都能照顾到的节目。不能否认，他们在这方面的能力很强。

在这种场合，我们总是与俄国总领事及其夫人一起观看演出。我很有把握地猜想，俄国总领事夫人了解所有的节目情况，所以有一次就问她，演出还要进行多长时间，因为我们已经在又硬又小的椅子上坐了整整两个半小时。她的英语还算可以，但是她竟然极其肯定地回答："6年了。"

后来，也就是在1947年，一次反对政府的阴谋被粉碎后，"维文会"就被政府接管。但是，令人惊异至极的是，政府部门极少利用它搞宣传活动。有时候，他们放映一场俄国老电影片子，举办歌舞表演或是戏剧演出，但是我们再也没有受到邀请去观看像第一次观看的那样精心准备的节目了。每次这个"俱乐部"演出，都要在屋顶上由人敲打着皮鼓做广告宣传，鼓声经久不息，声音很大。从正午到晚上，这种节奏感很强的鼓声始终响着。在炎热的夏日，鼓声传到了我们这儿，花园里也回荡着这种噪音。由于鼓声不断，使人感到很不舒服。

就像在美国观看那些马拉松式的舞蹈比赛一样，在喀什噶尔参加招待活动，似乎忍耐是最主要的美德。俄国人举行的晚会或宴会用的时间要比中国人还长，规模也大得多。这是否是典型的苏维埃人的好客精神，我也搞不清楚。或许只是那时候在喀什噶尔的俄国总领事馆的特殊之处吧。而我们一直坚持，除了像圣诞节和国王诞辰这样的重要的节日，其他节日只举办一些小型但气氛温馨的宴会。俄国人只在有国家纪念活动时邀请我们参加他们的宴会。俄国总领事馆有一个大厅，那里还有一个舞台，所以客人们可以坐在低矮但很长的桌子边，面对舞台，观看他们安排的任何节目。节目有时候是场电影，有时候是维吾尔族或俄罗斯舞蹈。我们一边吃着喝着，一边观看演出，一切都安排得井井有条。这种形式的招待活动往往持续4个小时，但令人愉快。专业演出结束后，他们还邀请客人们跳舞。可是，在起伏不平的地毯上，随着一架留声机放出的手风琴音乐，在维吾尔族人和我们自己的印度仆人的注视下（他们对此感到很是好奇和神秘），跳舞不能不算是场严峻的考验。我常常感到，我们跳舞时的这种疯狂的旋转，不成体统的搂搂抱抱，肯定使东方人更加深信他们具有特别的优越性。

在这种场合，我们要是想离开，常常会遭到强烈的反对。这种反对并非是一种客气的抗议，也并非出于礼节考虑，而是咄咄逼人的拒绝。每过一个小时，我们都要试一下看能否离开，但直到凌晨两点甚至三点，在我们不再顾忌礼貌问题的时候才能走。我一直未能理解这种半是幽默半是恼怒地坚持挽留，直到第二天凌晨才让我们离开的背后，究竟隐含着什么内容。很明显，在场的每一个人都已经疲惫得连话都懒得讲了。翻译们早已无精打采，昏昏欲睡，很多客人也公开在那里迷糊起来，但主人却仍然强打精神，煽呼着早已颓唐下去的晚会气氛。

有一年，我们出席了俄国人举行的新年庆祝晚会。晚会上，从半夜开始，就发生了断断续续的冲突。举行晚会的房子布置得很漂亮，有一棵圣诞树，从天花板上还垂下来人造的雪。刚开始，舞蹈表演一直很吸引人，但是到了次日凌晨，客人们开始萎靡不振，于是主人们又搞了些花纸飘带，和糖果混在一起撒了下来。这使我想起有一次在风雨交加、波涛滚滚的大海上，我们乘坐的船上曾举行的一个“盛装晚会”，有几位热心的乘客苦苦支撑着，有一些确实是三心二意的乘客早已躺倒呼呼睡着了，而大部分乘客却在挣扎着，想借此熬过那令人难受的风暴之夜。而在俄国人的这个新年晚会上，我看到了我们的三个印度仆人规规矩矩地坐成一排，偶尔打个盹儿。由于禁酒，他们的头脑很清醒。他们一句话都不说，没有笑容，也不试图掩藏自己不能明言的厌烦之感。突然，一个特别腼腆害羞但身材壮实的姑娘，把纸飘带撒在了这三个印度仆人的头上。姑娘的这一举动，使他们像戴上了花环一样，但是印度仆人仍然一动不动。他们镇静地把纸飘带掸去，又睡着了。

在喀什噶尔，我对与饮酒联系在一起的心理和举止，比之过去有了更多的了解，但对此也更加感到困惑。就个人而言，我喜欢喝葡萄酒。我也认为，每个人都该有自己的喜好，想喝什么酒就可以喝什么酒，想喝多少就可以喝多少。但是为什么要苦苦逼他人喝呢？如果有人不喜欢吃牡蛎，或是只能吃一点点，就不能说他怪，也不能认为他不行。但是谁要说不喜欢喝酒，那就得有点勇气。当然，比起对女人来，这种情况体现在男人身上，就更糟糕了。肯定有数不清的年轻人从来不敢暴露出自己不喜欢喝威士忌，或从来不敢在要他多喝酒时显示出一丝犹豫。

我在哪本书上读到过，在过去，普鲁士军官曾受过喝酒的特别训练。普鲁士军官特别讲效率，他们把应该属于欢乐的享受变成了庄严的责任。从我对在新疆的俄国人的观察来看，他们似乎也与普鲁士军官有着相似的经历，虽然狂饮并没有提高他们的效率。在这里，喝酒变成了一种责任。在无休止的祝酒仪式中，谁也逃不了。

在我们刚到喀什噶尔后举行的几次宴会上，我犯了一个不懂规矩的错误，在想喝酒时端起杯子轻轻呷了一口，而且还以为客人们也会这样做。我唯一能习惯的祝酒形式，是在吃饭结束时那种标准的祝酒。我发现，无论是俄国人还是中国人，在不请他们喝的时候都不会自己端起杯子喝。他们肯定认为我这个人非常不好客。只要请人端起杯子，那就意味着得一口气把酒喝干，如果稍有犹豫，那就会被请你的人看作是对他的怠慢或侮辱。俄国人把那些喜好喝葡萄酒而不喜欢喝伏特加或白兰地的男人视同女人。我们的从不饮酒的穆斯林职员，绝对逃不过被俄国人用这样单调无聊的方式讥讽或嘲弄的下场。对我来讲，喝酒的问题变得越来越令人恼怒不安。逐渐地，我不再为了使主人或客人高兴而不要命地喝酒，只是自己想喝多少就喝多少，从来不多喝一口。

无论是我还是艾瑞克都发现，我们的这种坚定态度并没有影响中国人。我们怀疑，他们并不在乎过量喝酒，只是感到这是一种待客之道，只是好客的表现。赵将军总是把敬的酒一饮而尽，但显出愁眉苦脸、不堪忍受的样子。要是他喝的是中国米酒，这完全可以理解，因为那种酒喝起来令人难受。但是人们还是津津有味地沉溺于有关喝酒的那些陈词滥调之中，对“好喝手”的赞扬，令人感到奇怪，但又司空见惯。

有一次，赵将军为离任的俄国副领事设宴送行，也邀请我们参加他举行的宴会。席间的话都集中在喝酒上。人们一轮又一轮地举杯祝酒，连一点儿空闲的时间都没有留出来。赵将军指着一位壮实但长相不怎么样的当地妇女，自豪地向我们保证，这位夫人能喝下四瓶白兰地，且从不头晕。这位喝酒冠军似乎要下决心证明一下她的能力，而且想尽可能快地证明这一点。她把表现机会集中在俄国人身上，一个一个地给他们敬酒，而且坚持喝干自己杯子里的酒，而俄国人也得把他杯中的酒一饮而尽。参加宴会的其他人则小声地互相敬着酒，不失时机地在堆满桌面的且盛满佳肴的盘子里夹点自己喜欢吃的东西。很快，大家的兴趣都集中在那位喝酒冠军身上。这时，她站起来发表了一篇关于各国友谊的长篇大论，我们的主人对她喝的每一杯酒都要鼓掌助威，而这位喝酒冠军更加威风凛凛，把喝空的酒瓶子推到一边，嘴里还吆喝着让人拿新酒瓶子来。

我对这种表演感到厌烦了，于是就试图用中国人行酒令的方法把赵将军的注意力转移过来。但是他却对那位夫人的喝酒能力着了迷，嘴里不断地告诉我们这位夫人太了不起了。我只好把自己的注意力放到桌面的菜肴上，谢天谢地，他们没有强迫我喝酒。那位喝酒明星现在已经喝到了满脸通红的地步，话说得越来越多，越来越长，而且话语更加咄咄逼人，甚至连热情赞扬她的赵将军也暗示她应该坐下休息一阵儿。但她根本听不进去，一手抓着个空酒瓶，一手放在她那胖乎乎的肚皮上，就像一个滑稽的小丑。赵将军开始不高兴了，而喝酒明星的丈夫（一个个头不高，沉默寡言，自己滴酒不沾的人）在尽量试图让她冷静下来。她的丈夫让她节制一下，她反而越来越厉害，两眼通红，闪闪发光，高高地挥舞着一个酒瓶子，把她丈夫的手挡了回去，声音越喊越高。后来我们得知，有人笑话她喝的是凉茶，而不是白兰地，而且骂了她一通，她一下子火了，口中骂骂咧咧的。三位在场的将军把她紧紧抓住，毫不费力地把她从屋子里请了出去。她连哭带喊，挣扎着。后来再没有见到她。

这是一个令人尴尬的插曲，但是我们的主人表现出的极大的冷静，真是令人敬佩。宴会照常进行着。

我们遇到的汉族人似乎酒量都不大，很快就会被人灌得一塌糊涂。他们是接受了西方人那种对酒和“好喝手”的敬畏之情，还是自己本就有这样的敬畏之情，我也搞不清楚。我和艾瑞克最早谈论喀什噶尔时，他告诉我，在那里除了汉族人、维吾尔族人、俄国人和我们总领事馆的一摊子人之外，不会有外国人组成的社会。但是，1942年新疆政府发生了重大变动，由于这种变动，对外国人的政策也有了重大的改变。中国中央政府开始给申请进入新疆的外国人，特别是外国记者发放签证。我们自己就接待了一连串从国外来喀什噶尔的客人。有两次,我们所有的客房都被从国外来的人住满了。

首先来的是两个瑞典传教士,他们住在石墙走廊尽头的两间屋子里。一天三顿饭,他们都和总领事馆的医生一起吃。他们在喀什噶尔待了四个半月,给我们的总领事馆这个小小的“社会”增添了欢乐,也使我们感到他们是些很好的人。

1947年4月的一天,我正在厨房一门心思地做蛋糕,格雅勒根跑来报告,说来了一位俄国夫人。由于过去俄国总领事馆的女士们来访,都有俄国总领事在场,所以我听到这个消息后很是惊诧。这个消息是我们的看门人传过来的,对他们来说,任何一个白皮肤而他们又不认识的女士都是俄国人。然而,这次来的客人是一位年轻的美国女记者,她刚从迪化来。这位记者名叫斯迪芬思,是个很有主动精神,也很有勇气的人,从中国内地一路闯到了喀什噶尔。与我们待了三个星期后,她骑着马到和阗去了。在这种时候沿着那条没遮没拦、环境严酷的路,骑马到新疆南部的纵深处,肯定是一次又热又不舒服的旅行。她从那里返回喀什噶尔时我们不在城里,因为我们当时离开城市到山里去了。在8月份,我们伤心地听到她在返回中国内地时由于飞机失事死去的消息。她在中亚的旅途中经受了艰难险阻,吃尽了苦头,而且始终一个人独来独往。她长期离开亲人,本来打算在这次旅行后回家,但发生在最后一刻的这场悲剧太残忍了。

那次空难的消息也是一位记者给我们带来的。他是兰森·罗伯特森,来自澳大利亚。8月末的一天,他和他的美国未婚妻来到了我们的总领事馆。在这里他们与我们同住了近两个月,后来在我们去迪化访问时,又与我们一道去了那里。当他们住在总领事馆里的时候,又有一对美国夫妇在前往印度的途中路经喀什噶尔,也住在我们这里。这一对夫妇极其迷人,霎时间,总领事馆里充满了欢声笑语,非常快乐。我们还极力劝兰森夫妇待在这里过冬。我们常从晚上交谈到第二天凌晨两点钟,总是有谈不完的话题。或许他们被我们的那些畅快的争论搞得疲惫不堪了,我们热衷的理论和问题都被端了出来,又被新的意见和看法更新了。可是他们只在喀什噶尔住了10天,又上路继续他们周游世界的旅行去了。

第二年的元月，一位法国记者来喀什噶尔访问，但他拒绝了我们请他住在总领事馆里的邀请。我想他倒愿住在外面，与当地的汉族人和维吾尔族人住在一起，可以更好地接触和了解这个地区，这完全是对的。然而他的英语讲得很好，所以我们又有了一次畅叙的机会。我和艾瑞克长期孤零零地住在这里，彼此对对方的观点和看法都很熟悉，这是长期在一起不可避免要出现的情况。这些客人的到来，给我们带来了新思想的冲击，真是太令人高兴了。

在喀什噶尔这个孤独遥远的地方，能够接待来访的客人，令我感到既兴奋又意外。他们当中，除了一对英国夫妇外，其他人都是乘卡车从迪化来的。近几年来，道路状况有了很大的改善，而且中国当局为外国人提供了许多帮助，给了许多方便，旅途不再那么艰难了。当然在这么漫长的道路上旅行，肯定会使人疲惫不堪。但除非政治局势或当地的形势发生逆转，看来喀什噶尔势必要在一定程度上失去它独特的滞后性和封闭性。

第七章

幽谷寻芳

1946年11月底，瑞典传教士莫恩先生和罗宾兹先生来到总领事馆，他们是我们抵达喀什噶尔后首批来访的客人。他们两人历尽千辛万苦，途经中国各地，才到达这里。

1938年，瑞典传教团被从新疆驱逐了出去，蓬蓬勃勃的传教事业就这样终止了。这两个传教士这次回来为的是了解当地的实际局势，至少他们希望能够要回当年被没收的传教团的财产。他们的英语讲得很流利，所以很快我们就沉浸在畅叙之中。这两人兴趣广泛。他们喜爱自然史；喜欢维吾尔族人，维吾尔语讲得比英语还要好；他们喜欢打网球、狩猎和到农村游览。由于他们过去在喀什噶尔住了很多年，我们肯定能向他们学到许多东西。与他们的相遇证实了我对东西方文化的感觉。这两个欧洲人与我们的差异只是在语言和某些习俗上。他们对生活的热情，他们的幽默感，他们那广泛的兴趣，对我们来说，都感到似曾相识，而且很宝贵。和他们交谈，我们感到无拘无束，可以讨论任何话题。

瑞典传教团在喀什噶尔的财产中，有一份是修建在帕米尔高原之麓的波斯坦铁列克山谷中的一座平房。过去，传教团的成员常在夏天到那里避暑休息。因为艾瑞克帮助瑞典人照管他们的利益,因此需要检查他们在喀什噶尔的财产,也需要去看看那座房子。所以这一次我们决定和两个传教士一起去那里看一看,这样可以把公务和度假安排在一起。艾瑞克通知中国当局,说我们想动身到那里去。等了很长时间,艾瑞克得到的答复是:主管这一类事务的办公室的一位秘书将陪同我们去,但到那里后他当天就返回了,因此我们必须做好第二天一早9点出发的准备。由于对这片面积广阔的区域的基本了解,我本来认为,在亚洲不管到什么地方,都不可能在5分钟内找到住处。而在新疆,由于没有合格的道路,距离问题本来就很复杂,而那个秘书竟然建议在一天内走完120多英里的艰难行程,还要在当天办完他的公事!

我们没有理睬那个脱离实际的命令,做了到那一带的山中去探险的准备,打算离开城里在外面待8天。在3月中旬,我们4个人,带着通常外出要带上的仆人,和两个政府官员一起出发了。虽然瑞典人过去到那里去的时候总是骑马或乘马车,我们这一次决定开着汽车先走30英里,到乌帕尔。

无论什么季节,那一段乡下的道路都特别糟糕,路面上到处是沟沟坎坎,没有一块平整的地方。但是,情况最糟糕的还是在3月。春天冰雪融化,路面一塌糊涂,很快我们就对自己开车出来的决定后悔了。走上几英里,我们的车就会陷在像胶一样的泥巴中。虽然米尔·胡木扎和玉素甫使尽了浑身解数,他们的努力给路过的人留下了深刻的印象,但是汽车还是陷在泥巴中,它大声吼叫着,但一点儿作用也不起。每走一步都令人头痛极了,终于,我们挣脱了正在翻浆的路段,驰入了开阔的戈壁滩。刚想松口气,却不料车又陷进松软的流沙。我们只得把席子撕成条,垫在轮子下面,开车走完了垫好的一段,再重新垫上下一段。就这样挣扎着前进。

这一段路整整花了八个半小时才走完,我禁不住想:仅这一点儿距离就碰到了这么多的麻烦,是否给那两个乐观的政府官员留下了深刻的印象?

在乌帕尔,伯克出面接待了我们。伯克是这个村子的村长,是一个很有钱的维吾尔族人。他或许在我们没到之前,就已经快速地向周围的人家收了税以便招待我们。据我了解,这种制度往往会以最快的速度把伯克的腰包填满，因此也总使我对此感到极为尴尬。但是我们又不能不待在地方上最有威望的人家里，也不能做什么来改变当地的这种陋习。

第二天，我们把汽车留在了村子里，一行人骑着马或骆驼出发越过沙漠戈壁，向帕米尔群山走去。

山脉清晰可见，冰峰在我们的前方闪闪发光。北边的低矮山峰浸染在深褐色和铁锈色之中，近处的原野空荡荡的，单调乏味。我真高兴，这一次能够骑着马穿过它。然而这一英里又一英里的长途跋涉，都由那一望无际的旷野，远山五彩缤纷的色泽，还有那到了一个新的地方的激动心情给予了补偿。骑马行走在旷野上，每一刻都企盼着前方出现波斯坦铁列克的山影，但又总是看到了却走不到，惹得我们心急火燎。在这个地区旅行就是这样，在到达那里之前的好几个小时内，你就会远眺到那条山谷。这是中亚地区的特别之处，而我常常对此感到讨厌，因为在这种地区旅行，就好像被困在一条移动的地板上，地板在移动，但是你总是永远前进不了。我又一次禁不住想：这样的行程给同行的政府官员留下了什么感觉和印象？他对前面还有30多英里路不置一词，只是宣称他要在一天内赶到波斯坦铁列克，然后在当天就赶回去。由于我们在下晚5点以后才到达，他就没有往回走的机会了。

山谷里的情况让瑞典人大吃一惊。他们发现原来那座漂亮的小房子已经被改建成一个哨所，在房子外面，早就修了一圈高高的围墙，还有瞭望塔。尽管有了外面的围墙，但他们的房子早已破烂不堪。在1945年的动乱中，这个哨所遭到了越境侵入这一带的吉尔吉斯人的进攻，哨所里人数不多的守军逃跑了。由于房子修在山坡的一侧，所以不适合防守。只要几个狙击手顺山势而下，就可以长驱直入攻进哨所。

我们被告知，事实上，进攻这个哨所的人甚至在哨所里的守军逃跑后的很长时间里，仍然在向它开枪射击。这场进攻受害最大的莫过于居住在这条山谷里的柯尔克孜族牧民。无论这次进攻的真正目的是什么，入侵者把当地牧民的羊群和马匹劫掠一空，使这些牧民一无所有了。两个瑞典人来到这里后，他们过去的许多柯尔克孜族老朋友前来找他们寻求帮助，瑞典传教士怀着同情心，但是实质上又带着天真的想法，问我们是否可以让这些柯尔克孜族牧民直接到俄国总领事馆要求赔偿，因为他们确信俄国人是产生那场叛乱的根源。

目前，一个很严厉的塔塔尔族军官带着几个警察守护着这个哨所。他急急忙忙地接待我们，尽一切可能想使我们舒适一点儿，但是我们并不想待在这个破败的哨所里。公务办完后，两个政府官员走了。我们对那个塔塔尔族军官说，我们愿意到山谷的上端高一些的地方扎营。这个军官说，那地方非常冷，我们到了那里会感到不适应的，因为那里没有适宜居住的地方，而且也没有什么有意思的东西，但是我们还是很客气地坚持要到那里去。最后，这位军官同意我们走，他唯一的条件是要派两个警察陪我们一起到那里。

中国当局根本无法理解我们的这点小小的愿望——自己建起一个简单的营地，不要他们的陪护。他们派人陪我们，这里面的意图有多少是为了监视我们，或有多少是为了表达他们对一位总领事的尊敬的真实情感，我确实搞不清楚。或许是这些低级官员害怕做错事情，只好这样做了。无论怎样，我们只是希望一切从简，能够住在露天的地方。而对于这一点，他们根本无法理解。现在我还在想，当时我们那个比较简单而又有点寒酸的驮队，在他们看来是不是有失身份了。

瑞典人决定住在波斯坦铁列克，从那里可以到戈壁沙漠里打野山羊。我们就和格雅勒根、罗沙伯克和两个警察一起出发了。越向高处走，我们离松树林越近。在喀什噶尔度过了一个单调、灰褐色的冬天，在这里看到常青树木，真是太令人高兴了。这片松树林并不好看，许多树早就被无情地砍伐掉了，当然也没有谁试图补栽上。但是我们找到了一处宿营的好地方，旁边有一个小松林，一条小溪蜿蜒流过，溪水清澈。

整整一个下午，我们都懒洋洋地躺在小松林边，心中充满了对我们的营地的喜悦，什么事也没有做。后来，我们决定去散散步。艾瑞克在一天中最喜欢看到的就是夕阳柔和的余晖。走到山坡边，我们立即沿着陡峭的山坡向上爬去，一直爬到了位于山谷南侧的山脊的顶部。虽然这道山脊并不特别高，但山坡上长满了密密麻麻的松树，在我们穿过松树林向上走的时候，我手脚并用，在一个坡度很大的地方吃力地向前爬着，到最后几英尺的地方，到处是松散的碎石堆。我手忙脚乱，一刻不停，终于爬到了狭窄的山脊顶部。

夕阳西下，我们所在的山谷尽头的岩石山体和冰雪覆盖的山峰耸立在夕照之中，显得黑沉沉的，粗犷高大。向东望去，似隐似现的一片片平原沐浴着晚霞，那些看得不太清楚的线条，显现了遥远的曚曚昽昽的小山丘的轮廓。柔和的光线，多彩的天空，变化无穷的山形，所有这一切构成了一幅壮阔宏大而又鲜艳夺目的图画。

我们沿着山脊上行，踏着积雪，穿过松树林，一直向前走着。突然，几乎就在我们的脚下，一群雪鸡由于受到了惊吓，一边叽里呱啦地叫喊着，一边扑打着翅膀飞起来。我们走过了松树林，踩着深深的积雪，费劲地向山脊的最高点走去。到达那里时，正是太阳落山后夕阳的光线慢慢地消失的时候，骤然冷得让人受不了。我们下山时，累得喘不过气来。艾瑞克一边往下走，一边教我往下滑，他让我把自己登山时用的一根棍子当作“刹车”，不要紧张，放松往下滑。我全身绷得紧紧的，学得很慢，由于紧张，常常摔倒，或是向下出溜。但是，越往下走，我的技术进步得越快。我们从一道坡度缓和了许多的山坡滑到了谷底。一路上几乎都是滑下来的。回到营地时，天已经黑了，我们又累又饿，连气都喘不上来了，但是我们心中充满了说不出的快乐。

我关心着那两个警察的情况，他们没有帐篷，带的行李又不多，这里的海拔为7000英尺，3月份还很冷。到了晚上，我说服艾瑞克派这两个警察下去给瑞典人送信，由他们给那个塔塔尔族军官解释一下这里的情况。我们对这样处理这事很满意，就睡觉了。第二天一大早，我看到两个人影裹在羊皮里，正坐在已经熄灭的火堆边。我大吃一惊。格雅勒根向我解释，这两个警察又被他们的头头狠狠训了一顿，打发回来。那个塔塔尔族军官发火了，根本没有理会我们带去的信上提出的要求，命令这两个人坚守岗位，即使冻死也得守在这里。

我们在这个小小的营地待了两夜，白天我们到周围的山上寻找雪鸡。在那里的最后一天似乎特别紧张。艾瑞克和格雅勒根由于受到雪鸡的诱惑，很激动，就不断地向高处爬去，越爬越高，我则气喘吁吁地跟在后面。艾瑞克蹑手蹑脚地走近了几群雪鸡，把我和格雅勒根甩在远远的地方，我们着急地看着他企图慢慢地爬到雪鸡跟前，但每次都没有成功。

沿着低矮一些的山峰顶，我们继续向前走着，一直走到了山谷的尽头，前面是无法攀登的高山。有些地方积雪很深，我摔倒了，雪埋到了我的半腰间。格雅勒根从上面很远的地方跑下来把我救了出来。不管他在总领事馆有什么过错，但是出来到山中探险旅游，我确实非常喜欢他，他似乎从不感到累，每次我由于绝望或胆怯而控制不住发脾气的时候，他总会冷静地鼓励我，安慰我。他一直坚持认为我几乎能够攀登珠穆朗玛峰了，他总是会等在什么地方，看我能否对付那些狭窄的岩架或悬空的转弯处。只是在偶尔的情况下，他才会有点踌躇不前，在这种时候，艾瑞克只好一个人继续向前走了。格雅勒根对冰雪毫不在乎，有一次他告诉我，只有攀登峭壁时才会使他感到害怕。

那一天返回我们的营地后，我们还得往下走两个小时才能回到哨所。我们三个人都累垮了，情绪不高。两个警察挨了一顿责骂后，曾一直尽力想跟着我们到每一个地方去，但他们又不习惯像我们那样爬山，只好作罢，不去苦苦挣扎了，让我们按自己的方式去到山上。为此真是要谢谢他们，我们也愿意向他们的长官撒个愉快的谎，向他汇报一下，说他们两个帮了我们的忙，对我们支持很大。

我们发现莫恩先生已经打了好几只野山羊，但是米尔·胡木扎开了20多枪，却一只也没有打到。对此，他羞愧极了。

第二天，我们一行骑马回到了乌帕尔。这一天尘霾遮天蔽日，就像伦敦的大雾一样，我们一直骑马行进在这种天气中，极为单调乏味。就在我们快到绿洲边的时候，尘霾升高了一点，站在绿洲边的岩石陡壁上向下看去，下面是灌溉的田野。我们非常惊喜地看到了春天的踪迹，果树上悄悄地染上了粉红色、白色，一片茸茸的花絮。在返回喀什噶尔的一路上，道路两边果树花盛开，令人心旷神怡。回到家里，我们又发现，院子里的果树上的花蕾都已绽开了，一朵朵鲜花竞相怒放。满地泥巴早已不见，我们再也不用在泥巴的海洋里挣扎了。在回喀什噶尔的时候，经过戈壁沙漠时，我们避开其他的道路，选了一条只有一小摊一小摊沙子的路往回走。

直到当年5月，我们才又有了一次外出旅游探险的机会。艾瑞克一直对通向恰克拉吉尔山北麓的一条山谷情有独钟。这条山脉的轮廓分明，山形很美，早就为我们所熟悉。我们打算到跟前仔细看一看，这个计划一直使我们很激动。

就在瑞典传教士们离开喀什噶尔到印度去的同一天，我们也离开了总领事馆，开车行走了两个小时，来到了牙满亚河。这条河的河底松软，开车过河没有把握，而且也不安全，所以我们事先做了安排，让马匹到河边可涉水过去的地方等我们，把我们的行李驮过去，然后再驮到目的地，我们自己则打算步行到那里。然而，我们到达原先定好见面的地方后，连马的影子都没有见到。

这一天，天气晴朗，万里无云。我们可以看到白雪皑皑的冰峰，现在它们离我们那么近，而脚边河水泛着浪花，闪闪发光，却对我们不怎么欢迎。我们听到了一只布谷鸟在鸣叫，就像英国的布谷鸟的叫声一样。我们又忙着蹑手蹑脚地去寻找这只布谷鸟。在那里我们足足等了两个多小时，以为我们做好的安排落空了。到了两点钟，我们的驮队出现了，他们一直在另一个地方耐心地等着我们，但那不是我们事先约定好的地方！

使我感到恼火的是，除了驮运行李的骆驼外，我发现驮队里还有5匹供人骑乘的马。我本来希望能够逃开骑马，艾瑞克和我决定先步行一段路，所以我们就顶着烈日，勇敢地出发了。渡过河后，我们发现有峰骆驼行李刚装了一半，就被离开的卡车发出的声音吓惊了，在那里胡蹦乱跳起来。驮队的人，有的赤着脚，有的骑在马上，拼命地追赶它。这峰骆驼失去了它平时的那种尊贵超然的样子，狂奔乱跳，似乎下决心要把我们的行李摔个粉碎。后来，它被驮夫们制伏了，平静了下来，驮的东西一件也没有摔坏。因之我注意到，这峰不稳定的骆驼，鼻子上总是拴着一根绳子。

艾瑞克和我在尘土飞扬的路上艰苦地向前跋涉着，我们不时地总要问一问离塔士马力克还有多远。

“还有2站的路（5英里）。”一个驮夫告诉我们。

“还有5站的路（12.5英里）。”走了1英里后，另一个驮夫又这样告诉我们。当我向他暗示说，可能只有一站的路了，他倒高高兴兴地接受了我的说法。

维吾尔族人在旅行中比起我们来总是采取一种不急不慌的态度，会一直走下去，直到到达目的地。艾瑞克原来估计这段行程只有10英里，但是我们意识到这种估计是过于乐观了。所以我马上就改变了自己对马的看法，高高兴兴地骑着上路了。穿过绿洲的道路，地面松软，骑马走在上面，令人非常愉快。我骑的这匹马，对我来说是匹生马，但渐渐地我对它的信心增强了。如果今天是星期天，我们可以在巴扎上买上酸奶子，但今天是星期六，村子里一片沉寂，一个人都看不到。

我们游游荡荡，走得很慢，艾瑞克对这种走法开始不耐烦起来，就策马向前奔去，紧接着，格雅勒根也把马放开，跑了起来，然后罗沙伯克和一个向导也仿效他们，抽打着他们骑的马向前飞奔而去。罗沙伯克骑马和他登山一样，性烈如火，不愿意平平稳稳地前进，总是急急慌慌。他和大多数维吾尔族人一样，知道马的脾性，虽然一点儿也不知道马术学校教的那些优雅高贵的骑马动作，但骑起马来无所畏惧，喜欢策马狂奔。他能把那些最无精打采的乏马收拾得老老实实，按他的要求疾速奔驰。他会在格雅勒根不知晓的时候，赶到他的马后边，狠狠把他的马抽上一鞭子，使它狂奔起来。看到这种让人开心的游戏，我倒一下子变得心惊胆战起来，生怕自己骑的马也受到影响，跟上跑起来。在这种情况下，我骑的马不愿意落在后面，丝毫不理睬我的抗议，也跟在其他马后面慢跑开了。

一路上尽管落在了后面，但我的马也跑得气喘吁吁，高兴的是我还一直坐在马鞍子上。我终于到了库莫拉克，不料先到的人却坐在那里吃着酸奶子。村里的人们围了过来，对我们这一行人产生了兴趣，但都不说一句话。我们要给他们付酸奶子钱，但是无论怎样说，他们都拒绝收下钱。似乎他们为客人——尽管是不速之客——要给他们付钱的想法惊呆了。这是一个漂亮的村子，到处绿树成荫。在喀什噶尔这样的地方倒不多见，因为在喀什噶尔，只生长着低矮的柳树和白杨树，树木一般都长不高，长高一些的就被砍伐掉了。吃了一顿味道又酸又冲的酸奶子，我们马上恢复了精力，就又骑上马继续上路了。我们逐渐进入了沙漠。

骑着马走上一阵儿，又下马步行一阵儿，我们就这样交替向前行进着。又走了大约18英里，来到了塔士马力克。在那里，事先为我们准备好了一间高大凉爽的屋子。我们一下子坐在了地毯上，背靠着垫子休息起来，心里充满了感激之情。房东提着一把铜水罐，里面装着温水，为我们浇着洗手，水流到有孔的铜脸盆中。洗完手后，他又为我们

恰克拉吉尔峰

端来了馕和没有加牛奶的茶，然后又为我们端来了热气腾腾的苏卡什（一种汤面条），里面放着切碎的肉丁、菜和其他作料。这家的主人和其他的维吾尔族人一样，举止高雅，很懂礼数，他让我们自己平平静静地吃饭和休息。过了一会儿，他和弟弟才过来对我们表示欢迎。进房子之前，他们把鞋脱掉，放在门口，然后做了一个抚摸自己的胡子的动作（不管有没有胡子，他们都要做这个动作），向我们鞠躬示礼。然后就客气地问起我们的旅途情况和我们的要求。我很喜欢他们为我们提供的这间漂亮房子，虽然里面没有什么家具，但地上铺满了地毯，特别不寻常的是，屋顶的梁上和椽子上都雕刻着花纹，窗户结构复杂，镶着用木料刻成的屏板，非常好看。

第二天，我们很早就吃了饭。早餐有鸡蛋和牛奶。吃完饭，艾瑞克和我就出发了。开始，徒步走在塔士马力克绿洲迷人的林荫里。在我们前行的小径两侧，长满了蓝色的鸢尾花。我们时时得绕过流水潺潺的小溪，或跨过它们。一路上不时地遇到村子里的人，他们向我们友好地打着招呼，表情很是惊异，和通常我们碰到的人们一样，对我们不骑马而步行感到不可理解。我们走到绿洲尽头，踏上光秃秃的戈壁沙漠，热浪一下子扑了过来，这时候我们才领悟了村民为什么对我们步行感到惊异。所以我们又骑上了马，慢慢地越过满是石块、一条小路也没有的干滩。这一天，天气也很晴朗，在我们前方，帕米尔高原高高耸立在蓝天下，壮丽雄伟。现在看上去，高原上的群峰就好像悬在我们的头顶。特别是公格尔峰，巍峨庄严，气势逼人，给人一种君临天下的感觉。在我们的北边，我们隐隐约约地看到了吐秫古塔格山脉锯齿般的山影，远远望去，我们还能大概确定那个有名的穹形山的位置。远处蓝色的小山头弯弯曲曲，沿着地平线逶迤而去。在一望无际、平坦如砥的戈壁沙漠上，一层薄薄的蓝色尘霾弥漫在地表，并不时闪着微光。一长串骆驼不紧不慢、摇摇摆摆地在这漫无边际的荒原中行进着，给人一种时空无垠无序的感觉。好一派苍凉浑厚的中国西部景观！

我们得走过一条河水奔腾湍急的河流，索拉又开始和激流拼搏，显得很勇敢，我们饶有兴趣地看着它的表演，但是它被河中的激流冲向下游，冲得越来越远，后来它挣扎着竟然爬到了对岸。我们超过了那个骆驼队，骆驼队的主人刚刚踏上他们到印度去的漫长旅程，他们要翻越那些高山峻岭。我们向他们祝福，祝他们一路平安。通常只有少数商人才走这条道，沿着这条古道可以走到吉尔吉特。这个骆驼队得经过洪扎的那条山谷，山谷里长满了树木植被，骆驼队太大了往往过不去，所以绝大多数商队都走更为艰险一些的喀喇昆仑山中的那条路。

寸草不长、热浪逼人的戈壁沙漠似乎永远没有个尽头。太阳烤得我们就像蹲在烤箱里，热得无法忍受，而远处我们要去的那些小山包却怎么走也走不到跟前。我们又步行了一个多小时，又开始曲曲弯弯地绕着那条河流转起弯来。我们不知道喝了多少河水，又停下来吃了一些前一天午饭剩下的干巴巴的食物。休息了一小阵儿以后，我们进入了在右边的山沟，山沟里的热度丝毫没有降低，石头也没有减少，但是比起我们后来走进的主要山谷要狭窄得多，也陡得多。走到第一丛灌木后，我们又停了下来，让他们烧了一些茶。两个多小时的时间里，我们躺在那稀疏可见的唯一一丛灌木中，等待着凉爽的夜晚的到来，灌木上的刺很多，但给我们提供了遮阴的地方。

这条山谷两边的悬崖很高，形状复杂多变，看上去就好像是宏伟的哥特式大教堂的高墙，又像巨大的管风琴的管子，或是体态苗条的高塔。有些地方的悬崖呈深红色，在阳光的照耀下闪闪发光，甚至比太阳的颜色还要深一些。绕过一个转弯处，一片植被繁茂的绿洲突然出现在我们面前。绿洲草木葱茏，就像深藏在这一道道山丘中的香格里拉[1]一样。这个地方的名字叫奥依塔克，原来我们对此一无所知。同样，我们并不知道这里还有一位漫游者，他过来和我们一起喝了茶，并邀请我们到下边一点儿的地方，那里有他一处房子。我们本来喜欢住在自己挑选的宿营地，但这一次禁不住他的热情相邀，就和他一道向下走了。在一条深深的山沟里，离我们很远的地方，有一条小河，河水混浊不清，卷着泥土奔流而下。我们走过了一片长满蓝色鸢尾花的地方，满滩的花草就像一个巨大的地毯。空气中弥漫着浓浓的芳香。走到一个小村庄的边上，我们止住了脚步。前面一片古老的柳树，就像古代帐幕，展

[1] 香格里拉是广泛分布在帕米尔和喜马拉雅地区民间的秘境，那里四季如春，人也能健康长寿。

现在我们面前。我们的主人消失在他的房子中，去做招待客人的准备。

在这个人的吵吵闹闹的小院子里，四周都是拴马、骆驼和羊的木桩，我们发现了一个高高的台子，上面摆着两张木床，还有一个桌子，算是家具。我们得坐在床上，位置很高。坐在那里，样子就像皇室成员或是在马戏团里敲边鼓的小丑一样。我们的仆人，房子的主人，还有当地学校的校长，以及闻讯赶来的他的邻居们，都坐在比我们低的地方，盯着我们的每一个动作。对我们的到来感到稀罕的女人们，悄悄走来，羞怯地看上我们一眼，又匆匆离去。当然她们也喜欢拿上一点儿主人递给的东西，享受一下免费的招待。我们已经习惯了这种公开亮相，所以只是埋头吃着非常可口的酸奶子和苞谷馕，后来又为我们端来了苏卡什，当然还有茶。坐在我们下面的仆人们和“观众们”当然也津津有味地吃着这顿饭，喝汤时嘴里还不断地发出呼噜呼噜的响声和对饭食称赞不已的啧啧声。和往常一样，主人绝不和客人们一道吃饭，对这个习惯我绝对适应不了。事实上，通常主人的主要目的是不想让人辨认出自己的东道主的身份，而他的叔叔们、朋友们、远房的表兄堂弟们倒乐意接受招待客人的荣幸。如果问一声谁是这个房子的主人，就会从某个角落走出来一个一言不发的人。

吃完饭后，我和艾瑞克在即将消失的日光下散了一阵儿步，然后就睡觉了。我原来想会让我们当众睡在那个高台的床上，但是主人却把我们引进了一个昏暗的土房子里，这个房子的光线来自屋顶上的两个天窗。院子里的人们还在那里热烈地交谈着。伴随着他们的谈话声，我们很快就进入了梦乡。次日早晨，我们起床后发现，浓厚的尘霾从平原上漫天蔽野地袭了过来，把一切都遮挡得严严实实，什么都看不到了。就在这种令人窒息而又奇特的昏暗光线下，我和艾瑞克开始沿着那条山谷向上走去。农田很快消失不见了，接着是长满刺的灌木丛。昏暗中，一峰骆驼突然出现在我们面前，正有滋有味地啃着这种粗糙的食物，显出很满意的样子。我们原来打算一路步行上去，只带了两峰骆驼驮着我们的行李。但是，我们走了两个半小时以后，格雅勒根和罗沙伯克超过了我们，他们两个人各自骑着一匹马，马的面部表情极为痛苦，而他们却舒舒服服地坐在马背上。为了维护尊严，或更准确地说，出于他们讨厌步行的一贯做法，鼓动着他们找到了这两匹马。所以我们四人轮换着骑这两匹马，慢慢地沿着山谷向上走去。这是一次引不起我们兴趣而且视野很受局限的旅途，因为在尘霾中我们几乎看不到任何东西，好在我们带了不少酸奶子，于是我们就一碗又一碗地喝着它。这至少可以让我们暂时摆脱周围的一切。在途中，我们还美美地吃了一顿午饭。我们来到了一座满是岩石的小山上，山坡上长满了低矮的小松树，看到这些树，似乎又把我们一直不高的情绪搞得更低落了，因为我们原先期盼着，能够见到高大挺拔的松树。然而随着我们渐渐地向山上走去，松树越来越多，而且越来越高大，向高处望去，只能看到在山坡两侧的松树林的边缘。他们劝我穿过一条长满树和绿草的山涧，涧中小溪流水哗哗，闪耀着光芒，他们说，这条山涧景色宜人，沿着它再往上走，保证有更好的宿营地。我自己说不上对此有多大的把握，只好随大流了，跟在他们后面往上走去。我们的队伍现在已经急剧地膨胀了，有牛、绵羊、毛驴和骆驼，牧人们驱赶着它们，向夏牧场奔去。索拉一路上不停地向这些牲畜发起攻击，折磨着它们，倒也为我们的这趟旅程增添了不少乐趣。

终于，我们再也走不动了。一道黑乎乎的冰川，森然壁立，全然把我们的路挡住了。然而，我们到达的这个地方，景色美极了，所以我们再也不愿意向前走了。虽然能见度仍很低，但就在我们周围，到处是高大挺拔的松树和一坡又一坡松软的绿草，草长得非常茂盛。这个地方，与我们经过的那个广阔而又炎热，令人难以熬过去的戈壁沙漠和光秃秃的山包的景观形成了如此令人惊叹的强烈对比，使我们感到好像进入了另外一个世界一样。

要选扎营的地方了，他们又开始了与以往相同的争论，于是我们上上下下游荡了一番，想寻找到一个理想的宿营地。我们的仆人，由于他们会接待一批又一批的来访者，所以主张把宿营地选在不长草木的开阔的地面上，而我们则把宿营地选在了一道绿草茵茵的斜坡上，那里有松树保护着我们。

喝完茶后，我们在周围转了一圈，了解了这里的地势和环境。接着，我们又向冰川走去。尘霾仍然笼罩着一切，但我们还可以看得清在我们上方和周围的景物的大概轮廓。有一座山峰的顶部很突出，看上去要比其他的高峰清楚一些，它在空中显得那样高，孤独无助地耸立在那里。站在它面前,我想自己肯定只能想象到它的存在。在这种虚无缥缈之中,虽然由于一切都有点模糊不清而使人感到不太满意,但有一种令人激奋的潜在因素。当尘幕缓缓升起时,它昭示着一种我们不明就里的美的存在,就像一位绝代佳人深藏在厚厚的面纱之中一样。

第二天清晨,这块面纱被揭了起来。我穿着睡衣,跑出了帐篷,看到恰克拉吉尔山峰冷峻、清新、威严,在阳光下闪烁着光芒。从我们所在的山谷底部算起,一道半环形的冰墙直逼雪线和四周的峰峦,高达1万英尺。山脉中的两座主峰俯视着这一切,威严逼人。使我们感到失望的是,令人发愁的尘霾又从平原上席卷而来。但是在相当长的时间里,恰克拉吉尔山峰并没有被尘霾掩盖住,还是那样高洁清雅。

早晨七点半,我们离开了营地去寻找雪鸡。在经过一个牧民的营地时,一群人虽然有点害羞但却盯着我们,显得很是好奇。其中有一个男人,自称是了不起的猎人,同意做我们的向导。他带着我们登上了一条坡度适中的小径。起初,我们听到了一阵雪鸡清脆急促的叫声,惹得我们着急起来,接着又是它们的一阵扑腾声,更使我们心急火燎。我们已经爬得相当高了,松树退到了我们的下方,但是地面上仍然绿草茵茵,间或点缀着朵朵盛开的小花。上行的山坡到处都是碎石子,四面八方传来了雪鸡的鸣叫声,总是诱惑着我们向上爬得更高些。我们不时地被旱獭的尖叫声吓得惊跳起来。这些小动物把我迷住了,它们就像微型的棕熊。这些小东西常常会静静地待在它们窝边不远的地方直立着,很明显,它们正在警惕地注视着我们。突然,它们尖叫着,瞬间就钻入了地下。

在一道岩石山坡上,我们看到两只雪鸡正在那里安详地觅食。艾瑞克蹑手蹑脚地向前走了一阵儿,突然一跃而起,向雪鸡扑去,希望能抓住它们。雪鸡向山坡上急急忙忙跑去,扑向了一个很难登上去的岩岬。我激动地盯着这场竞赛。艾瑞克开枪了,这一对雪鸡中的一只似乎摔在了离我们很远的灌木丛中,然而我们搜查了很长时间,却没有找到它。后来,我们又向上爬了一段路,我们打猎的热情淡了下来,但是仍然希望能够看到尘霾上面的景色。尘霾比刚才又厚了一些,甚至恰克拉吉尔山峰也披上了神秘的外衣。我们靠着一块微斜的岩石板站着,尽力透过尘霾向四周望去。

到了这个地点，我感到很不愉快，对走下去会遇到些什么也不抱乐观的态度。我们的向导的"有一条好走的路"的说法，和我想的大相径庭。但是，我们还是沿着陡坡向下滑去，渐渐发现路还算不难走。一路上我们仍然抱着一线希望，搜寻着雪鸡的踪影，但连一只也没有见到。到5点钟的时候，我们回到了营地，只见罗沙伯克已经在一个行李箱上摆好了茶，旁边还放着用松枝和小毯子做成的一个躺椅，极其漂亮，整体看上去有点富丽堂皇的意味。那天晚上，我们燃起了一大堆松树枝，松木篝火熊熊燃烧着，火苗在空中飞舞，燃烧着了的松木发出噼里啪啦的声响，非常壮观。篝火散发出一股股清香味，只有松木才有这种清香味。

第二天清晨六点半，恰克拉吉尔山峰被团团飘动的白云环绕着，只露出了峰顶，薄雾缥缈。冰峰及其周围的峰峦一会儿从飘动着的白色雾霭中显露出来，一会儿又隐没在其中。我们在铺满碎石子的、肮脏的冰面上磕磕碰碰，连摔带滚，艰难地蠕动着，越过了主要的一条冰川，来到了一条很小但绿草遍地的山沟。这条山沟蜿蜒而上，直通恰克拉吉尔山峰厚厚的冰墙的底部。冰墙耸立，无法逾越，但这个山沟却像世外桃源。牦牛在山沟里静静地吃草，没有人看管它们。

我们又一次向高处爬去，寻找那捉摸不定的雪鸡的踪影。从令人赏心悦目的青草坡到上端冰雪覆盖的岩石坡，不断地传来雪鸡的鸣叫声，使我们的心嗵嗵地跳着。向上攀登变得越来越困难，攀登对我来说已经变得太难时，我只好停了下来，站在一个突出的岩石上，看着其他人偷偷地向两只雪鸡溜过去。毫无疑问，那是两只雪鸡。艾瑞克还没有来得及瞄准，它们就飞走了。上去打雪鸡的人又费劲地从那里走了回来。罗沙伯克一跟头栽进了一道填满雪的沟壑，费了很大的劲才挣扎着爬了出来，浑身已经湿透了，而且也累垮了。他承认了失败。对他来说，这可是仅有的一次。他说他"差一点儿死掉"。我们建议他先回到宿营地去，他同意了，就走了。

只剩下艾瑞克和我两个人了，但我们还是继续在那里攀登。我们沿着一道潮湿的山坡前进，正在融化的冰雪已经使这道山坡变成了一片泥沼，我们就在恰克拉吉尔山峰的冰墙边穿过这片泥沼地。冰墙上悬垂下来的冰柱、冰檐，还有那吊在冰檐上的冰锥，以及那些没有断裂的冰带，构成了一个极为复杂的冰的建筑世界，在我们上方高高耸起，在阳光的照耀下，刺得人眼花缭乱，疼痛难忍。

高处不断地传来雪崩的声音，我们不敢在那里久留，匆匆离开了。我们又越过了冰川，发现这一带宽敞多了，也变得干净多了。冰川上布满了小小的水塘。一条条溪流奔腾着，在光滑的冰面上划出一道道水沟，夺路而下，间或消失在冰面之下。我们脚下的冰层中的水流声，声震如雷，令人恐怖。很快，冰层下的水声又被巨大的瀑布发出的震耳欲聋的吼声淹没了。在山谷那一边，高高的山岩上有几条溪流由岩石坡面奔腾而下，从500英尺的高处直泻下去，消失在冰川下面。

来到干燥一些的地方，我们又发现了一个山谷。我们再次被迷住了。山谷里，黄色的花朵像地毯，覆盖着一道道绿茵茵的斜坡，间或还有一些几乎看不到的更小的花点缀其间。我们躺在草地上，在暖洋洋的阳光下睡着了。后来，我们向下看去，山坡上一群又一群的牛羊在悠闲地吃草，远处山坳处还有一些早已修起的棚圈。棚圈用石块砌成，相当简陋，但是我们没有见到一个人影。令人望而生畏的、不可逾越的冰峰高高耸立，异常美丽，雄视着山谷的入口。从冰川上悬垂下来的冰凌，还有由冰川水形成的奔腾溪流，与这宁静温馨、绿荫遍地的景色形成了鲜明的对比，使这里一切的一切都有一种魔力，让人着迷。看着眼前的山光物态，我思绪翻腾，想象着突然有一个只有在童话中才会有的仙女般的人物出现在我面前，给了我们三个美好的祝愿，或是质问我们为什么侵入这片圣洁的仙境。这些想象似乎不单单是一种不着边际的胡思乱想。过了一阵儿，我们又开始探游了。这一次，我们被迫费劲地向上走去，以绕开一道深不可测的峡谷，然后再往下走，又穿过了那片密密的松树林，松林中朽树腐木处处挡住了我们的去路。下山花了很长时间，在有些地方，不知积存了多少年的发霉的腐败枯枝，高高堆积在林间，足足有我们的膝盖那么深。出了松林，我们又越过了那片黑色的冰面，就急急忙忙地赶回宿营地喝茶去了。

转了这么一大圈，我们发现了在冰川两侧的两条平缓的山谷，饱尝了冰雪世界的严酷凛然和壮丽雄伟的景观，给我们留下了反差强烈的印象。现在能坐下来休息一阵儿，真是太好了，因为我们感到了某种程度的疲劳，但又不是那种快垮掉的感觉，而是一种欢愉和享受后的松弛。我感到舒坦极了。换上了柔软的拖鞋，一杯又一杯地喝茶。躺在罗沙伯克做的那把松枝躺椅上，我摊开了一本书读了起来。这时，我感到心情完全处于怡然恬静之中。

在那个宿营地的最后一天，我们计划到在北边与那道主要的冰川相联结的另一道冰川去探险。我们已经结识了几个在这个山谷中居住的朋友，他们供给我们肉和牛奶，而我则用携带的药箱里的药品，对他们的伤病进行简单的救治和包扎，来回报他们。所以，那天早晨，正当我们向山上爬去的时候，有几个人过来请我们到他们家里去做客。

他们的家是一个圆形的用毡做成的帐篷，很容易倒掉。柯尔克孜族人把它叫作“阿阔依斯”。从远古时代起，中亚的游牧民族就一直使用着这种帐篷或类似这种帐篷的毡房。我在读的书中，发现这种毡房被描写成在公元前7世纪时的斯基泰人的家。从那时候起，又过了1000多年，马可·波罗又对这些毡房进行了相当清楚的描写。古代斯基泰人的一些风俗，比如喝库米什（马奶酒），仍然被今天的游牧人继承着。进入毡房，里面色彩鲜艳，很舒适。毡房里的装饰依据主人的财富多寡，差别很大。一面墙上，挂满了各种各样的垫子、小毯子、毡子。下面放着几个油漆箱子，用柳条编成的一道屏风把厨房用具隔开，或是把几只刚刚生下来的羊羔藏在这里。毡房顶有一个洞，可以使毡房中间的地面上生火冒的烟排出去。家里所有的生活必需品都被井井有条地安放在固定的地方，显得很整洁。就在这次访问中，我们一直观看着一个女人用小麦面粉为我们做一种圆平的饼。她把面饼放在平底铁锅里，然后用炽热的灰烘烤。用这种方法做出来的饼非常好吃。用小麦面粉做饼是一种奢侈。平常，他们主要的饮食是用苞谷面烤的饼，还有酸奶子，这是一种非常好的饭食。我们的主人是弟兄俩，很年轻，他们与我们在这山中遇到的所有的人一样，都很友好、好客。透过毡房的裂缝，我们感觉到有一群儿童正在外面向里面窥视着，悄悄说着话。显然，他们到这里来是为了看看我们这些稀客。

从毡房里出来后，我们又开始向主要冰川旁边的那条冰川出发了，这次我们沿着一道侧沟向上爬。走出那个郁郁葱葱的松林后，我们又爬上了那条冰川的肮脏的冰碛堆。到这个时候，尘霾仍然没有退回到平原上去，但是我们在这里却清楚地看到了冰峰，这一次是从另外一个角度看到的。由于我们行进在破碎的岩石构成的很陡的山坡上，所以沿途的路并不好走，我真愿意回到树林里去。在走向那个山沟的坡上，就在冰碛的边缘，突然出现了许多碧绿的草滩，面积很小，但青草处处，上面还盛开着花朵。有一些草滩在我们的上方，就像近在头顶似的。有些草滩镶嵌在岩石块之中。接着，一条冰瀑挡住了我们的路，这条冰瀑由青色的冰构成，构造复杂，从它上面还不断地掉下巨大的冰柱，冰柱坠地和上面传下来的雪崩的声响，共同形成了一阵阵连续不断的轰隆声，震天动地，非常可怕。巨大的响声传到我们右边的岩石上，形成回声，使这种轰鸣更加响亮，更加可怕。然而我们却看到野鸽子在巨大的冰块上飞来飞去，一会儿落在这些冰块上，一会儿又从上面飞起；一会儿飞入冰块之间的缝隙中，一会儿又从这些缝隙中飞出，毫不在意。这真是太奇特了！看上去它们选择了一个寒冷而又不好客的家。

由于被冰瀑阻挡住了去路，我们只好择路往回走。我们并没有特别的目标，但还是向着有松林的方向走去。我们接着攀登上了长满青草的山肩，山肩浑圆，坡度和缓，从那里我们又从另一条山沟里向回走。一路上，我们走走停停，后来干脆躺在青青的草滩上，凝视着对面壮丽的冰峰，冰峰闪耀着光芒，景色美极了。我们产生了一种无限的宁静感，一种美不胜收的印象，一种孤寂敬畏的情愫。后来，我们又越过了一大群羊，羊只在那里吃草，而牧羊人却在草滩上呼呼大睡。受到惊吓的旱獭吃惊地瞪着我们，吱吱叫着。夕阳照耀着生机勃勃的草滩，也照耀着远在草滩上面的冰川和冰山。

在回家的路上，我们又访问了一个柯尔克孜族牧民的家庭，同样受到了热情的款待。虽然在那里已经吃了许多东西，但回到宿营地后我们还是喝了一通茶。我们住过一夜的小山村奥依塔克的那家女主人，在山上找到了我们，并给我们带来了大米粥，多得我们根本吃不了。这位女主人比丈夫先来到了夏牧场。丈夫不在的孤寂，使她显然更愿意帮助人，话也特别多。她把自己的朋友们带来看望我们，还请求我为一个婴儿看病。就在我试着做一回医生的时候，周围围了一大群妇女，她们有点紧张，但我的“医术”给她们留下了深刻的印象。

第二天，我们离开了给予了我们无限欢乐的山谷，返回奥依塔克过夜。但是，就在我们动身之前，我们又来到主要的冰川一带，去那里游逛了一趟，并且在那个藏在深山的山沟看到了吃草的牦牛。那天早晨，这一带的天气很不稳定，恰克拉吉尔峰急速地变换着自己的面貌。这会儿它看上去冰清玉洁，但没过多长时间，乌云就把它遮盖了起来，只留下了峰顶依稀可见，后来又下起了雨。我们返回奥依塔克时，一路走走停停，倒也平安无事，和上山的时候一样，吃了一顿饭，还喝了许多酸奶子。我们一会儿步行，一会儿骑马，就这样，走下了长满松树的山坡。但是，对山谷里的一切，我们还是有点恋恋不舍，有点后悔往回走。

我们原来希望在快到奥依塔克的时候，在离一条清澈的小溪不远的地方支起帐篷，扎营过夜。然而奥依塔克的那位女主人就在我们下山的时候，向我们保证，在她的家里已经为我们准备好了一切，而且千叮咛万嘱咐地说，我们可不能让她的丈夫失望。为了不使她感到我们不尊敬她，尽管有点犹豫，我们还是回到了那个有高台子的院子。但是，这一家男主人自己就要在次日动身到夏牧场去，因此他早已把所有的东西都让人带到了奥依塔克，交给他的妻子。为了不大动干戈，做那些安营扎寨的准备工作，我们就在院子里选了一个空荡荡的房子，并为我们自己，还为那位男主人做了一顿饭。这位男主人似乎有点尴尬，一句话都不说。或许他在诅咒妻子的过分热情，诅咒她在邀请我们时考虑不周。

返回塔士马力克的旅途，天气很热，但是我们行进得很快。我们一路上游游荡荡，来到了那片孤零零的灌木丛，在那里喝了茶，并吃了早饭。等在那里的看护驮队的人突然告诉我们，他们正为要过河发愁。由于山上冰雪融化，白天河水流量急剧增加。在这种情况下，为了节约时间，我和格雅勒根同骑一匹马，我坐在他后面的鞍褥上，而且他设法使我们骑的那匹小马走得快了一些，甚至小跑了起来。到了河边，我们发现河水已经相当深了，过河的时候，有两匹马摔倒了，尽管骑手牢牢地坐在马鞍上，他们浑身仍然都湿透了。

快要到达塔士马力克的时候，我们在柳树树荫下停留了很长的时间，并且到一条小溪中去嬉水玩耍了一阵儿。在这里我们感到了，与荒野那种毫不留情的酷热相比，绿洲真是太惬意了。最后一个小时的步行令人愉快，我们走得不慌不忙，因为傍晚比较凉爽。

到了塔士马力克，我们发现已经为我们安排好了新的住处。主人为我们端上了茶和各种各样的民族特色食品，东西太丰富了，令我们应接不暇。每一次端上食品的时候，我们都弯腰表示感谢，也表示我们吃得太多了，再也吃不下去了，但是又给我们端上了新的食物。这顿饭吃得很累人。终于，招待结束了，我们吃得太饱了，只好靠在靠垫上或躺在地毯上休息。过了一会儿，主人又进来郑重而又彬彬有礼地问我们，晚饭我们想吃些什么东西？

睡觉之前，我们出门转了一会儿，看到了一个来自印度的商队路经这里，就扎营在我们住的房子附近。其中有一个人是我们的老朋友，他是我们在自列城出发后的旅途中结识的。想想这个人仍然在艰苦的古老商路上漂泊，在这个时候还要翻越崇山峻岭，感到真是有点不可思议。这些人看上去剽悍强壮，突然使我产生了一种又和他们在一起探险的感觉。怀旧之情油然而生，也使我突然回忆起我们在喀喇昆仑高山上共同经历过的那些日子和那漫长坎坷的旅途。

第二天凌晨四点半，我们就被农村地区特有的晨鸡大合唱吵醒了。一只公鸡站在我们睡觉的房子的窗台上，扯开嗓子尖叫了起来。一头毛驴的吼声令人毛骨悚然。鸽子们在那里咕咕对唱。而我们住的房子里，一种不祥的一阵一阵的动静令人感到不寒而栗。我肯定有一只老鼠正在满地乱窜，于是就硬把艾瑞克叫醒，让他查看一番。

“那不是老鼠，是一只山羊！”他一边说着，一边睡眼惺忪地又回来睡觉了。就这样，我们听任这只山羊一夜响声阵阵。

早晨，饭开得很迟。我们要了好几次，但得到的回答总是“马上就好了”。终于，我们喝了几碗牛奶，吃了一些馕，在七点半出发了。

在开始的两个小时，我们沿着平坦但到处是灰尘的道路步行。太阳渐渐升高了。途中，我们停下来了一次，观看一台土造的机器碾米。这台机器制作精巧，但工作起来很笨重。三根长长的木杆，由水来推动，一上一下，运动得不均匀，节奏就像人喝醉了一样。后来，马把我们驮着走得太远了，我们又在一个路边的饭馆旁停下来了一次，在饭馆的凉爽的土房子里，我们照例喝了一顿酸奶子，非常满足。后来发现，我骑的那匹马虽然骑行时间不长，但腿却瘸了，令人很恼火。骑着它一瘸一拐地走了一段路，我再也无法忍受下去了，于是决定步行。然而我的这个决定却使驮队的主人感到很不安，他坚持要我换上我们住的那一家的主人(他陪着我们到喀什噶尔去拿他到印度去的签证)骑的马。驮队的主人似乎对我骑着那匹瘸马走起来极不舒服这一点根本无动于衷,他甚至还吆喝着让那匹可怜的牲口小跑起来。

由于那一天是星期天,我们发现自己加入了赶“星期天巴扎”的滚滚车流和人流中。那些高等人趾高气扬地骑在马上。有些人把活绵羊甩在他们坐着的马鞍子前面。妇女怀里抱着婴儿,步行着。有一个妇女骑在驴背上,她还抱着三个孩子。有头毛驴背上驮着挎篮,里面装满了活鸡。有一些毛驴的背上绑着高高摞起的木制摇篮,摇篮晃晃悠悠。在这洪流中,有人步行,有人骑着牲口,每个人都带着要到巴扎上去出售的东西,或是打算到那里买点什么。人、牲畜、车辆都在急急忙忙地向前赶路,踏起的尘土就像滚滚乌云一般,令人窒息。我赶忙催促自己骑的那匹又肥又懒的马快点向前,超过这股人流。一路上,情况简直就像警察撒手不管时的伦敦交通一样。人们吵来闹去,不可开交。

到了我们上一次停留的,到处是高高的树木的村子,我们又停留了下来,因为我们相信,外出旅游要悠着点,不能太匆忙。这一次我们被让进了一座房子,在那里我们自己准备饭食,主人为我们提供了茶水。就这样,我们一行人全部坐在一起吃了一顿早饭。一直没露面的女主人出现了,并问我们是否愿意见见她的哥哥。这似乎没有必要,但是我们并不想得罪任何人,所以到了要离去的时候,就有人带着我们走出了这座房子,来到另一座房子。那座房子装饰得很漂亮,地上铺满了地毯,摆放着一长溜盘子,盘子里装满了干果和水果。在那里我们又喝了许多茶。我注意到在门后有纱巾和裙子在摆动,还有人在那里低声地咯咯笑着,但使劲压抑着自己的笑声,于是我就问可否拜访一下这一家的女人们。主人同意了,把我介绍给了他的三个妻子。她们中的一个很有礼貌地把趴在我腿上的几个婴儿抱开。第一个妻子马上向我倾倒起她的满腔苦水,把帮我们翻译的人搞得非常不好意思。她自己没有生过孩子,但是相信我可以给她一点儿药,使她能把这个病治好,使她也能够有一大群孩子。我很遗憾地告诉她,我没有具有这种神奇效果的药。

从那一家出来后,我们又一次被卷入了车水马龙中,向巴扎走去。上一次我们曾经到过的那个鸦雀无声的村子,现在却是熙熙攘攘,热闹非凡。从各个方向来的人流像潮水一般,都涌进了这里。一摊又一摊的人围在一起，人声鼎沸，吵吵嚷嚷。男人们大声吆喝着，或是向人兜售着他们的货物，或是在讨价还价。在沸沸扬扬的市场外面，女人们和孩子们在柳树阴凉处睡觉。在一块地里，拴着一长串毛驴，它们耐心地在那里等待着，就像一场赛车大会上被组织得井井有条的停车场那样。一头刚刚被买下的小牛犊，由一位年老的妇女牵着走出人、车流，突然，牛犊挣脱了拴它的绳子，逃跑了。周围的人们帮她拦截逃跑的牛犊，但大家都不卖劲。我们或是跳下马来跑着加入了这场追逐，或是骑着马跑到前面帮她拦住牛犊。我想，我们的这种帮忙只会把形势搞得更乱，后来看到那头牛犊已经跑到了很远的地方，那个年老的女人仍然在徒劳地追着它，拿一块馕在哄牛犊回来。

我们接着又走了一个半小时的路，到达了牙满亚河，河对岸停着我们的卡车。在河边的一个渡口附近，有人在那里出售喝的东西。我们发现拉克帕在那里已经准备好了几盘水果，他是从总领事馆的花园里摘好带到这里来的。我们走了很长的路，正午的太阳晒得我们又渴又累，看到这些梅子、杏子、桑葚，还有第一次收获的草莓，真是又惊又喜，感到凉爽多了，心里别提有多高兴。我们把草莓给了主人，他是第一次吃这种东西。两个小时后，我们又回到了家中。

第八章

新疆政治素描和喀什噶尔风情

居住在一个国家或地区，必然会对那里的历史，以及不可避免地对那里的现实政治情况产生兴趣。而一接触到新疆历史和政治这个题目，我非常清楚地意识到面前所存在的种种陷阱，因而感到紧张。碰到的第一个陷阱就是它具有的数千年的历史，构成了漫长的一幕；第二个陷阱是，在任何一个国家和地区，有关它的历史，都有着含糊不清和带偏见的厚重的一幕，因而不可能泾渭分明、黑白分清，所以在有些地方它的历史肯定被搞得模糊不清，有些被隐藏起来了，有些被玷污歪曲了。

我曾经问过赵将军，中国中央政府对新疆的治理有多长时间了。他告诉我，中国对这个地区的行政权力依据中原的局势而不同，对这一点我早了解了。他又告诉我，中国中央政府对新疆的治理开始于公元前很多年。其他人士提供的看法是从公元前101年，中国就开始了对这个地区的行政控制，而更准确一些的时期是从公元前60年开始，中国中央政府对新疆地区行使管辖权。要是说中国在过去2000多年中对这个地区行使着时断时续的管理权，似乎是公平的。当中国皇帝强大时，对拓展疆土感兴趣，他们就派出军队到中原以北和以西的地方进行征服活动。特别是在好几个世纪里，他们为了与匈奴争夺对西域的宗主权，进行了长期的艰苦的战争。但是如果皇帝软弱无能，或对拓展疆土、帝国治理不感兴趣，那时中国对其周边领土的影响就会减弱，甚至消失。有时候有一些像班超这样的伟大人物（公元91年，他担任西域都护），使中央政府在这个地区的威望和权力大大提高。但有时候随着中国在这个地区的权力衰落，它的权力只是一种象征意义的存在。

从1911年一直到1924年，中国中央政府通过任命一些汉族官员对新疆实施着治理。新疆总督杨增新就是其中一个。总督杨增新对新疆的治理极为严格，但也非常高明，很有谋略。他在1911年到1928年这一段时期内，完全实行的是个人独裁的治理方法，没有中央政府的干涉。许多人都持有这样的看法：像杨增新这样的人的独裁治理方式，僵硬但有效，精明而强制，是治理一个简单的农民社会的最好政府形式。我想，他们的看法或许是对的。事实上，就是在杨增新的统治下，新疆比历史上任何时期都要繁荣，都要安宁。

杨增新死后，新疆就一直处于叛乱蜂起的状态中，局势非常复杂。内战不断、各方割据、各自为政是这一段历史时期的特征。在这样的局势下，中央政府的作用微乎其微，而苏联苏维埃政府的作用却日见增长和强大。一些群体，如白俄分子组成的团体和东干人组织起来的团体，使局势更加混乱。后来，在苏联人的支持下，一位汉族将军盛世才开始控制整个新疆省，新疆才又出现了某种程度的统一。在一个新式独裁者的统治下，这片土地恢复了某种程度的安宁和繁荣。盛世才控制住了通货膨胀，修建了学校和道路。然而，取得这一切，他和这个省都付出了代价。不管盛世才本人的意愿如何，他都处于苏联人的强大影响之下（谁也不知道盛世才本人对他的苏联支持者到底喜欢到什么程度）。是苏联人帮助他掌了权。在苏联人的支援下，他修建了道路，修起了学校。也正是在苏联人的指导下，他尽力使新疆摆脱其他外国的影响。

一个人对苏维埃主义的态度，决定了他认为盛世才的统治对新疆而言是一个悲剧时期还是一个美好的时期。在这个问题上，很难否认苏联的因素。当然，当时的政治情况南疆和北疆有区别，北疆存在的情况南疆并不总是存在。盛督办或许没有牢牢地把南疆控制在手中，或许他本人并不想让南疆也出现急速的“苏维埃化”现象，然而这种现象确实在这里发生了。就在这一段时间里，在喀什噶尔的英国总领事馆的我们受到了当地人的为难和抵制，我们的人员很难在巴扎上买到生活用品，谁也不愿意被看到和我们的人在谈话，到处都布置了监视我们的特务。英属侨民（他们都是些商人或土地所有者）都被从各个县驱逐了出去，常常是在通知他们的数小时内就被驱逐出家门。他们被从自己的家中赶了出来，在回印度的崎岖道路上备尝寒冷和艰难的熬煎，其中有些人死在了旅途中。瑞典在这个地区的传教团被封闭了，传教士们被赶出了新疆。受到盛世才迫害的人不仅仅是外国人，还有有房地产的人、有钱的人或有影响力的人，他们中常常发生清洗、处决或奇怪的失踪事件。盛世才的这些所作所为，至少是得到了苏联人的赞许。他是一个残酷无情的人。他的政策在农村的普通人中到底有多大影响，这一点颇值得怀疑。也许农民们感谢他们得到的安宁，因为在这种安宁中他们能够耕种自己的土地，放牧自己的牲畜。但是在城市里，在有钱人中间，盛世才带给他们的是禁锢和恐惧。

盛世才的统治从1933年起，一直维持到1944年。在这10余年时间里，盛世才至少可以为只发生过一次叛乱而感到自慰。一个名叫马虎山[1]的东干人，举兵反对盛世才的统治，但是他被打败了，后来逃到了印度。1942年，盛世才突然来了个180度的大转弯，他决定摆脱苏联人的羁縻。虽然人们对此有各种各样的猜测，但是什么原因促使他做出这个决定仍然是个谜。新疆的整个政治局势开始发生变化，盛世才投向了中国中央政府，在其后的两年里仍然统治着新疆，但现在新疆是按照中国中央政府的指示进行统治的——这真是一个令人目瞪口呆的变化，对此我不想妄作解释。从那时起，对驻喀什噶尔的英国总领事馆的压力就不复存在了。1942年，艾瑞克去了迪化，他突然发现自己受到了彬彬有礼、极为友好、极其盛情的款待。那些

---

[1] 马虎山是马仲英的部下，自马仲英逃入苏联后，曾由他统率其余部。他曾以和阗为依据，与盛世才争夺对南疆的控制权，失败后逃亡到印度。这里“东干人”均代指回族人。

对英国总领事馆进行刁难和围困的岁月终于过去了，而在1940年他刚到新疆时，作为英国的新的总领事，他竟然被关在了监狱中，整整关了他4天，受尽了屈辱。

1944年，盛世才被赶下了台，中国中央政府开始任命新疆省的官员，表明他们在这里的权力在增长。但是，在1945年，新疆又发生了一场叛乱，这场叛乱在新疆的各个地区都出现了[1]。对于一个刚刚从艰难的抗日战争中恢复过来、又在内战中挣扎的政府来说，这无疑增加了他们已经面临的巨大的困难。在新疆的许多边远孤寂的地区，诸如色勒库尔，许多政府官员在这场叛乱中被谋杀了。以固尔扎（今伊犁）为根据地的一支暴动力量，威胁要彻底打败政府的全部军队。但是，对省城迪化的主要威胁却突然停止了，固尔扎方面的某些要求似乎得到了满足，这些要求中主要的两点是在政府中有他们的更多的人任职，有更多的权力和"组织激进军队"。当时达成的这项协定，从一开始就造成了麻烦。固尔扎方面宣称协定并没有得到执行，他们一步一步地逼近了迪化以北的地区，割断了这个城市和全省的联系，给新疆政府增添了更多更大的麻烦。

1947，我们访问了新疆的省城迪化。其间我们想到固尔扎去一趟，那里是个好地方，景色秀美，但是没有去成，没有一个官员愿意承担让我们到那个"异己分子"的领土上去的责任，就好像苏格兰从英格兰分离出去了一样，只要越过了特威德，你的安全就没有保证。固尔扎位于离俄国边境很近的地方，因此很容易让人想起苏俄已经再一次在新疆的政治风云中扮演了角色，在支持1945年的叛乱活动。或许他们现在正继续支持在固尔扎周围地区已经集结起来的那个刚站稳脚跟并获得胜利的集团，但这仅仅是个猜测而已。

我们在此一直努力使自己置身于新疆历史和政治的复杂纠葛之外。但是，由于我们就居住在这个地区，它面临或存在的问题，对我们而言比起对境外一般的大众来说，似乎更加紧要，更加现实。这就好

---

[1] 这里指的是"三区革命"，即以伊犁、塔城、阿勒泰为根据地反抗国民党反动统治的事件。

比，对我来讲，拉丁美洲发生的叛乱和革命似乎令人厌烦，而且理解不了，但对居住在那里的人来讲，毫无疑问，就是令他们极为关注的事情了。对在本章讨论的主题，我一直尽量保持一种不偏不倚的公允立场，但是，即使对我描绘的这个很不起眼的图景来说，作为它的背景，了解新疆历史和现实也是必要的。作为两个大国之间的缓冲地带，人们长时间地谈论新疆会成为未来的国际战场，因为正如人们所说的，它有可能成为一场纷争的策源地。这种前景肯定会使它成为注目的中心，使它已有的苦难和麻烦似乎更为深重。但是，在当今世界上，有那么多的热点和危险的区域，有那么多的不起眼或温和的地区已郁积着风暴，问题已经溃烂或病入膏肓，所以在这里我不能说新疆的问题要比世界其他地区的问题更加重要。

无论它是否会产生大问题，新疆都有自己的症结需要解决。在强有力的近邻的影响下，它并没有多少选择的余地。有一批人(数量还不少)喜欢苏俄。很多年轻人，不很富裕的知识分子，还有一些人，对政府低效率的统治表示不满。而另外一个群体，包括比较富裕的人，还有宗教领导人，由于苏俄的思想使他们不寒而栗，全力支持政府。还有一批人，是些空想主义者，不切实际地梦想独立出去。正如我已经在前面讲过的，普通的农民，对谁来统治他们并不感兴趣。只要战争不使土地荒废，只要他们有足够的水来浇灌自己的土地(在新疆，水的分配是最令人头疼、最容易引起纠纷的问题，往往使他们和别人发生小规模的争斗)，对他们的生活来讲，已经足够了，他们就很满意了。不论怎样，在新疆南部，土地肥沃，较大规模的饥荒仍然是闻所未闻的事。由于没有危害很大的病虫害，气候没有大起大落的变化，没有暴雨、洪水和干旱，因此，他们的庄稼受不到什么危害，农民的负担并不重。这里的农业技术很落后，使用的是木制的犁，用手收割，驾驭牲畜在打谷场上无休止地转圈打场，靠风扬场。尽管这样，南疆农民还是没有多大困难就生产了足够的粮食。他们的生活水准，就我所知道的，比1947年以前印度的生活水准要高。一般的老百姓，无论男女，还是孩子，看上去很健康，衣着也不错。在这里，很少有乞丐，这简直太了不起了。由于新疆南部的食物充足，我从来没有在喀什噶尔或新疆的其他地方看到过那些像在印度常常见到的瘦骨嶙峋、令人生怜的马匹，而正是这些马匹使人感到印度有那么些令人厌恶的地方。在新疆南部我们看到有一些牲畜的腿瘸了，另外有一些由于鞍子的原因脊背被磨破了，但是大部分马匹和毛驴都喂养得很好。

这种悠闲自得的情形是政府治理的结果。要说起弊端、腐败、效率低下以及种种失败和失误，在世界上的任何国家中都有可能存在，在新疆也不例外。实际上，在这里，政府没有给人民修建医院，盛世才修的学校已经渐渐破败不堪。用现代标准来衡量，在交通和工业方面新疆全省都大大落后了，情况非常不好。首先，中国中央政府在现代并没有始终掌握住这个省，尤其是在过去4年间。其次，这个政府一直忙于打内战，国内战争不断。第三，要把一个极为落后的地区建设成现代化的地区，无疑会分外困难，甚至尝试一下也会令人踌躇畏缩。我无法相信，普通的维吾尔族老百姓会从心底里更喜欢火车和工厂。但这又是另外一个问题了。当然，我认为有可能为他们的利益做一些好事。一个人不能仅仅因为喜欢看到远古时代悠闲蒙昧的生活方式，就不接受现代生活方式带来的种种好处。但是，那些将要成为改革者的人们，如果认为水力发电计划和工业化生产能够结束一切邪恶的东西，那么他们的看法就太肤浅了。

在中国的治理下，新疆的维吾尔族人享有自由，但他们或许没有有意识地珍惜这种自由。当然，也许能够这样认为，即这种自由给他们带来的好处，因为统治者过于漫不经心，而仅仅是一种偶然性的东西。新疆的统治者只要能够征到税收，获得利益，往往更愿意让事情顺其自然，倒也落得个皆大欢喜。但是，应该珍惜自由。维吾尔族人完全可以按照他们自己的方式去生活，去做买卖，去旅行，占有自己的财产。我认为普通的维吾尔族人不会向往现在在西方民主国家中人们要求得到的那种政治自由。在亚洲国家，关于权威的整个观念仍然各不相同，在宗教宽容和阶级平等方面，中国比起许多其他亚洲国家要先进得多。如果人们接受这样一个事实，那么，我个人倾向于认为，他们在中国的治理下，会享受到许多好处，而且也是明智的选择。如果中国各地的那些复杂的政治事务能够处理得好，我认为中国会允许新疆的人民逐步地得到更多的自治权利，中国也会为他们做更多的事情。甚至就是在我逗留新疆的短暂时期内，比起过去，维吾尔族人已经获得了相当多的权利。新疆各级政府中的许多官员都是当地人，而且已经任命了一位维吾尔族人当省主席。那种不分轻重缓急、囫囵吞枣、过于冒进、过于草率的方法，只能给一个各方面还都很落后的地区，过着简单生活的人民带来更多的痛苦。但是我在这里谈到的那种激进草率的政策，鼓吹起来相当容易，而它实行的改革只会冒出一点点闪亮的光芒，实际上是欺骗人的。许多外国人，由于看到中国人取得的进步缓慢，就一厢情愿地认为只有让苏俄人来统治，才是唯一的选择。

如果因为一个人喜欢简朴的东西，因为他发现土生土长的生活方式很有情趣，因为看到牛和驴拴在一起，拉着一架木犁犁地；看到颇有威严的骆驼；看到妇女们坐在门边的台阶上捻线；看到两个男人津津有味地扇起微风，让它掠过高高的麦堆，露出喜滋滋的笑容，而第三个人把麦子扬起来，让微风吹去麸糠，这一切是那么有诗情画意，因为他看到这里的人们在“现代、进步”面前悠闲自在，不慌不忙，那么他就会倾向于过一种原始的简朴生活。这就像回顾过去，认为要是生活在19世纪该有多么快乐、多么惬意。但是如同话剧《伯克利广场》里的主人公一样，如果你尝试亲自过一过那样的原始生活，就不可避免地发现有许多行为方式和习惯不再那么吸引人，也有那么多的不舒适，而且人们早已对这种“原始生活”不再适应了。

新疆人民生活简朴，或许有着我们所没有的许多好的东西，然而如果有人强迫他人去过那样的生活，他就会失去关于这个题目的那种轻松愉快的浪漫主义想象。因此艾瑞克问我，我愿意过柯尔克孜族妇女的那种返璞归真的生活，还是愿意过一个英国家庭主妇的那种受到约束的生活？就我个人的愿望来说，一想到要过英国家庭主妇那种受到限制的生活，我心里就充满了恐惧。我也乐于把柯尔克孜族妇女的生活理想化。但是说老实话，我不知道自己是否能够丢弃现在过的这种英国式生活中所具有的那些舒适的东西，那些令人感到便利的东西，那些能够使我娱乐的东西，而去追求游牧民族的那种单调但空间广阔的自由生活。

我在此要纠正一个认识，以免读者由于我对中国人那种散漫、松弛的统治的肯定，得出这样一个结论——新疆是一个小天堂，在这个小天堂里，养得胖胖的农民总是微笑着，什么都不缺乏。实际情况不是这样的。如同在其他地方一样，新疆存在着贫穷、疾病和残忍的行为。然而，用西方的标准来评判中亚的某个地区是可笑的。同样，认为人们挨饿是因为他们一天吃不上四顿饭，不会读书识字，也不能在每周看到卡里·库伯，使人们的生活就失去了乐趣，那也是可笑的。有一些外国新闻记者匆匆来到新疆，往往在这里待上一两个月，用他们国家的标准来比照这个地区，就得出结论说这里的一切都那么悲惨，然后马上转而责备中国政府。这些外国新闻记者想只用黑白两色画出一幅图画，而且着墨最多的是黑色，而他们却忽视了当地的实际水平和整个亚洲的水平。

由我，或是由那些挑起事端的外国改革者来评判新疆人民生活得幸福与否是荒唐的。但是我确实认为，比起那些急速的、横扫一切的变革，那些会把整个节奏搞得乱七八糟的变革来，那种缓慢的、周详仔细的改善，是适合这个地区具体情况的得体的措施，因而对当地人民更有帮助。要是我来做这些事，我会首先建立医疗设施和组织医疗人员。我会努力很周到得体地改进这里的农业，会鼓励创办那种比较好管理的“家庭工业”。而正规的教育带来的好处，发展工业带来的利润，都可以在以后再搞——我希望它们终将来到这个地区，但是是一件一件逐步来到的。

丢开种种猜测，丢开我的这些关于社会改革的不成熟的思考，以及我个人对于新疆未来图景的设想，我倒乐于勾画出关于喀什噶尔及其人民的一幅小小的但又轻松的图画。我不能自以为了解新疆北部，因为那里的汉族人口很多，从事游牧的哈萨克族人口、蒙古族人口也很多，而且还有其他一些民族，这一切构成了一种完全不同的社会结构。我极少在喀什噶尔以南的各个绿洲中旅行，但是，我想它们和喀什噶尔绿洲的主要差别不会太大，也不会很多。山里面的那些人的情况肯定不同。我已经在本书的其他章节尽力对他们的情况作了描述。在对喀什噶尔描绘时，我不打算用油画颜料，因为油画是一门需要好多年学习和研究才能完善的艺术。用文字描绘出来的关于外国的生活画面，尽管细节很丰富，也很有启迪，但对我来说，我很难把它们立体化，形成不了活生生的场景。不管怎么说，新疆已经被争先恐后地描绘过若干次了。如果能够做到的话，我只想说说我的具有印象主义特点的观点。

在我提供给读者的这幅“图画”中，占据主要地位的色调是柔和的褐黄色，就像褐黄色的尘霾一样。喀什噶尔地区的大地、道路、房屋、靠太阳晒干的巨大的砖块、起拱卫作用的喀什噶尔城宽厚的城墙，还有那些坟墓，修建得那样认真仔细，但修好不久，就免不了坍塌在地上。所有这一切，都是同一种颜色，没有差异。然而在清晨或是在黄昏日落时，如果阳光明媚灿烂，就会给那些没有生气的土黄色墙壁涂上重重的一笔，使它们的色彩凝重而又明亮，使人觉得它们把所有的光线都吸收了进去，闪耀着一种微妙的、难以捉摸的深橘红色光芒。

这里很少下雨，所以没有必要修建特别坚固耐用的房子。偶尔你会看到修得很结实、装饰得也很不错的一座中国军营，或是一座衙门，一般刷成了蓝灰色，使它们和其他建筑物区别开来。但是，当地人住的房子往往就地取材，从黄色的地上修起，齐刷刷的一种颜色，松松垮垮，不成样子。或者，有些房子干脆就是从低矮的小山坡中冒出来，歪歪扭扭，晃晃悠悠，这些房子还带有摇晃不稳的、用木料做成的阳台，从房子边突出出来，看上去非常危险。只有那些清真寺，人们才给予了它们更多的注意和关照，把它们修得高大壮观。清真寺

在生土中建起的房子

建筑里使用了木料雕出的柱子和精雕细刻做成的格子窗棂，整个建筑很干净，也很宏伟。

清真寺是男人们聚会的地方。在一座清真寺外，坐着三位德高望重的老人，长长的胡须，头上戴着头巾。在另一座清真寺的门外，聚集着一大群人，正在那里闲聊或议论着他们关心的事情。然而，这些男人们并不狂热。用伊斯兰教的某些标准来衡量，他们似乎对自己的宗教教规遵守得不那么严格。例如，我们没有看到妇女们按教规穿深闺的服饰，有些妇女穿着长袍——长长的白色棉袍，袖子很窄，而且不实用，从头到脚把她们裹在里面——匆匆走过，就像移动的小帐篷。然而对许多妇女来说，这种服饰似乎已经仅仅是一种传统，就像自从皇家威尔士火枪团的军人扎油腻的辫子以来，所穿的那种军服和肩章就只是一种摆设一样。这里的妇女们穿上白色的长袍，再披上小一些的围巾，但为了好看，尽情地把围巾甩过她们的帽子。有时候，一个妇女走过你面前，头上还罩着一个丝绸纱巾，就好像是偶然落在她头上似的。

喀什噶尔城的高大城墙上，隔上一段就竖起一个巨大的城垛，起堡垒的作用，监视着在它一旁的巴扎上的任何不轨行为，也监视着另一边各种各样的道路上和田野里的悠闲的生活。只有城门前的吊桥，以及头顶上的拱门，还有那城里的庙宇，以其特有的那种翘边倾斜屋顶，清楚地表明是谁在统治着这里。在特殊的日子里，当城里的建筑物上插满了中国式的旗子，当红色的横幅悬挂在拱形城门上的时候，当用漂亮的方块汉字书写的标语出现在旗帜上的时候，这种统治才会被人注意得更清楚一些。

离喀什噶尔旧城6英里以外的地方，汉族人在那里修了一座新城，人们叫它汉城。这座城也是用巨大的城墙围起来，孤零零地矗立在那里。那里的居民以汉族人居多，但是却没有一丝一毫的特殊、优越之处，也没有那种居高临下的威严之处。然而城里的氛围却迥然不同。城里有一些中国古典风格的建筑物，有一些汉族人开的店铺，汉族店主站在标准的柜台后面。在有些店铺外面，挂着纸做的灯笼和用汉字书写的招牌。比起旧城来，这里街上的汉族人要多一些。妇女们穿着她们那种特有的直筒式的标准蓝色棉布衣服，胖乎乎的婴儿的眼睛细细的，上了年纪的人戴着翘边帽，令人有点意外，但为这里增添了些许外来的情趣。在我看来,忘记流放的处境似乎总是一种悲惨的企望。

一般说来,喀什噶尔是典型的南疆景致:那些把自己隐藏起来的妇女;那些长着胡须,面部清癯的男人(他们皮肤白皙,令人惊奇);那川流不息的毛驴;那些吱吱作响的马车或牛车(它们的车轮看上去是那样大得令人不放心);那些装饰华丽的马匹,还有它们颈下叮当作响的小铃铛和摆来摆去的流苏穗子;那些头上戴着圆圆的绣花帽的小女孩,她们的小辫子数也数不清;不时地,一个小男孩悠悠晃晃地吹着一根笛子,走过街头;那些在路边卖瓜的小贩——所有这一切,都是典型的原汁原味的南疆景致。比起看到的东西,或许纷繁多彩的声音更能使人们回忆起一个地方。喀什噶尔的声响并不总是悦耳动听的,但是它们很有特色,正是这座城市的一个组成部分。中国士兵在操场上操练,他们扯着嗓子吼着口令和口号,虽然整齐划一,但很难听。一个磨坊主站在土崖顶上,吹起了他的号角,召唤着顾客们到他的磨坊里来。卖馕的汉子的悠悠叫卖声。在要做祈祷时,毛拉召唤教徒们祈祷的喊声高亢悠长。在天空中飞翔的鸽子,上下翻腾时双翅拍打着气流,那些"翻跟头的鸽子"更是独特无比,它们表演的节目就像死去的鸟又活了过来——一跟头笔直地栽了下来,又唰地一跃而起,在空中重新展翅飞翔。它们中有一些尾巴上装有鸽哨,哨音就像轻柔的音乐,非常迷人。城里每时每刻总会有那么一头毛驴,无论是出于绝望,还是出于高兴——谁又能讲清楚到底是因为绝望还是高兴——扯起惊人的喉咙,放开嗓子吼叫一番。突然,一个正在什么地方行走的男人,一边走一边放声吟唱,唱到尽情处,他忘却了一切,会突然拔高音调,一展令人震耳欲聋的歌喉。而在远处,又有一个男人接上了他的调门,忘情地以高歌呼应。在丰收的季节,总会有一首歌曲,单调而缺乏变化,悠悠不断地传入你的耳中。有一天清晨我散步时,一位老人正驱赶着两头无精打采的毛驴打场,毛驴晃晃悠悠地转着圈,而老人在唱歌,他唱得那么投入、有劲,声音大得惊人。连他自己都用手指头把耳朵塞了起来,挡住他那响亮的歌声。

喀什噶尔的人们懒懒散散,但恬静平和。他们就如此生活了那么长的时间。在这样的治理下,他们的生活又是那么的轻松悠闲,所以他们并没有养成爱斯基摩人的那种刚强和坚韧，也没有养成帕坦人那种好战的性格，更没有养成藏族人的那种勃勃生机和克什米尔人的那种多才多艺。但是，这里的维吾尔族农民和任何地方的朴素的人们一样，友好、好客，他们随时都愿和你分享哪怕仅仅一个笑话。有时，他们中有些人的懒惰让人七窍生烟，做的活也让人瞧不上眼。然而，如果你对他们的要求不过分的话，他们总是那么迷人，那么善良。

我的这些评价或许不算太高，但在一个狂热而又使人们无法安宁的世界里，喀什噶尔的维吾尔族人的这些特点是令人愉快和幸福的。

第九章

边境一游

正是在喀什噶尔以北的山区，我第一次了解并喜欢上了柯尔克孜族。这个古老的游牧民族，比起绿洲上的人们个性更为鲜明，更为强悍。用不着对山里人和平原上的人做深入的研究，我发现要区分这两个完全不同的民族并不难。柯尔克孜族体格上多有蒙古人种的特点，高颧骨，细斜眼睛；而平原上的人则多有欧罗巴人的特征，面貌漂亮。渐渐地，我了解到了这两个民族之间在日常生活和风俗习惯上的更多差异。我对游牧的柯尔克孜族有一种发自内心的喜爱和尊敬，但是对维吾尔族我却没有这样强烈的感情。

在这本书中，从头到尾，我都使用了"维吾尔族"这个通用的名称来称呼住在平原上从事农耕的人们，用于区别汉族以及游牧民族，如柯尔克孜族和哈萨克族。我绝没有尝试以复杂、细微的区别，命名中亚种族和民族的任何意图。

在搜寻雉鸡时，我们常到离喀什噶尔30多英里的依什提克·卡拉乌尔山中去。我们第一次在这一带探险时，先开车行驶到通向迪化的公路上，然后拐下公路，再在沙漠戈壁上走一段路。

常常令我们吃惊的是，就在这里的石头干滩上，我们随时可以发现一条穿越沙漠戈壁的古道痕迹。在许多地方，水已经把这些痕迹冲得一干二净，即使那些十分模糊的道路痕迹，也消失掉了。但我们还是在时断时续的痕迹中辨认出了这条路的走向，并且沿着它稳稳向北进入了山中。关于这条路，令人迷惑不解的情况是：人们总是忽略了它的存在，试图在苏俄边境以北修一条路穿过沙漠戈壁。当地人给我们提供的关于这条路的唯一一致的情况是：那是在最后一位沙皇在位时修的，后来，大概是在14年前，东干人叛乱头子马仲英[1]可能在俄国人的援助下，又开始重修这条路。到了1934年，他被打败了，就沿着这条道路逃到了俄国。

我们的柯尔克孜族朋友库尔班曾告诉我们，俄国人在新疆影响很大的那些岁月里，从边境的俄国一方曾开进来过坦克和武装护送的车队。这些故事生动具体，听起来令人激动不已。然而对这些故事，我自己却不能予以证实，在这里只能重复当地人告诉我们的细节。

无论关于这条道路的真实情况是什么，我们已经好几次沿着它走到了依什提克·卡拉乌尔。但一直到1947年6月底，我们才打算走过这个村子，继续前行，到天山山脉比较低的前山地区进行一次探险。在这一次探险中，我们决定在交通工具上节约一点儿，只使用我们的两头毛驴驮行李，而我们自己则雇了两匹骑的马。开始时，我们先开车到依什提克·卡拉乌尔，在那里与马匹和毛驴会合。总领事馆的运水工萨利阿洪看管着他的毛驴，而总领事馆的一个守门人，自称对马匹很熟悉，专门来这里照料牲畜。这个守门人个头很大，却长着一张娃娃脸，看上去孩子气十足。他或许很不机灵，得让人操心，但是他又那么想帮忙，而且脾气总是那么好，所以我们倒渐渐对他产生了好感。后来，他当了艾瑞克的马夫。人们都叫他“卡帕克”，格雅勒根后来告诉我，这个绰号的意思是菜葫芦。他告诉我这个绰号的意思时，自己都忍不住大笑起来。这一次，我们的探险队伍加上格雅勒根和罗沙伯克，一共6个人。

在6月间晚一些的时候，喀什噶尔热得让人难以忍受，而且苍蝇多

[1] 马仲英原是甘肃回族军官，于20世纪30年代两次进入新疆，与盛世才争夺对新疆的控制权。失败后遁入苏联，下落不明。

得到处肆虐，更让人受不了。我们一直企盼着能够到凉爽的山里去，所以在依什提克·卡拉乌尔吃过午饭后，就高高兴兴地出发了。但是，我们还没有走上几百米，明摆着的情况是：两头小毛驴驮不动我们的所有行李。

在出发之前，我确实按照艾瑞克关于旅行时要“轻装上路”的严格要求，把行李精减了又精减，但是有点奇怪的是，一上路，笨重的大口袋和箱子总是出现在我们面前，而这一切又都是格雅勒根的主张，他的借口很充分。我们说什么也无法让他不带那些笨重的东西，如一个破烂不堪的午饭盒（里面一半是空的），装有烂掉的蔬菜的几个大篮子，稀奇古怪的做饭用的锅，还有一个无所不有的、精巧的“炊具箱子”。他带上这些东西，使自己在旅途中总是处于手忙脚乱、顾东顾不了西的难堪境地。我常常会对他带的这些乱七八糟的东西进行突然检查，把那些空盒子扔掉，把两个没有装满的盒子中的东西集中到一个里面，把他仔细保存下来的烂掉的蔬菜和一块块干面包都扔掉，而且还得和他争论如何处理那些已经破损的宝贝东西。但是只过上一两天，他带的东西又处于乱七八糟的境况。在这种情况下，我只得再一次费劲地去把他的那些没有用的东西扔掉一些。即便如此，哪怕这一次他带的的确是最必需的东西，但对两头毛驴来说，也太重了，无法驮上前进。我们被迫把所有的东西都放在马背上，这样一来，毛驴可神气多了，因为它们背上有了鞍子，还有马镫。把这一切搞完后，我们又开始了自己的旅程。

在依什提克·卡拉乌尔，我们找到了一个向导，但是后来发生的事情却表明他根本不愿意干这个工作。一路上他总是在抱怨我们的这次探险，而且总是在变换关于水源、植被和宿营点的意见。刚刚走了4.5英里路，他就提出我们得停下来，在停的地方过夜，无论我们怎么抗议，他一点儿都不听，仍然坚持自己的主张。我们只好向一个过路人打听前面的情况，路人似乎对这一带很了解，也很友好，他告诉我们在前面有水，但是没有村子。于是，我们没有理睬那个不通情理的向导，决定继续前进。如果人们知道哪里有水，或许就能找到水，但是我们却不知道，所以在其后的24个小时里，没有找到水。直到那天晚上8点多，我们还在搜索水源，而在同时，艾瑞克和卡帕克骑马到附近的山谷里进行了一次侦察。最后，我们只得放弃找水的努力，在停下来的地方建起了一个很凄凉的临时营地。

这是一片寸草不生的荒滩，上面到处是碎石子。当时刮着风，而且越刮越大，使我们更加感到不舒适。我们把一瓶牛奶和一罐汤混在一起，每个人喝了一点儿，就匆匆睡觉了，以便忘记自己还饿着肚子。

人类养成固定的习惯，真是个错误。第二天清晨5点钟，我们起了床，却没有我已经习以为常的那杯茶，真是让我难熬啊。一点儿东西都吃不下去，所以我们又饿着肚子，顶着风出发了。

昨天夜里，风刮得越来越厉害，整个早上我们的面颊一直受着风的吹打，尘沙似乎都已经吹进了我们的皮肤之中。由于前一天的那个倒霉的开端，我看什么都不顺眼。我们走进了一条山谷，在我看来，这条山谷是我见过的山谷中最荒凉、最没有意思的。周围的山头低矮，一点儿也不壮观。一路上没有任何东西能够使人摆脱这无穷无尽的单调，只有一件事始终萦绕在我的心头，那就是要喝一杯茶。喝杯茶是并不过分的要求，只有轻松地想起或谈论起在山间探险的那些乐趣的时候，才会不去想它。而当一个人太疲劳、太冷或太热，或是饿过了头，或是仅仅因为太容易冲动，他就不可避免地再也不会去喜欢或欣赏那些特殊的经历了。如果过着一种简单的生活，那些不平常的东西一下子就突显出它们的重要性，显得格外突出。在旅途中，有许多景色本能给人留下深刻印象，也完全可以压倒喝一杯热茶或是提前宿营的那种热切的愿望。这又是一个能否控制住自己情绪的问题，但是我却不完全具备这种能力。我常常在想，像格雅勒根、卡帕克或陪同我们的每个柯尔克孜族朋友那样的人，是否比我有更坚强的自制力呢？或是仅仅因为他们更强悍一些？我倒乐意认为他们更强悍一些，或是说更不敏感一些。他们似乎对变幻无常的天气的反应要慢得多。我一天要好几次穿上或换下外衣，而他们在寒意浓浓的早上穿上一身棉衣，到烈日炎炎的中午也不脱掉，还是那一身棉衣。他们对那些诸如骑瘸马、遭受一群又一群的苍蝇的袭扰，或是在烟熏火燎的帐篷里受罪之类的事情，根本无动于衷。说不定这种源于精神上的迟钝造成的不敏感性，还会影响其他方面的事，但是我常常对此很是羡慕，而且我也怀疑，如果我把它们学过来，会不会对我的智力产生破坏性影响。

在山中步行探险开始成为一个可笑且荒唐的主意。那条怪石处处的山谷,绕来绕去,没有个尽头。

我们碰到的人寥寥无几,而就是这么几个人,向他们问道路和方向,他们的回答也是含含糊糊、互相矛盾的,让人恼火不已。实际上,我们几乎没有见到一个能给我们提供准确无误的情况的当地人。这种情况和在英国问路一样,在那里问路的人也是得不到准确的信息。因此在这里,我想,问不到确实的路况,倒也不必大惊小怪。除开对时间和距离没有什么兴趣这一点外,我得出的结论是:思想的局限性导致了语言上的局限性。这里的人们缺乏非常准确的解释道路远近的词汇,他们不这样说:你沿着这个山沟向前走2英里,一直走到下一个边沟;那个边沟和这条沟在西边相连着,然后从这个拐弯处再向前走上600多英尺,就会在你们的右边看到一个很大的干沟,干沟里没有水……相反,他们只会这样说:离这儿不远,你们就会到有水的地方,或是到有一座房子的地方,或是到任何一个地方,等等。我开始恨起"yanqin"(不远或很近的意思)这个字眼来了,因为它好多次使我产生了热切的期望,但后来都被证明是不切实际的。任何距离,甚至超过20英里的距离,他们都会把它说成是"yanqin"。

我们不知道走了多长时间,一切似乎都那么令人沮丧,那么艰难。但这一切,后来回想起来又不那么令人沮丧,不那么艰难了。下午两点半,我们终于到达了柯尔克孜族的一个营地,喝了一杯水后,我的怒气也渐渐平息了。当地的柯尔克孜族牧民把我们让进了一顶毡房。坐在毡房里,我立刻被欢乐气氛感染了,也对这里的一切产生了兴趣。我开始高兴起来,品味着这一切。最令人开心的事是,我们在主妇提来的开水中放了那么多的茶叶,他们说这够喝好几个月的了。这里的牧民们并不富裕,所以我们只是向他们要了一些牛奶放进茶里,再什么都没有向他们要。我们自己做了饭。在吃饭时,一群人好奇地围观我们,同样,我也好奇地注视着他们。

妇女和儿童坐满了毡房。这里的女人没有戴面纱,露出漂亮的脸蛋,看上去比喀什噶尔的妇女自信多了。后来我了解到,她们在社会中有着自己的责任,有着自己牢固的地位。这些妇女极其勤劳能干,干活极为认真和努力,受到了人们的尊重。在毡房中的姑娘里有一两个长得特别漂亮。使我更为羡慕的是,她们长长的辫子尾端上缀着的重重的银饰物。我们第一次见到这些人时，打算拿出在喀什噶尔巴扎上买到的那些闪光的小玩意，如戒指、发卡之类，来送给他们以示好意。然而，这些妇女戴着的精巧的首饰是那么美丽，反映出了她们那种内在就有的审美品位，真使我们对自己准备的那些廉价的礼物感到不好意思。后来，我们逐渐知道了他们喜欢什么。他们极少接受客人给他们的钱，但是他们还是对送给他们的茶叶、大米、面粉、布料和镜子很欢迎。送给儿童的礼物也受到了欢迎：一卷线、一根烟或其他任何东西。只要一递到一个女人手里，她就会马上给她的孩子。

毡房里总是有孩子，孩子使毡房充满了欢乐。这些孩子是怎么活下来的，这个问题对我来讲，一直是一个谜，也使我感到十分神秘。因为我自己的头脑中装满了那些如何抚养孩子的"现代"观念，看到这里的孩子们被绑在一卷又一卷的被褥中，还要放进小小的摇篮，摇篮外面还要裹上一个厚厚的毯子，真让我吃惊极了，而且还有点害怕。常常，母亲在给自己的婴儿喂奶的时候，孩子就像被关进牢房似的。我猜想，这里的婴儿死亡率可能不低。

吃完饭后，我们就被前呼后拥着到这个山谷更上边的营地去。我猜想，他们认为在那个地方可以使我们受到更好一些的招待。我们被领到了最富有的一座毡房中，并且被介绍给了一位上了年纪但极有威严的夫人。她看上去是位重要的人物，肯定也是一位令人愉快的女主人。柯尔克孜族人通常都很有礼貌，这一次他们为我们掀开了挂在毡房门上的又厚又重的毡子，把我们让进了毡房。在地上他们匆匆为我们铺上了毯子，放上了靠垫。有人从屏风后为我们端来了一碗又一碗的酸奶子和奶皮子。女主人立刻忙碌起来，和面、揉面，往面里卷东西，为我们做了一个果料又多又好吃的"大蛋糕"。这种由一片一片的薄饼做成的酥油面馅饼，里面放了一层又一层的奶油，所以要趁热吃。这是我所知道的最好吃但也是最不容易消化的东西之一。夏天，无论什么时候我们住在柯尔克孜族牧民那里，由于吃的东西中尽是牛奶、奶油和酸奶这类食物，我们都会发胖。令人奇怪的是，亚洲没有任何民族特意研究制作奶酪的技术。想一想在欧洲，奶酪的种类有那么多，而这里的游牧民族对奶制品的依赖性又那么大，竟然只有一种奶酪，而且还是一种没有什么味道的干奶酪。

虽然按照柯尔克孜族的标准，我们的女主人是很富裕的，但是我们并不愿意让她承担我们这6个不速之客的食品。我们把面粉给了她，而她则坚持要亲自为我们做饭，而且不一会儿就又开始为我们，也为她的一大家人做起了汤饭。不可避免地把要为我们宰杀的一只羊牵了进来，让我们检验一番。宰杀一只羊来款待我们，是我最不喜欢的一种礼节，因为我感到自己就像签署了一张羊的死亡授权书似的。无论怎样，我和艾瑞克都不喜欢在煮羊肉时的那种长时间的等待，以及煮好后端上来的肉又让人咬不动，半生不熟。艾瑞克和我倒是喜欢吃由格雅勒根快速做好的饭，但是和其他一群做客的人一样，我们得受主人的支配。

饭做好后，按惯例在这种场合有一大群人来吃。大家嘴里嚼着肉，啃着骨头，发出的各种声音很响亮。而艾瑞克和我在不违反礼节的情况下，只是尽可能地少吃上一点儿。

吃过饭，我们向主人介绍了自己的地位、经历和家庭等方面的情况，也解释了我们来这里的计划。坐在中心毡房的所有人都参与讨论了我们的计划，他们同意我们第二天可以出发继续向前走，由女主人的侄子当我们的向导。艾瑞克带来的地图总是引起人们的很大兴趣。这里的人感到，虽然艾瑞克是一个外来人，却知道这里的地名和主要道路，真不可思议。这一点无法向牧民解释清楚。我自己也认为地图是个不可思议的事物。

第二天一大早，我们分发了带来的礼物，并且很动情地向女主人和其他人告了别。

那位友好的女族长来为我们送行，她告诉我她希望永远是我的朋友。我们一行开始向地形恶劣的喀拉铁克山口（海拔1.2万英尺）出发。这一天刮着暴风，没走上多远，雨就开始向我们劈头盖脸地泼了下来。看上去无论是卡帕克还是萨利阿洪，都无法让牲畜把行李稳稳地驮好。这一段行程对我们来说确实是一次严峻的考验。往上走的路很陡峻，我们选择的那条小道又很糟糕。无论是走在上山口的上行路，还是山口另一侧的下行路，我们这支小小的驮队一次又一次地停下来，把牲口驮的东西卸了，又重新装上去。雨越下越大，天空越来越暗，乌云滚滚，我们艰难地向上爬行着，速度很慢，而且在路上走一截停一截，停的时间也越来越长。有好几次，一头驴摔倒在地上，我们得用杠子把它从地上撬起来，就像是从石头上撬下贝壳一样。

我们的柯尔克孜族向导很快就没有劲头了。到了山口顶部——这里是一个陡险的岩石山脊，他宣布自己要往回走。我们用尽了各种方法——恳求、给钱、威胁，甚至咒骂，才使他同意和我们一道继续走，最终陪着我们一路到达了目的地，又返回了依什提克·卡拉乌尔。这个人相当靠不住，情况顺利时，他又说又笑，口若悬河，很是活跃，而且会把我们介绍给其他的柯尔克孜族人。但是他的关于道路的知识却不那么可靠，而且情绪很容易低落下去。

从喀拉铁克山口下去的路要比上来的路陡多了，也难走多了。在岩石和碎石块满地的陡坡上下山，得有一个人牵住马的头，另一个人狠劲拽住马的尾巴。驮在牲畜背上的行李不断地滑落下来，我们还得再把它们装上。艾瑞克和我对这种慢腾腾的前进速度烦透了，于是就离开了驮队，朝山下一路跑去，一直跑到了山口脚下。

这一阵儿大雨如注，在地面上形成了道道激流，令人振奋不已。从山口上的黑色石板地带一路来到另一条山谷，山谷里地面柔软，绿草茵茵，草地上间或开着小小的花朵，一切都是那样突然，那样生机盎然，立刻使我们高兴起来。我们就像在湖面上航行时遇到了顺风一样欣喜若狂，在山谷中跑呀跑呀，一直跑到全身的衣服都湿透了，雨水顺着脖子往下流。要不是我们离开了喀什噶尔，我们就不会遇上这么一场倾盆大雨。与前一天相比，这真是令人不可思议的对比，前一天我们还在一条寸草不生的干涸山谷里又渴又累地挣扎前进着。

按照我们原来的计划，就在这条小山谷与恰克马克河宽阔一些的河谷交汇的地方，我们会找到一个柯尔克孜族的营地。原来我们决定缩短路程，就在这里安营扎寨。然而，来到这个山谷和河流的交汇处后，我们竟然没有看到一顶毡房，也没有见到一个人，只有岩石、急雨和河中奔腾着的激流，这一切都是那么的单调孤寂。我们的那股激奋劲儿一下子就没有了，心里凉透了。

随着情绪的变化，我们才意识到眼下有多冷，意识到我们全身已经湿透了。这一阵儿雨下得更大了，我们只好在那里等驮队，由于雨太大了，我们只好在岩石下边找到一处藏身的地方。那里光秃秃的，什么也没有。河对岸的一所小小的土房子，是这一带能够看到的仅有的人居住过的迹象。我们隐隐约约看到了它的平屋顶，然而当确定这所房子只是个被废弃的房子后，心里别提有多么扫兴了。

那支由马和毛驴组成的倒霉的驮队终于出现了。我们向向导了解了住处的情况，他说，从这一带继续前行，即使再走很长的路，也不会有村子或牧民的营地，河对岸的那座可怜的房子就是我们唯一的希望。我们涉水走过了那条河，河水湍急冰冷。到了河对岸，我一下子跑了起来，把其他人抛在了后面。我一边跑，一边念叨着："那里的房子千万千万有个屋顶！""老天保佑那里的房子有个屋顶！"

房子上有屋顶！但是唯一的门被牢牢地闩着。极度的寒冷，无穷无尽的倾盆大雨，加上我们的那种失魂落魄的心境，使我们的意识和良知麻木了。我们试着把门闩取下来，但是没有成功，于是大家一齐拥上去，硬是把门撞开了！我进去一看，这是一个有三间屋子的房子，里面还存放着烧柴。于是，我们这一行人，甚至包括那几头毛驴，一下子就拥了进来。在外面我们又冷又湿，到了房内，那里又暖和又干燥，对此，我真是有点喜不自禁了。有时候，我自己也感到，在我们的旅途中，我身上就有那么一股疯劲。当然，旅行中的那种艰难险阻和癫狂无羁，使我耽于简单的享乐，而且回到自己的家中对我来讲总是一种欣喜和慰藉。但是，崇山峻岭给予人的远远超过这种被动的欣喜和慰藉，它让你产生了一种深层的欢乐与幸福感，你会有一种具有永恒价值的敬畏之情。

三间屋子中最大的一间给了我和艾瑞克，其他人占了那间"厨房"，而毛驴则待在"客厅"。毛驴们大部分时间都在我们的屋子里晃悠，啃吃地面上铺着的草垫子。

格雅勒根很快就烧好了茶，做好了饭。我们发现屋子里很冷，原因是屋顶漏雨，就加入其他人的行列中，和他们一起围在火堆旁取暖。我们的这些舍巴人仆人，由于长期和欧洲人待在一起，与我们很熟悉了，所以就有了一种自然的友谊感情和信心，比起大多数当地人来，他们在自己的主人面前就显得更加自如，更不拘束。格雅勒根就很愿意与我们一起吃饭，而且也很愿意和我们围坐在火堆旁聊天。我们花了不少时间才说服那几个维吾尔族仆人像格雅勒根一样，过来和我们一起吃饭聊天。这些人并不是卑躬屈膝，而是觉得拘束。他们总是紧张地、恭恭敬敬地站立在我们的外围。

到了傍晚，雨停了，太阳露出了笑脸。这场暴风雨把天空和大地洗了个干干净净，使空气变得格外清新。

我们今天走的路不算长，而且我们一点儿也不累。吃过饭后，我们身上的那个“精神晴雨表”上的度数一下子又升高了。看到在我们上方的山坡上有几只羚羊，灵巧地在那里越奔越高。我们涉水过了河，就去寻找雪鸡。我们爬上了一座小山头，向四周山脉望去，一幅开阔的景色立刻展现在面前。落日的余晖洒遍了层层叠叠的群山。在它洒不到的地方，呈现出深蓝色和紫色，深浅不一，气象万千。喀拉铁克山口被暴风雨中飘落下来的雪花点缀得洁白无瑕，就像涂上了一层耀眼的白粉。生活似乎是那样的美好和令人心醉。

第二天清晨，我们把一些钱压在一堆木头之中，用于支付前一天夜里做不速之客的费用。七点半，我们就出发了。走了没几个小时，我们遇到了一个人，我们的向导断言他就是那座房子的主人。我们告诉了他昨天发生的一切，并告诉他在什么地方可以找到我们留给他的钱。他看上去完全惊呆了，也完全糊涂了。尽管我们每个人都微笑着，力图使他不要紧张，而且我们中的每一个人都向他做了解释，大家滔滔不绝地解释着，但是我想他并没有理解在他的房子里到底发生了什么事。

我们行进的这条山谷地形复杂，许多小河折来折去，我们得绕着这些河前进。和通常一样，罗沙伯克又要下河测水深，而其他人则把他当成了一艘渡轮，由他牵着毛驴，我们依次过了河。在今天的旅途中，我感到太疲劳时，就试着骑上一头毛驴前进。骑在毛驴背上，让它按照正确的方向前进，真是需要一些特殊的技巧。但我却一点儿也没有掌握这些技巧。走了半小时，我就变得筋疲力尽，垂头丧气，因为我得不停地敲打毛驴，而且还要用脚踢它，而这些都是让毛驴按正确方向前进所必须的。于是，我干脆下了驴背，此后我就一直步行。尽管马背上驮的东西已经够多了，但是我还是经常看到卡帕克和萨利阿洪骑在马上，高高地坐在行李上，就像那些骑在大象背上的首领一样。

向导曾告诉我们，在这个山谷的前一段没有人家。他是对的。但是，他关于距离的概念和我们的完全不一样，这是不言而喻的。大约在下午一点钟时，我们离开山谷里的那条河，当时我们问他在我们前面不远的地方是否有水，他向我们保证"就在翻过山口的地方，有一个柯尔克孜族营地"，他的口气很坚决。他向我们提出建议，到那里去，在他的朋友的毡房里吃上一顿午饭，美美地喝上一顿茶，好好恢复一下。我们接受了他的建议，开始向他讲的那个山口爬去。这个山口叫忒司达山口，向上走的路还不算艰难，我们一步一步地向上爬着。就在向上行走的时候，我似乎感到，对我来说，这又是一次令人生厌的"疲劳行军"。因为我感到肚子饿极了，原因是自清晨六点半吃了一点点早饭，到现在我什么东西都还没吃。我的两条腿沉甸甸地直往下坠，无精打采。但是，这里的景色相当美丽，令人愉悦，使我想起了英格兰的威尔特郡的景观。与威尔特郡的景观形成鲜明对照的、完全不同的是某些山脉的颜色。在整个山景中，这里的群山披上了鲜亮的褐黄色、浅黄色，以及从一片片阴影中透出了铁锈色和粉红色，最后变成了鲜明的红色，使整个山区沐浴在这五光十色之中。

忒司达山口顶部形状不很清楚，但是就在这里我们遇到了向导的一个亲戚，我猜想他是我们那位年长的女主人的儿子，他正带着自己的妻子回家去。听说我们拜访过他的母亲，这位柯尔克孜族牧民和他的母亲一样，对我们非常友好，非常热情。他拿出自己带的库米什让我品尝。这是我第一次喝这种饮料，因为当时我已经非常渴，喝上几口似乎觉得味道很好。但从那以后我并没有真正喜欢过这种东西。女主人的儿媳妇打扮得花枝招展。她很年轻，长着一个圆脸盘，因为穿了一层又一层的衣服，体态看上去也是圆鼓鼓的。她穿的一件外衣的料子是长毛绒的，颜色是洋红色的，头上围着一个黄色的丝巾，搭配得非常得体。镶嵌在她的辫梢的银饰，是我见过的最为绚丽，也是最为沉重的一副。她骑在马背上，高高耸立在山口顶部，使我自惭形秽，因为当时我一身灰尘，正迈着疲惫不堪的脚步向山下走去，一副邋遢样子。艾瑞克让我们自己向前走，他要到附近的山头上去探索一番。向导带着我继续向他自称的朋友那里前进。而我对他到底有没有那些朋友完全失去了信心，走着走着，最后我干脆造反不走了，一屁股坐在小道上吃了一些午饭。后来我们又走了一程，大约过了一个小时，离我们走的路很远的地方，我隐隐约约看到了一些毡房。

就在我们一步一步走近毡房时，对我们的“欢迎”却令人不寒而栗。在山里常常不可避免要见到的牧羊犬，一只跟着一只从各个毡房边冲了过来，要不是我们及时抢救，索拉早就被这些狗撕碎了。男人们和女人们直直地盯着我们，脸上没有一丝笑容，我马上感到尴尬起来。然而，我们的向导匆匆过去与这里的人谈了几句话，后来我就被引到了一座毡房中，不一会儿，这里就聚满了闻声而来的妇女们，她们把毡房围了个水泄不通。直到艾瑞克来到这里和我们会合后，这里的人才把我们一行带到了主要的一座毡房。到了那里，气氛才变得友好起来。接着茶也端上来了，在地毯上铺开了吃饭的台布（有点像一块很脏的手帕），上面摆上了小方块状的酥油糕点。我们拿出了镜子、茶叶和香烟作为回赠。这个地方离俄国边境很近，我想，由于位置上很敏感，这或许与我受到的冷遇不无关系。但可以肯定，我们给当地牧民留下了非常友好的印象。

我们的目的地是陶音脱巴，我们想在那一天走完最后的6英里路。在这里的柯尔克孜族毡房喝点茶，休息一阵儿，令人颇感愉快，但是我们却因此离开了前往陶音脱巴的道路。

现在，天色已经渐渐晚了，而那个6英里的路程似乎太长了。天又下起了雨。我们离开喀什噶尔来到这里的山中，是为了躲避酷热，但我们却绝没有料想到这里的气候竟然如此寒冷。然而，在我的行囊里，一点儿也没有准备防雨的东西。我没有雨衣，在这种场合，既没有外衣，也没有足够暖和的衣物。在我们还没有到达“正式”的陶音脱巴之前，我们看到了几顶毡房，立刻跑到其中的一顶去避雨。毡房的主人吓了一大跳，但他很快就平静了下来，向我们表示欢迎。他的毡房很简陋，但是毡房中间有一堆用牦牛粪、树根生起的火，火光熊熊，非常温暖，而且他给了我们很多羊奶。现在正是挤奶的季节，所有的母羊都被一行行拴了起来，小羊羔们则被圈在一个单独的羊圈里。它们的叫声此起彼伏，震耳欲聋。

我们决定在陶音脱巴待上一天。我们的计划是骑马到俄国边境一带去看一看。我们没有告诉别人这个计划，而只是要求给我们安排一个向导，带领我们在这一带转悠一番。艾瑞克和我骑上了我们自己的两匹马，就出发了。我不喜欢骑马的原因很多，其中的一个是马的怪毛病不少。就在那一天，我们的两匹马——一匹黑马、一匹红马互相嫉妒，搞得我们相当狼狈。尤其是我骑的那匹，很难控制，于是，我和向导换了马。他的马是一匹母马，个头不高，但是矮胖结实，很灵巧。后来我发现，它就是我们的两匹马互相嫉妒的根源。如果其中一匹走近了它，另一匹就会发狂。于是我们三个人被迫分开走，彼此相隔的距离很远，使我们处于可笑的孤立之中。尽管三匹马始终处于这种暗中的你争我斗的三角关系里，这一次我骑马要比以前任何时候或从那以后的任何一次都愉快。原因是我骑的这匹母马对它的两个追求者一视同仁，全都不感兴趣。它性情温和，步伐稳健，只要我让它走，它很乐于听话。我一步一步小心地让它跑起来，先是小跑，然后快步跑，后来我信心大增，放开让它在宽广的草地上奔驰了起来。

我们到达了把中国和俄国领土分开的那座山口的边上。在中国这一边，相当长的距离内平原和山头相连，到处是茵茵绿草，是一片放牧牛羊的好草场。但是这草场却空荡荡的，连一只牲畜都没有。后来我们才知道，是不让这里的柯尔克孜族牧民到那一带的一定半径的范围内扎营和放牧。考虑到到那座山口上探索一番太引人注目了，我们就骑着马转到了在道路西边的一个山坡上，然后下了马，艾瑞克和我沿山坡向上走去，绕来绕去探索着路，然后向一个陡峭的岩石山头爬去，从那里俯视那座山口。上山时很费劲，因为每走一步，风化的岩石就会滚下来。我们自己想保持安静，但不断滚下来的石子流却使我们的努力付之东流了。最后我们爬上了这个山头，实际上站在了俄国领土上，放眼向俄国一方望去，只见那里也和中国这一边一样，空荡无人的原野一直伸向远方。

关于边境，总是有一些令人激动的东西。跨越这里的边境，我们可冒了相当大的风险，这有点愚蠢。这一片土地似乎空无一人，但是如果有人在那里巡逻的话，他们就会很快地行动起来，截住我们，并质问我们。实际上，这一段边境被有效地守护着。我们后来发现了一个掩体，掩体俯视着山口，在掩体的地面上还有俄国制的香烟烟头，相当新鲜。而这个掩体就横跨在边境线上，边境线由横卧在山口顶部的一根杆子标示着。在中国一方，有一条山间小道，这条小道在边境线上骤然不见了。而在俄国一方，有一条路况极好的公路通到了他们境内的纵深处。

远处响起了一阵雷声，对于我们的这种偷偷摸摸的举动，这是一个不祥之兆，也加重了我们的罪恶感。暴风雨还没有过来，天空变得更加阴沉了，黑压压的乌云压了过来。我们顺着山坡上的松散的碎石手忙脚乱地滑下山坡，又回到了中国境内。

走下山坡后，虽然雨点子已经飘洒了下来，我们还是决定在往回走之前先吃午饭。我们把几匹马拉开，分别拴在不同的地方，相互之间的距离很远。然而我们刚坐下来开始吃饼和酸奶子，那匹黑马就挣脱了拴它的绳子，向它的对手发起了攻击。在此之前我还从来没有看到过马打架，今天看到的场面真是太可怕了。两匹马用后腿立起，用前腿向对方狠狠踢去，似乎它们突然变成了另一个种属的动物。我们吓得不敢靠近它们，这是一场恶战，两匹马在草地上转来转去，互相撕咬着。最后，那匹性情温顺一些的红马挣脱了黑马的纠缠，向对面的山坡上跑去。在两匹马混战的整个过程中，我骑的那匹小母马沾沾自喜，体面地站在草地上继续津津有味地啃吃着香喷喷的嫩草，似乎发生的这场恶斗与它无关。我们抓住了黑马，并把它牢牢地拴好。向导骑着母马，把它作为诱饵，去追红马，终于把这两匹马一块儿带了回来。这时，我被这个因情爱引起的"决斗"打动了，急于看到这两个倒霉的竞争对手的最后结局。

我们骑马向回走，回去时的速度要比来时的快一些。骑马刚踏上归途的时候，暴风雨大作，我们放开马任凭它们在孤寂的大地上奔驰起来，头顶电闪雷鸣，雷声在山野间回荡，震得群山隆隆作响，冰雹劈头盖脸地打了下来，打在我们的脸上，像刀子割一般的难受。这使我们感到真像一首诗中描写的那种激动人心的骑马狂奔。我冷极了，但是一种又激奋又害怕的感觉攫住了我，因为在过去，我骑马还从来没有像现在骑得这样快，跑得这样远。

渐渐地，暴风雨停息了，我们骑的马也停止了狂奔。就在快到陶音脱巴的时候，我们遇到了两个中国警察，其中一个是汉族，另一个是维吾尔族。很明显，我们到这里旅游的消息已经传到了在恰克马克驻防的指挥官那里，是他下令要这两个人前来找我们。同样，这一次我们还是不能确定派他们来是为了监视我们，还是由于艾瑞克是英国驻喀什噶尔总领事而来向我们表示欢迎和致敬。这两个人非常客气，建议我们和他们一道去陶音脱巴的主人家去喝茶。后来其中的一个人把艾瑞克叫到一边，说他已经知道我们曾经到了边境线上。还说对他来说，这不是件什么了不起的事，但他千叮咛万嘱咐，要我们不要声张出去。

就在他们来看我们的时候，又得有人出去对付那匹狂暴的黑马，这匹马仍然乱奔乱窜，惹了不少祸。我看到那两匹马上又骑上了两个人——卡帕克和萨利阿洪，再也没有对它们表示一丁点同情。

那天晚上，我们营地周围所有的羊群的主人都从阿图什回来了。我们才发现这里招待我们的那位东道主仅是这位大人物付钱雇来看管羊群的。白天的探险使我们很满意，但也使我们感到很累，就钻进了自己的帐篷休息。格雅勒根为我们用山鸡做了一顿晚饭，很好吃。后来我们才知道，那位富有的主人宰了一只羊，准备款待我们，我把这份礼遇让给了艾瑞克一个人，由他去那位富有的主人的毡房享用那只羊。艾瑞克到那座毡房待了不长的时间就回来了，把那只羊都给了我们的仆人。第二天早晨，格雅勒根告诉我们，前一天晚上他们整整半夜没睡觉，一直等到后半夜才吃上煮熟了的肉。

当天我们走了25英里，来到了恰克马克。这一天很漫长，我只是偶尔骑一下毛驴，让我的脚休息一下，所以感到很累。但是只是身体感到累，精神却很愉快，我对这一天感到很满足，情绪意外高涨。那一天发生的任何事情都没有使我烦躁不安，而只是增添了我已经感受到的激情。在其他时候我却常被这些事搞得很烦躁。

由于大雨把我们浇得浑身都湿透了，所以来到恰克马克哨所的时候，我们连一点儿“风度”都没有了。整整一天，我们都在想能否避开哨所，不在哨所里过夜。但是，这个哨所正好就在我们回去的路上，而且两个警察陪伴着我们，他们已经向哨所通报了我们来到此地的消息，所以似乎不可能逃开在那里过夜的前景。对我们来说，这些昏暗的、肮脏不堪的哨所总是令人头痛。我想这里负责的军官不会是想让我们给他们做伴，而是他们感到非得邀请我们到哨所里做客才这么做的，因而很难拒绝这样的邀请。在我们自己的简单的帐篷里或柯尔克孜族牧民的色彩斑斓、令人舒适的毡房里住了几天后，再住到那些破烂不堪、灰暗的屋子里，睡在那些看上一眼就让人怀疑半天的床铺，还有那些跑来跑去、让人害怕的老鼠，真是一种令人伤感的对比。这里的军官们，甚至那些汉族军官，在这些孤独的哨所住了好多年，而没有试图使他们在这里的生活舒适一点儿，或是把这些房子改造得不那么让人感到压抑。看上去他们是过一天算一天，得过且过。然而他们又为我们在旅途中由于糟糕的条件而遇到的问题表示道歉。他们远远不能理解我们喜欢到处漫游的兴趣，不理解我们对游牧民族怀有的那份喜爱情感，不理解我们在与牧民们待在一起时感到的那种真正的舒服和我们对他们所过的返璞归真生活的认同。

或许恰克马克哨所的中国军官正缺乏给养，我们一点儿也不想为难他，因为我们有足够的食品，而且可以自己开伙。但是，在这个有权力的哨所和没有权力的柯尔克孜族牧民之间，在好客方面的差异确实是很明显的。我们除了一间昏暗的屋子外，什么也没有得到。

第二天，这位军官下命令让几个士兵护送我们前行，并且很慷慨地给我们借了几匹马，让我们骑着它们涉过已经山洪暴涨的恰克马克河。看到借给我的那匹高大的军马，我倒抽了一口气，吓坏了。所以我决定还是让格雅勒根对付它，而我则坐在他身后的鞍褥上。由于恰克马克河在两壁高耸的山谷里绕来绕去，一会儿流向那边，过一会儿又流向这边，所以我们也得一会儿涉水到这边的河岸，过一会儿又涉水到河的彼岸。索拉在与激流搏斗时遇到了很大的麻烦，我多么期望激流把它卷走啊！我们的毛驴也在河中挣扎着，真是谢天谢地，我们不靠它们驮着过河。骑在马背的鞍褥上，由于下面没有合适的衬垫，一直使我感到硌得难受，所以过了河以后，我只好骑一会儿马，就下来走上一段，只是在过河的时候再骑上马。我们给米尔·胡木扎下的命令是，在我们离开后的第六天，他必须开车向恰克马克的方向驰来，而且只要卡车能行走，就要尽可能地开到离恰克马克近一些的地方。我们离开恰克马克河之后，翻过了一个直通依什提克·卡拉乌尔的山口。山口不高，希望他能够在此与我们会合。

在这个山口的顶部，护送我们的哨兵说他们必须返回。这样驮行李的就只剩下我们自己的两匹马和两头毛驴了。这片土地上找不到水，暴风停止了，天气燥热起来。对我来说，旅途又变得枯燥单调，毫无特色。为了证明景观好坏是依赖于人的情绪的变化，艾瑞克认为这是一条很有意思的山沟，沟里到处是各种非常有趣的地质构造，五颜六色，令人兴奋。我发现他说的有点道理。在后来我们到这里的另外几次旅行中，我才真正意识到他的话到底是什么意思，同时也发现这一片土地尽管有其荒凉孤寂的一面，但还是挺有吸引力的。但是，那天早晨我体验到的喜悦和勃勃生气，似乎被不断袭来的口渴和疲劳吸干了。我们在一路上不断地看到卡车轮胎的痕迹，意识到米尔·胡木扎早就来过这里，但又走了。我们在陶音脱巴多待的那一天，把我们的安排搞乱了。

大约在下午六点半，我们隐隐约约地看到了远处的白杨树，白杨树总是绿洲的迹象。半小时后我们就坐在了一个小房子跟前，米尔·胡木扎在那里准备好了茶，在等着我们。他曾按时把车开进了那条山沟，并沿着山沟向上走了一段路，但是为了找水，只得返回这个小小的村庄，并且决定就在这里等我们。就是在这个小村庄里我们第一次遇到了柯尔克孜族向导库尔班。

和我一样，索拉也累垮了，在那最后步行的一截路，它脚步沉重，摇摇晃晃，简直快走不动了，而我们一直向前走着。那天下午晚些时分，我们派卡帕克骑马去找它，卡帕克费了好大的劲才使索拉继续向前走。第二天，由于我们动身得早，在上午十点半就到达了喀什噶尔城。

“马仲英道路”的痕迹在我们到山里的一路上处处可见，一直抵达那个小山口，但是这条道对我们的帮助并不大。我们让第一个向导搭了一段路的车，这是他第一次坐汽车，在依什提克·卡拉乌尔他下了车。我们在山中的6天探险旅游，每一天都不一样，每一天都很充实，似乎比我们待在家里的平庸的6天要长得多。我似乎觉得，我认识这个个头很小的人（第一个向导）已有好长时间了，看到他走了，我感到若有所失，很是遗憾。然而，就和往常一样，终于回到舒适的家中，我很高兴。同样，在喀什噶尔再待上长长的一段时间后，我同样也会高兴地再次离开它去探险。

第十章

冰山之父

1940—1942年任职期间,艾瑞克在喀什噶尔的活动自由受到了很大的限制。当他和我在1946年重返新疆时,喀什噶尔以及整个新疆的政治局势已和第一次到这里时大不相同了,我们完全有自由选择到什么地方去旅行。当然,当局希望我们向他们通报什么时候动身,到哪里去。而我们的要求总会得到批准,而且还可以从当局那里得到我们所需要的帮助。

好长时间以来,艾瑞克始终有一个计划,想公私结合,到色勒库尔地区旅行一趟。从公务方面讲,他需要到那里处理一些事务;从私事方面讲,他想在那里会见他的朋友比尔·台尔曼。比尔·台尔曼先生打算在洪扎地区进行一次登山探险活动后来新疆旅行。到了1947年7月底,这个计划最后明朗了,一切都安排好了。

我很喜欢为我们的旅行做计划安排,也喜欢每次外出前准备行李和其他用品。在做计划和准备东西时,有一种参与的兴奋之情激动着你,有一种对即将开始的旅行的种种推测和猜想鼓舞着你,有做各种安排时的兴奋感觉催促着你,还有在动身之前的种种考虑和设想,这一切都使你的情绪处于兴奋和企盼之中。而每当做好一切准备后,就在我们离开总领事馆的院子时，又会使我回忆起还是个孩子时，我们全家到海边度假，刚从家中出发时的情景。平常要我们遵守的种种规矩都放松了，每个人的穿着随便轻松，看上去都有点与平时不一样。我们带着的篮子和铁锹，已经使我们的心飞向大海，飞到了海边的沙滩上。

这一次我们沿着总领事馆的信使走的邮路上帕米尔，唯一的不同是我们乘坐卡车走完了到依吉兹亚尔(Ighizyar)的63英里路程。格雅勒根、罗沙伯克和卡帕克这一次随我们同行。

交通工具一直是个难以解决的问题。由于某些原因，始终找不到马匹，尽管我们很早之前就开始做准备，但是能给我们提供的马只有3匹，只好用毛驴来弥补不足了。在依吉兹亚尔，当地的一位富有的绅士接待了我们，他的接待周到热情。我想，他急于想讨好艾瑞克。我们到那里时，他已经准备好了饭菜，还扎起了彩旗拱门欢迎我们。这位绅士坚持要我们向他借上两匹马，他的这种慷慨使我们非得用大量的礼物作为回报，而这些礼物的价值并不比雇两匹马所花的钱少。重新折腾一番并非没有困难，这样一来，我们又和通常一样，开始收拾格雅勒根带的那些谁也不知道装的是什么东西的宝贝口袋，并且设法把所有的行李都驮在了6头毛驴身上，而小件物品像马褡裢等，放在了我们要骑的3匹马的马背上，并且安排了一个成年男子和一个男孩管理我们的驮队。

艾瑞克选了一匹健壮的小黑马，而我选择了一匹栗色花斑马。上了马我们就出发了。开始时，我对自己的坐骑相当满意，它看上去跃跃欲试，急不可耐，但很容易驾驭。4个星期后，我却从心底里讨厌这匹马。或许这和我通常的毛病——缺乏对付马的能力有关，但是我认为我们一行人，谁都觉得这匹马不仅懒而且脾气还非常糟糕。一路上，如果它走在了它的“朋友”的后边，它会保持相当好的步伐。然而只要是它独自行走时，它就会拖拖拉拉，磨磨蹭蹭，不愿意向前走。我得不断地用鞭子抽它，不然的话，它就会停在原地，动也不动。在我们的旅途中，只有一次它奔跑了起来，而这一次却没有得到我的同意。

我们有一峰骆驼驮着一部分行李，索拉把它搞受惊了，一下子，出现了像一首英国童谣《杰克建的房子》中描写的那种情况。受惊的骆驼又把我骑的马吓惊了。我发现自己骑在马背上，就像飞起来了一样，后面骆驼无意识地追逐着，骆驼驮的行李，一半已经散落到了地上，另一半则被它拽着，拖拉在地面上跟着它跑，行李箱碰来撞去的声响更增添了骆驼的恐惧感，看上去这场可怕的赛跑无法结束了。我又是恼火又是害怕，最后终于狠狠地拉住了马，又像往常一样，格雅勒根过来帮我使马安静了下来。他没有理会正在那里大发雷霆、一点儿风度都没有的我，径自把那匹仍然在发抖的马牵走了。骆驼把我们的几口箱子摔破了，装在帆布包里的一听油脂全部倒了出来，里面所有的东西上都沾满了油。这个插曲发生在我们的旅行后期。

到色勒库尔去的7天旅程平安无事，令人愉快。在这一周里，似乎一切都那么容易，而且充满了乐趣。我的身体状况很好，而且精神也很饱满。这一片地区的道路并不难走，然而居住在这里的人极少，少得令人惊讶，所以我们只好完全依赖自己带的给养。一路上我们遇到的其他旅行者，都是一些小规模的驮队，而且驮队的牲畜都是毛驴。究其原因，可能是比起马和骆驼来，毛驴需要的食物要少得多，有耐性，可靠，而且价格便宜。然而，它们是如何设法涉过那些涨水的河流的，对此我无法理解。在喀喇昆仑古道上，我曾经看到过驮队的人站在齐腰深的河水中，帮助他们的毛驴涉水过河，而那已是10月份。这一次到色勒库尔，我们驮队的人在过每一条河的时候，也是这么做的，水还不是太冷，但河水很深，所以过河时我自己舒舒服服地骑在马背上，确实有点负罪感。

我们涉过的最糟糕的河流是我们走过坦吉塔（Tangita）以后碰到的。这条河位于一个狭窄的山谷的入口处。我们进入这个山谷后，这条河慢慢演变成了令人生畏的山涧。在过这条河时，我们只好把毛驴身上的几乎所有的东西都卸下来，再装在马背上，然后一步一步地朝对岸走，中间折腾了好几次。这个过程很是累人，于是我隐隐约约感到，如果前面还要这样过几次河的话，这一天可真是够呛，够难打发的。但是，走过坦吉塔几英里后，我们却遇到了来“救”我们的队伍。在色勒库尔，有我们的一个邮路监督，名叫法提·阿里。中国方面向我们几次提出要求，要求我们取消设在色勒库尔的这个邮站，以及设在沿线各处供邮差休息的驿站。到我们去色勒库尔的时候，我们已把所有的驿站都关闭了，仅设法保留下了在色勒库尔的那一个邮站。邮差们从沿途的放牧者或其他人那里得到食物和休息的地方，由这些人来照顾我们的邮差，当然要给他们付费用。法提·阿里安排他的弟弟带着两个仆人，赶着牦牛来迎接我们，并护送我们穿过这条山涧。来的人都是洪扎人，他们头上戴着只有在洪扎地区才能见到的那种扁平的圆帽。他们提出要我骑上牦牛走，这可把我吓坏了。但是我别无选择，只好这样做了。我骑在牦牛背上的一个有厚厚的鞍褥的鞍子上，再由一个人牵着套在牦牛鼻孔里的缰绳，拉着它往前走。骑在牦牛背上，感觉就像坐在摇椅上一样舒服，而且速度也很快。牦牛在河底满是石头的急流中走起来很稳当，让人感到安全放心。

这条山涧不大，但是激流汹涌。河水冲开了山岩，硬是在岩石上劈出了一条狭窄的峡谷，我们的路就顺着这条河，曲里拐弯，忽隐忽现，溯河而上。而两边的岩壁高耸入云，直插蓝天。河水忽上忽下，翻滚奔腾，激起的响声在岩壁间回荡，回声如雷。有一个地方，地热泉水从岩石间喷涌而出。

在依吉兹亚尔和色勒库尔之间，我们一共翻越了4座主要的山口，其中两座的海拔超过了1.5万英尺。在齐可奇里克山口周围有大片的土地，平坦如砥，一览无余。从那里我们第一次看到了慕士塔格峰（海拔24600多英尺）[1]，这是帕米尔高原上的最雄伟、最高的山峰之一，可是从喀什噶尔却看不到它。从齐可奇里克山口往下走，坡度平缓，我们缓缓而下，来到了一处绿草遍地的地方，那里还有一条很浅但流水清澈的小溪。这些似乎听起来有点过于平淡无奇，但是我们涉过的那么多河流和小溪的水当时都是泥浆色，那是冰川上流下来的雪融水。我们看到的那么多草都是无精打采、灰不溜秋的，颜色褐暗。间或能看到与它们颜色不同的另一类野草，草色青青，很是吸引人，但是只要你用手一摸，就发现这些草刺又多又扎手，马上就会使你感到疼得受不了。

在高高的山口上，艾瑞克又去追逐雪鸡，我没有加入他的追逐中，只是一直向前行走。最后一天，我一直很高昂的情绪变得低落起来。从一座海拔1.5万英尺的山口下行，路漫长极了，而且路面上坑坑洼洼，

[1] “慕士塔格”意为“冰山之父”。

十分难走。就在那一片空旷辽阔的地面，我们走在一条老是在愚弄我们的道路上。色勒库尔总是可望而不可即。就在我们往下走的时候，天气越来越热。我一点儿不想骑马，也一点儿不想步行。我们的行程似乎永无止境。

在离色勒库尔还有8英里的地方，法提·阿里亲自来迎接我们，他身材健壮，长相英俊，留着一腮优美的小胡子，看上去就像英国军队中的军士长。自然，他期望我还是骑上马前行，并且向我们保证在前面几英里处，当地官员们组成的代表团正在等待我们的大驾光临。我自己的那匹驽马以及我的拙劣的骑马技术，使我决定不去参加这个欢迎仪式。所以当艾瑞克和法提·阿里策马向前飞奔而去的时候，我骑马跟在格雅勒根和法提·阿里的兄弟后面，慢慢向前走着。法提·阿里的兄弟很快就被我们的这种走法激怒了，很明显他不愿意错过前面欢迎仪式的激动人心的场面。他嘟嘟囔囔地向我们道了一声别，就打马向前奔驰而去，把格雅勒根丢在后面让他自己管这一摊子。最后的这5英里路似乎是我们整个旅途中最长的一段，走在色勒库尔的绿草茵茵但又没有一棵树的广阔原野上，我们可以看到在前方的骑兵队疾驰着，我骑的那匹栗色花斑马愿意做的也只是小跑几步，跑得让人感到不舒服。

托因托巴草原上的小羊

每一次它停下来只是慢腾腾地走的时候，格雅勒根就会过来抽它几鞭子，让它再跑起来。最后，我们骑着马通过色勒库尔的巴扎上的一条街道时，我感到魂都被这匹马颠没了。

但是我还能吃能喝，并且很快恢复过来了。然而，我们的仆人中的穆斯林却正处在斋月的斋戒时期，这段日子里，在太阳落山之前，他们既不能吃饭又不能喝茶。现在，斋月的30天终于快过去了，真是谢天谢地，因为在此前的旅途中，我们两个人自己吃饭，其他人却不能和我们同时吃饭，而只是站在一旁观看着，这使我们常常陷入令人难堪的孤立境地中。

法提·阿里在他的房子旁边为我们支起了一座毡房。在我们刚刚结束的这一段平静的旅行后，能够休息放松一下，不再继续向前走了，真是太好了。比尔·台尔曼在我们到的第二天也赶来了，他一到，就马上与艾瑞克一起钻进地图，研究起计划来了。他们最后做出的决定是试图攀登慕士塔格峰。

就在我们做计划、准备行装、做各种安排的期间，我们还得参与色勒库尔的社交活动。当地所有的官员邀请我们参加了一次午宴。在法提·阿里的压力下，我们又邀请了所有的官员参加我们举行的宴会。我原来根本没有准备在这里招待别人，而且法提·阿里的房子又太寒酸了，所以最后我们决定在自己住的毡房里举行这次宴会。于是，我们想法找来了各种各样的椅子、刀叉、盘子和杯子，组成一套非常奇怪的用具！我听人说，天天晚上刮风是这里的一大特色。那天晚上，风开始敲打我们的毡房，似乎没有一个人考虑过我们该怎样才能使那支摇曳不定的蜡烛保持不灭。我们赶快派人去寻找油灯，又把毡房顶上的那个天窗用地毯堵住，但地毯又被风刮到了地面上。当地大多数毡房都有灵巧的滑动装置，在需要时会拉起一块毡子把天窗堵上，但是我们的这座毡房却没有这种方便的装置。

格雅勒根和罗沙伯克做了一顿有三道菜的宴席，非常好吃。我把自己带来准备用于“治病”的一瓶白兰地拿出来招待出席宴会的客人们。在宴席进行过程中，我突然看到色勒库尔的县长一口气把放在他面前的一个锡杯里的白兰地喝光了，我惊呆了，我想他错把它当成了水。他喝下以后，似乎显得很是惊讶，而后又有点支撑不住了，因为他脸上露出了很不好受的样子。他抓起一把茶壶——这是我们用来盛水的——对着壶嘴就急急慌慌地喝了起来。

在色勒库尔，我们对一行人重新做了安排。卡帕克和照管马的人牵着租来的毛驴和马回了依吉兹亚尔。从现在开始，我们就得依靠当地的交通工具。从依吉兹亚尔来的那个男孩阿米尔·依·汗，带着他自己的毛驴与我们在一起，照料我们雇来供骑乘的两匹马。我们增加了一个新成员——瘸腿的洪扎人尼牙特·沙，他要为我们当翻译。汇集在色勒库尔地区的人们，完全是不同人种和语言的混合体。这里有为数不多的几个汉族官员，还有柯尔克孜族人、塔吉克族人，以及洪扎人。尼牙特·沙除了不会讲汉语外，几乎能同队伍中的所有人讲话，而且他懂乌尔都语，这是我们可以与他通话的唯一语言。后来证明在帕米尔的这次探险，仅靠这种语言是完全不够的。

8月8日，离开色勒库尔的那一天，我们被耽搁了一阵子，最后还是出发了。比尔·台尔曼和艾瑞克骑马走在前面。和往常一样，色勒库尔的官员们也出来为我们送行，我和格雅勒根又落在了后面，但是这一次他骑马，而我步行。看到送行的人们已经返回来了，他坚持要我赶快骑上马，说不然的话我就会大大地“丢脸”。我上了马，摆出一副很有威严的样子，骑马迎着送行的队伍向前走去，接受了他们精心推敲准备的欢送致辞。等到越过他们后，看看安全了，我又跳下马，继续步行。在到色勒库尔的旅程中，我们遇到了遮天蔽地的尘霾。其实，在过去的几天里，尘霾就一直笼罩着这一带的大地。我们的游兴完全被尘霾破坏了。尘霾形成的黄褐色迷雾就像一个巨大的毯子，掩盖住了周围的山脉，我们只能模糊地看到前面冰川的轮廓，真是让人干着急。护送我们的人很多，有法提·阿里、两个警察，还有两个向导，有这么一大群人，我们根本没有希望扎起一个安安静静而又简简单单的营地。相反我们被带到了色勒库尔伯克的家，全部人都挤在他的小小的客房里。一个大炕几乎占满了客房的空间，只留出了一个窄道通向另一间屋子，这间屋子被一个沉重的大锁锁住。一个个头很高但走路又快又敏捷的妇女，进出那间屋子时都要把门锁打开。进去后，她在里面忙碌一阵儿，然后再出来，又非常仔细地把门锁上，这些似乎是她唯一的责任。我怀疑，她来那间屋子的原因是由于我们的到来而感到惊讶，所以来“视察”我们一番。她一次又一次来那间屋子，与此有某种关系。她一点儿也不管我们这一行人要睡在什么地方，在哪里吃饭，或是不是要换换衣服，自己却不时地过来，从我们中推开一条路，走到那间神秘的屋子里去。

半夜，就在屋子外面不远处，一条狗开始叫了起来，睡觉似乎已不可能了。我从来也没有习惯过狗的脾性。人们一点儿也不爱这些狗，养它们只是为了看门或守护牲畜，因而它们是些趋炎附势、胆小怕事的狗，只会汪汪大叫，以表示它们的凶猛。喀什噶尔的深夜，所有的狗都会互相狂吠起来，吵得一塌糊涂，常常使这个城市变成了一个疯人院似的地方。对此，我从艾瑞克那里得不到一丁点同情。他的说法是，对这里的狗我们什么也做不了，没有任何办法。所以我应该学会把耳朵堵起来，以便听不到狗的狂吠声。

通过法提·阿里的翻译，艾瑞克向护送的人仔细解释了我们的计划。然而，要来帮助我们的人越多，产生的混乱就越大。最初碰到的问题是第二天没有交通工具使我们能够继续前进。可到了第二天，我们的驮队终于出发了，但又被引到了错误的方向上。似乎没有一个人理解法提·阿里的指示，就连他自己也没有理解我们到底要干些什么。而现在他已经返回去了，我们只好依靠尼牙特·沙了。所以我们白白走了好几英里路，天气很热，继续往前走下去又是白费劲儿。

慕士塔格峰下苏巴什达坂的牧民毡房

再也没有比在上山时走在软和的沙子里更令人沮丧和压抑的事了。走在这种地方，人的两条腿就像是灌上了铅似的，路越走越长，永远没个尽头。和往常一样，我们得和格雅勒根和罗沙伯克换着骑马，或是两个人骑一匹马。而在这样的一天，我倒完全同意艾瑞克关于在亚洲必须学会骑马的看法了。假如这一阵儿他想得意扬扬地宣称他的看法胜利了，我会无话可说。

在吃午饭的时候，驮行李的马匹从我们旁边走了过来，我特地向尼牙特·沙重申，我们要赶往喀拉苏，并且在那里过夜。他们走了，速度很快，后来就消失了。我们慢腾腾地跟了上去。在我们绕行过慕士塔格峰的断层地带时，这座冰峰的形状总是在变换，从南侧的圆盖形开始，到了西侧再一看，变成了三座界线分明的冰峰。主峰则像一个巨大的冰雪蛋糕的一面，一道冰雪覆盖的岩崖，通向一条坡度缓缓上升的斜坡，那里的海拔达到了24600多英尺。

在下午五点半，我们到达了喀拉苏。这个地方在地图上标得很有气势，似乎是个了不起的地点，然而地面上除了一眼泉之外，什么也没有。在这里我们连驮队的影子都没有看到。很明显，尼牙特·沙与驮夫们没有留意就走了过去。在那一阵儿，我是多么恨这个个头矮小的瘸腿家伙啊！假如你已经又饿又累，而一直又被晚上将有一个宿营地且能喝上一杯热茶的前景支撑着，但是面对着这个空荡荡的地方，心里一阵空虚，而又得被迫继续前进的前景，你就会体会到我当时的感情。

一个警察骑马疾驰前去挡住驮行李的驮队，我们其余人又开始继续前进了。气温这一阵儿比前一阵儿凉爽了许多，由于出现了紧急情况，我下了决心坚持下去，于是也有了劲头。我怀着一种蔑视一切的情绪艰难地向前跋涉着，我想，这是一种对我自己的挑战。尼牙特·沙当然得骑着马，两个向导也跑到前面去了，剩下的我们5个人只有两匹马了，所以只能轮换着骑着它们前行。罗沙伯克竟然在每次轮换时都能骑在马鞍后的鞍褥上！和我们在一起的那个警察的马又瘸了腿，只好牵着前行。整个情景使我想起了《十个黑孩子》这首童谣。

就这样，我们的队伍慢腾腾地向前移动着，对我们来说，复杂的问题是还要翻越一座海拔达1.5万英尺的山口。这座山口坡度不大，但是相当长，中间还有几个看上去像顶部但又不是顶部的地方。我们终于爬上了真正的巅峰，一幅令人终生难忘的景色展现在面前，这真是对我们备尝艰辛的补偿。这是由无限的空间、壮丽的景观、弯弯曲曲伸向远方的山影和天际线构成的图画，而夕阳又使画面染成浑然一体的色调。为这幅美景增添光彩的是等在山口下面的我们的驮队的身影，看到他们真是令人欣慰。

与他们会合后，我们立即前进，到了最近的一处有水的地方，八点半就安顿好了营地。我们现在在一片开阔、坦荡的草地上，傍晚的狂风使劲吹着，我们挣扎着支起了帐篷，又费了很大的劲点燃了篝火。格雅勒根用牦牛粪生火极为在行，没一会儿，一炉火就熊熊燃烧了起来，放在上面的几口锅里的水也开始冒泡了。他总是能够利用石头之间的坑凹或土块垒起炉子，不管什么样的燃料，无论是粗劣不堪的，还是不成样子的，他都能用来生起像样的炉火。但是，他煮茶却不很成功。那天晚上，他煮了一锅味道糟糕透顶的茶。然而那时候，我们喝着他煮的茶，却感到味道好极了。我们向驮夫们递过去了茶和香烟，同时，虽然不大情愿，也给两个无用的向导递过去了茶和香烟。

过了一个小时，那个警察牵着的腿瘸的马就完全不能走路了。而我们既没有看到另外一个警察，也没有听到有关他的任何消息。我开始为阿米尔·依·汗发愁，我们最后一次看到他是在吃完午饭后不久，当时他和一匹马、一头驴，还有索拉在一起行走。俄国边境线离靠近喀拉苏的牧道很近，我们开始担心他们会不知不觉地游荡到边境线那边去。然而到了半夜，他们却来到了我们的营地，我们后来得知，问题出在索拉身上。索拉给这个可怜的孩子制造了许多麻烦。一段时间以来，我们一直怀疑索拉的视力变弱了。它在越过石头的时候经常碰在石头上，过沟渠时经常摔进沟渠，而且常常注意不到在它前方的任何东西。在和我同行时，它总会离开我们走的路，而且无法按原路走回来。它的眼睛可能已经瞎了。想到这一点，真感到不安，所以我们一直希望我们的想法是错误的，而且一直在想，这或许仅仅是由于它太笨，也由于它太蠢了。表面看上去，这条狗和过去一样，还是喜欢自己生活中的那些莫名其妙的行为，如喜欢追逐阴影，喜欢看到石头落入水中。

虽然慕士塔格峰高高耸立在我们的上方，显得挺拔雄伟，但是第二天清晨，一场令人沮丧的尘霾却把它遮住了，我们只能看到这座冰峰的模糊不清的身影。由于昨天我们出乎预料地走了那么远，所以现在我们只有一条通向央不拉克的近路可走，央不拉克是位于慕士塔格峰下的一条小山谷。但是到了那里，我们只看到了一顶毡房。

我们一行13人突然来到了一个贫穷的柯尔克孜族妇女和她的三个孩子跟前，我原来想她会被我们这种突然袭击式的访问吓得不知所措，所以我赶忙拿出了茶叶和礼物交给她，作为她给我们酸奶子喝的回报。但是，她看上去落落大方，一点儿也不拘谨，相反，她以柯尔克孜族惯有的那种好客的热情和方式接待了我们。她告诉我们自己的丈夫不在家，而他们原打算这一天就移向山谷下边的地方。我们向她解释了我们的计划，并告诉她，我们想在央不拉克宿营的打算，她极为友好地同意留在这里多待几天，以便为我们提供牛奶和奶油。我们向那几个拉行李的驮夫付了钱，让他们走了，同时，也没有费多少劲就说服了两个护送人员，让他们也走了。这些人并不是受人欢迎的旅行伙伴，对我们没有什么帮助，对人也不友好，而且很明显，他们并不喜欢我们的这趟探险。他们吃我们的食品，而又向牧民们要吃的东西。我曾经看着他们骑着马到一个牧羊人跟前，向他索要了一只羊，一点儿都不难为情。虽然我努力想弄清，他们找来为我们照顾马匹的男孩是否得到了报酬，但是我猜想他们是把这作为“交税”的一种方式，而无偿指派男孩“出差”的。然而干涉他们内部的事务是不合适的。

探险中最为艰难的一段是在第二天，即8月11日。艾瑞克、比尔·台尔曼和格雅勒根带足了大约供6天用的给养，希望在6天内登上慕士塔格峰。他们按照著名的瑞典探险家斯文·赫定以前做过的那样[1]，雇了一头牦牛把给养和装备驮到了第一个营地，那里海拔大约为17500英尺。罗沙伯克和我陪伴着他们尽可能远地走了一段路，由于艾瑞克已经在他的书中[2]描写了这次探险登顶的过程，而他的描写要比我的详细得多，在这里我只是简略地对此作一些介绍，以便使我讲的内容能够继续下去，同时对我在这次探险中做的不多的事作一些说明。

---

[1] 瑞典探险家斯文·赫定于1894年春夏间曾几次试攀慕士塔格峰。但斯文·赫定未能登上它的顶峰。

[2] 指艾瑞克·西普顿所著《那个未曾旅行过的世界》一书。

由于央不拉克位于海拔1.4万英尺的地方，我们要再爬3500英尺才能到达第一个营地。从山峰上延伸下来的冰川挡住了我们的前进道路，迫使我们在它下面走，绕行冰川下面的山头。在我们向上的攀登还没有开始的时候，这座山峰本身就向我们展示了一道连我看来都胆战心惊的大坡。然而这道山坡坡度逐步升高，不久，高度就开始对我有影响。我尽量按照艾瑞克告诉我的那样，保持着慢速的前进节奏。就像我攀登陡峭的山峰时总会发生的那样，我总是在计算着时间，用这种方法来使我的思想变得迟钝，而且帮助我保持脚步的节奏。我们试图使罗沙伯克向上走得慢一些，但是他喜欢先快步跑上很短的距离，然后休息上长长的一段时间。到了12点30分，艾瑞克、比尔·台尔曼已经走出前面好远的一截路，其他人连影子都看不到。后来艾瑞克和比尔·台尔曼只得向下走，去看看到底发生了什么事。他们发现牦牛和它的主人都已累垮了。在此之前格雅勒根一直催促着他们向上走，但是到了这个地方后，无论说什么也无法使他们再向前挪动一步了。没有其他办法，我们只好自己背着给养和装备向上爬。格雅勒根背着最多的一份，就像其他人一样，他把负重都放在头顶的一个头箍上。我自己则背着一个小包，在我一生中，这是第一次像这样背着东西。我们这个已经精疲力竭的登山队又开始向上攀登了。对登山者来说，在到一号营地之前要自己背上给养和装备向上走，这完全是额外的负担，真是令人失望之极。而牦牛在我心中的地位也一落千丈。看到帐篷搭了起来，茶也煮好了，我和罗沙伯克就开始往回走。在返回的路上，当我看到艾瑞克独自一人站在那里，背影对着蓝天，向我们招手告别时，我心里涌满了说不出的恐惧和忧虑不安。

我们用了三个小时才返回营地。一路上跑过了松软的碎石坡，又摸着路再次走过了冰川下端的那截路。山间的小溪流，由于冰川融化流下的水的涌入，现在已是激流滚滚，我们越过了它们。在过第一道冰水溪流时，我赤着脚蹚了过去，但是水太冷了，加之溪底的石子非常尖锐，疼得我难受极了。于是在过后面的小溪时，我再也没敢这样做，而总是穿着鞋蹚过去。回到毡房时，我已经累垮了，而且渴得厉害。因此，虽然茶很烫，我还是一杯接着一杯，一口气不停地喝了几杯。这里的每个人都很关心我，对我照顾得很周到。年老的尼牙特·沙坚持要为我揉脚，而那位柯尔克孜族妇女不停地把食物堆到我面前，可我一点儿都不想动。这些柯尔克孜族山里人肯定在想，我们这些人干吗来到这里，要和冰山斗上一场，要在这莽莽群山中自讨这份苦吃？而且很明显，什么也得不到。他们根本无法回答这些问题。此后的三天里，我在周围地区的山上转来转去，用望远镜搜索着艾瑞克他们攀登的那条冰坡，期望看到他们的任何踪迹。我从不同的角度，急切地注视着冰峰上的情况。但是，除了那些黑色的岩石和冰面外，我什么也没有看到。

一次，罗沙伯克吼叫着："看！他们在那里！"我急忙从他那里抓过望远镜，向上看去，不料发现他把三块小小的黑色岩石当成了登山者，而这三块岩石在此之前也曾欺骗过我。这些日子的天气好极了，晴空无云，但是几乎一直刮着冷飕飕的风。在毡房里吃饭，我发现又是个令人尴尬的"仪式"，因为在我吃饭时，这一家人盯着我的每一个动作，然后悄悄地互相评论着。尼牙特·沙很关心我，但是他只能坐在那里，一点儿作用也起不了。我懂得他想帮助我，又想不出任何方法，或做点什么，就只好像一只无能为力的母鸡似的，靠近我，把我挡住。我尽可能地躲入自己的那个小帐篷，但是，那三个孩子却常常尾随而来，在我假装读书的时候，他们挤成一堆，又悄悄地议论起来。

苏巴什达坂离这里有5英里远，那里的警察负责人两次来到这里看望我们，想知道情况是不是正常。在这种场合，我常常不能应答自如，因为我知道，自己作为一个女人，在他们眼里算不了什么。在这位警察负责人第二次来看望我们时，他向我要了一些药，是为在30多英里外的另一个警察要的。我对乌尔都语知道得不多，而且我想可怜的尼牙特·沙也不会知道多少，因而在确定那个警察的症状时，对我来讲困难极了。他是头疼还是头上受了刀伤？最后我确定是头上的刀伤，于是就给了他一些药片和一卷粘膏。自从玉素甫的指甲撕裂那一次之后，每次我们外出旅行，我都要带上一个急救药箱，药箱很小，是我自己设计的，里面装药的数量和种类很有限，主要想为我们自己的人提供点服务。但是，在这一次外出探险时，我也为柯尔克孜族牧民带了一些简单的药品，而且让总领事馆的医生教了我一些使用这些药品的简单方法。我带了这些药品的消息不胫而走，在每一个营地，总有一大群患者——无论是真患者还是假装的患者——围着我求医问药。我猜想，在那些交通不便地区旅游的每一个旅行者都会面对这样的请求，希望得到帮助，也会遇到这样的令人感动的信任。在我遇到的情况中，我得解决在什么程度上能用一片阿司匹林把有些人哄骗走，我不得不承认我无能为力。在这些牧民中，似乎没有什么非常严重的疾病。但是，在我的"夜间诊所"里，总是会有一两个不治之症的患者凄惨地待在这里，相信我可以创造出奇迹来。或是有一两个人，患有疮肿或伤口感染，我都尽量一一为他们把患处清洗干净，再给他们包扎好。但是，来找我的大多数人，都是向我诉说他们患了头疼或胃疼病的。我真是怀疑，正是这些神秘的白色药粉，而且是免费的白色药粉，才引起了这么多的突发的病痛。如果我把几滴眼药水滴进某一个人的发炎的眼睛中，就会出现眼疾的突然"流行"。男人们会来找我，躺在我面前，用手很悲伤地指着他们看上去相当健康的眼睛。而我自己则不过是一个很不在行的业余护士。面对着那些跛子和瞎子，我根本无能为力，在这种时候，我很是发愁。即使那些我所能给予的简单救护，有时候也似乎完全是浪费时间。但是，要是没什么大病，给他们几片阿司匹林，或是几剂高岭土，会使他们感到极为高兴，也会使他们感兴趣的。或许，这些药有时候还确实能起点作用。

在央不拉克，我遇到的最严重的病人是一个可怜的男孩，他纯粹出于好奇，从地面上捡了一颗类似手榴弹的玩意儿，这个玩意儿肯定是1945年那场暴乱中没有爆炸而遗留下来的。孩子失去了4个手指，脸部也受了轻伤。我极力劝说孩子的父亲带上孩子到喀什噶尔让我们的医生诊治一番，但是他不肯走那么长的路。我只好尽我所能，但是我能做的又有多少呢？

在我单独待在央不拉克的第二天，我带上罗沙伯克和阿米尔·依·汗一道前去探索慕士塔格两道峰脊之间绵延而下的冰川。走在那些冰柱裂隙和冰瀑之间，我们这三个一点经验都没有的人始终处于提心吊胆的状态中。阿米尔·依·汗坚持要自己爬上去，我清楚，如果他陷入了困境，我是无能为力的。在两条峰脊之间的槽型构造中，有一条时断时续的冰河通向被雪覆盖得严严实实的冰峰坳口，坳口在更高的地方与两条冰脊相连。在我们上方朝南的地方，巍峨耸立着主要的冰峰山脊。就在这条主要山脊上的某个地方，艾瑞克、比尔·台尔曼和格雅勒根正在奋力向上攀登着。雪崩不时地在我们上方高处发生，雪崩声如惊雷滚滚，震天动地。我看到雪块崩下来，紧接着，轰隆隆的声音就传来了。我原来希望能够上到峰坳处，但是没有绳索，没有合适的靴子，更没有关于这里地形、登山的知识，我就不敢再在冰上冒一点儿险。我们绕开了冰川，登上了北边的一条陡峭、满是碎岩石片的沟壑。每向上走一步，我们都要滑回来一些，只是靠抓住那些在边上的不牢靠的岩石，才一步一步地爬到了上端的岩脊上。在那里我们吃了午饭，午饭有酸奶、面包和葡萄干。吃完午饭后，罗沙伯克同意随我再向更高的地方爬一段路。我自己并没有什么特殊的目标，到那里去只是想看到更好一些的景色，使我不要闲着。因为闲坐在营地里，我总是郁悒不乐，忧愁万分。脑袋里老是转悠着那几个登山者的影子，脑海里总是浮现出他们会遇到的一个又一个的惊险的灾难场面。

对景色的描绘，如果没有相关景色的照片为凭，总是会有局限性。精心选择字词可以写出漂亮的句子，正如角度选得好，光线适中，拍出的照片会再现一幅美丽的景色。但是无论是这两个中的哪一个，都无法完全体现出人们在现场体会到的氛围，无法抓住他们对空间、空气和色彩的稍纵即逝的感受，更无法全面地表达作者或摄影者自己的情感。我自己尽量不去描写风景的全貌，对地理状况的精确描绘更不属我的本行。我不能洋洋洒洒地写出具有诗情画意的文字，然而，这个地区的美景体现的情趣各有差异，却正是我们值得一游的原因，因此必须对它们略做描写。

正是那天下午我在冰峰上的时候，所在地点的海拔是1.7万英尺，我看到了一幅非常清楚、生机无限的美景。公格尔群峰屹立在北边，峰峰肩连臂挽，白雪皑皑，但是冰峰界线分明，每一座冰峰都清晰可见。在我的右方，慕士塔格冰峰的另一条峰脊巍然耸立，向下看去，一道道冰川从冰峰上逶迤而下，远处的冰川只显出了高于冰川之间的褐色山脊的冰塔和冰帽。那些令人惊异万分的白色冰塔，在这个像英国东南部丘陵草原地区的地方，看上去极为奇特。它们就像一条船航行在河道隐没的河流上，在地平线微微露出白色的船帆一样令人惊异。在西边，平原和低矮的暗黑色山丘交错延伸，一直伸到了俄国的领土。一切都是那么遥远无垠。我站在冰峰间，高耸于这一切，油然而生一股得意扬扬之感，而同时又感到自己渺小至极。

我不能够在这里待很长的时间，来观看这雄浑的景色。自从我们到这里后，风一直呼呼地刮着，刮到人身上，就像刀割般地难受。我们得赶快走下去。阿米尔·依·汗是个来自平原地区的孩子，他大概以前从来也没有爬过这么高的山。现在他明显地表现出高山反应的症状，在没有爬到这么高的时候，他就已经睡意浓浓。我自己早就开始头疼了，要是能回到营地喝上一杯热茶，那真是太好了。我真高兴自己感到疲劳，因为这样我就能够早早睡觉，能够忘记我那些无法压抑下去的焦虑不安。

除开有东西要背的时候，我不喜欢在自己行走时有一个不能与之交谈的仆人陪伴，因为这样会使我感到无论走到哪里，都有人尾随。第二天吃过午饭后，罗沙伯克下山去了苏巴什，我很高兴——有了一个借口单独出去转一转。尼牙特·沙不同意，但我向他保证我不会走得太远，也不会再去爬北边的那座山峰。我没有带索拉一起去，因为它似乎更愿意留在营地里。穿着鞋走过了两条溪流，我就开始向山上爬去，路很长，我行走得很慢。首先，我爬上了一条到处是岩石的山沟，然后又爬上了开阔的山坡。和往常一样，我一路上都在想，为什么一定要爬到山峰顶上？这样做是一种莫名其妙的浪费精力，也没有任何用处，再说，无论费了多大劲，真正的意义又在什么地方？

我爬上了营地上方山包的制高点。站在这里，我有了和昨天站在那条峰脊上几乎一样的观看景色的便利条件。景观中新的景点是一个非常美丽的湖泊，湖面开阔，美妙奇特，几乎就在我的脚下。风仍然在刮着，鹰在头顶盘旋飞翔，飞得离我那样近，让人感到可怕。壮观孤寂的景色，却是那样的美，让人产生遐想，也令人敬畏。太阳快落山了，我向山下走去。

自从和艾瑞克道别后，今天已经是第三天了，虽然我似乎感到时间还要更长一些。在返回营地的路上，我自己不断地推想着那几个登山者的情况，心想他们不可能在今天回到营地，但是我自己又不能完全说服自己，想出他们为什么不能回来的合理解释。我知道，营地如果出现四顶帐篷（而不是三顶）的话，就是他们回来了。但是，向下面的营地看去，那里仍然只有三顶帐篷。我一下子没有了精神。

在我向前走的时候，我注意到尼牙特·沙一瘸一拐地向我走来，还有一个人影，但走得很慢。当我意识到那是艾瑞克正在走过来迎接我，我开始跑了起来。看到他，我欣喜若狂！我的心一下子放了下来：几个登山者安全回来了。我刚才爬了一阵山，精神好极了，也很兴奋。这种精神状态使我过了一段时间才意识到艾瑞克和比尔·台尔曼完全累垮了。

他们两个人的脚都被冻坏了，比尔·台尔曼要轻一些，只是表层上有冻伤。我自己精神焕发，而他们却一点儿情绪也没有。我赶忙把自己的高兴劲儿压下去，紧张地为他们准备茶和吃的东西。这会儿我才发现时间比我想象的要晚多了，而且艾瑞克在此之前已经派了阿米尔·依·汗去找我。格雅勒根留在慕士塔格峰下守护他们的行李和装备，艾瑞克和比尔·台尔曼回到营地来找运输工具。这就解释了我当时为什么只看到了三顶帐篷。过了一会儿，格雅勒根也回来了，自从我认识他以来，他第一次承认“有点累了”。事实上，他已经完全累垮了，累得连饭都不吃，甚至连茶也不喝。

渐渐地，我了解了他们登山的情况。他们爬了很长的路，但就在离峰顶不远的地方，慕士塔格却把他们打败了。到冰峰穹顶的路很长，而且是一道覆盖着冰雪的大斜坡，地面上一点儿起伏都没有。他们三个强打着精神，迫使自己一步一步，艰难地走过这一段。到了8月13日，他们已经没有办法确定自己目前的位置和离峰顶还有多远的路要走。他们三个人都已经累得不成样子了。我在比较低的山脊上经受过像刀子一样的山风的刮割，当然更高的地方就更厉害了。直到他们返回二号营地后，艾瑞克才发现自己的脚的状况不好。这种情况很明显影响了他们再一次向顶峰冲击。到了第二天，也就是在8月14日，他们三个就开始向下走了。

那时候，能再一次看到他们，我已经谢天谢地了，他们登顶失败，我一点儿也不为此发愁。但是对艾瑞克和比尔·台尔曼来说，这却是一次极为失望的登山活动，而艾瑞克冻伤的脚，为他们进一步的计划画上了句号。我们现在想做的只是赶快返回喀什噶尔，越快越好。

第十一章

达　坂

受了冻伤，艾瑞克左脚的所有脚趾头都是黑色的，而且起了水泡。我们中谁也不知道治疗的正确方法。一开始，当地人劝说我们按照柯尔克孜族的土法子试一试。他们把奶酪和炉灰搅和在一起，拌成了一种样子非常难看的膏药，而且坚持说这种方法一用就灵，从来没有不灵的时候。但是用了第一次后，艾瑞克和我都对它的效果产生了怀疑，于是我又为他涂上了磺胺药膏。艾瑞克的脚并不太疼，但是比尔·台尔曼的脚在恢复生机的时候，却疼得他一两个夜晚睡不着觉。好几天了，三个登山者的手指头都是麻木的。艾瑞克说，在他所有的登山生涯中，他从来没有经历过像这次这样厉害的酷寒和像这次这样砭骨的寒风。

在央不拉克休息了一天，我们就转移到了苏巴什。那里的伯克和警察所长正急于想招待我们。

这里是柯尔克孜族牧民的一个很大的营地，伯克的毡房是我们所到过的毡房中最漂亮的一座。这座整洁豪华、色彩艳丽的毡房和那个破旧不堪、令人压抑的警察所办公室相比，形成了和以往一样的极为鲜明的对照。我们只是到警察所简单地拜访了一下，而在伯克的毡房里吃了饭,饭是盘羊[1]排骨。这种肉吃起来很香,那位塔吉克族警察所长说,他和他手下的人常常在这一带的山中打这种野生动物。

在苏巴什,我们观看了把一座毡房拆卸开进行清洗的场景。毡房里外的毡子都被拆了下来,只剩下了一副架子,里面什么东西都可以看清楚——这是一具复杂的木格子结构框架,可以折叠起来,叠成很紧凑的形状,供牲畜驮运用。用来从里面把毡房固定在一起的编织带子,风格淳朴,格调流畅,显示出主人崇尚自然的情趣和喜好天然色彩的品位。这是我在喀什噶尔人中没有看到过的一种美感。喀什噶尔的人们似乎受到现代手工业生产出来的制成品的可怕的诱惑。虽然柯尔克孜族人仍然在编织毡房的深红色和蓝色带子,但是他们都承认自己再也不织地毯了。我一直没有找到他们不再织地毯的原因。

苏巴什的伯克对我们的招待极为大方和周详,他为我们提供的晚饭让我们不能忘怀。但是,惯常的宰羊、准备饭的过程是漫长的。煮在锅里的羊肉和骨头在毡房中的火炉上咕嘟咕嘟地冒着泡,飘散出的香味使我们急不可耐。女主人就在我们的眼皮子底下准备着一种复杂的面食,每一次我们认为面食该下锅炸了,但她却又把它们切成另外一种形状的方块和长条,再抹上更多的奶油和黄油,又从头开始了。当准备工作就在我们的旁边进行的时候,我们极力把自己的不耐烦掩盖过去。更糟糕的是,到了大约8点钟的时候,主人和女主人开始喝肉汤、啃骨头,喝得那么香,啃得那样津津有味,发出了声响。由于白天他们都在封斋,所以应该吃一些东西,对此我们没有什么理由抱怨。但是,不知为什么,那一天我们感到特别的饥饿,而这种等待真是火上浇油。终于,那块正式吃饭用的布铺好了,主人给我们倒水,我们洗了手,而毡房里也陆续坐满了期待已久的客人。这是一顿值得我们等待的饭。一卷一卷热乎乎的、香气四溢的油炸面食,是我吃过的这种食品中最好吃的。它们甚至超过了我们在到喀拉铁克山口的路上住过的柯尔克孜族牧民家中的那位年长的女主人做的油炸食品。圆圆的毡房里,一盏昏暗的酥油灯的细细火苗摇曳着,呈现出一幅绝妙的图画。黑色的背景,

[1] 盘羊,因其双角巨大而且多旋,故又称为“大头羊”。

闪烁不定的灯光照出了每一张脸的轮廓，这是伦勃朗喜爱画的题材。人们啃骨头的声音，吸骨髓的声音和表示吃得非常满意的打嗝声，交织在一起，就像一曲心满意足的伴奏音乐。我们吃完饭后，又喝了带点咸味的奶茶。这种茶与味道很重的藏式茶不同，我认为它太好喝了。对柯尔克孜族来说，茶是很宝贵的，人们舍不得喝它。因此，他们的茶总是煮得很淡，常常放上盐、辣椒或香料，使人爱喝。有时候，我们访问的柯尔克孜族人家的主人拿不出像样的茶叶，只好让我们喝一种草药饮料。只要一个人忘记了英国人关于茶的概念，这些各式各样的茶还是不错的。然而，这位伯克的茶里面放上了奶油和盐，却是这些各式各样的茶中最好喝的。

在苏巴什的那一天白白耽搁掉了，并非我们原来想这样做，而是尼牙特·沙的失误所致。我们原来特别想到山谷下端的那个湖边去宿营，心想这位伯克的家离湖边不远，因此就接受了伯克的邀请。虽然后来发现我们自己犯了一个错误，但已经不能够从伯克家脱身了。在苏巴什，我们向尼牙特·沙道了别，他要从这里回色勒库尔去。对他的离去，没有什么可遗憾的。

8月17日，我们骑马走了七八英里来到了湖边[1]。我们在新疆曾经旅行过的地方中，我现在还牢记着这个湖，因为它是其中一个最美丽的去处。

在北边，慕士塔格峰身姿伟岸，巍峨地耸立在我们的头顶，它的身影映现在漂荡不定的蓝色湖水中。一切对它的描写只能给人一种苍白无力的印象，就像一幅照片给人留下的印象那样不完整。这是一幅由洁净的空气、鲜亮的茵茵绿草、宁静的湖水和灿烂的阳光组合而成的图景，它使我感到幸福，使我着迷。在这图景中，直接的、小一些的景观被稍远或更远的雄伟的冰峰和冰川包容在其中。从这个方向看去，慕士塔格峰给人留下的印象更为强烈和深刻——它更加孤峻，峰姿更为鲜明。群峰的宏伟壮观使我敬畏，偎依在湖畔使我内心平静，灿烂的阳光使我感到温暖，这一切都使我有一种沉浸在美景之中的感觉。

[1] 这个湖即著名的高原湖泊喀拉库勒湖。

整整一天，我们都躺在湖边，假装开枪射击那些在头顶上飞来飞去的野鸭和野鹅，然而真正的享受，却是沐浴在这瑰丽无比的景色中。

在喝午茶之前，我在湖中洗了澡，湖水不深，但很冷。由于没有带泳装，更由于这里没有隐蔽的地方，我只好牺牲掉一件衬衣和一条扎口短裤。在清亮的湖水中悠闲地游来游去，湖泊和冰山构成的宁静的美景更加奇异无比，更加令人着迷，我感到离冰峰和湖泊更近了，好像融入了这幅美景之中。

在黄昏时，我们到另一个湖边探索了一番，这个湖泊面积比前一个的要小一些，在那里，我们看着夕阳把群山染成了粉红色，接着，粉红色消失了，群山又恢复了它们的那种孤寂的银白色。警察所长陪伴我们来到湖边的营地，后来他就走了，去打野鹅。傍晚回来时他带回来了两只野鹅，把一只送给了我们。后来我才知道是格雅勒根坚持要他送给我们的。“这些塔吉克族人很小气。”格雅勒根说，口气很坚决，“你得从他们那里要东西，他们绝不会自愿给你东西的。”我搞不清楚他的这种看法的根据是什么，但是我们有了一只野鹅已经相当不错了。

警察所长留下了两个警察保护我们，自己回苏巴什去了。这两个警察人不错，也讨人喜欢。但是，与我们的大多数向导和警卫一样，他

艾瑞克与比尔·台尔曼在饮茶

们为我们做不了什么。在第二天，他们允许让我们的行李驮队先出发，驮队走了一阵后，他们又突然提出我们必须折到山里去，以绕开一条发了水的河。于是，我们沿着高高的山坡上的狭窄的小道前进着，一路上天气又热，尘土又多，我们走得很累。同时，一个警察骑马去追驮运行李的驮队，把驮队带回山边的道上。

在傍晚时分，我们到达了布伦库勒。与以前许多次外出旅行时一样，我们希望能够避开我们不大喜欢住的军营。但是，有这两个警察护卫我们，我们根本无法避开，只好走进了军营营部的大院内。这个地方沉闷无味，而且对我们的欢迎也很冷淡，这是不寻常的。我们正在那里纳闷到底出了什么事，突然有人前来对不周到的接待和欢迎表示道歉，并解释说这里的指挥官在前天死了。死去的正是上一次我送给他一些药片和弹性粘膏的那个可怜人！我们得知他的死因是枪栓向后弹了出去，正好击中了他的前额，又打入了他的脑部。在这种情况下，他能活这么长的时间，真是极为少见。我还记得上一次给他的那点可怜的、微不足道的帮助，使我唯一感到慰藉的是，我做的那点事，还起了一点儿作用。

这个不幸给了我们借口，使我们能够离开军营，我们把营地扎在了下面的平原地带。然而，一种令人讨厌的气息似乎充斥着布伦库勒，这里竟然没有我们已经习惯并期望看到的那种友好的表示和热情的款待。这里毡房不多，它们破破烂烂，很脏。毡房里的人们以及从军营里来的士兵围在我们周围，只是来看热闹，或是来向我们要药。我并非愿意拒绝他们的请求，怕的是会把真正的病人漏掉。但是我们觉得，大部分人来向我要药品只是因为药品是不要钱的，或是看着我打开自己的药箱，取出药品，他们得到了某种小小的乐趣。在我们待在布伦库勒时，一个士兵从头到尾一直缠着我们，这个士兵长相凶狠，腰里别着手榴弹，他想让我给他治病。但是格雅勒根拒绝把他诉说的病情翻译给我，我不能为他做些什么。无论他得的病有多么怪，多么凶险，我最后只能给他一些碘片，这个士兵也就完全满意了。我希望这些碘片会对他有点用。格雅勒根对我的这种初级医疗活动变得越来越恼火，因为我做这些事，意味着他总得在我旁边等着，为我当翻译。我想他和我一样，也知道有一半病人是假病人。

布伦库勒的这种令人不快的情况一直持续到了我们离开的那一刻。第二天一早，我们为找到运行李的牲畜，遇到了到新疆以来碰到的最大的困难。所有的官员，无论是地方官员还是军队官员，都互相推诿，说这种事是别人而不是他们的责任。最后，直到10点钟的时候，我们才有了两峰骆驼驮行李，就这样我们骑马出发了。

这一段路程不长，却令人着迷。首先，我们涉过了一条河床很宽、里面满是沙子的河，身后是冰雪覆盖的冰峰。走到西边，有一串矮山丘，山丘上布满流动的白沙。流沙流动时，产生了一种类似月光照耀的效果，看上去那么洁白，那么引人注目。接着，进入一条山谷后，大地又变成了一片葱绿。平滩上有一丛一丛的毡房。我们策马到看到的第一个营地，找点酸奶喝。突然一阵奇怪的歌声吸引了我们。格雅勒根以他那惯常的斩钉截铁的口气说："这是庆祝结束封斋的吟唱。"

我说："可能是哀悼什么的歌，听上去更像是葬礼上的歌声。"

我这种半开玩笑的猜测倒比格雅勒根那种十分自信的猜测准确得多。这个营地是那位布伦库勒警察官员的家乡，他的朋友们和亲戚们正在哀悼他的去世。我们感到自己在打扰别人的哀悼活动，就催马快快向前赶路了。我们来到了恰克拉吉尔山谷，山谷上方是那座美丽的山脉的南侧。这里的景色与我们在5月份旅行过的那座长满松树的山峰和陡峭但到处绿草茵茵的山坡的景色大不相同。但就景色来说，这个地方还是令人愉悦的。宽阔的平滩上草长得很茂盛，小湖泊星罗棋布。从这里看去，冰峰很清晰，天空湛蓝。这里的柯尔克孜族牧民心情愉快开朗，很友好。我们悠闲地走了一阵后，找到了一个宿营的好去处。在那里，我又开始了"看病"，艾瑞克则出去打野鸭，比尔·台尔曼留在营地烤面包。

在这趟旅行中，比尔·台尔曼一直是我们的面包师。我们每到一个地方，刚刚支起帐篷，他就开始做烤面包的准备工作，这使当地的人惊异不已。尽管风大，用具很原始，而且烤面包时用的是牦牛粪生起的火，他却能做出甜烙饼和面包，味道之香，不亚于在现代厨房里用电烤炉或其他设备烤出的。

那天晚上吃过晚饭后，我们出去到一个毡房煮咖啡，顺便再搞些牛奶。毡房里只有妇女和孩子，刚开始他们有点羞怯，很沉默。但是，随着我们给了他们一些香烟、茶，特别是给孩子们送了一个玩具哨子，气氛逐渐就变得融洽起来。这座毡房里有一个姑娘，长得格外引人注目。我被她的那些精美的首饰迷住了。她的母亲年纪很大了，却是一位性格开朗、让人喜欢的妇女。到快离开他们的毡房的时候，我感到就像和朋友们一起开了一个愉快的晚会。从毡房里出来后，我看到了又一幅栩栩如生的精美小图画，这些小图画总是让人难以忘怀，因为它们是这个地区独有的——两个人骑马来到毡房门口，人还没有离鞍，月亮冉冉升起，他们的身影出现在月亮洒下的皎洁月光中，朦胧迷人，就像是一具小巧精美的浮雕。这个地区的伯克生气了，原因是我们没住到他的毡房里。我们沿着到昆提格米斯的山谷前进，在途中专门拜访了他，这才消了他的火气。就在我们正要离开他的毡房时，我看到这里的妇女头上戴着柯尔克孜族传统的头饰，令人着迷，我太激动了。因为在读过的关于柯尔克孜族的所有书籍中，我都读到了有关这种用白色料子做成的、形状像蚕茧的高高的头饰的描写，还见到过照片。到新疆后，尽管我多方打听，自己却没有亲眼见过一个，所以在此之前我得出了一个结论，即哪怕在柯尔克孜族人中，时尚也已发生了变化。我曾问过自己，是不是因为做这种头饰需要大量的材料，现在材料太贵了而做

柯尔克孜族妇女的头饰

不起？这里是我见到这种高高的头饰的唯一的一个地方。这些妇女戴头饰是为了参加某次特别的活动。其中有一个妇女同意让我拍照片，而且非常高兴。她仔仔细细把自己的穿戴收拾了一遍，和自己的孩子们站在一起，脸上现出了最佳的摄影表情。这是让人高兴的，因为有那么多的人，只要有人给他们拍照，他们马上就会摆出虚假的羞怯样子或故意做作一番。

那一天我们走了很长的一段路，但是我们每个人都有一匹马骑，我再一次认识到了在这种无边无际、广阔无垠的地方骑马行走的好处。这并不是因为这一次我喜欢上了自己骑的那匹马，实际上，和过去我骑的马相比，它同样懒，同样犟，我不知费了多少劲才跟上其他人。我和艾瑞克在怎样行进上看法不一。由于我骑上马就紧张，所以喜欢让马走得不快不慢，稳稳当当，而艾瑞克则喜欢快马飞奔上一阵儿，然后在风景好的地方休息上长长一段时间。我懂得他的做法的有利之处，但是我骑的马却理解不了这一点，所以我总是设法控制住它。在昆提格米斯居住的几乎都是妇女，仅有的一些男性，要么是老人，要么是小孩。这里每一个人都热情好客，特别是我们住的那一家的主人，极为友好，非常好客。但是由于这里的伯克没有出面，没有人愿意解决我们下一站路的运输牲畜。和往常一样，在我们支帐篷时，甚至我们的每一个动作，都有一批好奇的人围上来观看。我们作为一个游荡的“马戏团”的一部分，对此已开始有点习惯了。刚到新疆后，在旅行时，我对当地人的这种好奇心感到很恼火，因为他们这种永无休止的好奇，使我们感到无法有一点儿隐私。但是，和这里的沙漠、尘霾一样，这些都是在这个亚洲地区旅行时不可避免的，这是你必须得接受的现实。所以，我也就变得对那些围上来的好奇的“观众”习惯了，竟然习惯到了这种程度——如果哪一次碰巧人们没有围上来观看，我会有点坐立不安，甚至有点不高兴，就会有一种我们这个“流动演出团”没有受到当地人的欢迎似的感觉。只是在昆提格米斯，我对一个女人发了火，她的好奇心出了格，竟然动手翻检起我的所有东西，而且轻轻地触摸起我的身体来了，好像要找到英国女人和柯尔克孜族女人长得一样的证据似的。

8月21日，我们终于雇到了5匹马和2头毛驴，出发了。三个男孩子管着驮行李的牲畜，其他人则骑马前进。在昆提格米斯这个地方，由于没有人坚持要派人护送我们，我们终于没有了送护的人，自由了。我们和当地的主人曾一起详细地讨论了下一段的路程。虽然他们都认为下一段翻越兀鲁格阿尔特山口（意为“马爬得很高的山口”，海拔16600英尺）的路程是段艰险的行程，但是没有一个人对我们一天内能翻越过去表示异议。

我们开始了漫长的行程，由于一路上坡，走得很慢。沿途是一串又一串的小山脉，所以景色单调。用不着在这里步行向上走，我真是谢天谢地了。那天晚一些的时候，由于索拉在一条到处是石头的山谷里跌跌撞撞地跟上我们走了一段路，我很可怜它，就把它抱到马上，但是，抱在怀里，它很重，又不安稳，老是扭来扭去，总想跳下去，我就又把它放下。它跟在我们的马队后面，走得倒挺稳当。渐渐地，我们沿着一条怪石嶙峋的山坡的小径蜿蜒前进着，一步一步。不久，我们就来到了一条巨大的冰川上方。这条冰川就像失去活力的海，海浪凝固般的冰从东南方向顺着山谷盘旋而下，从我们下方向西北方向倾泻而去。我们骑马前行着，远远在前方可以看到那个山口——兀鲁格阿尔特。上到山口，要沿着一条很陡的曲曲折折的路前进，山口险峻，地势急剧升高。在路上，我们得越过几条冰川水冲出的溪流，由于现在冰川融化了，溪流中的水涨得很厉害。有一条溪流让我们花了几乎一个小时才越过。在越过它的时候，虽然我们又是狠劲抽打，又是哄诱，我们的马匹却不肯下水，我只好跳下马来，走进溪流中拽马拼命向前走。幸运的是，艾瑞克骑的那匹马跟着我们的马向前走了，所以他冻伤的脚没有沾水。

过了这条溪流，我们回过头来看着驮行李的牲口怎样过来。三个男孩用绳子硬是把毛驴分别拴住，成功地把毛驴拽下了水。过这条溪流使我们耽搁了那么多时间，已经到了大约6点钟的时候，于是我建议就在这里安营扎寨过夜。但是我的建议被否决了。三个柯尔克孜族男孩想让他们的牲畜在山口那边找草吃。于是整个驮队又开始前进了。

一路上，由于就在冰川上方，有些地方的山道狭窄得让人心里发毛。山道忽上忽下，陡峭无比，弯弯绕绕而去。我们现在处于一片不毛之地，这里是冰的世界，岩石的世界，到处是气势汹汹的冰河急流。我倒情愿在这条险峻的山道上徒步前行，把那匹别别扭扭的马拽着，让它跟在后面。兀鲁格阿尔特山口最后一道大上坡到了，到的比原先预计的要早得多。确实,这个山口非常陡峭,但是我又不能慢慢地、有节奏地向上爬,因为我的那匹马这一阵又愿意急速地跑上一会儿了。如果让它自己走,它一步也不向前迈。这种折磨人的行进方式终于结束了,其原因是山路太险峻,而且我们向上爬行时拐弯的角度太急,这匹马身上的鞍具和背上的所有毯子都被甩了下来。我无法把这些东西从地面上举起来重新放到马背上,只好坐在那里等人过来帮忙。那一阵艾瑞克和比尔·台尔曼在我上面,而驮队却还在山口最后一道达坂的坡底行进,而到了那里后,他们又停下不走了。我又一次使劲,想把鞍具放到马背上去,但是又失败了,这样折腾了几次,都没有成功,我只好扯开嗓子向下面喊去。艾瑞克突然发了火,他把马甩在上面,自己迈着沉重的步伐走了下来,去了坡底那些人那里。他发现那几个柯尔克孜族男孩又不愿爬山口了,想停在那里过夜,他们一再说牲口再也走不动了。我们一点儿也不清楚他们为什么突然改变了自己的想法。我怀疑在这里面格雅勒根起了一定的作用,他要对这几个人提出天太晚了,不能继续前进的建议负一部分责任。我好不容易才爬了那么高,现在一切都白费了,只好走了下来。

我们在靠近岩石的地方支起了帐篷,建立了一个不像样子的营地。在海拔达1.6万英尺的地方,天气特别寒冷。我们唯一能找到的燃料只是一些畜粪,而我们的牲畜连一点儿吃的东西都没有。

虽然我们为没能在一天内翻越山口而感到失望,但是到了这里,我们仅有600英尺高的山路要爬,爬上去就完成了我们的预定目标。这一段路爬上去似乎没有什么太大的困难。但是由于马匹和毛驴都没有吃东西,对于它们来说,要爬这段路可就太艰难了。我们看着它们忍受着极度的疲劳,一步步向上爬行着,所忍受的艰难,比起在喀喇昆仑山道上的牲畜要大得多。为了减轻马匹的负荷,我们决定都下马,步行到山口顶部。无论怎样,骑着马在这样陡峭的达坂上向上走,不是件舒服事。艾瑞克、比尔·台尔曼和我七点半就动身了,用不到一小时的工夫,就快到了山口顶部。八点一刻,我们向下望去,驮队才开始绕着崎岖蜿蜒的山道向上爬行。我们在路上遇到了几个牲畜不多的驮队向下走,他们有可能是早晨很早就从山口那边出发了。山口东边一侧要比这边陡峻一些,道路也比我们刚爬过的糟糕一些,但是看上去似乎并没有给他们的牲畜带来多少麻烦。

山口上端很冷，为了避免冷风的吹打，我们尽快向下走去。艾瑞克慢慢地向下蹒跚着。中途我们停了几次，以便让艾瑞克的脚休息一下，也是为了让后面的驮队能赶上来。到了11点钟，仍然看不到他们的影子。只有一次，我们看到有一个脑袋在天地交接处冒了一下，就又看不到了。即使他们爬行速度很慢，从那边爬到顶部，也不可能用上三个小时。所以尽管我们已经累得精疲力竭，我们还是同意比尔·台尔曼再上去一趟，看看他们为什么耽搁了。

在我们从那一边动身时，我们想能在吃早饭的时候就翻过山口，于是只喝了一杯茶。现在我们开始饿了，而且已经冷得不行。静静地坐在那里，心里发闷发愁可不是个好事。到了正午时分，比尔·台尔曼一个人回来了，给我们带来了令人震惊的消息——艾瑞克从依吉兹亚尔骑来的那匹黑色的马死了。这匹马摔倒了，把他的枪也摔断了。因此，那三个柯尔克孜族男孩说，如果他们继续前进，所有的马都会死去，于是一个男孩牵着我们雇来的5匹马折回去了，而格雅勒根说服了另外两个男孩以及他们带的两头毛驴留下来帮助我们。现在，一行只有我骑的那匹栗色马和阿米尔·依·汗的那头毛驴。所以山口上的那几个人和仅有的几头牲畜轮换着把我们的行李往山口上搬。这件事发生得太突然了，我们甚至连那匹马死的原因是什么都无法理解。或许就在我们从平原上动身的时候，那匹黑马和过去相比就已经不那么有劲了；抑或它不适应爬山，不适应这里的高度和寒冷。我们不知道这些马到底病得有多严重。说不定由于我们的马死了，把那几个柯尔克孜族男孩子吓坏了，所以才决定再不敢冒险继续向前走。我们三个人向山口下边走去，但是感到被什么打败了似的。到了一处泉水边，虽然泉水是浑的，但是由于比尔·台尔曼带来了我们的给养，我们还是匆匆煮了一点儿茶。虽然味道糟糕极了，很不好喝，但是我们却喝得很香。我们的面包早已吃光了，只好吃了一顿大杂烩式的饭，有罐装的香肠、奶酪和葡萄干。艾瑞克什么也不能做，只好在那里坐着；比尔·台尔曼考虑着如何做些面包；而我则忙着到处捡用来生火的牲畜粪块。我变得对这个活儿专心起来，每捡到一块好的牦牛粪，对我来说，都是一个了不起的胜利，而如果捡到了马粪，只能算凑合。

整整一天都用来把行李运过山口。由于我们的仆人都在尽力干活，我给了他们香烟、茶和奶酪。但是每个人的头上都笼罩着阴云。那两个柯尔克孜族男孩更是一对让人沮丧的家伙，他们走到哪里，就坐到哪里，愁眉苦脸，既不帮助他们自己，也不愿意帮助别人干一点儿活。格雅勒根和罗沙伯克两人拼命地干着活，把那些笨重的行李搬了下来。在危急时刻，格雅勒根的优秀品德就体现了出来。他仍然快快活活，而且意志坚定，什么困难也压不倒他。阿米尔·依·汗彻底垮了。很难想象他对自己喂养的黑马有什么真正的感情，我想，他是被回到家后可能要承担的后果吓坏了。为了证明那匹马确实死了，他在马刚死不久，就快速地把马皮剥了下来，还把这匹黑马留下的唯一遗物拿给我看，可把我吓坏了。他在那里哭泣着，突然，出于同情，我也哭了起来。我骑的那匹栗色马现在也变得很虚弱，但它还活着。这一天已经搞得我们晕头转向，可我们又发现索拉不见了。累了一天的格雅勒根，自告奋勇再次爬到山口上去寻找它。他发现索拉正在山口顶部蜷成一团呼呼大睡呢。

我们现在发现自己位于一条无人居住的山谷中，根本就找不到足够的牲畜来驮运行李，唯一得到的鼓舞来自一个路过的旅行者。他说，就在这条山谷和下一条山谷相交处，有几户柯尔克孜族人家。他还说，朝下走上大约7英里路就到了那个地方。

第二天，格雅勒根独自一人出发到那里去找那些柯尔克孜族牧民。我们想法把所有的东西都装在了三头威风凛凛的毛驴背上，把轻一点的东西驮在了那匹栗色马的背上，我们每一个人也都背上了一点儿行装。这是一次令人伤感的跋涉。我和艾瑞克慢慢地走在一起，而且我还背着帆布旅行包和那支断了的枪，这些东西背在背上，越走越重。我们一刻也没有停止希望，希望格雅勒根能够带着牲口返回来。但是我们能够看到的关于他的迹象只是放在小道上的一页《图画邮报》，上面潦草地写着他的名字。这一带仍然没有可供牲畜吃的草。我们从路上遇到的一个驮队那里买了一个西瓜，把瓜皮喂给了牲畜。甚至那些零乱的草，我看得都很珍贵，捡了起来喂给了我一路上的老对手——那匹栗色的马。

我们走出山谷口，在亚满瑟拉依山谷口又扎下了营地，这里就是路过的那个旅行者对我们讲过的有柯尔克孜族人家的地方。这一带用来烧火的木头很多,但是草却长得不好。在绝望中,我们决定把自己的食品煮一煮,喂给牲畜。又派罗沙伯克和阿米尔·依·汗去做“恰帕提子”,这是一种用面粉和水做成的圆形饼,放在烧烫的石板上烤熟。仍然没有见到格雅勒根的影子,我决定沿着山谷向上走,去寻找他以及我们期望已久的牲畜。步行20多分钟,我走到了两个很简陋的毡房跟前。走进其中一个,我又看到了一副黑色的眼镜和一个烟草罐,它们是那样熟悉,几分钟后,走进来了疲惫不堪的格雅勒根。他整整一天都在追寻柯尔克孜族牧民。但是,一走近他们,这些牧民只要是能跑的,都已经逃跑了,不管他许什么诺言,也不管他用尽威胁手段,还是掏钱乞求,都不起作用。很明显,这里的柯尔克孜族牧民把他当成了当官的,到这里来是为了抓夫征畜,所以不管他说什么,都改变不了他们的看法。现在已经是下午五点半了,格雅勒根认为他已经说服了一个人,他会同意租给我们几头毛驴的。格雅勒根劝我先回去,说他租到毛驴后就会回来。我回来后发现我们这里又产生了新的危机。两个柯尔克孜族男孩流着泪,请求我们放他们走,让他们回家。不管我们许诺给他们食物、钱或是贵重的礼物,似乎都不能使他们动心。他们只是要求不要让他们再继续跟我们前行了。

当天夜里格雅勒根没有回来。第二天一早六点半,他回来了,带来了一个令人伤心的消息,昨天那个人答应的毛驴落空了,他费了很大劲才雇到的几头牦牛,就在他从山谷里往下赶的时候又跑散了。我们决定把自己带的大米和面粉送给那里的柯尔克孜族人家,试试我们的运气,也减轻我们的负担。英雄好汉格雅勒根又消失在了山谷中。等到他第二次出现时,得意扬扬地赶着6头牦牛。然而,赶一群什么都不驮的牦牛并非难事,把东西驮在它们身上赶着走则是件复杂得多、困难得多的活计。做到这一点的技巧是偷偷靠近牦牛,接着一下子扑到牦牛的前腿跟前,把两条前腿绑在一起。格雅勒根做到了这一点,但是我们刚把东西驮在牦牛背上,它的两条前腿却又松开了,那个受惊的牲口一下子狂暴地跑掉了,驮在它背上的行李七零八落地甩在了地上。两头牦牛来了这么一场表演,都跑得无影无踪,最后的两头比较合作一些,让我们把行李驮在了它们背上。牦牛的主人迟迟疑疑地答应赶着牦牛到约勒齐莫依纳克去。

艾瑞克非常小心地骑在那匹栗色马上，我们其余的人都步行，就这样我们又上路了。这是一个奇特的驮队，由三头小毛驴、几头牦牛组成，沿着弯弯曲曲的山谷慢腾腾地向下走去，向希望之乡走去。我们希望在那里能够找到房子和许多可以雇来驮运行李、供我们骑乘的牲畜。我们看到了丰饶的青草地，一条清澈的溪流，以及大量的烧柴。但是这里只有一座孤零零的土块房子，里面住着一个老人。老人告诉我们，在约勒齐莫依纳克没有牲畜可供我们雇用，但是能坐下来喝碗茶。看着我们的牲口在那里欢天喜地地吃着草，我也就谢天谢地了，所以对这个让我们再一次失望的消息，我倒看得不怎么重要了。我感到很快活，也挺满意，四处张望着寻找我们的那两个柯尔克孜族男孩，让他们过来与我们分享这个美丽的、处处是绿色的营地。他们，还有两头毛驴，以及那一群牦牛都无影无踪了！原来在我们忙着煮茶、支帐篷的时候，他们却找到了逃跑的好机会。很明显，他们宁愿不要金钱，不要礼物（假如他们相信我们的诺言的话），也不愿意让我们逼迫着再往前走一阵。要我们理解他们那种愁眉苦脸受罪似的态度，确实很困难。因为我们一路上让他们吃饱，送给他们香烟，还尽量对他们友好，然而他们却对这些根本不作反应，而且自始至终表现得就像是被一个抓兵队强行抓来的壮丁一样，一直不高兴。我们只希望他们能把牦牛还给主人。这个插曲使我们只剩下了一头毛驴和一匹病马。

格雅勒根再一次出去找寻驮运行李和供我们骑乘的牲畜。在那位老人的指引下，他在山上找到了几个柯尔克孜族牧民，但是这些牧民的态度和前一次他找到的那一群人一样，也是莫名其妙地惧怕他。我们一直没有找到这个地区的人那样紧张、那样不友好的原因。可能和波斯坦铁列克那里的柯尔克孜族牧民一样，他们在叛乱中遭受过苦难。所以对他们来说，格雅勒根样子很奇怪，值得怀疑。后来格雅勒根告诉我们，在约勒齐莫依纳克，为了搞到牲畜，他决定不再哄诱那里的柯尔克孜族牧民，而是采取了恫吓的方法。他用要鞭打一个家伙，并把这个家伙哭哭啼啼的母亲拉开的方法，终于搞到了两峰骆驼。这个故事听起来很可笑，无论格雅勒根是否使用了他讲的那种方法，我们需要的驮运行李的牲畜终于搞到了。

这一次，他把牲畜及牲畜的主人一起带到了我们的营地，而且迫使他们在这里住了一夜。因为急于稳住他们，这一次我们招待他们吃了晚饭，并且先支付了他们所要的钱的一大半，因为我们不想得到一个雇用了牲畜而不付钱的坏名声。实际上我们的名声已经由于那两个男孩跑掉而没有给他们付钱受到了损害。我们和这几个柯尔克孜族牧民围坐在篝火旁，渐渐地，他们的紧张情绪减少了。由于我们自己的情绪也平静了下来，更由于再不焦虑了，所以就睡觉去了。但是，那些骆驼就在我们的帐篷附近，其中有一峰是个刚生下幼驼不久的年轻母驼，由于被迫离开了它的孩子，这只母驼整个夜里都在号叫。这是一种由于无法诉说的绝望而发出的号叫，悲哀而又有力。但是，使我感到惊奇的是，那天夜里我竟然睡着了。

8月25日，这是我们依赖牲畜艰苦旅行的最后一天。那天早晨，我们起得很早，很快就利索地准备好了一切，出发了，这是个好兆头。因为不管我们得到了什么样的牲口，这总是一种极大的安慰，所以我也就压根儿没有去想我还得步行30英里路这个情况。在约勒齐莫依纳克，山头逐渐不见了，地势渐渐变得平坦起来，最后出现了戈壁。我们以乌帕尔绿洲为目的地的跋涉开始了。这一天又热又长，但是也还有让人宽慰的一面：那漫天蔽野的尘霾把太阳的威力减弱了许多。在前四个多小时里，我走得很轻快，一切都顺利。艾瑞克骑在我们唯一的那匹马上，但马仍然很虚弱。为了让我休息一下，他决定自己骑骆驼，让我骑马。可是，骑着匹行走迟缓、慢腾腾的马，我很快就不耐烦了，气得不行，于是跳下马又开始步行。后来，我试着骑在一峰骆驼的背上。这是我有生以来第一次骑骆驼，但就是这一次的经历使我现在还不愿意把骆驼作为一种骑乘工具推荐给读者。骆驼跪在地上，我费劲地爬到它背上的那一堆行李中，骆驼站立起来，我在驼背上，先是被甩向前，然后被颠得前仰后合，心惊胆战。一路我在驼背上颠来颠去，脊柱都快被颠断了，根本无法休息一阵儿。在灰蒙蒙的沙漠上向前蠕动，景色单调，没有什么景观使人感到能打破这无尽头的乏味行程。我们就好像凝固在了这片大地上似的。然而我想，一个人会习惯于骑在骆驼背上旅行，也会重新调整自己关于时间、速度和距离的观念。罗沙伯克和我骑在同一峰骆驼上，他坐在我身后的“后座”上，那里极不安全，也极不可靠，但在整个行程中他却睡得很香。

我一阵儿步行，累得精疲力竭，一阵儿又骑在骆驼背上，气得恼怒不休，而且脊背疼得厉害。就这样，一英里一英里地向前走着。在整个跋涉过程中，比尔·台尔曼一直都在步行，在上午的行程中他精神一直挺好。大约在九点半，我们停下来换骑牲畜，并且休息了一会儿。突然，艾瑞克和我发现索拉不见了。我们想它可能与驮行李的驮队在一起，也可能与比尔·台尔曼在一起。我问一个过路的人是否见到一只狗，他回答说见到过，"有一位先生和一只小狗在一起"。大约在一点钟，我们发现比尔·台尔曼坐在路旁正在等我们，可是索拉不在那里，我们主要的驮队也过来了，索拉也没有和他们在一起。

现在回想起来，似乎当时我们对把索拉丢掉看得很随便。但是，自从那时以来，我一直有一种负疚感，对丢失掉索拉颇觉不安。然而，当时我们已经走了快一半的路程，如果回去寻找索拉，当天肯定到不了乌帕尔了。驮队骆驼的主人们肯定不会同意再回去寻找一只狗，或是在这里等它。如果硬要让他们这么做，他们极有可能拒绝再为我们驮运行李，提供骑乘的工具。唯一的那匹马现在也已经虚弱得连多走几英里都不行了。看上去别无办法，只有继续向前赶路了。后来，在乌帕尔我们付了一大笔酬金，奖励任何能把索拉找回来的人，并要求当地官员协助搜寻。但是自从那一天之后，我们什么消息也没有得到，更不知道这只可怜的小狗出了什么事。当时我确实不知道该做些什么，但是我一直有一种与日俱增的痛苦心情，认为当时我们应该做点什么去搜寻索拉。

索拉的丢失似乎使我们的倒霉旅行变得更加不顺。似乎有一个邪恶的神灵一直缠在我们的旅途上，总干些小小的折磨人的勾当。

到了乌帕尔绿洲，我想事情应该向好的方向转化了，然而，除了从一块瓜地里买了些西瓜解渴并恢复精神外，一切都还是那么倒霉。骆驼的主人们下决心要到乌帕尔的巴扎上去，他们说，如果我们在路边的什么地方扎营，他们就不管我们了。这样一来，我们被迫继续前行，到七点半时我请求艾瑞克停下来别走了，比尔·台尔曼似乎也愿意在这里宿营。我们决定即使冒在第二天再去找驮运行李的牲畜和驮夫的危险，也要在这里宿营。于是我们找了一块到处是植物茬子的劣地，开始支帐篷。正在这个时候,两个中国士兵骑马路过此地,他们询问我们是什么人。得知我们的身份后,他们对我们要在"野地荒滩"过夜感到震惊极了。艾瑞克也对我们在乌帕尔镇之外不远的地方,用这样不体面的方式,潦倒不堪地宿营一夜感到十分不安。这两个中国士兵和骆驼的主人七嘴八舌地向我们保证,这里离乌帕尔巴扎"很近"了。两个士兵同意与艾瑞克一起骑马先走,向这里的伯克通报我们到来的消息。

我虽然感到厌烦极了,但没有办法,只好叹了一口气,又快快不乐地上路了,拖着疲惫的步子向前走去。又过了一个半小时,天色渐渐暗下来了,我们沿着这满是尘土的乡间小道走啊走啊。无论什么时候我问他们还有多远,得到的回答总是那么一句让人恼怒的话,"不远了"。一路上,我的脑海里总是涌现出乌帕尔伯克的那座房子,以及我们5月到波斯坦铁列克旅行的途中曾在那里受到过款待的情景。和往常一样,我想到了热茶、瓜果和饭,想到了能有个地方躺下来好好睡上一觉。

终于,我看到了巴扎上那闪烁不定的灯光,听到了那里某个地方正在举行什么庆祝活动而敲响的手鼓声。鼓声节奏始终如一,没有什么变化。我爬上了一个小山包,找到了我们曾拜访过的那座房子,进去一看,什么人也没有。这里黑咕隆咚,连艾瑞克的影子都找不到,更不用说其他人了。刹那间,疲劳、极度的失望,以及丢失索拉后一直压在心中无法言传的郁闷,一下子都涌上心头,使我情不自禁,眼泪哗哗流了下来。在黑暗中,我坐在台阶上失声痛哭。这是纵情发泄的哭声,我认为自己有权这么哭上一场。后来来了一个人,告诉我们伯克老爷到喀什噶尔去了,而且这个人也没有见到艾瑞克本人。我们这一行人又拉着牲畜垂头丧气地离开了那里,来到了巴扎上。在那里,一个人救了我们,把我们引到了乌帕尔另一家富有的维吾尔族人的房子里。在一间高大但昏暗的房间里,我们看到艾瑞克正和一群官员坐在那里。他们派去把我们带到这里来的那个人,在路上扑了个空,没有接到我们。

到那所房子时已经是晚上9点钟了。从早晨7点15分出发到现在,我们一直都在路上跋涉着,中间几乎没有停下来好好休息一阵儿。在这里,我躺下就睡着了,直到半夜饭做好后他们叫我,才把我惊醒,在半夜时分吃了一顿饭。艾瑞克努力挣扎着与官员们谈着话。除了谈论其他事情外,他们答应派一个人立即到喀什噶尔去,到总领事馆叫我们的司机把卡车开过来。他们还保证，这个送信的人必须连夜赶往喀什噶尔。我们信任他们的保证，就去睡觉了。在东方，安排一件事情，如果用西方的方式来考虑，那就会是个错误。如果你计算好了时间和距离，做出一个大致不差的时间表，并且期望这个时间表能够得到遵守，那你就必然会感到失望。那一天，我们曾那么有信心地盘算着米尔·胡木扎会在清晨七点半接到我们的口信，马上出发，路上跑上三四个小时，就到了乌帕尔。后来我们才发现，那个“马上就派”的送信人，而且要“骑上一匹快马”的送信人，实际上在第二天的中午才出发，而且骑的是一头毛驴。所以我们又搞了一个新计划，准备派格雅勒根骑上一匹快马，马上出发，他们又保证一切照办，以最快的速度安排好这件事。可是到了晚上9点钟，格雅勒根才离开，还是坐着马车离开的。或许每一位官员都希望不是他，而是另外的官员会把一切都安排好的。

我们不再赶路了，而且这里的主人非常热情好客，这一切令人高兴。但是等在那里盼望卡车的声音，却使人烦躁不安。我们现在离家这么近了，然而那个邪恶的神灵还要在最后一刻这么折磨人，让人难以忍受。我尽量试着读一会儿书，放松一下，但是一群一群的苍蝇却又像埃及的新瘟疫一样，黑压压地扑了过来，在周围飞来飞去，发出的嗡嗡声音让我无法安静。我又忙着看艾瑞克的脚——在过去几天里，我每天都重新包扎他被冻伤的那只脚。完了后又在主人的请求下治疗他的烧伤的膝盖，最后又为我们的那匹栗色马治疗背上的伤口。做完这一切，我出了房门来到院子里，阿米尔·依·汗在山口上剥下的那张马皮发出的带点甜味但臭气熏人的味道，又把我熏得几乎晕了过去。一路上，阿米尔·依·汗把这张马皮当作宝贝保存着，但是到了平原上，这里的天气使马皮的味道挥发了出来。我希望在阿米尔·依·汗回到家里后，不要因为这匹死马而倒霉。我们为那匹死去的黑马支付了很高的费用，而且回到喀什噶尔后，在阿米尔·依·汗回依吉兹亚尔之前，精心喂养了那匹栗色马，给它治疗了伤，然后才让他把马带走。

漫长的一天快过去了，卡车仍然没有来。我们计划，与其等在乌帕尔无事可做，整天打苍蝇，不如第二天骑马回喀什噶尔去。那天晚上大约十二点半，我们被远处传来的汽车引擎声惊醒了，一房子人马上起来，大声叫喊着“汽车！汽车！”忠实的米尔·胡木扎直到下午七点半才接到我们的口信，他马上就出发了。在乌帕尔前面的沙漠里，他迷失了方向，但他没有向我们提这件事，也没有埋怨什么。

第二天一早，我们开着卡车回到了喀什噶尔。总领事馆里组织了一个欢迎仪式，在等着我们的归来，欢迎场面令人难忘，他们把花环戴在我们的脖子上。我们离开总领事馆29天，但似乎离开的时间比这要长得多。我们的这次远足探险一直是欢乐与沮丧交织，事故不断。

艾瑞克被冻伤的那只脚，使他好几个月都被拴在了总领事馆的院子里，这把他和比尔·台尔曼打算进行若干小型活动的计划完全破坏了。他们原来的计划是，在比尔·台尔曼逗留于喀什噶尔和返回英国之前的短时期内，再出去到周围地区旅行几次。

第十二章

到省城迪化去

由于种种原因,艾瑞克以官方身份到迪化旅行的计划一直被耽搁了下来,没有实现。但是他想在冬天之前访问这座城市。最终,我们做了安排,计划在10月底动身,离开喀什噶尔前往那里。即使这样,在一年的那个时候进行这次旅行也有点晚了,因为向北走,气候要比喀什噶尔冷得多,迪化的冬天比起其所在省的南部,要难过得多。但是,我们既然已经做了准备,也就希望在10月份和11月份,旅途上不会太冷,情况不会太糟糕。我有一双笨重的中国军用毡筒,穿上它上路还是挺好的。穿上这双毡筒很臃肿,走起路来也很笨拙,但是却很暖和。我们特别为艾瑞克准备了精心选择的皮毛靴子和毡靴,以保护他冻伤的那只脚。出发时他仍然拄着拐杖,但在路上他就把它丢开了。

对于我来说,这趟旅行完全是一次新的经历。到我们动身的时候,我在中亚地区的旅行大部分都是靠骑马、靠牲口驮运行李进行的。艾瑞克·泰齐曼爵士在1935年从北平开汽车来到了喀什噶尔,创造了一个先例。从那时起,好几位英国驻喀什噶尔的总领事,包括艾瑞克(在1942年),都乘卡车到新疆北部旅行过,他们最远到了迪化。如果跟上一个驮队,那就得花上大约8个星期的时间才能走完这980英里的路程。从某些方面来说，我倒喜欢这样走一趟。从喀什噶尔到迪化的“主要公路”路况仍然很糟，在上面开车旅行并不是件愉快的事，甚至从一个地方开车到附近的另一个地方，车开得快一些也是这样。然而，有一辆像我们那样的卡车，从喀什噶尔到迪化的旅行只用8天，而不是8个星期，所以硬要跟上驮队走8个星期那就有点过分浪费时间，就像今天已经有了火车和汽车，一个人还要骑马从伦敦到苏格兰去一样，怎么也说不过去了。不论一个人对汽车这种运输工具来到这里多么不情愿，但是既然已经来到了，若再不用它，那无疑是感情用事、过分固执了。

在这里修建一条公路是艰难且伟大的事业。把这里的公路与英国或欧洲其他国家的公路做比较是不公平的。在到迪化的路上，看到我们穿越过的那无情的沙漠一英里又一英里地伸向远方，在这样的地方竟然存在着一条公路，使我感到极为惊讶。我联想到那些筑路的人们，他们来到这里，经受着无尽的荒原上的酷暑和寒冷的煎熬。而经历千辛万苦修好这条道路后，政府禁止马车在上面穿行，是完全可以理解的。把马车赶到原来的破旧的小道上去，看起来有点像毫无意义的暴政，但是如果不这么做，辛辛苦苦修起来的公路路面就会被马车的坚硬车轮损坏，这样，又得重新开始艰苦的劳动进行修建。在这条公路上开车，处处都挖有横穿路面的沟沟坎坎，每隔几百码就有一条，这是最令人恼火的特征之一。这些是一个个排水沟，它们的深度和危险性各个相异，差别很大。有时候路上有一个不陡的浅沟，铺着石块，有时候是一条很深的陡坡，跌入草草修起的引洪渠道。因此，要搞清楚这些沟沟坎坎的形状和类型是不可能的，只有你摔入其中才知道。每次碰到这样的沟坎，我们就得把车速放慢，失去我们费了好大的劲才跑起来的速度。这种颠来颠去、摆来摆去的行进特别让人恼怒，因为公路一直伸向前方，笔直无阻，给人一种可以驾车飞驰的假象，让人上当受骗。所以一路上我们不断地察看着，搞得我几乎快喜欢上这些永无止境的糟糕的沟坎，因为它们不会让你产生加速的希望。

艾瑞克·泰齐曼爵士在他所著的《到中亚的旅行》一书中写道：“在探险旅行中，乘V-8型福特卡车谁也比不过，但是，仅仅依赖一辆新车来进行这样的旅行是愚蠢的。”他自己开的那辆卡车肯定证实了他的前半句话，但是对他的后半句话却不怎么适用。他卖给我们的这辆卡车，在我们再一次开着到迪化的时候，它的艰苦的命运已经快要结束。虽然在路上也确实让我们失望过，但是它在极为恶劣的环境中为我们服务了整整12年，服务得挺好。无疑，米尔·胡木扎的充满爱心的保养延长了它的寿命，它的运行里程是个相当好的纪录。

在10月的一个清晨，6点钟，天还是黑乎乎的，我们一行9人乘坐这辆旧福特卡车离开了总领事馆。我们带上了罗伯特森先生和他的未婚妻，他们要返回迪化，还带上了杨先生作为我们的翻译，以及喀什噶尔警察局副局长，他声称护送我们到迪化去，但是更有可能的是，他是为了赴省城不掏路费，而且为了旅途舒心才跟我们一起走的。这一行人中还有格雅勒根、米尔·胡木扎和一个新任命的助理机械师。我第一次见到这人时，他还是个花匠。总领事馆的人员似乎适应能力都很强，我发现一个看门人后来成了艾瑞克的理发师，而罕先生的厨子却又成了花匠领班，裁缝又当了警卫。正如我在前面讲过的，米尔·胡木扎是总领事馆最好的厨师。我喜欢那个花匠——机械师，他在这个位置上逆来顺受，成了受米尔·胡木扎呵斥诅咒的出气筒。

我们喜欢早早出发，喜欢在黎明到来之前就上路，在这一段时间行驶过的里程很快就被忘记了。到天亮的时候，就跑完了当天计划的行程——20英里。眼见天空逐渐变亮，阳光慢慢洒满大地，有难以比拟的魅力。黎明到来之前的黑暗比起太阳落山后的黑暗，似乎更少一些萧瑟，更少一些凶险，在我们疲惫不堪、快要到达一个未知的过夜地方时，总有那么一种周围景色萧瑟，这个地方充满凶险的感觉。

晚上的住宿常常是个让人不快的难题。例外的一次是在第一天夜晚，当时我们在一处没有人烟、无水无草的戈壁荒滩上露营。一路到迪化，沿途都有城镇和村庄，对有理智的旅行者来说，没有理由要露宿在野外。所以，我们选择在野外过夜的时候，杨先生和那位警官总会表示不赞成，愤愤不平，这是可以理解的。头顶蓝天，围绕着篝火，吃上一顿简单的饭，而且吃得那么匆忙，然后早早入睡，对他们来说简直是不可想象的癖好。他们渴望有四堵墙提供的安全感，渴望一顿漫长的晚餐，还渴望那些作为贵客可以享受到的一切礼节和招待。

在我们的旅行团中出现的这种分歧，会破坏到迪化的这趟旅行的整体气氛，所以在7天当中，我们只有4天安排在外面宿营。但是，在每次的宿营地上空，都弥漫着一种殉道的沉闷感。杨先生甚至用绝食来表达他的极端感受，以及无法忍受我们做的那种野蛮人才吃的食物。因此，吵闹的结果，以及车需要加油等客观原因，迫使我们在官方的衙门里度过了另外三个夜晚。这样，我自己又变成了殉道者，得以一种不情愿的雅量来忍受耽搁，容忍中国官员们冗长乏味但又彬彬有礼的款待。我在这里肯定夸大了自己的感觉，我是以一种被惹火的方式来对待这些旅伴不妥协的态度的。但是，在崎岖不平的公路上颠簸摇摆了一整天，心情很沉闷，官方的接待方式似乎又激怒了我们。主人的脸色似乎比客人们是否舒适更为重要。所以客人们必须坐在又硬又窄的椅子上，等了一小时又一小时，而那顿复杂的饭菜却还在准备之中，同时人们还在那里严肃地开着会议，商议我们的住宿问题。在这种情况下，你浑身灰尘，疲惫不堪，肚子饿得咕咕叫，要做到彬彬有礼，把那些毫无意义的谈话进行下去是极为困难的。我第一次遇到这种场合是在阿克苏。虽然我们在下午两点半就到达了那个城市，但是却被迫在那里过夜。在两个多小时的时间里，我们喝着茶，主人们在那里讨论着招待我们的饭菜规格和供我们住宿的地方。在地方行政当局和军方之间进行着一场对我们的激烈争夺，到了下午5点，看起来好像要么我们既没有饭吃也没有睡觉的地方，要么必须吃上两顿宴席。我的头越来越痛，于是问能否为我找个地方让我休息一阵儿。他们把我带到了供女人住宿的房间，睡了一小时，这一小时不断有人来打扰，因为周围都是感兴趣的“观众”。后来我看到艾瑞克仍然坐在刚才我离开他时坐的那张椅子上，我们的命运还没有被决定。最后还是我们自己出面解决了那个纠缠不休的问题。我们接受了当地将军的邀请去赴宴，而我们自己则选择住在衙门里。吃过了宴席回到衙门后，我们发现房子才准备好。假如当时仍然让主人们讨论我们的吃住问题，我想我们还会继续坐在那些不会开口讲话的椅子上。或许，这是一个我们的时间受到无端耽搁的极端例子。然而，我们确实白白花了许多小时苦苦等在那里，由他们去做那些我们并不想要的准备工作。

在我们从迪化返回喀什噶尔的途中，我们每夜都住宿在衙门中，因为到了11月下旬，天气已经变冷了，我们一行有9个人，但只有3顶小小的帐篷，仆人们睡在露天里太冷了。所以杨先生对返程的旅行比较满意。

有一天，杨先生讲，与英国人相比，中国人是如何不拘礼节，等等。他的这个说法使我们吃了一惊，似乎不能相信他确实是这么认为的。我们尽力向他解释自己关于时间受到耽搁、接待方式过于复杂的看法，以及中国方面为了强调面子，给已经疲倦不堪的客人们带来了那么多的不适的看法。杨先生承认，有一些准备工作还是必不可少的，而且，不论客人们有多累，肚子饿到什么程度，没有哪个地方的东道主会只给他们提供宿营的条件，只供给他们一顿简单的晚饭。

但是他也指出，在一个中国宴会上，客人完全可以自由离开，而用不着进行道歉或做什么类似的事，主人和客人都可以随时离开饭桌，而用不着做解释。宴席上的每个人自己挑选自己想吃的菜肴，用不着仆人把某道菜特意端到客人面前供他选择，他可以用筷子去夹桌子上的任何他想吃的菜。如果某一个人忍不住要打嗝，他可以这么做。在席间，如果一个妇女要喂孩子，他认为这并没有什么值得大惊小怪的。我们在喀什噶尔结识了一个女人，她参加任何聚会都要把自己的婴儿带上。婴儿头戴一顶大红色的绒布帽，心满意足地在吃着母亲的奶，而他的母亲却在接受别人敬来的酒，谈笑风生。对我来说，这种情况肯定是太不严肃了。这有助于说明，一个人对自己的举止习俗过于熟悉，过于认为理所当然，也就不去注意它们了。而对一个外国人来说，它们又会成为一系列非常复杂的限制，可是，他认为这些限制没有必要。

我的这些批评听上去有点不知好歹，忘恩负义。说老实话，我很喜欢中国饭菜，也乐于接受他们招待客人的那一套规矩。但是我们在旅途中，在疲倦不堪、浑身疼痛，而且有点晕乎的情况下，我就变得不那么容忍，难以接受那些复杂的礼节和做法了。

在整个980英里的旅程中，我们经过了各种各样的地貌地势，但是在大多数路段，公路都在靠近沙漠的地区。在通向迪化的公路上，根本没有具有现代意义的干线国道或高速公路的迹象，但是用当地标准衡量，这条路已经相当了不起了。从艾瑞克1942年走过这条路以来，路况已经有了极大的改善。过去需要用轮渡的地方，现在都架起了桥梁。在穿越绿洲乡间的地方，重新设计修建了公路路段，以避开这些乡间小道。在比较陡的丘陵地区，修建了坡度适中的新路段。但是，如果一个人适应了英国乡间的那种整洁、多彩、坡度很小的公路路况，那么，在这里的荒芜、孤寂、光秃秃的道路上开车，仍然是可怕的。

我们穿越了由灰色砾石构成地表面的高原干滩，居然看不到一丁点儿活着的植物的迹象。哪怕在我们已经穿越的沙漠地区，也并非能经常见到连石头缝之间也没有任何形式的灌木生长的情况。但是在10月份，只要有植物生长的地方，秋天的色彩就减轻了严酷景观的单调划一。在一个个绿洲，橘黄色的杨树树叶随风摇曳。在沙漠戈壁，红柳在风中摇曳，红色、深红色、黄色、铁锈色，还有褐色，五彩缤纷。颜色就像画家的调色板，各种色彩混杂斑斓，令人目不暇接。在我们归来的途中，这个调色板就被洗得干干净净，树木和灌木丛都已经光秃了，所有的颜色都消失了。

沿途我们要翻越几个山口，最高的山口的海拔才5800英尺，但是由于道路崎岖不平，坡度很大，我们的福特车爬起来很吃力。在赴迪化旅途的第三天，那辆英勇顽强但上了年纪的卡车明显地没劲了，我们前进的速度越来越慢，一路上我们总是在等待它最终抛锚。卡车不断地发出咯吱咯吱的声响，越来越让人感到心烦。到了第六天，卡车突然发出一声巨响，一根弹簧断了。米尔·胡木扎用他惯有的手段和精力进行修理。我们又开始蹒跚前进。米尔·胡木扎早就警告过我们，许多神秘的事情会发生，其中一个是在行走过程中车会突然开不动了。所以他一直在“劝说”这辆卡车往前走，并且希望在艾瑞克的精心驾驶下，能把我们拉到迪化。在向山口爬去时，他坐在前面的挡泥板上，随时准备着，一旦必要，就一头扎到发动机上进行修理。在终于爬上一座特别险峻、道路状况特别糟糕的山口后，我们注意到，当每次谈到我们的卡车，谈到路况，谈到我们走过的路时，米尔·胡木扎总要祈祷一番。

弹簧断过后，我们的旅程由于车走走停停，耽搁了很长时间。很快，车终于开不动了，停在了一片空旷的沙漠上。米尔·胡木扎马上再一次开始修车。这一次，他什么也没有向我们保证，只是表示他可以把车修好，使我们走完这段旅程。就在这时候，由三辆卡车组成的一个中国军队的运输队途经我们停车的地方。其中有一辆车上坐着一个小个子军人，长得胖乎乎的，我们在喀什噶尔见过他。他看到我们的处境，主动提出可以把我们所有的人带到下一个小镇乌什塔拉。

我挤在第二辆车的驾驶室里，一边是司机，一边是我们的这位朋友。但是艾瑞克和杨先生只好爬到卡车车厢上，坐在拉的货物上面。这一段道路的状况特别差，车行速度很慢，而且很颠簸。有时候，车撞在了路上预料不到的渠沟边，要么熄了火，要么吼叫着冲了过去。前面卡车扬起的尘土，铺天盖地向我们扑过来，使我们什么都看不清楚，呼吸都很困难，但是我们的司机只停了一次车，等尘土降下来。在车上，我双目紧闭，心里想着这种情况会给艾瑞克和杨先生带来怎样可怕的灾难，惦念着他们是否能在上面坐稳当。到了乌什塔拉，从车顶上爬下来两个完全被尘土包裹起来的土人，一路上，他们在上面被撞来撞去，受了伤，几乎坚持不下去了，只好紧紧地抓着能抓住的东西，坚持着。

在这个荒凉的小镇上，面对破败不堪的官衙，艾瑞克和我请他们给我们找了几匹马，我们出去看能不能打上什么野物。我怀着惯有的那种对骑马的忧虑，上了马，却发现骑的这匹马很特别，和往常骑过的不一样，这匹白马很胖，骑在上面就和坐在摇椅上一般舒适，而且它很听话，我喜欢上了它。当地官员给我们配了一个向导，但这个向导起不了什么作用，我们正要往回走，突然我听到了熟悉的沙鸡鸣叫声。就在戈壁滩上低矮的灌木丛里，我们看到了一窝又一窝的沙鸡，就开始追逐起来，一直追到天色黑下来，看不见了才停止。回到小镇上，发现我们自己的卡车在大街上等我们。米尔·胡木扎、格雅勒根和那个花匠在公路边干了一整天，没有吃上一顿饭，也没有喝上一口水，终于把车修好了。

尽管一路上我们的卡车多次抛锚，我们还是经过8天的行程到达了迪化。虽然开车行走在路况很糟糕的公路上，旅途很累人，但是我们行走得不急不慌，沿途不时地停下来去打猎，猎获沙鸡和野山羊。或是享受野餐的快乐，或是在特色饭馆里吃一顿饭。用当地的标准来衡量，我们的速度算是快的。那些中国军车或商运卡车，一般都装得超载了，只好走走修修，维持着往前开，所以常常抛锚。从喀什噶尔出发，我们就超过了一辆货物装得满满的卡车，这辆卡车吼叫着向前爬行。后来，在我们停下来休息的时候，它停在了我们附近，一个坐那辆卡车、受了很长时间罪的旅客问格雅勒根，我们离开喀什噶尔有多久了，我到现在也不认为他会相信格雅勒根的回答。格雅勒根告诉他，我们离开喀什噶尔才几个小时。这个人说，他们离开那里已经4天了。有时候让人感觉，新来到这个地区的像卡车这样的运输工具，在替代原有的马车或靠得住的马匹方面，表现似乎很差。

坐在我们的卡车车厢里，闻着汽油味，发动机的轰鸣声一直在耳边回荡，我感到自己和正在路经的大地脱离开来了。坐在车里，很难使人感受到沙漠戈壁那无边无际的空阔和孤寂，很难使人体验欣赏到我们穿过的那些狭窄的山谷的高峻和宏伟，甚至在进入吐鲁番盆地后，我们跌入低于海平面的地方，但对这样的重要时刻，我们坐在卡车里却感受不多。卡车似乎把我们和令人激奋的地理景观隔绝开了，使我们变成了一个自我封闭、吵吵闹闹、味道难闻的小团伙，我们只知道每天尽可能按照计划匆匆忙忙地向前赶路。无论是塔里木、天山，还是吐鲁番盆地这些地方，名字本身就充满着浪漫的传奇色彩，但是我们的那辆一点儿也不具有传奇性的卡车，却有可能使这一切黯然失色，荡然无存。

说老实话，没有花8个星期骑马穿行这一片环境条件苛刻的大地，我是高兴的，可要是那么做了，我肯定自己会在这片大地上留下一点儿含糊不清的传奇故事。所以，当卡车在大地上行进着，我心里倒有那么一丝淡淡的悔意。远处，一长串骆驼迈着颇有尊严的步伐，默默地缓缓前进着，使我对卡车发出的噪音更加不满了，我感到我们就像被异化的什么东西，完全是“用非其所知，知非其所用”。

我们开车越向北行，看到的中原风格的建筑物就越多。房顶四角向上微微翘起，城镇街道上的汉族人越来越多，戴面纱的女人见不到了。在离迪化不远的地方，地貌景观比起南部，已有了很大的不同，这里更加孤寂，没有树木。在喀什噶尔看到的高高的白杨和渠道纵横的土地在这里看不到了。

迪化城坐落在坡度平缓的小山丘之中。突然，面前出现了一排排丑陋的建筑物，工厂的烟囱使我们意识到了这个城市的存在。在秋风横扫的10月的一天，我们的车开进了这个省会城市的郊区，我立即感到这是一个肮脏破败的地方。其后在这里住了三个星期，那正是初冬时分，但是并没有什么改变我的第一印象。这座城市具有一个半西方化的城镇所具有的一切令人感到沮丧的特征。坦白地说，根本没有一点儿自己的地方特色。主要大街两侧林立着坚固的两层小楼，商店里摆着柜台，街道上有人行道，有警察在固定的地方站岗。但是这一切看上去似乎是一种不确定的外表和门面。在这虚饰之下，却隐约透出一种真正的原始落后的本色。这里的穷苦人很脏，穿着也很破烂，这使我很震惊。看到从俄国逃来的白俄已经破败得一文不值，穷困潦倒，更使人触目惊心。据我所知，在新疆南部没有白俄，他们流放到这里的悲剧常常萦绕在我的脑海。

就在这座城市的南门外，一个肮脏破落、乱七八糟的市场，像一片疮疤一样映入眼帘。给人主要的印象是脏。在喀什噶尔巴扎上，尽管到处是土房子、窄小的店铺和飞扬的尘土，可是我却绝没有这样的印象。或许是我了解的迪化这座城市中发生的那些罪恶勾当，那些政治阴谋和谋杀，加重了我的反感。人们说，迪化进去容易出来难，而我则刚刚来到这里，就开始计划离开。

1948年，我在回国途中再次访问了迪化，这次访问使我有时间到紧挨城区的一个乡下探望了一番。那是早春季节，我改变了对这里乡下的看法。由于雨水多，比起喀什噶尔来，迪化空气要清新得多，人们常常能够清晰地看到冰雪覆盖的雪峰，景色壮丽。低矮的山坡上长满了茸茸绿草，在人工灌溉的绿洲待久了，见惯了整齐划一的杨树和柳树，再看到这里残留下来的原始树木，我的心里感到欣喜万分。山坡上开满了野花。在这里的山间独自漫步，偶尔还可见到小小的湖泊，此情此景使我常常感到熟悉，这真有点奇怪。在死去的树下，我发现自己站在缠绕着的树根之间，脚下还有盛开的花朵，潮湿的泥土味使我想起了英格兰。接着翻过山丘，走上开阔的地域，我又戏剧般地再一次置身于中亚的大地——无垠的原野波浪般地伸向雪山，雪山颜色蓝白相间，界线分明，白云环绕在山峰上，一队骆驼，或是一长串毛驴，驮着货物，在你眼前的景色中缓缓而行，它们脖子上的铃铛叮当作响，给这片大地增添了令人神魂颠倒又极具异域风采的魅力。不管怎么说，我还是极为讨厌迪化这座丑陋的城市，讨厌走在街上那一群群穿得破破烂烂、来自各个民族的人们，他们或是粗野无礼，或是诡诈圆滑，让人感到很不舒服。

但是，1947年10月我们到达迪化后，受到令人高兴的欢迎。美国驻迪化领事馆的领事帕克斯顿先生及其夫人，每顿饭都美美地款待我们，并在他们能力和权力所及的范围内，尽量使我们在这里的访问舒适方便。在这座城市的英国领事馆和美国领事馆是邻居,都在城边上。

在修建英国驻喀什噶尔总领事馆时,花钱慷慨大方,而驻迪化的英国领事馆却修得极为简陋。我们去时,这里已经有8个月没人住过了,这座小小的土房子亟须修理和粉刷,因为院子里长满了野草,到处呈现出失修后一派衰微破落的景象。这栋房子共有5间屋子,我们睡在其中一间。房子里没有洗手间,所以我们得冒着寒风到外面的厕所里去。和新疆的许多地方一样,这里的厕所是在地上掏个洞修成的。我已经完全被在喀什噶尔总领事馆里自己所享受到的那种有派头的地位惯坏了。

很快,我们就卷入了为招待我们而举行的各种晚宴和午宴活动中。比起喀什噶尔的社交圈子来,迪化的社交圈子层次要高得多。我们遇到的汉族人中许多人会讲英语和法语。汉族女士们也很漂亮、很有教养。我和他们的谈话也不再像以往习惯的那样,要常常努力停顿下来等人翻译,不要翻译能直接与人交谈真是一件令我高兴的事。

我们在这里遇到了一位法国记者(他后来访问了喀什噶尔),还遇到了一位活泼的波兰女士,她嫁给了一个中国官员。在迪化,我们还见到了能够讲英语和法语的有教养的维吾尔族人。我们在那里时,适逢一架美国飞机在迪化停留了一晚上,一下子,帕克斯顿的会客室里出现了7个美国人。我们甚至还遇到了两个英国人,他们为在迪化的英国领事馆从中国内地开来了一辆卡车。我感到,在这里我再一次与一个大得多的外部世界联系上了。在喀什噶尔的封闭孤独的小圈子里生活了一段时间后,这里飞机的突然降落和起飞、社交圈子里的那种熙熙攘攘的气氛和来自不同国度的人们,似乎让人激动,让人快活。帕克斯顿夫妇认为,他们处于一个孤寂的前哨地区,但当听到我们说迪化是文明世界的开端时,他们都吃了一惊。对我们来讲,重见电灯开关都是一件了不起的事。

在艾瑞克前次来迪化时,他曾到山中旅行,目的是看看天池。这是一个离迪化60多英里远的湖泊,湖泊隐藏在松柏遮蔽的群山之中。11月份到山中一游有点晚了,但是艾瑞克急于让我去看看那个湖泊。同时,我们也想逃离城里无休止的社交活动。遇到的每个人都警告我们说,现在到那里太冷了,因为那里已经下了雪,会让我们感到不舒适。

但是，我们还是在得到了同意后就动身到那里去了。

到天池去，可以先乘汽车走50多英里的路。据说我们的那辆老爷福特卡车已经修好，可以使用了。所以我们就乘着它出发了。但卡车拉着我们行走得很艰难，走到道路的尽头，我们就在一些哈萨克族牧民的毡房附近的低矮山丘边支起帐篷宿营了。

我对这些牧羊人很感兴趣，因为在生活方式上他们与柯尔克孜族牧民非常相近。但是，在很短的时间里，要说我已经了解了关于他们的任何真正的情况，那是不可能的。然而，对于一个漫不经心的观察者来说，哈萨克族和柯尔克孜族这两个游牧民族的差异似乎很小。哈萨克族人给我留下的第一印象，是他们很强悍。护送和跟随我们一起到那里的警察似乎对哈萨克族人很尊敬，也不愿意以任何方式触犯他们。但是，哈萨克族人极友好地款待了我们，他们坚持要按照风俗为我们宰羊。由于当时外面天已经黑了，而且很冷，所以宰羊、分割肉等准备工作以及做饭这一系列活就在我们待的毡房里进行。他们当着我们的面，从做准备到宰羊，再到把肉放进锅里，一点儿也没有耽搁，干净利索。在整个过程中，我都得坐在那里，宰羊的人在那里剥皮，取出内脏，把肉割下来，而我盯着地面，力图不去瞧那血淋淋的场面，不去看那些血淋淋的肉和五脏六腑。我过去就不喜欢英国的肉店，哪怕是井井有条的肉店，因为看这一切，对我来讲不啻一个严酷的考验。恐怕我的这一番胆小的话听上去有些令人伤感，我确实也曾努力克服过自己这种脆弱的感情。羊肉做好了，我肯定喜欢吃。肉汤那么香，肉那么嫩，一切都是原先想不到的。

次日，我们骑马溯山谷而上，向天池进发。这个地方在夏天肯定是一处让人神魂颠倒的胜境，甚至在11月份，它都是那么迷人。一条山间溪流，水花四溅，波光闪闪，从密密麻麻的树林中蜿蜒穿过，小巧玲珑的山崖构成了一幅苍茫而又令人心驰神往的景观，这是一个产生仙境传说的地方。不知不觉，我们爬上了遍地都是松柏的山间开阔地带，这里的地面上积满了雪。一路上，艾瑞克和米尔·胡木扎时不时停下来追逐山鸡，漫山遍野都是它们的鸣叫声。还没有走到我们行程的终点，看不到天池。我们骑马穿过了黑暗的松柏森林，就一眼看到了它。这个湖泊镶嵌在松柏葱郁的群山之中，湖面微波不兴，宁静安详。我们从喀什噶尔出发，长途跋涉，穿越了沙漠戈壁和寸草不生的荒山秃岭，又游历了迪化周围的起伏不平的光秃秃的丘陵地带，天池的风光给予了我们极大的反差。我感到，似乎我们一下子降落到了瑞士一样。

在湖岸上端有一个道观，道观里没有住持。自从天池成为迪化上流社会在夏天的一个避暑胜地以来，这座道观就改为接待游人的地方，一直为来这里的人提供住宿。道观大院两侧各有几间房子，里面有床和简单的凳子。但是直对着大门的是道观的神殿，里面供着神坛，提醒我们这个地方不仅是一个旅馆。神殿里黑乎乎的，分坐着三个巨大的神像，神像制作粗糙。每一座神像两边都有他的侍从像，其中一个神像颜色黑黝黝的，看上去凶猛可怕。这些神像一点儿也没有菩萨像的那种安详、本分的神态和样子，它们更使我想起了印度教神庙中的那些五花八门的偶像。我想，说不定格雅勒根会感到这一点，所以我就没有去评论什么。但是，他并没有把这个地方看得有多么神圣，更没有表现出一点儿崇敬的样子。而米尔·胡木扎倒颇为幽默，做出一副施主的样子，看着这些神像，朝我们微笑着，表现出他敬畏的屈尊俯就的神情。

我们花了很长时间才找到看守道观的人。他住在离湖不远的一个哈萨克族人的营地里。很自然，他绝对没有想到在11月中旬还会有人到这里游览。由于这里的房子都是用松木盖起来的，屋子里没有炉子，我们在院子里修了个厨房，又点燃了一堆松木取暖。我们坐在硬硬的小凳子上，围坐在火堆周围的雪地上烤火。

这天夜里，天地洁净，星光灿烂，那几尊看不见的神像俯视着这一切，主宰着道观里的气氛。深夜，道观周围不断地传来窸窣声，传来抓挠声，又传来嗒嗒的脚步声，这一切都加重了我们已经产生的那一点儿恐惧不祥的感觉。我到现在也不知道当时是什么野兽在周围寻觅食物。格雅勒根说它们是野狗。米尔·胡木扎则说，他听说这一带山里有野猪。当时我没有起床出去调查一番。我们花了一天时间在天池一带的山中探险。骑马离开了道观，我们向上前进，向一个山口走去。向下看去，我们看到在下边很远的地方，树木葱郁的群山护卫着天池，湖水静谧湛蓝。博格达峰是这座小山脉的主峰，耸立在群山之中，依稀可见。艾瑞克上一次来这里旅行时，曾攀登过这些山峰中的一座，但是没有带任何设备，所以也就没有尝试攀登博格达峰。而现在攀登，在一年的这个时候又太晚了，再说他被冻伤的脚也不允许他这么做。在我们登上的这个山口上，向其他方向望去，周围的群山都变矮了，松树也不见了，我们看到远处的平原从山脉边伸展出去，就像一片暗灰色的海。在我们这次小小探险的第四天，我们下了山，回到了结识的哈萨克族朋友那里。在第五天就返回了迪化。

开车在山下开阔平原上行驶的时候，我们看到了转场的哈萨克族牧民。男人们戴着用毛皮和锦缎做成的帽子，威严高大，驱赶着一群又一群的羊和牛走在转场的队伍前面。妇女们戴着棉布做成的头饰，头饰看上去就像修女的头巾，她们骑在马上，前面抱着放在马鞍上的摇篮。已经折叠好的毡房和其他生活用具，由马和骆驼驮着。人们告诉我，哈萨克族人比起他们的柯尔克孜族兄弟来说，对马的依赖性更大。他们在马鞍上吃饭、交往，在马鞍上度过无数的时光。这是一种从远古祖先那里继承而来的习俗。有一些历史学家断言，驯化马供人类骑乘的概念就起源于中亚地区。而且他们还断言，这个概念使人们把裤子介绍到了过去一直穿裙子的地区。肯定，那些战无不胜的征服者们，他们从中亚蜂拥而出，扫荡了印度和欧洲，而他们所依赖的，完全是快速的骑兵战术。现在我们看到哈萨克族人高坐在马背上，浩浩荡荡地移向新的牧场，似乎逝去的时间被追回了，而我正在看着的是远古时代的游牧人。

返回迪化后，艾瑞克接受了苏联医生的邀请，让他为自己的那个冻伤的脚趾头做截肢手术，这个脚趾治疗了很长时间，但一直治不好。自从他的脚冻伤以来，其他的脚趾都已经治愈了，就是这个拇指还一直是黑色的，而且坏死了。手术后，我们在迪化等了几天，等艾瑞克的疼痛减轻一些后，就开始做返回喀什噶尔的准备工作。我已经等得不耐烦了，而迪化也日益变冷了。

返程时，我们这一行仍然是9个人。在迪化，来时“护送”我们的那位警官再也没有露面，据说他已经辞去了喀什噶尔的警官职位，不再回去了。我们把他的位置给了一个从喀什噶尔到中国内地做买卖、现在返回的印度商人，这个人是个印度教教徒，个头很矮，行为举止像只鸟。他总是过分的谦恭有礼，花言巧语，讲一口让人听不懂的英语。我们又让一位贫苦的维吾尔族妇女和她的儿子搭了车，替代来迪化时的那两位客人。这个妇女一直乞求我带上她和儿子回喀什噶尔,每次我看到她的时候,她总是哭哭啼啼,并且一直缠在我们驻迪化的领事馆里,直到我让艾瑞克同意带她们走。

在出发的那一天,下起了那一年的第一场大雪。我们迎着越下越大的暴风雪开车上路了,很快就发现那辆旧福特车没有雨刷器,唯一的解决方法是得有个人站在一侧的脚踏板上,不停地用手擦挡风玻璃。我们驶离了相对来说是低洼地的迪化城区,来到了开阔的原野,这里风暴横扫着大地,在我们的车周围怒吼着。道路的走向越来越看不清了。地面上的电话线杆在公路的一侧歪歪扭扭地向远方伸展而去,可依靠它们来认路,往往靠不住。很快,除了电话线杆外,表示这里有道路的其他标志几乎都看不到了。冒着寒冷,米尔·胡木扎还是坚持坐在他喜欢坐的挡泥板上,那里靠近散热器。因为从那个地方,他可以隐约地看清路面,跳下车去察看地面状况也更便当。后来为了不让米尔·胡木扎再坐在那里受罪,艾瑞克决定打开挡风玻璃。天气极为寒冷,挡风玻璃打开后,暴风卷着大雪一下子扑进了车内。我感到无路可走了,因为如果我们找不到公路,就有可能把车开进什么都看不到的戈壁滩上,到了那时候,要想回到公路上来,和我们找到前面的公路路面一样困难。然而,要是我们在那里等暴风雪停下来,前面的公路路面只会被雪埋得更深。没有其他办法,只有继续向前慢慢地挪动,一边挪动,一边搜寻道路。有时候,米尔·胡木扎在车前面跑着,看到还没有被雪完全掩盖住的马车轮迹,就向我们挥手,或是向左,或是向右,指引着车前行。艾瑞克则让我盯住那些捉摸不定的电话线杆,至少它们可以向我们指出前进的正确方向。但是,这些电话线杆有时候从我们前进道路的一侧拐向远处,常常消失在风雪迷雾之中。当时的情景似乎很具有戏剧性。米尔·胡木扎满脸大胡子,穿着一件羊皮大衣,戴着一顶大绒帽,在风雪中艰难地移动着,走向我们车前的茫茫雪景中。这一切使我突然想起了奥茨上尉的一张照片,而我在童年时就恨这张照片。然而我却把目前我们的困境浪漫化了。阳光迟迟疑疑地从灰蒙蒙的天空中透了出来,我却感到这太可笑了。过了不久,雪下得越来越小了,最后终于完全停了。这时我们离开迪化已经50多英里了。突然,前面的路面上没有雪了,这一带既没有风暴,也没有下雪。这使我感到过去的几个小时的境况似乎是一片幻景。

在达坂城的那个小村子里，我们停了下来，找到了一家饭馆吃午饭。我刚到新疆后一直对这样的地方不放心，到这种地方吃饭一直感到很紧张，因为我持有关于卫生状况的一系列想法，而这些想法却是被夸大了的。但是，后来饥饿和好奇制伏了我的这些不切实际的想法，我也就对自己的关于清洁的观念不再始终如一了。在喀什噶尔我们自己的家中，我一直监督着诸如煮牛奶、烧开水这样的活，要求他们经常擦洗厨房用具，使厨房具有某种程度的洁净。但是，只有格雅勒根心中清楚，我的这些要求经常是怎样“不折不扣”地得到执行的。一个人必须冒点险，而我则逐渐冒得多了起来。对我来说，似乎在旅行期间，要么我必须停止一切大惊小怪，停止怨这怨那，要么在任何时候都对所有的东西埋怨一气，大惊小怪一番。艾瑞克认识一个美国人，他在出发前往喜马拉雅山地区探险时，带足了自己喝的干净水，要是他不想在一路上到处埋怨，到处大惊小怪的话，他这样做是合乎逻辑的。除了有时候力图使艾瑞克和我自己不染上疾病，我再也不去过分愁这愁那了。由于我一直没有学会正确地使用筷子，所以在饭馆里吃饭，我总是使用自己带的勺子，这样反倒把我从忐忑不安的窘境中解脱了出来，因为我们不知道饭馆经营者是不是把碗筷都洗刷干净了。但是，常常我太饿了，也就不去在乎什么了。

我们在达坂城的饭馆里吃了米饭和炒白菜，菜好吃极了。然后我们又驱车上路，向吐鲁番盆地的托克逊驶去。我们决定不再在野外宿营，所以就一直把车开到了县政府的衙门里。县长是个令人愉快的维吾尔族人，但是办事笨手笨脚，一点儿也不灵活。他似乎对拥进来这么多人吃了一惊，很是发愁。我们向他保证，我们只要求有一间屋子过夜就行了。他让我们住在他的办公室。办公室的顶棚里老鼠很多，跳来跳去。

我们上街选了一家饭馆吃晚饭。饭馆的每一张桌子都坐满了人，有零散士兵，有一大家人围坐在一张桌子边，还有一辆长途客车上的旅客，他们分成了一群一群围坐着。人们在那里喝茶，把小碗端在嘴边，用筷子快速地向嘴里扒着米饭。饭馆里灯光暗淡，弥漫着香烟和饭菜的味道。喊声时断时续，然而响亮的报饭菜的吆喝声传到了厨房，厨房里又紧接着传出已经知道做什么饭菜的吆喝声。这里的气氛让我感到有点熟悉,真是有点怪,它就像英格兰什么地方的一家大众饭馆里的气氛,只是场景好像被搞得有点失真了,就好像从窥视镜里看东西,位置被颠倒了似的。

次日,我们早早出发了,开始了爬出吐鲁番盆地的漫长行程。我们的那辆老福特车似乎和平常一样,情况还可以。它在低速挡上吃力地向前爬行。我们走上一段路,就要停下来休息,并且给车加油和水。有一次,我们停下来的时候,米尔·胡木扎一头扑在发动机上,检查了一番后,他似乎更加焦虑了,在过去他似乎没有像这一次显得这么当真。他向那个花匠大声吼着,咒骂着,语气显得与平常大不一样,恶毒尖刻。接着他宣布,在汽缸盖上发现了一个裂缝,他宣布这个情况时的样子,就像他诊断出了一个老朋友身上的癌症似的。无奈之下,我们只好返回托克逊,再一次不情愿地把车开到了县衙门。

在衙门里,我们与县长等人在一起开了一个会,会上决定由米尔·胡木扎和县里的铁匠努力把破损的地方修好。到了下午,我们开着车离开了县衙,可是还没有走上八九英里,焊上去的锡熔化了,米尔·胡木扎在那里鼓捣了很长时间,也没有起作用。这一次,我们真是尴尬透顶,无奈之下,只好又开着车回到了已经被我们搅扰过两次的县衙门。

"我们会给帕克斯顿夫妇打电话告知此事。"我们很乐观地做了这样一个决定。但是在托克逊和迪化之间没有电话线,我们也没有其他办法可想了。最后,我们派米尔·胡木扎乘长途客车到迪化去,要那两个英国人把那辆新开到迪化的属于驻那里的英国领事馆的新雪佛兰车交给米尔·胡木扎开过来。这样我们就在托克逊无休止地等待着。

过了不长时间,艾瑞克询问是否有可能出去打猎。在托克逊等待的第一天,我们借了几匹马,骑着它们到附近的一条河边去打野鸭。然而我们只看到了一只野鸭,还在很远的地方飞着。这里的大地布满尘土,非常单调,因为是冬天,田野里光秃秃的,什么都没有。四周的沙漠只要有机会,似乎正急于吞噬这里的勉强可以耕种的土地。我们已经对打到野鸭不抱任何希望了,就策马向前走去。前面尘土飞扬,喊声震天,吸引了我们的注意力。走到跟前一看,原来这里正在举行一场刁羊竞赛。由于常常有人对它进行报道,而且描写得很详细,我在这里只对这种竞赛作一点儿简略的介绍。一只死羊被丢在混战的人们之间的地上，有人抓起它，就把它压在一条腿下，然后催马疾驰而去。而参加竞赛的其他人则紧追不舍，试图从他手里夺回这只羊。在这种情况下，被追的人要把死羊甩到一堵土坎外面，才能得到一点儿钱作为奖品。我们站在那堵土坎上，位置有点危险，而且被卷在了厚厚的尘土之中。然而，我们还是饶有兴趣地观看着这场竞赛。骑手们在那里或是你追我赶，或是围成一团，转来转去，或是拼命争夺。不时地，参赛的所有骑手会向我们脚下的土坎扑过来，马匹撞击着土坎，差点把我们从上面撞下去。接着，随着一声报告取胜的喊叫声，有一个骑手会把那只无头的沉重猎物举起，甩在土坎上。然后，新的一轮争夺又开始了。

主人邀请我们参加这样一个庆祝活动，是个友好的、令我们高兴的姿态，因此我们也尽量用多给刁羊的骑手们一些奖励的方法回报主人的盛情。艾瑞克和格雅勒根站在那堵土坎上，成了一个醒目的目标，骑手们把那只羊总是丢在他们之间，竞赛更为热烈紧张，扬起的灰尘呛得人喘不过气来，观众的责骂声和建议声一浪高过一浪，有一个骑手丢掉了自己的帽子，前额上被划出了一个口子，鲜血从那里滴答下来。整个场面令人情绪激奋。我发现自己情不自禁地加入了喝彩的人群中，在土坎上又跳又叫，用尽全力呼喊着。

我们后来被告知，今天的这场刁羊比赛是为了庆祝一次割礼。为割礼举行的宴会已经准备好了，我们受到邀请参加这个宴会。跟随着主人回到他的家里，我们感到自己就像是闯入者和不速之客。在他家，他们把我和艾瑞克分开了。一下子，我从那场一无所获的打野鸭狩猎中被转移到了一间屋子里，待在了一群妇女之中。我们之间自然不可能进行多少交谈，但是我却怀着好奇心向四周打量了起来。屋子里的女人们都穿着参加宴会的盛装，而我坐在她们中间，穿的衣服显得又不整洁又邋遢。我喝着茶，用筷子夹着抓饭往嘴里送，脸上微笑着，用我知道的几个维吾尔语词汇，尽我所能和她们交谈着。和我遇到的其他场合一样，我说出的每一个维吾尔语词汇，都在这些妇女中引起了一阵惊奇，一阵高兴。按照规矩，在这种场合，总会有一个妇女反应很快，也很机敏。她能听懂我的奇特的维吾尔语口音，而且能够把我用维吾尔语说的话“翻译”给其他人。诸如，“她问，你有几个孩子？”接着在座的每个人都会点点头，小声议论上一阵，把我的问题传给其他每一个人。

我们在托克逊又住了两天。由于盼望着卡车能从迪化快点开过来，而且想它会随时到来，所以我们也就没敢走远。我开始讨厌起自己住的这个房子，因为这里很暗，老鼠又多。这座房子和许多维吾尔族人的房子一样，顶棚仅是糊在檩子上的一层纸，很薄。我不敢肯定，那些吱吱乱叫的老鼠会不会从顶棚上一下子钻下来，钻到屋里，或许还会钻到我的床上。第二天晚上，我坚持睡在了花园里的帐篷内。

我们待在托克逊的第五个夜晚，我沿着到迪化的公路走了几英里，希望能够碰到从那里开来的新卡车。艾瑞克动了手术的那个脚趾头仍然使他不能走远路。走在公路上，每当听到汽车的轰鸣声，我的情绪就会高涨起来，然而每一次都令我失望。最后我只得怏怏回到了托克逊县城。但是，我还没有走进住的那间屋子就听到一阵激动的喊声，说是米尔·胡木扎开着新车到了。

我们决定把那辆老福特车停在托克逊，等以后有了一个新汽缸盖再把它接走。县长为我们提供了一间空房，我们硬是把车挤了进去，进去后房内只剩下几英寸的空间。这个过程就像一个朋友的葬礼（它已经半死不活了）。然后我转过身去看那辆陌生的雪佛兰车，心里几乎带着一种怨气。这是一辆笨重的卡车，很重，然而不大。它的发动机安放在司机和旅客坐的座位间，在发动机和这两个座位之后，就是供我们放所有行李和坐其他人的地方，地方很狭小。当时我怕地方太小，不得不推辞掉一个人，但是又没有勇气把那位维吾尔族妇女和她的儿子丢下不管，因为她没有提出什么大不了的要求。最后除了米尔·胡木扎之外，所有的人都挤进了车，但谁都感到不舒适。我把自己的座位让给了米尔·胡木扎，自己坐在车轮上面的罩箱上，它就在乘客座位的前方，就像行李箱一样。刚开始时，似乎谁都没有注意到这个座位的不舒适，但是走了一段路后，它就越来越让人感到太糟糕了。7天以后，我自己的臀部肿了，磨破了，两条腿经常抽筋，走路变得很困难。我真是恨透了这辆雪佛兰卡车。我相信，比起我们的老福特车来，这辆雪佛兰更颠，也不好开，走起来不容易控制。

返回喀什噶尔的旅程，使我觉得比起任何时候，喀什噶尔离我们都更加遥远。我们谁都感到旅途极不舒适，所以每天只是想着快点结束这一天的旅行，我们能够爬出这辆卡车。尽管这是一辆新车，但是发动机每天都给我们带来麻烦，主要的原因是中国产的汽油质量太糟糕了。或许那辆老福特车由于用惯了这种燃料而变得坚强起来，而新雪佛兰却不喜欢它。有两天晚上，灌了水的石油在管子里冻住了。第二天，米尔·胡木扎钻到车下面用喷灯烤管子的时候，我们都要在旁边等上难熬的几个小时。

刚离开阿克苏的那天，没走几百码远，车的油路就给堵住了。这次故障令人恼火不已，害得我们耽搁了很长时间。最后米尔·胡木扎清洗了油箱，把那些看上去脏极了的汽油抽干，这样日子才好过了一点儿。车开了，我们走啊走啊，一直没有停，甚至都没有停下来吃饭。车上的人看见了几只羚羊，花了一个多小时去追赶它们，这一个多小时白白浪费掉了。我们的车顶上已经有4只猎获的羚羊。第一只小羚羊被打中的时候，那个瘦弱的、个头很小的印度商人跑在前面去看射杀的猎物。像所有虔诚的印度教徒一样，他只吃素，不允许杀生。但是，追逐羚羊很激烈，也颇扣人心弦，肯定感染了他，因为他第一个冲了出去，越过戈壁沙漠跑到了羚羊栽倒的地方。

把猎杀的羚羊捆在卡车顶上，我们在一片黑暗中继续驱车前进。由于那天中午时分风暴越刮越凶，渐渐扬起的尘霾遮蔽了山岭和沙漠，卷起的沙尘朝我们迎面扑来，使人透不过气，所以不可能支起帐篷，也很难点燃篝火。于是我们把车拐进了路边的一个隐蔽处，我们知道这里距喀什噶尔只有143英里的路程了。这座用土块修成的房子共两间，没有门，但里面慷慨地存放着不少烧火用的木柴。到了晚上8点，我们一车人都挤进了这座土房子。格雅勒根在那里烧茶做抓饭，我和艾瑞克就躺在地上打起了盹儿。后来，杨先生和那个印度商人说，由于房子里和房子外的状况同样糟糕，我们应该减少受罪的时间，连夜赶路。没有办法，我们只好同意了他们的建议。

这辆雪佛兰又一次与中国产的汽油较劲了。它跑得很不好，整个夜晚的行程，有一半路车灯亮不起来。所以我们走得很慢，一小时一小时地向前爬行着。我尝试着躺在行李和几个人的身上，但是每一次车稍稍颠得厉害一点儿，总有东西被颠起碰到我的头。艾瑞克丢下车让米尔·胡木扎去开，他自己躺倒睡着了。尽管奇形怪状的东西就在他的身下，还有凹凸不平的东西在下面，很锐利，尽管头顶上惊雷滚滚，声震荒野，他却睡得很香。

终于，天边出现了亮光，暴风也减退了。更使我们高兴的是，帕米尔高原清晰如洗，我们极为熟悉的群山正在欢迎我们回到喀什噶尔。群山在阳光照耀下闪闪发光，呈现给我们一个在过去6周已感到陌生了的美景。

在阿图什附近，一个男孩正在路边卖煮熟的鸡蛋。我们停下了车，就在他家吃了一顿早饭。而后两个小时里，我们开车进入了喀什噶尔绿洲的外围。

虽然现在是隆冬时节，万物萧条，但是看到喀什噶尔的绿洲，仍然让我心头一颤，情绪激动。熟悉的绿洲使我们产生了即将到家的欣喜。车离总领事馆越近，我的感觉就越强烈。在不熟悉的新疆北部转了一圈，新疆南部似乎就像是我们的家乡了。我们回到了这遍地生长着树木的土地，回到了女人们撩起她们的面纱，无言地向外瞥一眼的土地，回到了一片有着浓重的南疆生活气息的土地。我已经变得对这片大地如此留恋，这里的英国总领事馆早已是我的家，回到这里，使我们感到就像是天涯游子又回到了英国，是一个略经修改的返回故园的感觉的翻版。

第十三章

古墓“珍宝”

“我发现了极为有意思的东西！”法国记者M.萨勒瓦雷利先生激动地向我们宣布。

在喀什噶尔行政长（行政长是那时候喀什噶尔最高级别的官员，当时由一个维吾尔族人担任此职，并由一个汉族人做他的副手）的办公室，萨勒瓦雷利先生听到了一个奇异的故事。喀喇沙尔[1]地区的蒙古族人很早以前就听说，在喀什噶尔附近有一座古代蒙古族人的墓。据说，他们还有这个墓区的地图。通过当地商人的斡旋，蒙古族人向喀什噶尔地方当局提出请求，对这个墓进行挖掘。更重要的是，他们想要从墓中找到一只珍贵的碗，他们相信这只碗就埋在这个古墓中。这个古墓中可能藏有大批珍贵财宝，而这些蒙古族人想得到的只是这只碗。

这个故事听上去令人难以置信。然而，尽管西方“文明”正在侵入中亚地区，但是这个地区仍然是一片充满幻想和神奇的大地。对这个

[1] 喀喇沙尔即今焉耆，当时和静的土尔扈特蒙古部落与和硕的和硕特蒙古部落都在其区域之内，因为那时焉耆是一个包括数县的专区。

故事，甚至高级官员都不敢轻易嘲笑，他们或许在想，有没有点希望从这个奇特的神话般的传说中得到一点儿好处？我们当时对此很是怀疑，怀疑这里的官方是否会屈尊迁就住在遥远的地方的蒙古族人的要求，而自己一无所求。也怀疑，仅仅是纯粹的、不掺杂其他目的的考古挖掘，会使喀什噶尔行政长安排一次进入沙漠的探险活动。因为到那些没有人烟的、孤寂的地方去进行一次挖掘历史文物的探险活动，这不符合上了年纪且做了官、讲究衣冠楚楚的中国人的习惯。

然而，虽然喀什噶尔行政长对这个古墓到底在什么地方一无所知，他还是安排了一次对它的探险活动。萨勒瓦雷利先生受到邀请参加这次探险，而艾瑞克、我以及总领事馆的医生决定不请自到。我们请杨先生和我们一块去，为我们翻译。使我感到惊奇的是，他的夫人也决定和我们一起去。

按照行政长的要求，在一个2月的寒冷的清晨，天还没有亮，我们5个人在7点钟赶到了他的衙门。赶到那里后，我们发现那房子里仍然漆黑一团，人们还在熟睡之中！杨先生毫不客气地把副行政长——那个姓朱的汉族人叫醒了。他是个讨人喜欢的人，他慢慢地使衙门运转了起来。点上了油灯，给我们端来了令人作呕的可可茶。我们在那里等了一两个小时，他们才把队伍组织起来。萨勒瓦雷利先生从新城赶来了，他累得气喘吁吁，而且没吃早饭。两小时后行政长也出现了，沉着镇定，很有威严。这样大家都已做好了出发的准备。

根据安排，我们乘官方的卡车走。但是到上车的时候我们还是不知道到底到什么地方去，甚至他们下的命令也令人怀疑。

问了一声，得到的回答倒挺乐观——司机知道路。

于是我们就爬上了卡车的后车厢。这是一辆非常破烂的苏联造的卡车，车厢没有篷布，车厢里摆上了几排窄凳子，里面还有一只羊、两只鸡。三个维吾尔族人早已等在那里，其中一个年纪很大，头上缠着洁白的头巾，他看上去弱不禁风，参加这样一次探险，身体显得太弱了。

艾瑞克和我极想知道我们顺着哪个方向的路出城，北边，南边，东边，还是西边？车开上了前往迪化的公路。天气寒冷，风像刀子割似的刮着，我很快就放弃了那些摇摇晃晃的凳子，与朱先生和行政长一起挤坐在车厢板上。我只是在官方场合与行政长见过面。他是一位强壮、长相讨人喜欢的维吾尔族人。他似乎总是被自己的地位搞得糊里糊涂。我过去经常注意到朱先生会悄悄给他一个暗示,或是一个建议。他看上去有点腼腆,还有点漫不经心,但是毫无疑问,很有威严。就在这次探险活动中,他表现出了过去人们所不知的特点。

当车拐到我们熟悉的依什提克·卡拉乌尔方向时,艾瑞克和我会心地互相点点头,表示心中有数了。这次探险走的路,正是我们走过多次的那条路,我们正向依什提克·卡拉乌尔以远的地方驶去。和通常一样,我们努力地估计距离,并费劲地把“炮台”和汉语的“里”换算成确切的英里数。但是,由于车里的官方人士没有一个人关心时间和距离问题,我们的这种努力并没有获得多大成果。官方人士的看法是,既然我们已经知道了大致的方向,这就够了。萨勒瓦雷利先生说:“不管怎么说,4 点钟我们必须赶回来,因为我明天要离开喀什噶尔到迪化去,在这之前我和赵先生还有一个约会,一起吃顿饭。”他的口气斩钉截铁。我们想,他是太乐观了,但什么也没有说,而且车里的人对他的这番话也没有表现出一点儿兴趣。

卡车向前行驶着。这条道上的每一个沟坎,每一次颠簸,对我们来说都是那样熟悉,那样清楚。我们的车顺利地开上了那些极为险峻的小山口,又顺着陡险的山坡疾驰而下。萨勒瓦雷利先生以前曾乘坐这辆卡车旅行过,他对我们说,这辆车没有刹车。然而我们还是顺利地到达了依什提克·卡拉乌尔。在那里我们都下了车,吃了一顿午饭。艾瑞克和我盘算着从这里我们又会到什么地方去。因为从这里开始,山谷分岔了,向左通向库尔班的家,依稀可见,向右是我们曾经走过的一条路,我们曾骑着毛驴顺着这条路到了喀拉铁克山口。但这两个方向并没有供汽车行驶的道路,我们把这个情况告诉了卡车司机,而且告诉他,我们对此很清楚。而司机听了后却镇定自若,不为所动。他是个技术很不错的司机,开起那辆破车又稳又快,但他对道路却不在乎。所以我们的车朝着一片开阔地开去,就像一个意志坚定的骑手,明明知道前面有障碍,也要冲上前。车厢里的凳子被颠得摇来晃去,有时把坐在上面的人颠了下去,压在别人身上。被摇来晃去的人不停地踩在鸡和羊的身上,它们疼得大声叫了起来。同坐在车厢里的行政长的威严也被颠得快看不见了,他就像英国银行日里的狂欢者,不时地吆喝一声,或是尖叫一声。有时干脆大声叫唤着让司机停车,而司机却不理睬他的要求。我们一直观察着行政长,从一个新的角度看到了他另外一面。

卡车沿着一道山坡颠簸着,车厢几乎斜了过去,我们被颠得趴倒在车厢里。行政长不知是吓坏了,还是被这种滚来滚去、歪歪斜斜的行进方式逗乐了,一下子变成了一个小孩。有时候他装出一副害怕的样子,去逗杨先生,而杨先生一声不吭地坐在那里,忍受着一路上的煎熬。无论行政长的情绪是好是坏,朱先生和其他维吾尔族助手都朝他微笑着,很是宽慰,也很纵容。别人很难意识到,他就是这些人的头儿。

车开到了一条极为险峻的山道上。我们还是头一次经历把车开上这样陡峭的地方。然后,卡车顺着坚硬砾石坡冲了下去,开到了一条山谷里,离山谷底部还有几码的地方是厚厚的冰层。我原来想卡车司机在冰层边会退缩回去,但是,尽管除了行政长和我们的医生没有下车外,其他人都急急忙忙地下了车,司机却稳稳当当地坐在车里,双手紧握方向盘,开着车向前驶去。行政长、医生和司机坐在车上,卡车连溜带滑地在冰上行走着。我们走下了山坡,穿过了山谷,爬到了山谷的另一边,坐在砾石河滩等着,看卡车怎样越过山谷,怎样来到我们等候的地方。只见卡车越过了冰面,勇敢地向山谷这边的坡上冲了上来。行政长和医生站在卡车的尾部,显然是意识到了他们面临的危险。尽管这样,这两个人还在那里用吃午饭剩下的两个羊骨头掷色子,玩得很开心。卡车冲到半山坡上后抛锚了,我想,这一次我们是失算了。

我们没有目的地在一块暗灰色的、寸草不生的台地上漫游着,与其说是想得到什么东西,不如说是使我们有事可做,而在这里打发时间。然而没有一个人知道这6英里路对我们来讲是多么困难,而且已经快到后半个下午的时分。萨勒瓦雷利先生渴望着自己赴晚宴能够不失约,心如火燎,越来越急躁。我们对他说,即使我们现在往回赶,也不可能在4点钟赶回喀什噶尔。尽管我们挺同情他,但是一点儿办法也没有,只好对东方的时间观念恼怒一通罢了,因为这里根本没有人关心这种事,我们也无能为力。

我们在山地里漫游着,我们吃了瓜。行政长用一种类似“引人注目”的把戏招待了我们。就在一片荒凉的干滩上,他蹲在地上,把我们捡来的小石子摆成两行,并且主动提出他可以告诉我哪一颗石子是我捡来的。他表情极为严肃，动作庄重，把那颗石子找了出来，得意扬扬地递给了我，正是我捡的那一颗。

他对我们现在的处境似乎一点儿也不在乎，在这样一个不考虑后果、有点孩子气的人面前，发火或埋怨什么似乎是很不得体的。

最后，我们回到了抛锚的卡车跟前，发现卡车的状况和我们离开时没有什么两样。很明显，留下的人什么也没有做，没有修车，只是在那里吃瓜抽烟。所以，司机只好承认他找不到那个有蒙古墓的地方了。但是，行政长却不认为我们可以就此罢手。他再一次让我们吃了一惊。那个天真无邪的孩子不见了，他又变成了一个探险队的领导人，意志坚定，决心很大。他根本不问我们是否愿意，想做些什么，更不听萨勒瓦雷利的苦苦哀求，只是说我们应该继续干下去。因为这根本不是什么异想天开的事，而是一件严肃的大事。如果探险队现在撤回去，那就会成为一个不祥的预兆，整个计划就会面临失败的危险。

现在我们才知道，牵涉进这个寻找蒙古墓的活动的内幕远远超过了一项业余考古挖掘活动，或超过了任何人仅希望讨好那些蒙古族人的愿望。这些蒙古族人自己对古墓的情况都搞不清楚。不管有没有那张墓地的地图，一座墓实际上已经找到了，而且在一个富有的维吾尔族人的指挥下，已经开始了挖掘。不管官员们的理由是什么，他们已经批准了这项挖掘活动，而且帮助了它。而我们这一行人属于一个执行使命的小组，任务是为挖掘者带来神圣的祝福，同时为挖掘者带来食品供给。那位弱不禁风的老人是一位毛拉，两只公鸡是当祭品用的，那只羊是宰了后吃肉的。我们作为古怪的闯入者，只是由于他们的善意才被带到这里来，所以根本没有资格对领导人的计划施加影响。

看到行政长决心继续寻找下去，我们开始动手让汽车发动起来，并把它推上山坡。这个活不太困难，但是车轮在松散的石子地面上很容易打滑。我们把车推上去几步，车又滑了下来，我们再选一条新路线，细心地做好准备工作，又开始推。终于，司机把车发动了，卡车吼叫着冲上了坡顶。我们又出发了，进入了光秃秃的灰色戈壁沙漠。

周围的群山低矮单调，戈壁沙漠里没有水的痕迹，连烧柴都很难找到。我们已经明白，当天回不了喀什噶尔了。我的脑海里浮现出了我们要在露天度过这个夜晚的情景：漆黑的夜，极度的寒冷，没有饭，只有中午的残汤剩菜，更没有睡觉的被褥。我们蹒跚前进着，而邀请我们来的主人却对此无动于衷，毫不在意，而且整个探险队也显得轻松愉快，就好像在上演一场喜剧似的。因此，我的担心也就烟消云散了。

我们的卡车在荒滩上隆隆向前行进，磕磕碰碰，顽强地蜿蜒爬行着，我们随着卡车的行进，颠过来倒过去，被摇得昏头昏脑。司机只是在碰到令他毛骨悚然的地方，像特别陡峻的上坡或下坡，才让我们下车。但在同意我们下车之前，往往得有一场激烈的交锋，如果他不愿意听车厢里人们的吼叫声，那我们就无可奈何了，只好待在车里，动也不敢动。有一次卡车顺着一条峡谷往下开，由于坡很陡，峡谷狭窄，山岩处处，我闭上了双眼，祷告了起来，行政长吼叫着，和他以前的叫声相比，这一次的声音又高又尖厉。我们竟然没有朝前翻过去，车也没有刮上岩石，更没有翻倒在一边，真是令人不敢相信。

在这样的地方乘坐卡车旅行，如果自己再不找点快乐的事做，那道路似乎就更长了。为了高兴起来，艾瑞克和我教萨勒瓦雷利先生如何玩“二十个问题”游戏。艾瑞克对这片大地的兴趣确实太大了，所以他只是断断续续地参加我们的游戏。但是萨勒瓦雷利先生却对这个游戏产生了浓厚的兴趣，所以他绞尽脑汁，想出问题的答案，或是想出一个复杂的问题让我们解答。他忘记了卡车在晃晃荡荡朝前开，也不管自己多少次从座位上翻下来，只是在那里冥思苦想着。常常，艾瑞克和我早忘记了我们是在玩游戏，这时，一个忧虑的声音突然会送过来这样的问题：“这是用木头做的吗?”或“这能看得到吗?”一下子又把我们惊回到这一天我们面临的严重问题上来。

突然一片乌云遮住了太阳，那时肯定5点钟左右了，傍晚的寒意又使我想起了即将面临的寒夜，而这时我们的车猛地拐进了一条狭窄的山沟。车朝前开去，在我们的上方耸立着一块岩石，岩面上有不少洞穴。

同车的一个维吾尔族人指着离山顶上还有三分之一处的一个洞说：“就是这个地方。”

我们环视四周，在峡谷的一个岩角边看到了两顶毡房，这真使我们感到惊喜，因为我们突然达到了目的——有过夜的地方了。我们开始感到，自己的那些时间表，还有我们对距离的令人心烦的估测，真是有点愚蠢。我们的主人的态度似乎倒合情合理,高出我们一筹。他们安排了一次到一个地方的探险活动,而对那个地方究竟在哪里倒看得不那么重,显得很冷静。他们在旅途中锲而不舍,完全信任自己的司机和助手,所以,现在我们到了目的地。我估计他们的一两个助手事先已经骑马到这个地方来过,因而他们知道这个地方,但是没有测量过是否有卡车走的路。要是我们骑马到这里来,那就会快得多。我真希望自己能具有这样一种不急不躁的从容态度,因为我自己的那些毫无用处的着急、焦虑,常常把我们的旅行搞得一团糟,而我们总是怕有灾祸,怕有危险,这些也烦扰着我们的旅行,实际上,它们根本就没有出现。

在这个营地的每一个人,不管是进行挖掘的人,还是毡房的主人——柯尔克孜族牧民,看见我们到了,都很高兴。一个妇女笑眯眯地走了过来,握住了杨夫人和我的手,把我们带到了她的毡房,并一边对我说着表示欢迎的悄悄话,一边坚持要替我脱掉脚上的靴子。

我们大家都主张马上到挖掘现场去看一看。我们一行人排成一长溜,沿着一条艰难的山道出发了。很快,艾瑞克、我们的医生、萨勒瓦雷利先生和我就走在了前面。这段通向洞穴口的山路虽然陡险,但不长。我向下看去,只见杨先生两口子正在那里吃力地向上爬着,这或许是他们有生以来第一次尝试着爬山吧。跟在他们后面的是行政长,他被朱先生和其他助手扶着向上爬着,一边爬,一边嘟囔着什么,嘴里喘着气。这样的登山,对他们来讲肯定是头一遭,肯定也是一次劳筋动骨的经历。

我们到了洞口,没有等其他人到来,就迫不及待地钻入了墓穴,我们得趴着钻进一条漆黑的通道。通道好像一下子掉进了一个深不可测的洞中。我心中清楚,自己不喜欢黑暗,也不喜欢黑暗带来的限制,一下子,一阵恐惧攫住了我,使我感到害怕,于是我就倒退着爬了出来,回到了有阳光的地方。后来艾瑞克告诉我,他们爬到第一个落脚点后,就到了一处窄窄的岩架上,那里有个洞,再向前走,走到底,就到了地面上。他们尽可能地在那里探索了一番,但是能看清楚的东西不多。在洞外,挖掘的人给我们看了一个破旧的小木碗,还有一些衣服碎片。这些就是仅有的发现。我想,那些蒙古族人也不会对那个小小的木碗感到满意的。然而,这些挖掘者仍然很乐观,他们把那位毛拉和公鸡拉到了山上，祭祀活动的一切准备都已就绪，这场祭祀活动会保佑他们，会赞赏他们干的活。

找到这座墓和那些“宝物”，使我们一下子松了劲，我们决定还是探索一番周围令人着迷的大地。

艾瑞克和我，还有萨勒瓦雷利和我们的医生出发向山顶爬去，想看一看还有没有其他的洞穴，即使不那么令人激动的也行。

上山的路上的岩石很坚硬，很好爬。我跟随着艾瑞克，在他的帮助下，来到了一个很大的天然洞穴，洞穴里有一层厚厚的鸽子粪。洞口很高，也很宽，但是里面不很深。我们爬山已经爬了不短的时间了，于是，我和医生就下了山去喝茶。艾瑞克和萨勒瓦雷利回到了墓地。在那里，除了刚才看到的那些“宝物”之外，挖掘者还向他们出示了从墓中挖出来的两具尸骨。我真希望我们中有人具有确定这些发现物年代的知识，哪怕是大略地确定一下也行。因为对专家们来说，这些或许是令他们感兴趣的发现。然而，仅就这些东西来说，要作出什么判断，是很不够的。我们越来越清楚地发现，他们组织的这次不同寻常的活动，仅仅是抱着发现“宝物”的天真愿望而进行的。那些在洞穴口供奉的祭品，人们关于一个小姑娘在洞口看到了幻影的那个传闻，都增加了我们这次探险活动的神秘性。然而，过硬的事实却消失了。在这里我必须承认，就严肃的发现物而言，我当时正在变得对这次探险活动有些不大恭敬。不过，去感受那个小姑娘看到的幻影，去感受那些成年人庄重地相信了她所看到的幻影，去感受那些年事已高的官员们风尘仆仆，愿意赶到这个他们以前闻所未闻的地方来找埋藏在地下的黄金，去感受一只公鸡的鲜血会赋予他们成功的信心，这一切真是太好了。

或许，我在这里讲的这些话，听上去有点居高临下、出言不恭的味道，然而我并没有权利这样说。但是有一个最重要的事实没有得到解释，而解释了它，会给那个原型的故事增加准确性。这个事实是，那些挖掘者是怎样在这个边远荒凉的地方发现这个墓地的？难道确实有一张墓地图？

坐在毡房里喝着茶，吃着扦子上热乎乎的烤羊肉串，烤羊肉烫得嘴巴有点疼，使我暂时忘记了那个洞穴和埋藏的珍宝。从刚刚宰杀的羊身上割下来的羊肉，切成一小片一小片，放在火上烤，烤成焦黄的羊肉串，好吃极了，我吃得饱饱的，面前还堆了许多羊油块，这才发现烤羊肉串只不过是吃饭前用来开胃的，真正的晚饭还没有端上来。为了帮助消化掉吃下去的羊肉串，艾瑞克和我走出了毡房，在暮色中散了一阵步。

太阳早已下山了，外面寒风阵阵，很冷。毡房以远的地方，大地荒凉孤寂，令人吃惊。一座有着许多洞穴的山峰，就高高悬在我们的头顶，在这片找不到一棵树、到处是岩石的地方，山峰肃穆地耸立在那里。

回到毡房，毡房中间的一口大锅煮着的带骨羊肉咕嘟咕嘟地翻腾着，我们围坐成一圈，等着吃晚饭。

说自己看到幻影的小姑娘走进了毡房，给我们又讲了一遍她看到幻影的故事。但是，她讲的故事，首先从维吾尔语翻译成汉语，又从汉语翻译成了英语，精华部分似乎已经不见了，留给我们的只是些乱七八糟的胡说八道。接着，我们就向煮熟的羊肉发起了进攻，一大块一大块地吃起肉来，又用馕蘸着碗里的肉汤，大口大口地吃起来，全然忘记了刚才才吃得心满意足的烤羊肉串。杨先生讨厌羊肉，不管做成什么样的他都一口不吃，他不喜欢羊肉的味道、气味，连想都不愿意想。所以，他只是愁眉苦脸地吃了一点儿馕，就什么都不动了。我们的这次探险对他来说是一次严峻的考验。乘坐卡车时的恐惧感，登山时的筋疲力尽，又要在“野蛮人”的毡房里过夜，最后又是羊肉，这一切对他来讲都是考验。他以斯多噶式的冷静忍受着这一切。而他的妻子却以我们没有预料到的热情和精力加入了这场冒险活动，按照规矩，中国女士们一般不到荒野中去冒险。而萨勒瓦雷利先生却一直为他不能应邀赴喀什噶尔的送行宴会而发愁。在整整一天里，他都愁眉苦脸，唉声叹气，简直成了一曲唱不完的主题歌。

终于，我们都吃饱了，有人把剩下的肉和骨头端了出去，送给挖掘墓地的人、行政长的随员和柯尔克孜族人吃。

过了没一会儿，行政长就准备睡觉了。这一次，他又像一个孩子一样，被手下的人轻轻地卷进毯子，而他自己却像一个累坏了的孩子马上就睡着了。剩下我们几个人，围坐在渐渐熄灭的火堆旁，一直坐到该睡觉的时候。

我们背后叠得整整齐齐的一摞被子和毯子被拉乱了，有人很快为我们7个人铺好了松软的铺，我们按毡房的半圆形，一个挨着一个，萨勒瓦雷利先生、医生、杨先生夫妇、朱先生、艾瑞克和我，睡成了一个曲线。我至今也不知道毡房的主人那一夜到哪里去了，但是我们睡下很长时间后，外面还有人在聊天，还有磕磕碰碰的声响，似乎说明他们在卡车里安排了一个临时的住处。我们刚刚躺下时，感到很冷，而身上盖的东西像山一样沉重，又使我们难以入睡。行政长在那里打鼾，极有节奏。三个汉族人一直在聊天，聊了很长时间。我从来没有学会让自己喜欢汉语那种断断续续、单音节的声音。萨勒瓦雷利先生对“二十个问题”这个游戏的兴趣突然复活了，在蒙眬睡意中，我还得挣扎着向他提出考他智力的问题，而艾瑞克和我却根本无法把游戏再进行下去了，萨勒瓦雷利想起了“菠菜里的铁”这个答案时，我们还有什么希望呢？

除了看门狗的狂吠声和特别响亮的鼾声把我偶尔吵醒过一两次，整个夜里我睡得很香。大概在第二天清晨7点钟，艾瑞克建议我们起床，虽然那一阵我们的主人似乎愿意我们无限制地睡下去，但一个接着一个，我们这些蓬头垢面的客人，从公用的床上爬了起来。一根蜡烛被点燃了，烛光闪烁着，火生起来了，新的一天开始了。

我们喝了茶，他们又给我们端上了羊肉。我们出发时带了一个野餐篮子，里面还剩有一些面包、奶油和果酱，免得使我们在清晨再吃那些油凝结在一起的羊肉。在西方，一日三餐每一餐为客人上什么饭、什么菜，都有个讲究。但在东方，并没有这样一个严格的习惯，每一顿饭的种类几乎都是一样的。有一次，一位慷慨的汉族东道主甚至在清晨5点钟为艾瑞克端上来了海参。

我们在九点半动身，向柯尔克孜族主人和挖掘者友好地挥手道了别，离开了这里。因为事先不知道会遇到柯尔克孜族人，我没有准备什么礼物送给那位善良好客的出来接待我们的妇女。我从自己的手提袋里取出一面小镜子送给了她，她似乎很喜欢这件礼物。我向那些挖掘者祝福，鼓励他们鼓足劲儿继续挖下去，但后来我们再也没有听说他们挖到了什么。

我们返回喀什噶尔的旅途走得比较快，因为这一次司机选的路与来时的路稍有不同。

为了避开那些很陡峭的山路，他开着车顺着一条干河床，一路颠簸下了山。中途我们停了一两次，每一次我们都吃了瓜。大多数情况下，都是行政长亲自切瓜，他完全是按照新疆人切瓜的方式切的瓜，很在行。我们还看到了两只鹰，鹰站立在峭壁上，高傲地昂着头，一动也不动。朱先生很喜欢开枪打鹰，实际上，他什么都喜欢打。在途中，有一次停下来的时候，突然，我们看到远处有一只羚羊，大家立刻激动起来，马上进行了一场瞄准射击演习。车开了，艾瑞克坐在车尾还努力瞄着，卡车晃晃荡荡，他刚把羚羊套进准心，正要开枪，不知什么原因，司机把车门打开，挡住了他的视线。

一路上，那位年纪很大的毛拉在车上被颠来颠去，但他一直沉思着，一句话也不说。突然，他扯开嗓子，唱起了一首像圣歌一样的歌，一下子变成了另外一个人。这位生性安静的老人，这时就像在舞台上一样，全身心地投入了演出，他唱得非常卖劲，脸涨得通红，脖子上的筋都暴露出来了。他的歌很长，歌声忧郁，但很响亮。虽然唱到高声部时他的声音有点发颤，但他大声吼着，唱得极有情感。这令我们太惊讶了。当时我想，他唱的是一首很深沉的维吾尔族民间歌谣，有人告诉我们，这是一首关于一位母亲的歌。在一辆嘈杂的卡车上唱这样一首歌似乎不大合适，然而，老人的那种放声高歌，那种不可思议的宣泄，倒适合这种毫无遮掩的景观，也适合我们这一次事先没有计划，突然参加的探险活动的那种梦幻般的感觉。

老人唱完后，在车上的我们4个欧洲人也来了一个小合唱，虽然也放开了歌喉，但比起毛拉的歌声，却没有那样大的感染力。我们知道杨先生是个京剧迷，就鼓动他给我们唱了一段京剧。这真是很奇特的音乐，他的声音颤抖着，歌声悠远，比老人唱的维吾尔族歌谣还要难懂。

萨勒瓦雷利先生、医生、艾瑞克和我接着又玩起了一种游戏——有点孩子气的游戏，一直玩到了我们回到喀什噶尔的时候。这种游戏是这样的：我们先选择一个字母，然后每个人依次用这个字母为开始，说出一个城镇、国家、河流或山脉的名字。这时，我们已经不坐在凳子上了，而是坐在空荡荡的卡车地板上，像皮球一样滚来滚去。但是这并没有影响我们把游戏进行下去，我们正正规规地在那里玩着游戏。如果有谁表现出不想再玩的样子，萨勒瓦雷利就会给我们打气，催我们继续玩下去，而他本人一次也没有赢过，因为他的地理知识太贫乏了。但是，他的热情却有增无减，每次从一个新字母开始，他都全身心地投入进来，抢着回答。甚至车已经开进了总领事馆的大院，他还说出了一个以字母“S”开头的河流的名字。

我们回到家，正好是吃午饭的时间。我们回来了，仆人们心里的一块石头才落了地。拉克帕和格雅勒根告诉我们，昨天一夜，他们几乎都没有睡觉，为我们热着饭，害怕我们在外面没有吃的东西，也没有睡觉的铺盖，还猜测我们会出什么样的事故，甚至遇到了什么样的灾难。到清晨5点钟，他们就又起来了，希望那时我们会回来，从那时起，他们就一直盼着我们会回来，至少会得到关于我们的消息。

我们的这一次旅行，与其说是一次激动人心的寻宝或发现古代遗迹的探险，不如说是一次喜剧般的出游。然而，虽然我们这次探寻“考古发现”的严肃活动流了产，但是，旅途中的那些开怀大笑，那些还算令人感兴趣的景观，还有那些奇异怪事，虽然不算多，但都可以视为我们这次旅行的具体收获。

后记

我是在喀什噶尔的那种平静但又与世隔绝的环境中写这本书的。当时我曾打算以后再写一章，讲讲关于我返回英国的旅途见闻，因为我们已经计划好，我比艾瑞克先离开喀什噶尔。

最快捷的路线是经俄国回国，马噶特尼夫人和她的孩子们曾数度沿这条路线回国，而我也很想看看这条路线沿途的景观。于是，我正式向俄国方面提出签证的申请，但是他们拒绝给我签证，也没做任何解释。接着，我又决定走吉尔吉特一线，因为1947年10月在印度爆发的暴乱，所有与斯利那加的通信都已中断，所以我计划先到吉尔吉特，再从那里出发经过齐特拉尔和白沙瓦回国。这样一来，我的旅程一路都要经过局势动荡地区，但是那时候甚至巴基斯坦政府都无法控制在边境地区的怒气冲天的部落人。整条道路都受到那些伺机劫掠的人的威胁。这些人一点儿也不尊重国家和外交礼仪，闹得局势不定，令人心烦。但我还是决定冒冒险，在5月初动身，那时山口也开放了。

到了3月，帕克斯顿夫妇在南疆一带作官方访问，来到喀什噶尔。他们提出了一个建议，要我和他们到迪化，然后从迪化免费乘一架美国飞机，安全飞到上海，因为当时有一架飞机很快就要飞到迪化。我过去从来没有乘过飞机，而且那时候一直不愿意考虑经中国其他地区回国。帕克斯顿夫妇的建议很慷慨，与我原来计划的那条漫长，甚至有点危险的旅行线路相比，乘飞机要快得多，而且还能带上我所有的行李，所以我对飞机的偏见也就消失了。但是我还是下不了决心，很犹豫，因为各种各样的感情因素总是拉着我选择另一个方向回国。最后，在1948年的4月，我终于离开了喀什噶尔。

这是我第三次颠簸在去迪化的公路上。只是这一次，由于美国人喜欢高速开车，我们用了六天半的时间就走完了近1000英里的路程。在迪化，我整整等了三个星期，连美国飞机的影子也没有见到。我终于等得不耐烦了，就订了一张中国航空公司飞新疆航线的航班的机票，这个航班每两周从上海飞迪化一次。

航班飞机是一架装备很差的达科它型飞机。从迪化到上海要飞两天，乘客背靠着小小的舷窗，行李全被捆在飞机中间（我们每人只允许带30磅的行李），还有几个病得很厉害的中国人也在飞机上，所以这是一次令人很不舒服的飞行经历。只是在飞行过程中，开飞机的美国飞行员很友好，邀我到驾驶舱坐一会儿，才把我从这种不舒服中解脱出来。从驾驶舱向外看去，下面是一片广阔而人迹稀少的大地，景色壮观，我们飞越过了沙漠、高山，接着又飞过了一片片起伏不平的、种满庄稼的、绿油油的大地。我紧紧盯着共产党人控制的地区，心里既害怕又感到有兴趣。这片土地和这个国家的其他地区看上去完全一样。

我至今还认为自己不会喜欢乘飞机旅行。这一次乘飞机到上海，与我到喀什噶尔的旅行相比，我感到自己与现实脱离开了，这使我感到压抑。甚至后来我乘坐的条件更好一些、令乘客更舒服一些的飞机，对我的那种脱离自然、脱离现实的情感，也没有补偿多少。在空中无所事事，内心一片空虚，经过这样的6个小时或8个小时的飞行后，匆匆降落在一个地方，这样会使一个人慢慢走近一个20英里外的穹形山时体会到的大部分价值和意义完全丧失掉。当然，对有机会看看上海、香港，以及后来又有机会看看曼谷，我很高兴。然而，我宁愿经过陆地或乘船，慢慢地旅行到这些地方去。乘飞机重返西方社会，由于太突然了，只能给你带来混乱。我喜欢在品味完第一个激动之后，再去品味第二个，就像一个人应该逐渐地拥有并重新熟悉他早已感到生疏的那些简单的生活物品一样，诸如电灯、像样的洗澡间、每天都有的邮件。如果乘飞机，这一切的转变过于急速了。

今天，乘坐飞机旅行的人越来越多，他们对我见到过的地方很熟悉，这些都使我对自己乘飞机回国的描写变成了老生常谈。但是，对于我来说，这一趟旅行还是有新奇感的，我的心里充满了焦虑和不安，我有需要解决的小小的私人问题，也有孤独和寂寞的时刻。然而，要是让我执笔来写，这趟旅行就缺乏独创性，缺乏令人感兴趣的内容。

在上海，为了得到一张去香港的机票，我等了四天。而在香港，为了得到去曼谷的机票，我又等了两天。就这样，我终于乘坐英国海外航空公司的飞机回到了英国本土。

沿途留在我的记忆中，并且使我感到珍视的，只有香港岛的魅力，那里丰富的花卉和绿茵茵的植被，以及再一次看到的广阔蔚蓝的大海，无一不让人倾倒。此外，还有曼谷的那些精巧别致的庙宇和巨大的铜佛像，以及仰光的那些巍峨的宝塔上的金色手指，给我留下了难以磨灭的记忆。

当飞机最终降落在南安普敦的沃尔特机场时，除开我感到的归来后的喜悦之情外，整个旅程让人感到非常不舒服，心情灰蒙蒙的。我从中亚出发，飞行了几千英里，飞越了那么多的国家，到头来旅程结束在可笑的怏怏不乐之中。乘坐一辆当地的客车，我结束了最后40英里的行程，回到了自己的家中。从飞机上下来后，我的耳朵和脑袋仍然嗡嗡作响。我倾听着乡村的人们平静地谈论着天气和庄稼，看到了郁郁葱葱的英格兰田野，树木遍地，一片翠绿，清新可人。这真是回到了故乡，我的眼睛湿润了，流下了泪水，这使我这个天涯游子感到惶惑。

又回到了熟悉的英格兰，又熟悉了这里的一切。然而我再一次向往着那孤独荒凉的灰色大地，那辽阔的空间和让人迷恋的旷野，还有那孤傲的冰山，而现在，比起任何时候，这一切又都是那么遥远了。我们曾熟悉热爱的那么多异域他乡，现在变成了战场，变成了苦难重重的地方。战争攫住了喀什噶尔，甚至在拉达克，人们也正在打仗。那些丑陋的飞机也已经轰隆隆地在列城的晴空飞过。

在我去过和停留过的所有地方中，对我来说，拉达克似乎是一个和平的、自给自足的遥远之邦。然而现在到处都是喧闹和嘈杂，越来越多的边境关闭了，对旅游来说，未来的前景一片暗淡。

我的这本书，从一个没有时间限制的地方写起，只写了一个孩子经历的不安定的家庭生活，和一座房子里的日常活动的缩影。我是多么渴望再看到罗沙伯克的那张笑脸，渴望听到格雅勒根对他为什么提前用完了一周的奶油定量所做的那种精心推敲的解释！

但是，一个人必须继续前进，以迎接新的经历。回顾并欣赏过去的兴趣、过去的快乐、过去经历过的美好的事物、过去体验到的新奇之感，遇到过的意外和危险，这都已经是被掀过去的一页了。

我们在喀什噶尔的故事到此就结束了。

编译说明

一、本书共收入两种译著，即凯瑟琳·马噶特尼所著《一位外交官夫人对喀什噶尔的回忆》，戴安娜·西普顿所著《古老的土地》。

二、这两种译著所据的版本分别是：London Ernest: Benn 1931年的版本和London Hodder and Stoughson 1950年的版本。

三、本书的翻译分工是：崔延虎译《一位外交官夫人对喀什噶尔的回忆》，王卫平译《古老的土地》。由丛书主编统稿，加译注，并撰写译本序。

四、两书原有的序跋，均一并译出，以保存原貌，供读者参考。书中的度量衡凡原为英制者，中文本未改为公制。与本书内容有关的英制和公制的换算主要是：1英里=1.6093千米；1英尺=0.3048米；1英寸=2.54厘米；1码=0.9144米；1磅=0.454千克。

五、为便利读者，中文本对原文中的地名和人名等尽量做了梳理和统一。但有些地名原就没有固定的译名，有些地名中外地图标示并不一致，所以我们的工作主要是针对在书中有特定意义者，并尽量考虑到与丛书的其他译著一致。对有过变化的地名，我们一律没有把当时的原称改作今称（但在第一次出现时，注明今为何地），以免混淆致误。

六、书中的插图，除了英文原本的插图，在编入丛书时还做了一定的调整，以利于读者阅读。